镇江 2009 统计年鉴

STATISTICAL YEARBOOK OF ZHENJIANG

镇江市统计局
国家统计局镇江调查队 编

中国统计出版社
China Statistics Press

（京）新登字041号

图书在版编目（CIP）数据

镇江统计年鉴．2009/镇江市统计局 国家统计局镇江调查队编．-北京：中国统计出版社，2009.8

ISBN 978-7-5037-5722-8

Ⅰ．镇… Ⅱ．镇… Ⅲ．统计资料—镇江市—2009—年鉴 Ⅳ．C832.533—54

中国版本图书馆CIP数据核字（2009）第120476号

镇江统计年鉴－2009

作　　者／镇江市统计局 国家统计局镇江调查队
责任编辑／郑淼淼 尹 伊
E －mail／yearbook@stats.gov.cn
责任校对／胥 畅
封面设计／陈正群
出版发行／中国统计出版社
通信地址／北京市西城区三里河月坛南街57号 中国统计出版社
邮　　编／100826
电　　话／(010) 63376907
印　　刷／镇江市丹徒特种印刷厂
经　　销／新华书店
开　　本／889×1230毫米1/16
字　　数／127万
印　　张／31.25
印　　数／1－600册
版　　别／2009年7月第1版
版　　次／2009年7月第一次印刷
书　　号／ISBN 978－7－5037－5722－8/C·2227
定　　价／200.00元

编辑委员会

编辑部

主　编： 张建华　　周文娟

副主编： 施章传　　潘荣军　　吕联泰　　史　强

罗凌俊

编辑人员：（排名不分先后）

陈正群　　胥　畅　　王　军　　陈　萍　　施荣贵

程玉成　　史定保　　张长林　　胡亚娟　　高迎峰

韩志明　　胡劲松　　黄　静　　毛晓生　　孙美霞

张　俊　　朱荣华　　钱海华　　金健球　　王　苏

吴凤龙

编 辑 说 明

《镇江统计年鉴-2009》以大量翔实的统计数据，全面、系统地反映了2008年镇江经济、科技、社会各方面的发展变革情况，是一本信息密集的资料性年刊和工具书。

本年鉴内容包括：发展成果图表；综合、人口、劳动、人民生活、物价、投资、城市建设、环境保护、农业、工业能源、交通邮电、国内贸易、外贸旅游、私营个体经济、财政金融保险、科技、教育、文化卫生体育、民政及其他和城市比较等二十个部分。书中还附有统计公报、主要统计指标解释等附录资料。

本年鉴辑入的统计数据，以2008年为主，主要指标还列示了建国以来主要历史年份的统计数据。

本年鉴数据均为新行政区划统计口径。读者在使用历史数据时，凡与本年鉴有出入的，均以本年鉴为准。

《镇江统计年鉴-2009》在前几年的基础上，根据统计制度的变化及正式出版的要求，作了一些调整和改进，在内容结构、指标体系、统计口径等方面保持了连贯性。

本年鉴中的符号说明：

"..."表示数据不足本表最小单位数；

"空格"表示该项统计数据不详；

"－"表示无该项统计数据；

"#"表示其中。

《镇江统计年鉴-2009》编印出版，受到社会各界的关注和支持，不少读者对于年鉴的内容和编辑工作提出了许多宝贵意见，对此，我们深表感谢。热忱欢迎读者一如既往地对不足之处给予批评指正，使我们的编辑工作水平进一步提高。

地区生产总值(亿元)

人均地区生产总值(元)

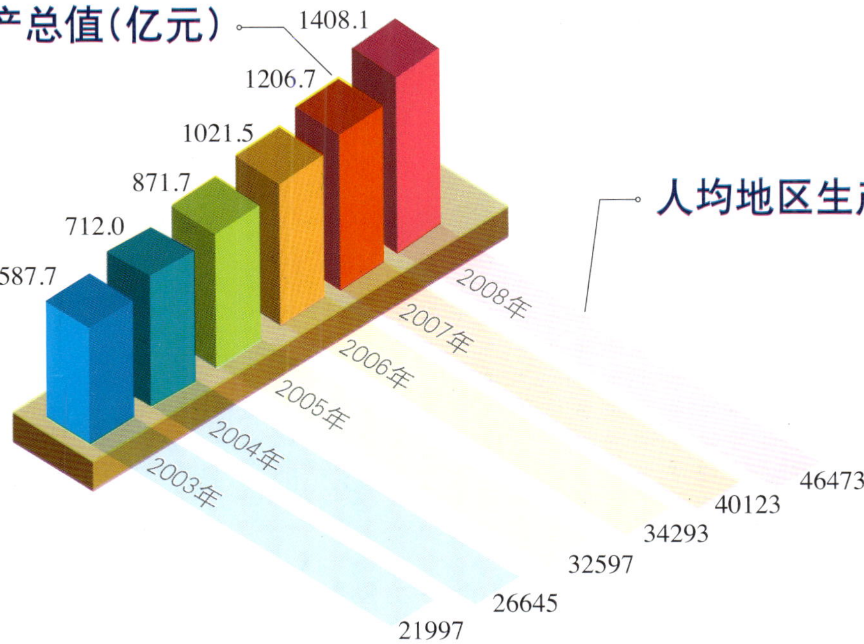

国民经济三次产业构成(%)

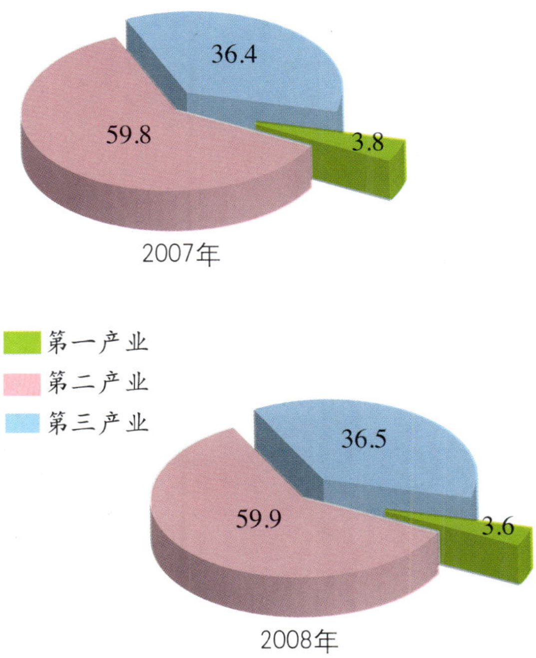

地区生产总值发展指数(上年=100)

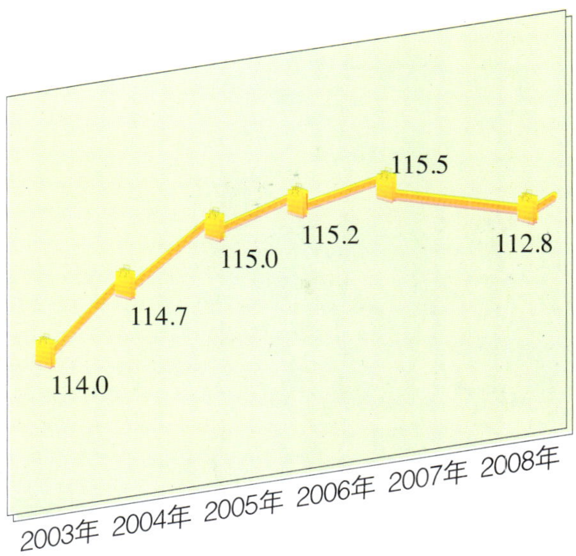

农林牧渔业总产值(亿元)

粮食总产量(万吨)

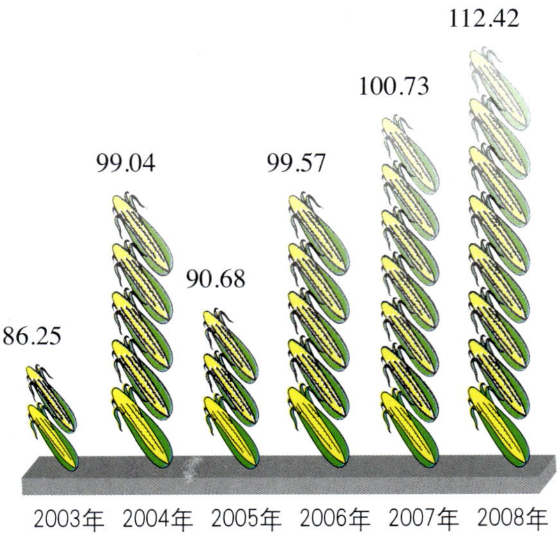

农林牧渔业总产值构成(%)

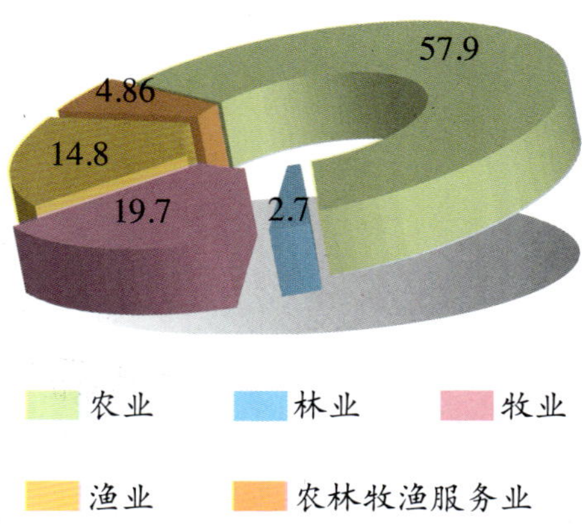

油料总产量(万吨)

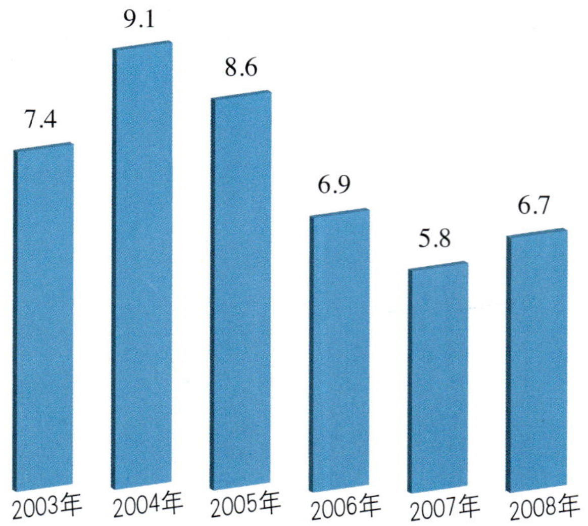

规模以上工业总产值(亿元)

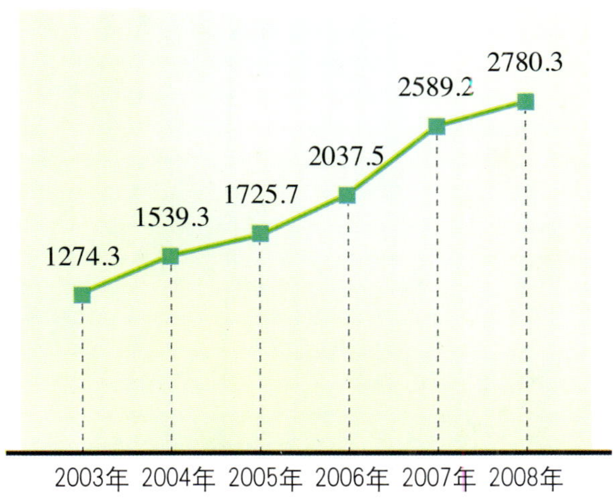

规模以上工业增加值(亿元)

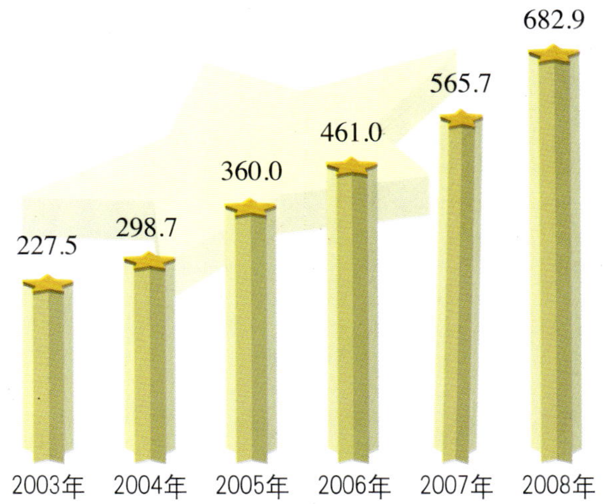

规模以上工业利税总额(亿元)

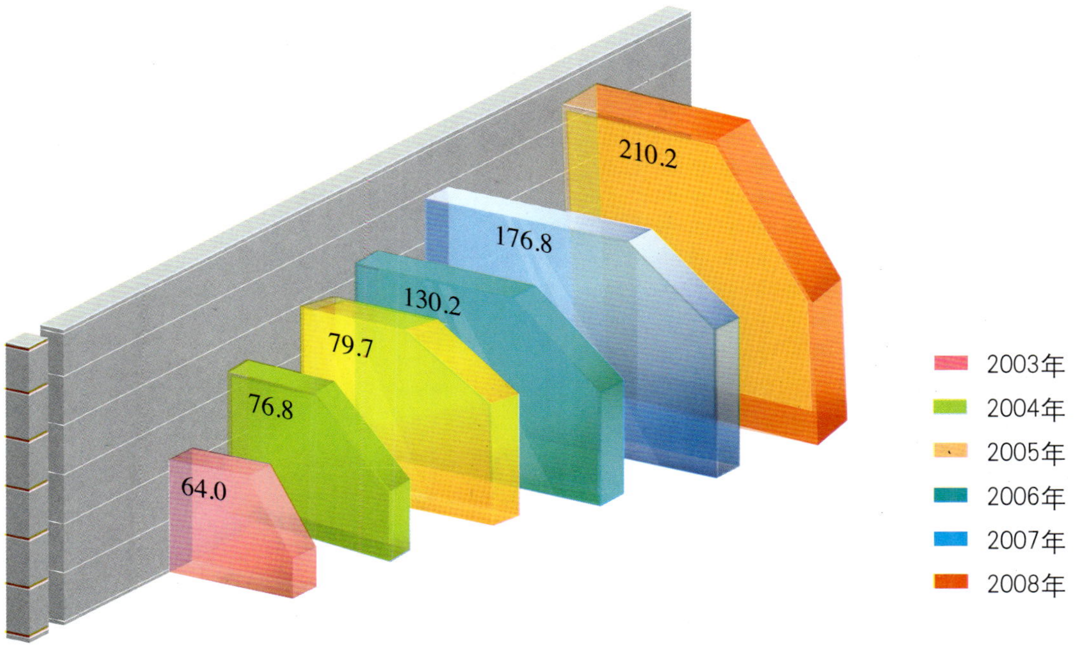

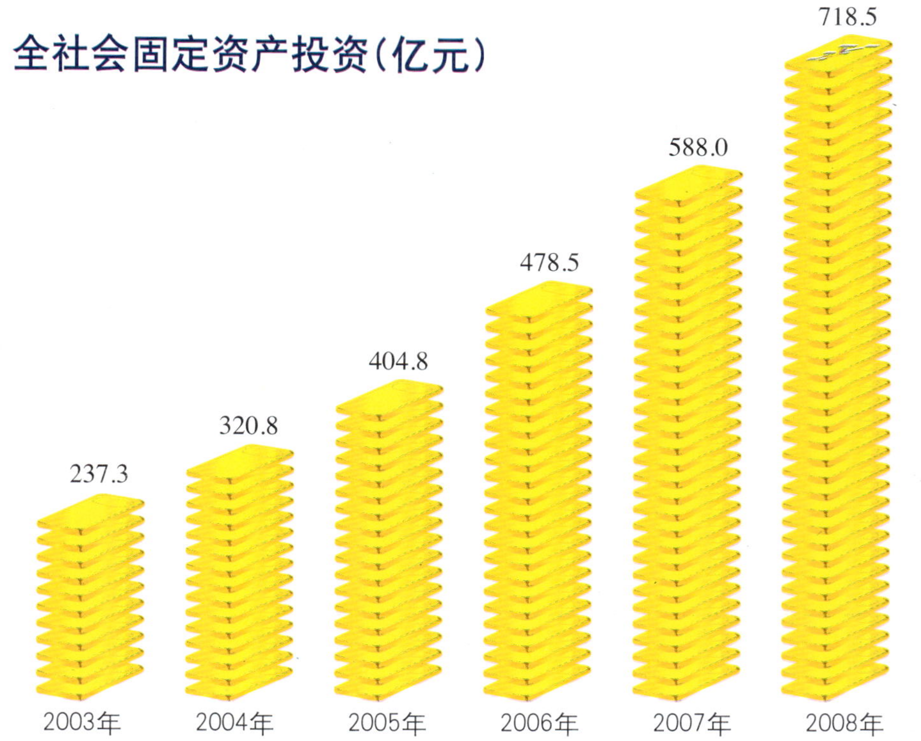
全社会固定资产投资(亿元)
237.3
320.8
404.8
478.5
588.0
718.5
2003年
2004年
2005年
2006年
2007年
2008年

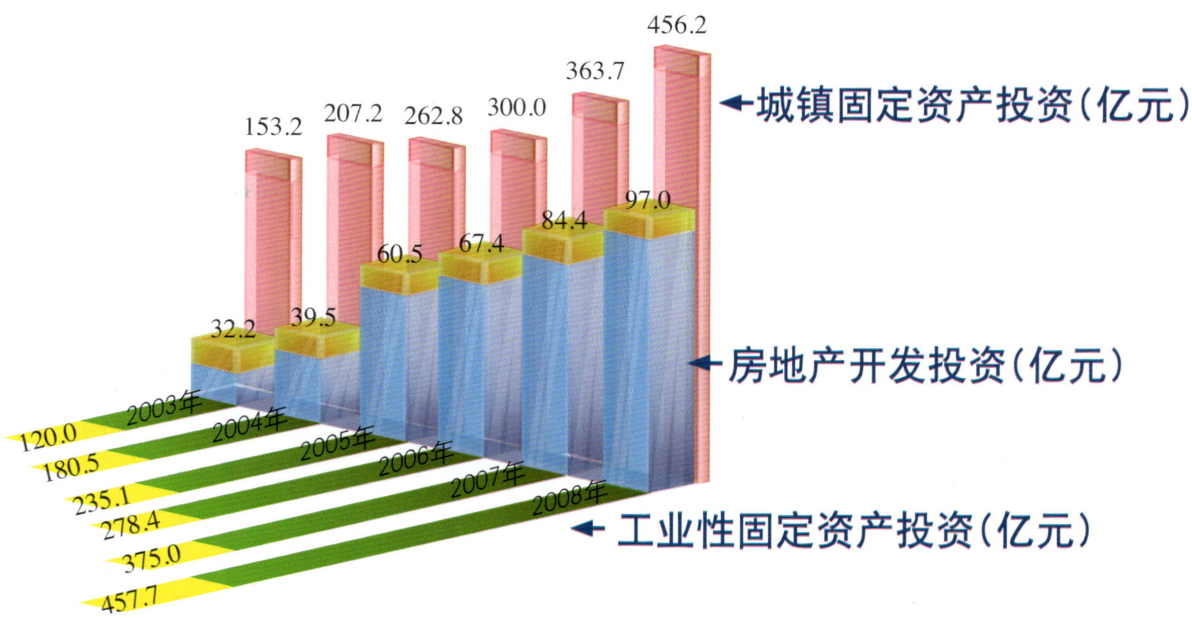
城镇固定资产投资(亿元)
153.2
207.2
262.8
300.0
363.7
456.2
房地产开发投资(亿元)
32.2
39.5
60.5
67.4
84.4
97.0
工业性固定资产投资(亿元)
120.0
180.5
235.1
278.4
375.0
457.7
2003年
2004年
2005年
2006年
2007年
2008年

社会消费品零售总额(亿元)

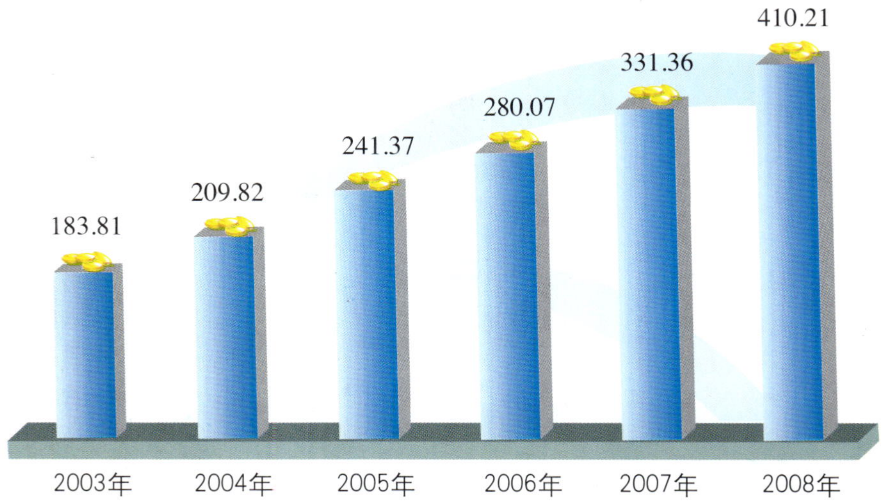

批发零售贸易业零售额(亿元)

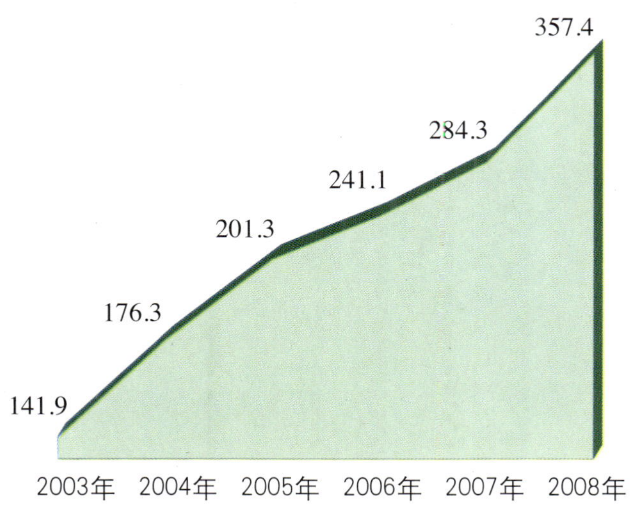

餐饮业零售额(亿元)

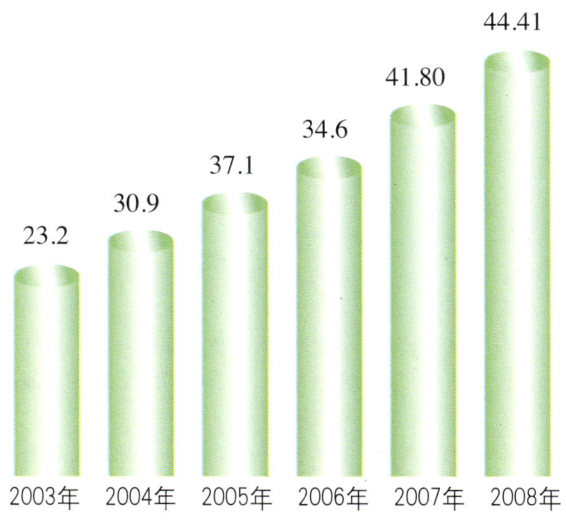

财政总收入和财政总支出(亿元)

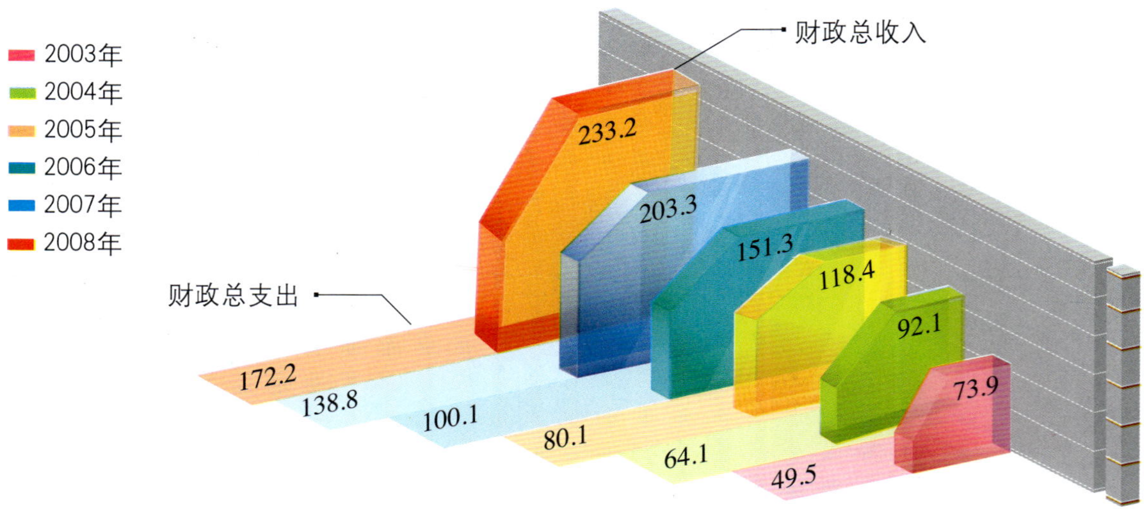

金融机构人民币存款余额(亿元)

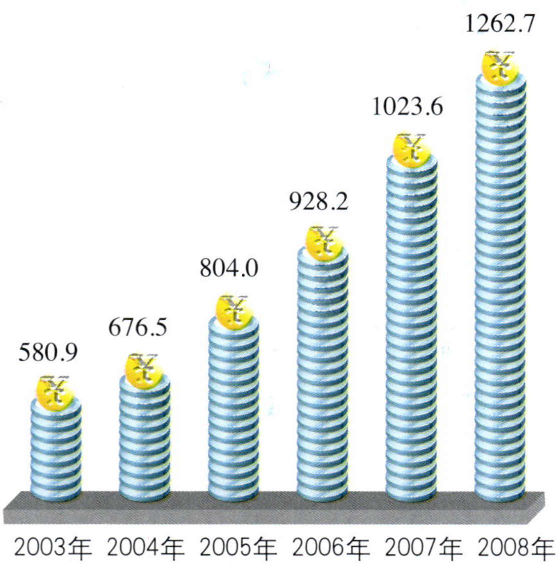

金融机构人民币贷款余额(亿元)

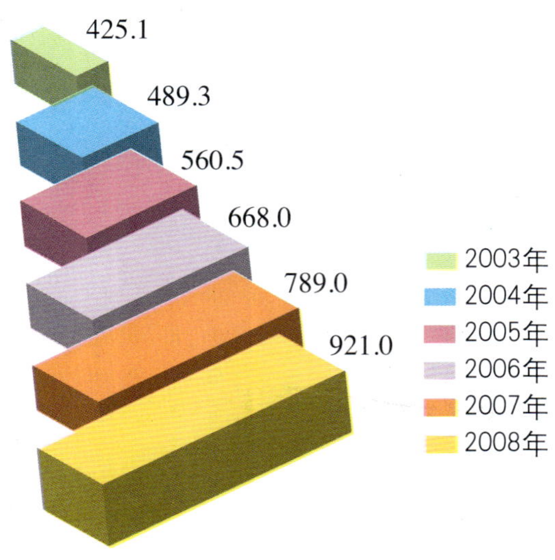

森林覆盖率(%)

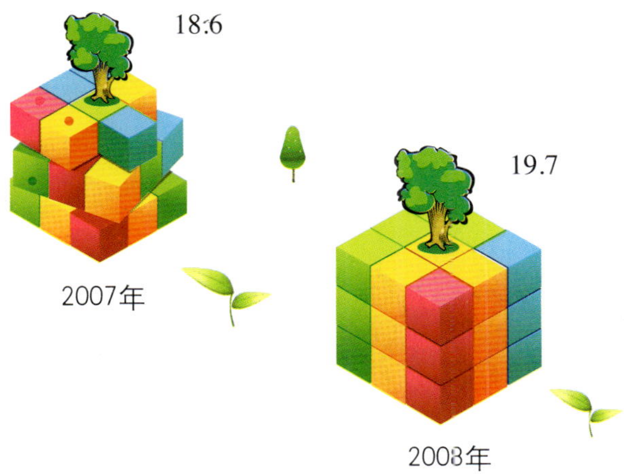

空气质量良好天数(天)

人均公园绿地面积(平方米)

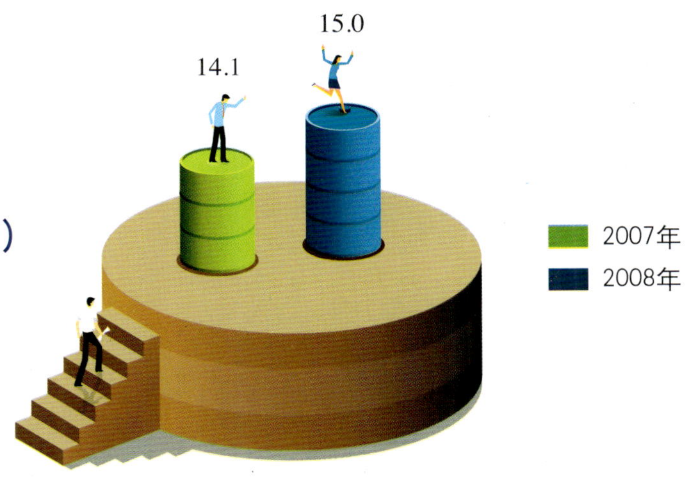

建成区绿化覆盖率(%)

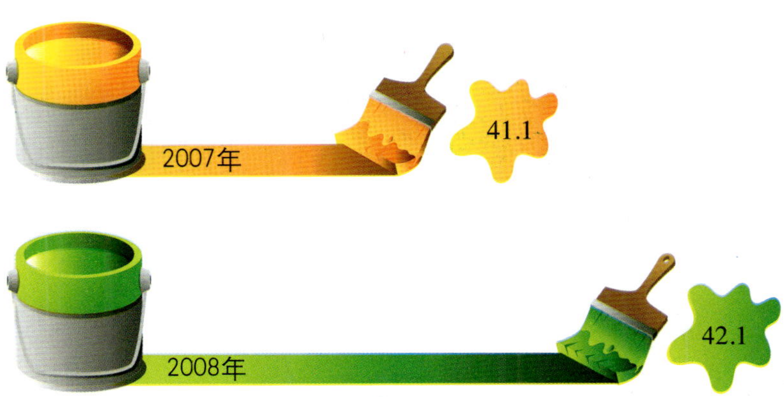

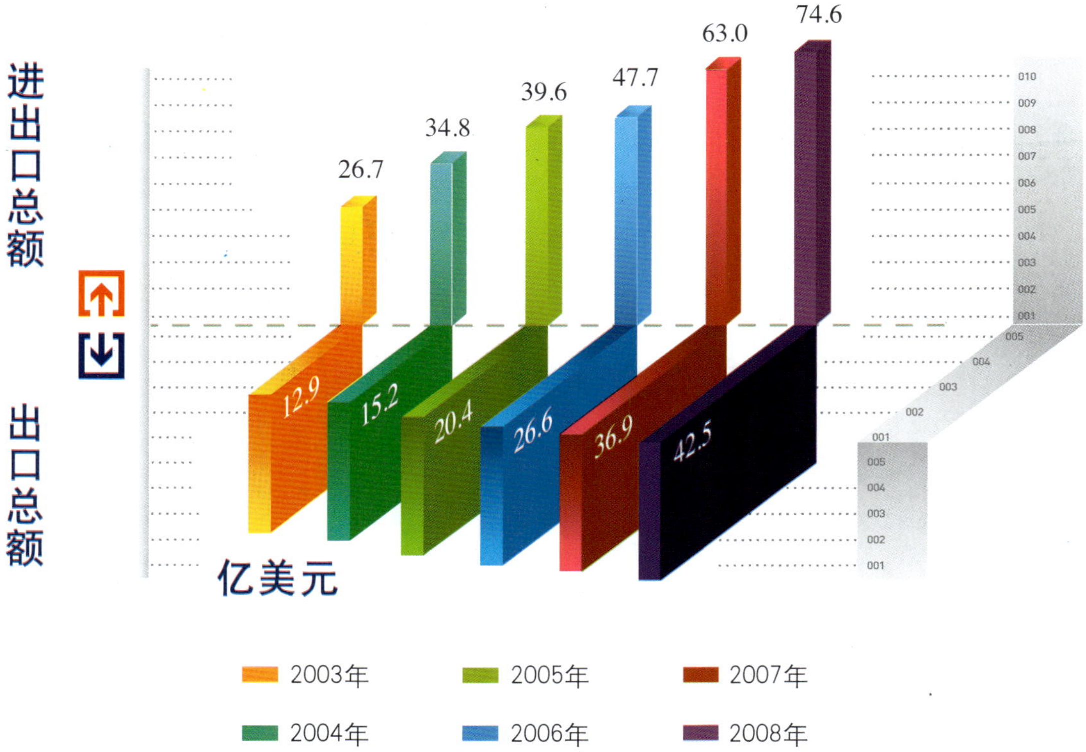

合同利用外资(亿美元)　　实际利用外资(亿美元)

小学、中学和普通高校在校学生数(万人)

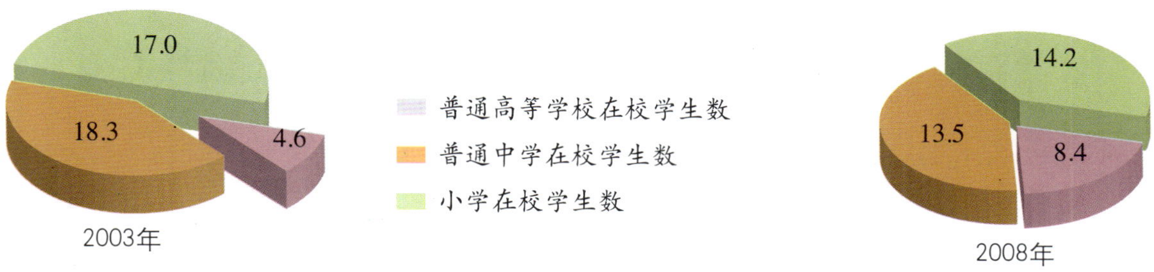

教育普及率、升学率(%)

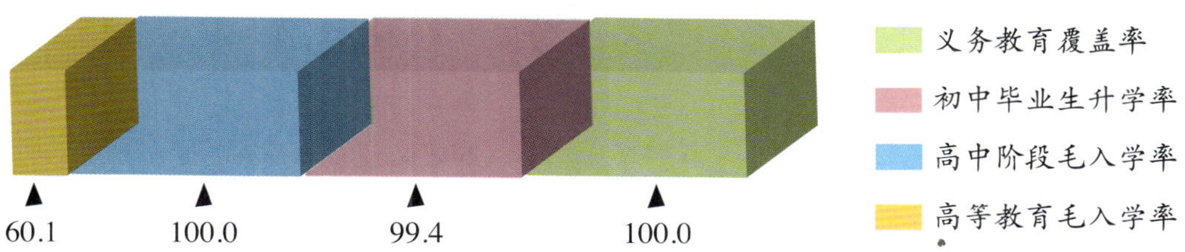

卫生机构床位数(张)

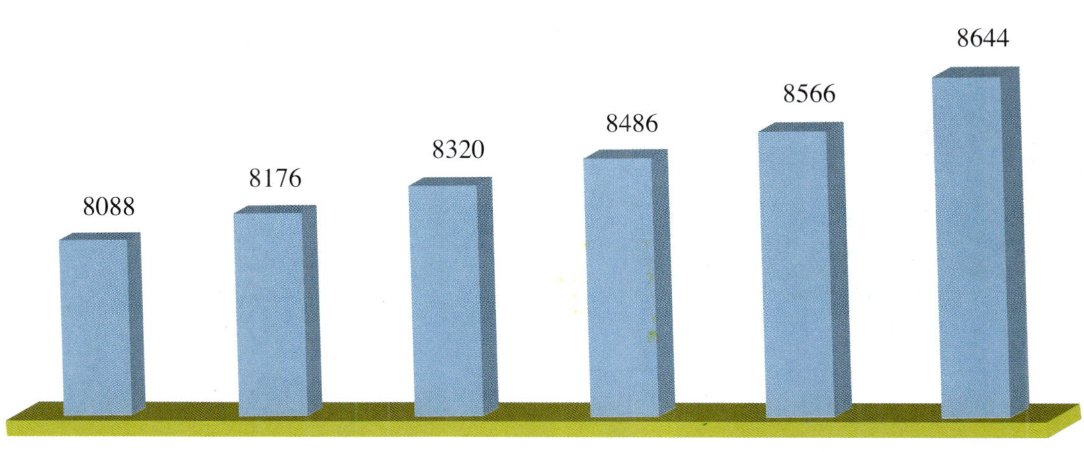

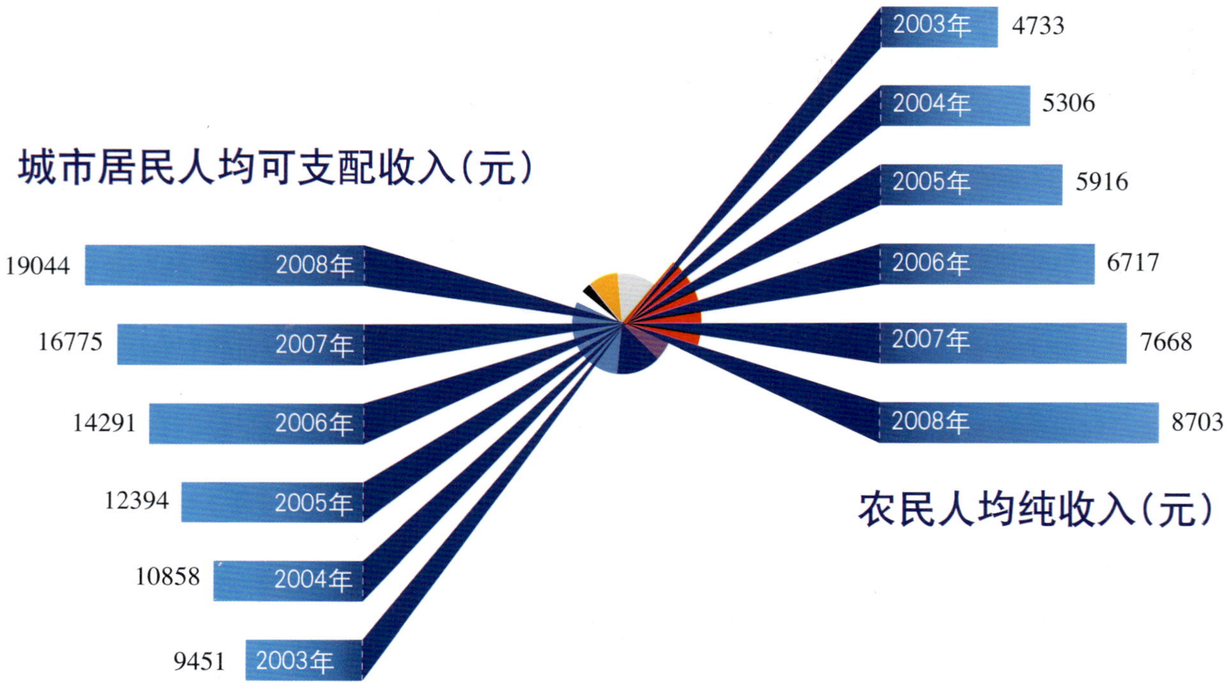
2003年 4733
2004年 5306
2005年 5916
2006年 6717
2007年 7668
2008年 8703
城市居民人均可支配收入(元)
19044 2008年
16775 2007年
14291 2006年
12394 2005年
10858 2004年
9451 2003年
农民人均纯收入(元)

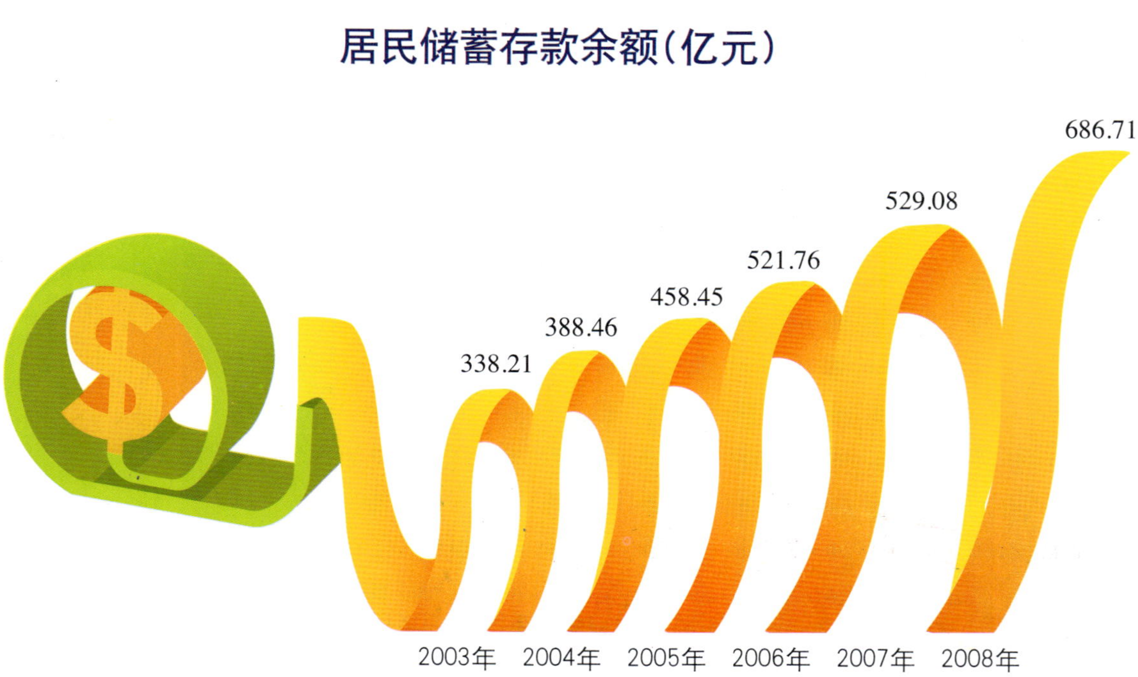
居民储蓄存款余额(亿元)
686.71
529.08
521.76
458.45
388.46
338.21
2003年
2004年
2005年
2006年
2007年
2008年

目 录

第一篇 综 合

第二篇 人 口

第三篇 劳 动

第四篇　人民生活

第五篇　物　价

第六篇 固定资产

第七篇 城市建设

第八篇 环境保护

第九篇　农　业

第十篇　工业、能源

第十一篇　交通、邮电

第十二篇　国内贸易

第十三篇　外向型经济、旅游

第十四篇　私营个体经济

第十五篇　财政、金融、保险

第十六篇 科 技

第十七篇 教 育

第十八篇 文化、卫生、体育

第十九篇　民政及其他

第二十篇　省内资料

镇江市统计局关于 2008 年国民经济和社会发展的统计公报

2008 年，是一个极不平凡的一年。国内外经济形势复杂多变，美国次贷危机引爆的全球金融危机不断蔓延，世界主要经济体出现下滑或衰退；国内宏观经济政策经历了“两防”、“一保一控”到“保增长”的快节奏高密度调整。面对严峻的宏观经济形势，在市委、市政府的正确领导下，全市上下克难求进，提升服务改善发展环境、加大投入增强发展后劲、优化结构促进产业升级、突出民生提升社会保障水平，全市经济保持平稳较快发展，基本实现了年度确定的各项目标任务。

一、综 合

经济平稳较快运行。2008 年，全年实现地区生产总值 1408.14 亿元，按可比价计算：比上年增长 12.8%，其中：第一产业增加值 51.08 亿元，增长 5.1%；第二产业增加值 843.4 亿元，增长 12.3%，其中工业增加值 774.67 亿元，增长 13.2%；第三产业增加值 513.66 亿元，增长 14.5%。人均地区生产总值 46473 元，按当年汇率折算为 6794 美元。经济活力继续增强，非公制经济发展不断加快，全市民营经济实现增加值 767.95 亿元，比上年增长 13.2%，对经济增长的贡献率 57.4%，占全市 GDP 比重 54.5%，比上年提高 0.4 个百分点；经济结构进一步优化，第三产业发展持续快于经济总体水平，三次产业结构由上年的 3.8:59.8:36.4 调整为 3.6:59.9:36.5；经济发展方式积极转变，内需拉动作用不断增强，消费率比上年提高 1.5 个百分点。

市场物价回落趋稳。2008 年，市场物价运行呈现高开、回落、趋稳的发展态势。自 6 月份以来，我市居民生活消费品价格涨势连续 7 个月逐月回落。全年居民消费价格总指数 105.0，比上年上涨 5.0%。在八大类消费品中，呈“五涨三降”态势，其中食品类上涨 14.4%；烟酒及用品类上涨 3.1%；家庭设备用品及维修服务类上涨 2.5%；医疗保健和个人用品类上涨 1.2%；居住类上涨 1.0%。三降为：衣着类下降 1.5%；交通及通讯类下降 1.0%；娱乐教育文化用品及服务类下降 3.1%。由食品引发的物价结构性上涨矛盾逐步缓解，部分食品价格出现下降。

就业再就业形势稳定。2008 年，全市城乡从业人员 163.5 万人，比上年增加 6.5 万人。城镇登记失业率为 2.54%，全年新增城镇就业 5.7 万人，新增农村劳动力转移 4.29 万人，基本实现零就业家庭。

私个经济较快发展。截止 2008 年末，全市拥有私营企业 25459 户，注册资本 464.28 亿元，从业人员 37.62 万人，其中本年新增私营企业 3937 户，新增注册资本 62.89 亿元，新增从业人员 3.02 万人；全市拥有个体工商户 86655 户，注册资本 35.22 亿元，从业人员 13.78 万人，其中本年新增个体工商户 14816 户，新增注册资本 10.4 亿元，新增从业人员 2.3 万人。

国民经济和社会发展中存在的主要问题：经济发展速度回落，呈下行运行态势；工业产销增势减缓，中小企业经营困难；投资发展后劲尚需增强，新开工项目不足；财政持续增长乏力，税源经济成长不快；职工工薪收入增长滞缓，少数低收入群体生活仍较困难等。

二、农林牧渔业

农村经济稳定增长。2008 年，全市实现农业总产值 92.1 亿元，比上年增长 15.0%。高效农业稳步发展，全市 134 个高效农业项目完工率达 75.0%，新增高效农业面积 20.88 万亩，新增高效渔业面积 2.27 万亩，新增农业观光园区 137 个。粮食生产喜获丰收，全年粮食种植面积 175.93 千公顷，比上年增长 2.6%，粮食总产量 112.42 万吨，比上年增长 11.6%，其中：小麦产量 32 万吨，水稻产量 75.76 万吨，分别增长 27.0% 和 6.8%。油菜籽播种面积 28.68 千公顷，比上年增长 4.9%，油菜籽总产量 6.27 万吨，比上年增长 14.6%。养殖业形势明显好转，全市生猪存栏量45.67万头，比上年增长3.0%，出栏量为58.22万头，比上年增长2.0%，生猪生产扭转了连续3年下降的势头；家禽存栏量588万羽，增长2.0%，出栏量1180万羽，增长1.0%；水产品产量8.25万吨，比上年增长2.1%。全市年末拥有农业机械总动力141.5万千瓦，比上年增长7.1%。全市农用化肥施用量（折纯）9.86万吨，比上年下降2.8%。农村用电量44.69亿千瓦时，比上年增长13.3%。

三、工业和建筑业

工业生产平稳发展。2008年，全市规模以上工业增加值完成682.92亿元，比上年增长16.8%。按轻、重工业分，轻工业增加值157.29亿元，增长12.9%；重工业增加值525.63亿元，增长18.1%。按经济类型分，国有工业增加值31.77亿元，下降3.8%；集体工业增加值45.52亿元，增长14.5%；非公有制工业增加值605.63亿元，增长18.3%，其中：民营工业增加值352.2亿元，增长19.6%，股份制工业增加值272.17亿元，增长16.5%，外商港澳台工业增加值249.13亿元，增长18.0%。按企业类型分，大中型工业增加值345.42亿元，增长12.9%。全年工业用电量112.48亿千瓦时，增长6.8%。

工业结构调整优化。2008年，全市前50强工业企业实现总产值1286亿元，比上年增长28.5%，占比重为46.3%。全市有8个行业实现工业产值超100亿元，占比重69.1%，其中化学原料及化学制品制造业、电气机械及器材制造业、金属制品业、造纸及纸制品业、交通运输设备制造业、通用设备制造业实现总产值492亿元、319亿元、280亿元、198亿元、190亿元和211亿元，比上年分别增长30.9%、25.4%、33.9%、17.2%、28.0%和38.6%。规模工业高新技术产业实现总产值843亿元，比上年增长29.3%，占比重为30.3%。全市列入统计的40种主要工业产品中，增长的有19种，下降的有21种。

企业效益逐步下滑。2008年，全市规模以上工业企业实现销售收入2590亿元，比上年增长27.8%。实现利税总额210亿元，比上年增长20.6%，其中：利润总额121亿元，增长20.6%。规模以上工业企业亏损面为13.86%，比上年上升1.32个百分点；亏损企业亏损总额7.34亿元，比上年增长60.1%。两项资金占用达436亿元，比上年增长13.3%。

主要工业产品产量

名 称	单 位	实 绩	比上年±%
机制纸及纸板	万吨	275.74	7.1
发电量	亿千瓦小时	217.69	-5.9
钢材	万吨	265.56	-2.1
焦炭	万吨	58.52	14.5
纱	吨	41304	-0.9
布	万米	8347	-6.4
服装	万件	16072	13.4
冰醋酸	万吨	63.39	11.0
烧碱	万吨	11.90	-0.4
颜料	万吨	4.45	-13.9
水泥	万吨	1006	-2.9
香醋	万吨	16.28	-0.5
饮料酒	千升	34641	9.8
人造板	万立方米	174.95	8.3
农用化肥	吨	8502	4.3
轴承	万套	116125	48.1
变压器	万千伏安	1213.72	48.0
桥架	万吨	39.79	119.3
母线	万米	63.23	25.3
汽车	辆	10690	26.1

四、固定资产

投资速度平稳加快。2008年，全市完成固定资产投资718.5亿元，比上年增长22.2%，其中：第一产业投资11.67亿元，增长15%；第二产业投资463.07亿元，增长22.1%，其中工业性投资457.71亿元，增长22%；第三产业投资243.76亿元，增长22.8%。按投资规模分，规模以上固定资产投资614.51亿元，比上年增长27.9%；城镇固定资产投资完成456.22亿元，增长25.4%。按经济类型分，国有经济投资81.72亿元，比上年增长17.2%；民营经济投资383.26亿元，比上年增长26%；外商、港澳台经济投资153.19亿元，增长39.2%。按行业分，化工、交通运输设备、电气机械设备、通用设备、金属制品业、非金属矿物制品业、通讯及其他电子设备分别完成投资66.8亿元、50.68亿元、

38.95亿元、26.99亿元、31.97亿元、25.3亿元和15.16亿元。

重大项目有序推进。2008年，全市在建亿元以上投资项目150个，比上年增加9个，其中超5亿元、10亿元项目分别为29个和4个。新开工亿元投资项目38个，其中超5亿元项目8个，比上年增加1个；年度确定的80个重点投资项目完成投资166.4亿元，其中33个结转项目竣工率达70.8%，28个新上项目开工率达75.0%，19个前期项目有3个已开工建设。

房地产开发有所回落。2008年，房地产开发投资97.03亿元，比上年增长15.1%，全年完成商品房施工面积911.21万平方米，比上年增长10.8%，其中：住宅766.28万平方米，增长10.7%；商品房竣工面积281.78万平方米，比上年增长13.1%，其中：住宅面积237.4万平方米，增长18.1%；商品房销售面积214.07万平方米，比上年下降28.9%，其中：住宅面积192.17万平方米，下降30.4%。全市空置一年以上商品房面积99.81万平方米，比上年增长48.2%，其中：住宅62.64万平方米，增长52.6%。

五、国内贸易

消费市场持续趋旺。2008年，全市实现社会消费品零售总额410.21亿元，比上年增长23.8%，其中：批发零售贸易业零售额357.44亿元，增长25.7%；餐饮业零售额50.1亿元，增长24.4%；城市市场实现消费品零售额342.44亿元，比上年增长26.0%；农村市场实现消费品零售额67.77亿元，比上年增长13.7%。2008年末，全市拥有限额以上批发零售贸易、餐饮和住宿企业484家，比上年增加106家，实现消费品零售额201亿元，比上年增长32.5%，占全市比重45.0%。在各类消费品中，吃、穿、用商品增长较快，食品、服装、金银珠宝、家用电器、家具实现零售额分别增长26.3%、29.8%、19.9%、17.6%和100.8%。

六、开放型经济

对外贸易发展趋紧。2008年，全市完成进出口总额74.62亿美元，比上年增长18.3%，其中：进口总额32.08亿美元，增长22.6%；出口总额42.54亿美元，增长15.4%。从贸易方式看，一般贸易完成出口总额30.18亿美元，增长21.6%，加工贸易完成出口总额12.33亿美元，增长1.3%；从贸易企业看，外资企业完成出口总额23.34亿美元，增长8.4%，私营企业完成出口总额13.16亿美元，增长35.0%；从贸易市场看，亚洲市场完成出口总额18.98亿美元，增长11.3%，欧洲市场完成出口总额10.37亿美元，增长28.0%，北美洲市场完成出口总额7.9亿美元，与上年持平。

实际利用外资平稳增长。2008年，全市新批工商注册外资企业146家，新签千万美元以上项目77个。协议利用外资23.34亿美元，比上年增长1.2%，实际利用外资12.1亿美元，比上年增长13.7%。园区载体作用增强，全市省级以上开发区实际利用外资9.2亿美元，增长45.2%。

对外经济发展有所加快。2008年，全市新签对外承包工程和劳务合作合同金额3.03亿美元，比上年增长20.1%；完成营业额2.56亿美元，比上年增长20.4%；年末在境外人数11180人，其中当年新派境外劳务人员4750人，比上年增长6.8%。年末境外企业达49家，其中当年新批12家。

七、交通运输、邮电业和旅游

交通运输业态势良好。2008年，全市完成交通基础设施投资60亿元。京沪高速铁路、沪宁城际铁路全面开工建设。公路建设全面加速，镇大公路开工建设，宁杭高速公路镇江段、S243通禄口机场路句容段、团山路、长山路等工程建成通车，沿江高等级公路、健康路西延、延茅公路等工程主体完成。年末全市公路总里程达6314公里，其中等级以上6296公里，高速公路153公里。全年完成货物、旅客发送量7263万吨和10632万人次，比上年分别增长14.8%和15.1%，实现货物、旅客周转量43.71亿吨公里和53.55亿人公里，比上年分别增长15.1%和18.5%。完成港口货物吞吐量10055万吨，增长13.6%。全市民用汽车保有量11.36万辆，比上年增长15.3%。私人汽车保有量7.19万辆，比上年增长20.6%，其中私人轿车保有量4.05万辆，比上年增长35.0%。

邮电通信业稳步发展。2008年，全市完成邮电业务总量29.09亿元,比上年增长6.9%。其中邮政业务总量3.35亿元，电信业务总量25.74亿元，比上年分别增长14.9%和6.0%。完成邮电业务收入20.64亿元,比上年增长2.5%。

其中邮政业务收入2.74亿元，电信业务收入17.90亿元，比上年分别增长10.9%和1.4%。年末拥有邮政局(所)135处，邮政报刊图书销售亭(点)149处，邮政线路总长度5608公里；拥有本地电话用户143.03万户，其中固定电话用户101.67万户，移动市话(小灵通)用户41.36万户。移动电话用户181.63万户。互联网用户30.44万户。

旅游业平稳发展。2008年，全市接待国内旅游者1800万人次，比上年增长13.2%；国内旅游收入183亿元，比上年增长18.9%。接待境外旅游者50万人次，比上年增长7.8%。国际旅游外汇收入4亿美元，增长10.2%。

八、财政、金融和保险业

财政收入增长趋缓。2008年，全市财政总收入233.2亿元，比上年增长13.7%，其中财政一般预算收入85.66亿元，比上年增长6.7%。在财政一般预算收入中，税收收入70.17亿元，增长11.5%，其中增值税17.88亿元，增长6.8%，营业税17.06亿元，增长7.1%，企业所得税9.62亿元，增长15.2%；非税收入15.49亿元，下降10.6%。财政支出结构继续调整，社会保障和有关民生的财政转移支付明显增加。全年财政总支出169.46亿元，比上年增长22.2%，其中财政一般预算支出95.13亿元，比上年增长17.7%。其中：教育事业支出16.98亿元，增长10.1%；社会保障和就业支出4.97亿元，增长24.6%；农林水事务支出6.58亿元，增长13.8%。

金融信贷前紧后松。2008年，我市金融形势在宏观政策调整中保持稳定发展，但由于资本市场仍处于深度调整阶段，储蓄增量仍然较快。截止12月末，金融机构各项存款余额1262.71亿元（人民币，下同），比年初增加239.12亿元，其中：企业存款余额362.52亿元，比年初增加23.57亿元；居民储蓄存款余额686.71亿元，比年初增加157.63亿元。金融机构各项贷款余额920.98亿元，比年初增加131.96亿元，其中：短期贷款498.66亿元，比年初增加44.32亿元；中长期贷款344.58亿元，比年初增加68.29亿元。

保险业规模不断扩大。2008年，全市拥有保险企业35家，比上年增加9家。保险企业承保额4745.27亿元，比上年增长11.4%。实现保费收入32.42亿元，比上年增长25.2%，其中：财产险6.99亿元，增长10.3%；人寿险25.43亿元，增长29.6%。保险企业理赔支出9.0亿元，比上年增长40.0%，其中：财产险4.38亿元，增长34.5%；人寿险4.62亿元，增长45.7%。

九、科学技术和教育

科研水平稳步提高。2008年，全市拥有各类专业技术人员13.05万人，比上年增长3.6%，其中中高级职称人员4.41万人，增长5.4%。拥有市级以上工程技术研究中心47家，其中省级20家。全年新立省级以上星火计划3项，其中：国家级3项；新立省级以上火炬计划26项，其中：国家级26项。共组织市级以上各类科研项目1206项，完成省级以上项目207项。获市级以上科技进步奖74项，其中省级16项。全年研发经费（R & D）支出22.8亿元，比上年增长25.1%。

创新能力不断增强。2008年，全市专利申请量6600件，比上年增长26.9%；专利授权量2500件，比上年增长23.6%。全年共签订各类技术合同1050项，技术合同金额4.48亿元。企业科技进步明显加快，高新技术企业、产品明显增加，大中型工业企业R&D经费支出18.97亿元，增长25.5%。全市拥有省级高新技术企业275家，其中：当年新批高新技术企业65家；拥有高新技术产品955个，其中：当年新认定高新技术产品121个。高新技术产业实现销售收入794.60亿元、利税总额66.49亿元，比上年分别增长31.3%和42.4%。

教育事业均衡发展。2008年，是全市基本实现教育现代化奋力冲刺年，教育现代化水平有了新提升，教育经费投入达26亿元。拥有省级实验小学71所，省级现代化示范初中64所，四星级以上高中10所，省级以上重点中等职业学校10所。普通高等学校、中学、小学在校学生分别为8.35万人、14.23万人和13.46万人；职业学校、中等专业技术学校在校学生分别为0.93万人和2.82万人。全市幼儿入园率达96.0%，九年义务教育人口覆盖率达100%，初中毕业升学率达到99.38%，高中阶段教育毛入学率100.0%，高等教育毛入学率达60.1%，优质教育资源学生覆盖率超过70.0%，人均预期受教育年限达14.4年。

十、文化、卫生和体育

文化建设步伐加快。2008年，围绕“加快建设文化强市、文化名市”目标，加强文化载体建设．促进文化产业发展。首届“文化嘉年华活动”成功举办，开展了32项有影响、有品位的文化活动；推出了以文心剧场、文心影院、文心讲堂为主要内容的“文心公益行动”；举办“岁月回响30年——纪念改革开放镇江文化行动”等系列活动，极在地丰富和提升了我市文化活动的内涵、层次。基层文化建设稳步推进，乡镇文化站达标率93.0%，村文化室建成率90.0%，建成农家书屋283个，组织电影下乡3553场次，共举办24场“欢乐家园”广场文化活动。积极打造文化艺术精品力作，音乐剧《水漫金山》被评选为2007—2008年度“江苏省舞台艺术精品工程初选剧目；开展首届市文化广玉兰奖评选活动，组织了“2008年镇江市群文新作大赛”、创作“百米国画长卷咏镇江——《新第一江山图》。文化遗产保护取得积极进展，封缸酒酿造技艺、古琴艺术（梅庵琴派）、扬剧、灯彩（秦淮灯彩）4个项目列入国家非物质遗产保护项目。

医保水平不断提升。2008年，全市卫生基础设施建设投入不断加大，医疗水平进一步巩固提高，市急救中心建成投入使用、市结核病楼完成封顶、市一院内科医技楼和中医院综合病房楼开工建设、市口腔医院改扩建进展顺利，江大附院、市一院通过了省“三级甲等’医院评审，市中医院通过了省三级中医院评审。年末，全市拥有卫生机构926个，卫生技术人员13868人，医院床位数8636张，每万人拥有卫生机构床位、医生数分别达到32.4张和21.6人。卫生重大疾病防控和应急体系进一步健全，开展血防“春风5号”行动，血吸虫病防治达到省控标准；艾滋病预防控制超额完成卫生部下达的“十率”指标任务。城乡卫生医疗保障统筹发展，新型农村合作医疗参保人数163.26万人，参合率达99.5%；产妇住院分娩率达99.5%，婴儿死亡率为6.2‰

体育事业健康发展。2008年，全市体育事业以北京奥运会为契机，突出以人为本、服务大众的发展理念，群众性、竞技性体育活动得到全面协调发展。体育基础设施建设取得积极进展，体育中心选址及建筑设计方案基本确定，新建全民健身工程（点）135个，拥有标准体育场馆29所。各项体育活动广泛开展，全年共开展各类体育活动55场次，开展了迎新年万人健身长跑、“与奥运同行”全民健身、全民健身月等大型群众性体育活动。体育办赛水平不断提高，成功举办镇江市第十三届运动会，全国少年男子排球（甲组）锦标赛、U19男子足球联赛、象棋甲级联赛、少年乒乓球锦标赛，江苏省少儿羽毛球比赛、少儿象棋比赛、少儿围棋比赛。竞技体育再获佳绩，全市拥有等级运动员167人，向省输送优秀运动员8名，省级以上体育比赛共获得金牌82枚、银牌61枚、铜牌73枚，陈玲获得北京奥运会女子射箭团体亚军，薛飞获得全国田径锦标赛女子1500米冠军，张国凤获得世界智运会中国象棋女团赛冠军。

十一、城市建设和环境保护

城市建设稳步推进。2008年，南徐新城建设取得积极进展，新行政办公楼桩基工程开工，建成九华山路、九华山支路等11条道路，规划展示馆主体封顶，体育会展中心全面启动。加快旧城改造步伐，整治22处积水区（点），改造街巷道路67条，区域供水管网基本实现乡镇全覆盖。建成西津渡、解放路高架桥停车场。进一步完善城市功能，建成南徐大道西延、健康路西延东段和江洲路一期工程，全面实施西津渡历史文化街区二期保护工程，京口、谏壁污水处理厂土建主体工程完工，开工建设大港第二污水处理厂，市区污水集中处理能力14.7万立方米／日。城市规模继续扩大，市区建成区面积达98.18平方公里。

公共事业全面发展。2008年，市区拥有公共汽车营运车辆828辆，运行线路55条，公交道路路网里程285公里，客运总量9545万人次。建成公交江大枢纽站，新增环保节能公交车90辆，新辟和优化线路11条，新建公交站点67座。拥有出租车辆1254辆，更新车辆700辆。市区全年天然气供应总量1.35亿立方米，天然气用户达13万户，液化石油气供应总量4.3万吨，燃气普及率达到95.0%。市区自来水综合供水能力62万立方米／日，自来水普及率99.0%。

园林绿化水平提升。2008年，市区园林绿地面积6099公顷，比上年增加260公顷。建成区绿化覆盖率42.12%，比上年提高1.07个百分点。人均公园绿地面积14.5平方米，比上年增加0.39平方米。

生态市建设全力推进。2008年，全市围绕2010实现生态市建设目标，环境基础设施建设全面启动。继续加大治污力度，环境污染治理投资21.21亿元、太湖流域18座污水处理厂全部开工建设、建成16个农村居民点生活污水处理设施、完成3家污水处理厂除磷脱氮技术改造、建成畜禽粪便发酵床养殖技术示范点12个、关闭37家重点污染电镀企业，工业废水排放达标率92.0%、工业烟尘排放达标率98.9%、二氧化硫排放达标率达95.6%。各类创建取得成效，成功创成“臭氧层友好城市”，省级绿色社区3个，省级绿色学校11家，市级绿色社区15个，市级生态村26个。环境质量保持较高水平，空气优良天数优良率达91.0%，饮用水源地水质达标率为100%，环境质量综合指数达82.5分，新增城市绿地面积206公顷，城市绿化覆盖率42.1%，新增植树造林面积13.33万亩，森林覆盖面达21.2%。

十二、人口、人民生活和社会保障

人口总量基本稳定。2008年，年末户籍总人口268.77万人，比上年减少0.01万人，其中：男性人口134.69万人；女性人口134.08万人。其中市区总人口102.81万人，比上年减少0.01万人。全年人口出生率7.45‰，比上年上升0.03个千分点；人口死亡率8.31‰，比上年上升0.67个千分点；人口自然增长率为-0.86‰。

人民生活继续改善。2008年，我市城乡居民收入稳定增加，农民增收形势相对较好，但受企业效益增势放缓的影响，职工收入增长动力仍显不足。全市城镇居民人均可支配收入19040元，比上年增长13.5%，剔除价格因素实际增长7.8%。农民人均纯收入8742元，比上年增长14.0%，剔除价格因素实际增长8.3%。年末，全市居民人均储蓄25800元，比上年增长29.3%。全面小康社会建设得到巩固和提升，全市城市（市区）、农村居民人均生活消费性支出分别增长1.8%和12.5%，人均住居面积分别为33.6和47.8平方米，百户家庭拥有电话、电脑56部和278台，有线电视入户率达66.5%。

保障水平全面提升。2008年，社会保障财政转移支付力度不断加大，保障面扩量增，保障标准进一步调整提高，城乡统筹发展水平得到新提升。保障覆盖保持较高水平，基本养老保险参保人数57.31万人，比上年增加5.36万人，覆盖面达96.9%；基本医疗保险参保人数69.9万人，比上年增加3.6万人，覆盖面达97.6%；失业保险参保人数42.08万人，比上年增加0.31万人，覆盖面达98.1%。应保尽保同步提高，全市企业退休人员养老金人均月增资116元，达1092元/月；城乡居民最低生活保障人数4.26万人，增长5.7%，发放最低生活保障经费4899万元，增长49.8%，城乡居民低保标准分别提高到每人每月330元和220元，农村五保户集中供养率达60.6%。农村居民保障水平快速提升，全市农村养老参保率达45.7%。

注：1、本公报数为初步统计数。

2、地区生产总值和增加值按现价计算，速度按可比价计算。

STATISTICAL
YEAR
BOOK

第一篇
Chapter 1

综　合
General Survey

自然概况

位　置

镇江市位于江苏省西南部，长江下游南岸，地处长江三角洲的顶端。北纬31度37分至32度19分，东经118度58分至119度58分。她西邻南京，东南连接常州，北滨长江，与扬州、泰州隔江相望。

面　积

镇江市土地总面积3847平方公里，其中水域面积为526平方公里，占总面积的13.7%，耕地面积147.3千公顷，城市建成区面积141.5平方公里。

地　貌

镇江地貌大势为南高北低，西高东低，以宁镇山脉和茅山山脉组成的山字型构造为骨架，山脉两侧由丘陵、岗地、平原分布。镇江的西南部丘陵起伏，群山连绵，其中大华山为最高峰，海拔为437.2米。市区最高峰为十里长山，海拔349米。

气　候

镇江属于亚热带季风气候，四季分明，温暖湿润，热量丰富，雨量充沛，无霜期长，常年平均气温15.5摄氏度，常年降水量1070.0毫米。

行政区划

镇江为江苏省省辖市，下辖七个区（市）：京口区、润州区、丹徒区，镇江新区、丹阳市、扬中市、句容市。全市共有镇41个，街道10个。

1－1　行政区划和土地面积

地　区	镇（个）	街　道（个）	居民委员会（个）	村民委员会（个）	土地面积（平方公里）	丘陵山地
合　计	**41**	**10**	**262**	**605**	**3 847**	**744.1**
市　区	**13**	**10**	**148**	**143**	**1 082**	**236.7**
京口区	2	4	67	10	118	
润州区	1	4	53	15	130	
丹徒区	7		13	83	611	
新　区	3	2	15	35	223	
辖　市	**28**		**114**	**462**	**2 765**	**507.4**
丹阳市	13		54	224	1 047	52.9
扬中市	5		22	85	331	1.7
句容市	10		38	153	1 387	452.8

1－2　各地区镇、街道名称

地　区	镇、街道（个）	镇、街道名称
京口区	6	正东路街道　健康路街道　大市口街道　四牌楼街道　谏壁镇　象山镇
润州区	5	宝塔路街道　七里甸街道　金山街道　和平路街道　蒋乔镇
丹徒区	7	高桥镇　辛丰镇　上党镇　高资镇　世业镇　谷阳镇　宝堰镇
新　区	5	大港街道　丁卯街道　姚桥镇　大路镇　丁岗镇
丹阳市	13	云阳镇　延陵镇　珥陵镇　皇塘镇　司徒镇　吕城镇　访仙镇　界牌镇　新桥镇　埤城镇　导墅镇　陵口镇　后巷镇
扬中市	5	三茅镇　新坝镇　油坊镇　八桥镇　西来桥镇
句容市	10	华阳镇　黄梅镇　下蜀镇　白兔镇　郭庄镇　后白镇　宝华镇　茅山镇　边城镇　天王镇

1－3 全市分月气象情况

项　目	平均气温（摄氏度）	极端最高气温（摄氏度）	极端最低气温（摄氏度）
常年值	**15.5**	**40.2**	**-11.8**
全　年	**16.2**	**37.7**	**-7.8**
1月	1.6	13.8	-7.4
2月	2.9	19.3	-6.0
3月	11.2	23.9	1.3
4月	15.8	28.6	6.9
5月	22.2	33.6	10.8
6月	23.5	33.5	16.8
7月	29.2	37.7	23.0
8月	27.0	34.5	20.5
9月	24.5	34.1	15.9
10月	19.3	28.5	10.4
11月	11.6	25.0	-1.5
12月	5.8	22.8	-7.8

1-3（续）

项　目	降水量（毫米）	连续降水量（毫米）	日照时数（小时）
常年值	**1 070.0**		**2 057.2**
全　年	**995.6**	**225.3**	**2 053.2**
1月	102.4	36.1	87.5
2月	18.8	13.4	199.7
3月	32.5	9.9	211.6
4月	75.1	26.9	155.1
5月	102.2	48.2	250.8
6月	134.2	67.9	91.8
7月	215.5	50.9	206.5
8月	195.8	225.3	165.2
9月	25.5	23.2	175.7
10月	35.3	21.0	143.7
11月	33.4	25.0	178.8
12月	24.9	21.4	186.8

1-4　镇江的一天

项　目	单　位	2008年	2007年
地区生产总值	万元	38 579	33 060
第一产业	万元	1 400	1 257
第二产业	万元	23 107	19 773
第三产业	万元	14 073	12 031
工农业总产值	万元	91 116	79 231
工业总产值	万元	88 593	77 037
农业总产值	万元	2 523	2 193
财政收入	万元	6 389	5 569
财政支出	万元	4 717	3 803
社会消费品零售总额	万元	11 239	9 079
进出口总额	万美元	2 044	1 727.3
实际利用外资	万美元	319	291.4
全社会固定资产投资完成额	万元	19 685	16 110
新增固定资产	万元	10 053	7 663
施工房屋建筑面积	万平方米	2.3	1.8
货物运输量	万吨	29.1	25.3
旅客客运量	万人	19.2	17.3
市区公共汽车乘客人数	万人次	26.1	25.5
居民储蓄存款余额	万元	18 814	14 495
全社会用电量	万千瓦小时	3 772.2	3 474.0
邮电业务总量	万元	788	745
出生人数	人	54.9	54.7
死亡人数	人	61.2	56.2
粮食产量	吨	3 079.9	2 760.0
油料产量	吨	183.2	158.7
肉类产量	吨	179.5	170.1
水产品产量	吨	225.4	221.6
发电量	万千瓦小时	5 964.1	6 346.8
水泥产量	万吨	2.8	2.8
彩色电视机产量	台	106.6	227.9
食醋产量	吨	446.0	447.9
机制纸及纸板	吨	7 061.4	6 394.0

1－5　镇江国民经济占全省比重

项　目	单　位	江苏省	镇江市	镇江占全省比重（%）
土地面积	万平方公里	10.26	0.38	3.7
年末人口	万人	7 676.50	267.78	3.5
地区生产总值	亿元	30 312.61	1 408.14	4.6
第一产业	亿元	2 100.00	51.08	2.4
第二产业	亿元	16 663.81	843.40	5.1
# 工业	亿元	15 068.98	774.67	5.1
第三产业	亿元	11 548.80	513.66	4.4
人均地区生产总值	元	39 622	46 473	—
全社会固定资产投资完成额	亿元	15 060.45	718.50	4.8
城镇固定资产投资	亿元	11 369.62	456.22	4.0
房地产开发	亿元	3 064.46	97.03	3.2
财政收入	亿元	7 109.42	233.20	3.3
一般预算内财政收入	亿元	2 731.41	85.66	3.1
地方财政一般预算支出	亿元	3 247.49	96.57	3.0
金融机构年末存款余额	亿元	30 317.48	1 262.71	4.2
金融机构年末贷款余额	亿元	26 160.72	920.98	3.5
农林牧渔业总产值	亿元	3 590.64	92.09	2.6
粮食产量	万吨	3 175.49	112.42	3.5
油料产量	万吨	32.60	6.69	20.5
肉类产量	万吨	204.90	6.55	3.2
水产品产量	万吨	425.00	8.23	1.9
工业总产值（规模以上）	亿元	64 497.10	2 780.32	4.3
社会消费品零售总额	亿元	9 661.40	410.21	4.2
进出口总额	亿美元	3 922.68	74.61	1.9
出口总额	亿美元	2 380.36	42.52	1.8
合同利用外资金额	亿美元	507.26	23.34	4.6
实际利用外资金额	亿美元	251.20	12.02	4.8
在岗职工平均工资	元	31 667	30 958	—
城镇居民人均可支配收入	元	18 680	19 044	—
农村居民人均纯收入	元	7 357	8 703	—
居民储蓄存款余额	亿元	16 721.18	686.71	4.1
居民消费价格总指数	%	105.4	105.0	—

1－6　全社会主要经济指标完成情况

项　目	单　位	全　市	市　区
年末人口	万人	268.77	102.81
非农业人口	万人	120.50	65.85
从业人员	万人	165.39	62.07
地区生产总值	亿元	1 408.14	629.69
第一产业	亿元	51.08	11.87
第二产业	亿元	843.40	380.17
工业	亿元	774.67	336.78
第三产业	亿元	513.66	237.65
人均地区生产总值	元	46 473	54279
工农业总产值	亿元	3 325.73	1 492.44
工业总产值	亿元	3 233.65	1 472.14
农业总产值	亿元	92.08	20.30
全社会固定资产投资完成额	亿元	718.50	422.05
城镇固定资产投资	亿元	456.22	326.83
工业性投资	亿元	457.71	233.40
房地产开发投资	亿元	97.03	64.81
进出口总额	万美元	746 077	494 741
出口总额	万美元	425 209	239 774
合同利用外资金额	万美元	233 400	133 866
实际利用外资金额	万美元	120 175	61 259
财政收入	亿元	233.20	130.07
地方财政一般预算收入	亿元	85.66	46.61
财政支出	亿元	172.16	97.80
金融机构年末存款余额	亿元	1 262.71	638.23
居民储蓄存款余额	亿元	686.71	300.28
金融机构年末贷款余额	亿元	920.98	481.48
保费收入	亿元	32.85	15.61
财产险	亿元	7.04	4.09

1–6（续）

项目	单位	全市	市区
人寿险	亿元	25.81	11.52
赔款和给付	亿元	9.25	4.14
财产险	亿元	4.38	2.15
人寿险	亿元	4.86	1.99
社会消费品零售总额	亿元	410.21	198.85
居民消费价格总指数	%	—	105.0
国内旅游人数	万人	1 904	967
货运量	万吨	7 329	4 226
客运量	万人	10 499	5 906
港口货物吞吐量	万吨	10 055	10 055
邮电业务总量	亿元	28.77	14.07
全年用电量	万千瓦时	1 376 869	742 148
工业用电	万千瓦时	1 124 770	613 010
城乡居民生活用电	万千瓦时	126 342	59 015
在岗职工平均工资	元	30 958	34 530
城镇居民人均可支配收入	元	—	19 044
城镇居民人均生活消费支出	元	—	12 217
农村居民人均纯收入	元	8 703	—
农村居民人均生活消费支出	元	6 580	—
高等学校在校学生数	万人	8.35	8.35
中等专业学校在校学生数	万人	2.82	1.94
普通中学在校学生数	万人	14.23	4.82
小学在校学生数	万人	13.46	5.15
幼儿园在园幼儿数	万人	5.73	2.24
卫生机构数	个	911	397
卫生机构床位数	张	8 644	4 892
医院、卫生院技术人员	人	9 824	5 107
执业医师、执业助理医师	人	3 809	2 010

1－7 地区生产总值

（当年价格） 单位：亿元

项 目	全 市	市 区	丹徒区	丹阳市	扬中市	句容市
地区生产总值	1 408.14	629.69	127.27	425.45	172.80	180.20
第一产业	51.08	11.87	7.46	19.88	5.33	14.00
第二产业	843.40	380.17	76.87	253.12	103.48	106.63
工 业	774.67	336.78	71.10	240.93	97.45	99.51
建筑业	68.73	43.39	5.77	12.19	6.03	7.12
第三产业	513.66	237.65	42.94	152.45	63.99	59.57
人均地区生产总值(元）	46 473	54 279	43 422	45 664	52 966	29 447

1－8 地区生产总值指数

（按可比价格计算：以 2007 年为 100）

项 目	全 市	市 区	丹徒区	丹阳市	扬中市	句容市
地区生产总值	112.8	112.2	112.7	113.4	113.4	112.8
第一产业	105.1	104.1	108.5	108.3	107.2	104.1
第二产业	112.3	111.3	112.7	113.6	113.8	112.7
工 业	113.2	112.4	112.6	114.0	114.4	112.9
建筑业	101.9	100.5	114.2	104.6	103.2	109.2
第三产业	114.5	114.4	113.6	114.0	113.4	115.4
人均地区生产总值	112.0	111.1	111.7	112.8	112.0	112.6

1－9 主要年份地区生产总值

（当年价格）

单位：亿元

年　份	地区生产总值	第一产业	第二产业	第三产业	人均地区生产总值（元）
1978	12.18	3.06	7.36	1.76	527
1979	13.41	3.43	7.93	2.04	573
1980	14.94	3.65	8.99	2.30	633
1981	16.45	3.86	9.99	2.60	691
1982	18.09	4.40	10.69	3.00	748
1983	20.48	5.30	11.73	3.44	836
1984	26.10	6.75	14.74	4.61	1 067
1985	32.04	7.64	18.74	5.66	1 304
1986	36.30	8.72	20.21	7.36	1 469
1987	43.90	10.23	24.59	9.08	1 747
1988	53.89	11.79	30.64	11.46	2 139
1989	58.93	11.56	34.06	13.31	2 312
1990	65.32	14.48	37.27	13.57	2 540
1991	72.11	14.54	40.86	16.70	2 786
1992	101.91	17.00	60.11	24.81	3 924
1993	165.46	29.67	92.80	42.99	6 346
1994	221.29	33.62	126.98	60.69	8 447
1995	281.72	36.43	159.32	85.98	10 719
1996	319.35	31.62	183.81	103.92	12 095
1997	345.77	32.03	198.07	115.67	13 043
1998	370.22	31.71	210.54	127.97	13 943
1999	392.40	32.20	221.94	138.25	14 757
2000	423.25	33.44	239.35	150.46	15 887
2001	466.84	34.66	264.31	167.88	17 509
2002	513.46	32.46	296.74	184.26	19 241
2003	587.67	34.11	346.39	207.17	21 997
2004	711.97	37.06	433.54	241.35	26 645
2005	871.67	38.69	528.16	304.82	29 534
2006	1 021.52	41.54	618.63	361.34	34 293
2007	1 206.69	45.86	721.70	439.12	40 123
2008	**1 408.14**	**51.08**	**843.40**	**513.66**	**46 473**

注：2005 年起人均地区生产总值按常住人口计算。

1－10 主要年份地区生产总值构成

单位：%

年 份	地区生产总 值	第一产业	第二产业	第三产业
1978	100.0	25.1	60.4	14.5
1979	100.0	25.6	59.2	15.2
1980	100.0	24.4	60.2	15.4
1981	100.0	23.5	60.7	15.8
1982	100.0	24.3	59.1	16.6
1983	100.0	25.9	57.3	16.8
1984	100.0	25.9	56.4	17.7
1985	100.0	23.8	58.5	17.7
1986	100.0	24.0	55.7	20.3
1987	100.0	23.3	56.0	20.7
1988	100.0	21.9	56.8	21.3
1989	100.0	19.6	57.8	22.6
1990	100.0	22.1	57.1	20.8
1991	100.0	20.1	56.7	23.2
1992	100.0	16.7	59.0	24.3
1993	100.0	17.9	56.1	26.0
1994	100.0	15.2	57.4	27.4
1995	100.0	12.9	56.6	30.5
1996	100.0	9.9	57.6	32.5
1997	100.0	9.3	57.3	33.5
1998	100.0	8.6	56.9	34.6
1999	100.0	8.2	56.6	35.2
2000	100.0	7.9	56.6	35.5
2001	100.0	7.4	56.6	36.0
2002	100.0	6.3	57.8	35.9
2003	100.0	5.8	58.9	35.3
2004	100.0	5.2	60.9	33.9
2005	100.0	4.4	60.6	35.0
2006	100.0	4.1	60.5	35.4
2007	100.0	3.8	59.8	36.4
2008	**100.0**	**3.6**	**59.9**	**36.5**

统计指标解释

国内生产总值

指一个国家所有常住单位在一定时期内生产活动的最终成果。国内生产总值有三种表现形态，即价值形态、收入形态和产品形态。从价值形态看，它是所有常住单位在一定时期内生产的全部货物和服务价值超过同期中间投入的全部非固定资产货物和服务价值的差额，即所有常住单位的增加值之和；从收入形态看，它是所有常住单位在一定时期内创造并分配给常住单位和非常住单位的初次收入分配之和；从产品形态看，它是所有常住单位在一定时期内最终使用的货物和服务价值与货物和服务净出口价值之和。在实际核算中，国内生产总值有三种计算方法，即生产法、收入法和支出法。三种方法分别从不同的方面反映国内生产总值及其构成。

劳动者报酬

指劳动者因从事生产活动所获得的全部报酬。包括劳动者获得的各种形式的工资、奖金和津贴，既包括货币形式的，也包括实物形式的；还包括劳动者所享受的公费医疗和医药卫生费、上下班交通补贴和单位支付的社会保险费等。对于个体经济来说，其所有者所获得的劳动报酬和经营利润不易区分，这两部分统一作为劳动者报酬处理。

可比价格

指在不同时期的价值指标对比时，扣除了价格变动的因素，以确切反映物量的变化。按可比价格计算有两种方法：一种是直接用产品产量乘某一年的不变价格计算；另一种是用价格指数换算。

不变价格

指用同类产品的年平均价格作为固定价格，来计算各年产品价值。按不变价格计算的产品价值消除了价格变动因素，不同时期对比可以反映生产的发展速度。新中国成立后，随着工农业产品价格水平的变化，国家统计局先后五次制定了全国统一的工业产品不变价格和农业产品不变价格，从 1949 年到 1957 年使用 1952 年工（农）业产品不变价格，从 1957 年到 1971 年使用 1957 年不变价格，从 1971 年到 1981 年使用 1970 年不变价格，从 1981 年到 1990 年使用 1980 年不变价格，从 1990 年开始使用 1990 年不变价格。

平均每年增长速度

在我国计算平均增长速度有两种方法，一种是习惯上经常使用的 水平法 ，又称几何平均法，是以间隔期最后一年的水平同基期水平对比来计算平均每年增长（或下降）速度。另一种是 累计法 ，又称代数平均法或方程法，是以间隔期内各年水平的总和同基期水平对比来计算平均每年增长（或下降）速度。

三次产业

根据社会生产活动历史发展的顺序对产业结构的划分，产品直接取自自然界的部门称为第一产业，对初级产品进行再加工的部门称为第二产业，为生产和消费提供各种服务的部门称为第三产业。它是世界上通用的产业结构分类，但各国的划分不尽一致。我国的三次产业划分是：

第一产业：农、林、牧、渔业（包括农业、林业、牧业和渔业）

第二产业：工业（包括采掘工业、制造业、自来水、电力、蒸气、热水、煤气）和建筑业。

第三产业：除第一、第二产业以外的其他各业。由于第三产业包括的行业多、范围广，根据我国的实际情况，第三产业可分为两大部分：一是流通部门，二是服务部门。具体又可分为四个层次：

第一层次：流通部门，包括交通运输业、邮电通讯业、商业、饮食业、物资供销和仓储业。

第二层次：为生产和生活服务的部门，包括金融、保险业，地质普查业，房地产、公用事业，居民服务业，咨询服务业和综合技术服务业，农、林、牧、渔、水利服务业和水利业，公路、内河（湖）航道养护业等。

第三层次：为提高科学文化水平和居民素质服务的部门，包括教育、文化、广播电视、科学研究、卫生、体育和社会福利事业等。

第四层次：为社会公共需要服务的部门，包括国家机关、政党机关、社会团体，以及军队和警察等。

企业登记注册类型的划分

是以在工商行政管理机关登记注册的各类企业为划分对象，以工商行政管理部门对企业登记注册的类型为依据，将企业登记注册类型分为内资企业、港澳台商投资企业和外商投资企业三大类。内资企业包括国有企业、集体企业、股份合作企业、联营企业、有限责任公司、股份有限公司、私营公司和其他企业；港澳台商投资企业和外商投资企业分别包括合资经营企业、合作经营企业、独资经营企业和股份有限公司。对不在工商行政管理部门进行登记注册的行政机关、事业单位和社会团体，主要按其经费来源和管理方式进行划分。

按经济成份分：

1. 国有企业：是指企业全部资产归国家所有，并按《中华人民共和国企业法人登记管理条例》规定登记注册的非公司制的经济组织。不包括有限责任公司中的国有独资公司。

2. 集体企业：是指企业资产归集体所有，并按《中华人民共和国企业法人登记管理条例》规定登记注册的经济组织。

3. 股份合作企业：是指以合作制为基础，由企业职工共同出资入股，吸收一定比例的社会资产投资组建，实行自主经营，自负盈亏，共同劳动，民主管理，按劳分配与按股分红相结合的一种集体经济组织。

4. 联营企业：是指两个及两个以上相同或不同所有制性质的企业法人或事业单位法人，按自愿、平等、互利的原则，共同投资组成的经济组织。

5. 有限责任公司：是指根据《中华人民共和国公司登记管理条例》规定登记注册，由两个以上，五十个以下的股东共同出资，每个股东以其所认缴的出资额对公司承担有限责任，公司以其全部资产对其债务承担责任的经济组织。

有限责任公司包括国有独资公司以及其他有限责任公司。

国有独资公司：是指国家授权的投资机构或者国家授权的部门单独投资设立的有限责任公司。

其他有限责任公司：是指国有独资公司以外的其他有限责任公司。

6. 股份有限公司：是指根据《中华人民共和国公司登记管理条例》规定登记注册，其全部注册资本由等额股份构成并通过发行股票筹集资本，股东以其认购的股份对公司承担有限责任，公司以其全部资产对其债务承担责任的经济组织。

7. 私营企业：是指由自然人投资设立或由自然人控股，以雇佣劳动为基础的营利性经济组织。包括按照《公司法》、《合伙企业法》、《私营企业暂行条例》规定登记注册的私营有限责任公司、私营股份有限公司、私营合伙企业和私营独资企业。

私营独资企业：是指按《私营企业暂行条例》的规定，由一名自然人投资经营，以雇佣劳动为基础，投资者对企业债务承担无限责任的企业。

私营合伙企业：是指按《合伙企业法》或《私营企业暂行条例》的规定，由两个以上自然人按照协议共同投资、共同经营、共负盈亏，以雇佣劳动为基础，对债务承担无限责任的企业。

私营有限责任公司：是指按《公司法》、《私营企业暂行条例》的规定，由两个以上自然人投资或由单个自然人控股的有限责任公司。

私营股份有限公司：是指按《公司法》的规定，由五个以上自然人投资，或由单个自然人控股的股份有限公司。

8. 其他企业：是指上述第三至第九之外的其他内资经济组织。

9. 合资经营企业（港、澳、台资）：是指港澳台地区投资者与内地的企业依照《中华人民共和国中外合资经营企业法》及有关法律的规定，按合同规定的比例投资设立、分享利润和分担风险的企业。

10. 合作经营企业（港、澳、台资）：是指港澳台地区投资者与内地企业依照《中华人民共和国合作经营企业法》及有关法律的规定，依照合作合同的约定进行投资或提供条件设立、分配利润和分担风险的企业。

11. 港、澳、台商独资经营企业：是指依照《中华人民共和国外资企业法》及有关法律的规定，在内地由港澳台地区投资者全额投资设立的企业。

12. 港、澳、台商投资股份有限公司：是指根据国家有关规定，经外经贸部依法批准设立，其中港、澳、台商的股本占公司注册资本的比例达25%以上的股份有限公司。凡其中港、澳、台商的股本占公司注册资本的比例小于25%的，属于内资企业中的股份有限公司。

13. 中外合资经营企业：是指外国企业或外国人与中国内地企业依照《中华人民共和国中外合资经营企业法》及有关法律的规定，按合同规定的比例投资设立、分享利润和分担风险的企业。

14. 中外合作经营企业：是指外国企业或外国人与中国内地企业依照《中华人民共和国中外合作经营企业法》及有关法律的规定，依照合作合同的约定进行投资或提供条件设立、分配利润和分担风险的企业。

15. 外资企业：是指依照《中华人民共和国外资企业法》及有关法律的规定，在中国内地由外国投资者全额投资设立的企业。

16. 外商投资股份有限公司：是指根据国家有关规定，经外经贸部依法批准设立，其中外资的股本占公司注册资本的比例达25%以上的股份有限公司。凡其中外资股本占公司注册资本的比例小于25%的，属于内资企业中的股份有限公司。

气温

指空气的温度，我国一般以摄氏度（°C）为单位表示。气象观测的温度表是放在离地面约1.5米处通风良好的百叶箱里测量的，因此，通常说的气温指的是离地面1.5米处百叶箱中的温度。其统计计算方法为：

月平均气温是将全月各日的平均气温相加，除以该月的天数而得。

年平均气温是将12个月的月平均气温累加后除以12而得。

降水量

指从天空降落到地面的液态或固态（经融化后）水，未经蒸发、渗透、流失而在地面上积聚的深度。其统计计算方法为：

月降水量是将全月各日的降水量累加而得。

年降水量是将12个月的月降水量累加而得。

第二篇
Chapter 2

STATISTICAL YEAR BOOK

人　口
Population

2－1　户数、人口数

地　区	户籍人口数					常住人口数（万人）
	户　数（户）	人口数（人）	男	女	平均户均人　口	
全　市	**1 000 653**	**2 687 708**	**1 346 815**	**1 340 893**	**2.69**	**304.07**
市　区	387 548	1 028 136	520 066	508 070	2.65	116.69
#京口区	119 081	336 880	174 713	162 167	2.83	38.05
润州区	99 080	243 388	124 073	119 315	2.46	28.60
丹徒区	100 589	279 096	137 902	141 194	2.77	29.48
新　区	68 798	168 772	83 378	85 394	2.45	20.56
丹阳市	288 016	806 463	401 523	404 940	2.80	93.38
扬中市	110 122	274 895	135 854	139 041	2.50	32.77
句容市	214 967	578 214	289 372	288 842	2.69	61.23

2－2　人口变动情况

单位：人、‰

地　区	出　生		死　亡		自然增长	
	人　数	出生率	人　数	死亡率	人　数	增长率
全　市	**20 028**	**7.45**	**22 335**	**8.31**	**-2 307**	**-0.86**
市　区	7 900	7.68	5 990	5.82	1 910	1.86
#京口区	2 437	7.17	1 590	4.68	847	2.49
润州区	1 811	7.48	1 531	6.32	280	1.16
丹徒区	1 974	7.10	1 907	6.86	67	0.24
新　区	1 678	9.97	962	5.72	716	4.25
丹阳市	6 247	7.75	7 553	9.37	-1 306	-1.62
扬中市	1 526	5.55	2 186	7.95	-660	-2.40
句容市	4 355	7.53	6 606	11.42	-2 251	-3.89

2－3　主要年份全市人口及自然变动情况

年　份	年末总人口（万人）	男	女	出生率（‰）	死亡率（‰）	自然增长率（‰）
1954	157.85	78.65	79.20	41.77	14.99	26.78
1957	166.26	81.16	85.10	35.22	12.90	22.32
1962	172.53	84.41	88.12	38.91	8.52	30.39
1965	188.48	93.21	95.27	36.56	8.04	28.52
1970	212.89	105.66	107.23	29.23	6.27	22.96
1975	227.53	113.53	114.00	16.75	6.45	10.30
1978	233.90	117.48	116.42	14.97	6.39	8.58
1979	235.36	118.16	117.20	13.33	6.23	7.10
1980	236.91	119.26	117.65	13.61	7.03	6.58
1981	239.30	120.62	118.68	16.84	6.26	10.58
1982	242.77	122.79	119.98	16.05	6.14	9.91
1983	244.29	123.91	120.38	11.13	6.37	4.76
1984	245.07	124.49	120.58	9.06	6.58	2.48
1985	246.19	125.26	120.93	9.99	6.73	3.26
1986	247.97	126.21	121.76	13.46	6.57	6.89
1987	250.52	127.62	122.90	15.35	6.47	8.88
1988	253.50	129.21	124.29	14.69	6.60	8.09
1989	256.18	130.45	125.73	15.32	6.44	8.88
1990	258.13	131.38	126.75	14.38	6.54	7.84
1991	259.05	131.71	127.34	11.92	6.48	5.44
1992	259.91	132.29	127.62	11.45	6.74	4.71
1993	261.54	132.98	128.56	11.17	6.30	4.87
1994	262.46	133.41	129.05	10.36	6.64	3.72
1995	263.27	134.03	129.24	9.69	6.61	3.08
1996	264.80	134.85	129.95	10.01	6.56	3.45
1997	265.41	134.99	130.42	8.89	6.39	2.50
1998	265.64	135.12	130.52	8.60	6.96	1.64
1999	266.17	135.29	130.88	8.53	6.03	2.50
2000	266.67	135.45	131.22	8.70	7.89	0.81
2001	266.58	135.31	131.27	7.45	5.41	2.04
2002	267.13	135.84	131.29	7.47	5.69	1.78
2003	267.19	135.29	131.90	6.75	5.87	0.88
2004	267.21	135.06	132.15	7.64	8.35	-0.71
2005	267.61	135.10	132.51	8.04	5.95	2.09
2006	268.79	133.92	134.87	7.81	6.16	1.65
2007	268.78	135.22	133.56	7.42	7.64	-0.22
2008	**268.77**	**134.68**	**134.09**	**7.45**	**8.31**	**-0.86**

2－4　主要年份市区人口及自然变动情况

年　份	年末总人口（万人）	男	女	出生率（‰）	死亡率（‰）	自然增长率（‰）
1954	53.48	26.92	26.56	41.51	15.26	26.25
1957	56.16	27.01	29.15	36.60	14.13	22.47
1962	60.03	29.25	30.78	29.83	8.05	21.78
1965	64.91	32.02	32.89	32.78	8.39	24.39
1970	71.01	35.28	35.73	24.73	6.54	18.19
1975	76.50	38.27	38.23	17.35	6.72	10.63
1978	79.77	40.26	39.51	18.83	8.76	10.08
1979	81.55	41.11	40.44	13.31	6.14	7.18
1980	82.50	41.80	40.70	14.31	6.85	7.46
1981	83.74	42.53	41.21	17.66	6.06	11.60
1982	85.15	43.28	41.87	16.89	5.91	10.98
1983	85.91	43.81	42.10	11.53	6.34	5.20
1984	86.35	44.06	42.29	9.52	6.47	3.05
1985	87.20	44.57	42.63	9.82	6.65	3.17
1986	88.24	45.13	43.11	12.19	7.77	4.42
1987	89.24	45.67	43.57	13.16	6.31	6.85
1988	90.47	46.31	44.16	13.67	6.23	7.44
1989	91.39	46.88	44.51	13.50	5.95	7.55
1990	91.88	47.13	44.75	12.21	6.25	5.97
1991	92.35	47.39	44.96	10.27	6.09	4.19
1992	92.76	47.60	45.16	11.52	6.16	5.36
1993	93.53	48.02	45.51	10.99	6.32	4.67
1994	94.24	48.36	45.88	10.66	6.31	4.35
1995	94.66	48.58	46.08	9.30	6.09	3.21
1996	95.83	49.15	46.68	11.34	6.41	4.93
1997	96.28	49.16	47.12	10.77	6.31	4.46
1998	97.30	49.77	47.53	9.34	6.22	3.12
1999	98.33	50.28	48.05	10.16	5.59	4.57
2000	99.29	50.75	48.54	8.74	7.17	1.57
2001	99.53	51.01	48.52	7.36	5.42	1.94
2002	100.04	51.32	48.72	7.31	5.55	1.76
2003	100.51	51.42	49.09	6.73	5.49	1.24
2004	101.36	51.69	49.67	7.46	6.29	1.17
2005	102.01	51.94	50.07	7.33	5.40	1.93
2006	102.72	52.15	50.57	7.14	5.26	1.88
2007	102.82	52.09	50.73	7.23	6.86	0.37
2008	**102.82**	**52.01**	**50.81**	**7.68**	**5.82**	**1.86**

2－5　主要年份丹徒区人口及自然变动情况

年　份	年末总人口（万人）	男	女	出生率（‰）	死亡率（‰）	自然增长率（‰）
1954	32.84	15.01	17.83	43.30	16.16	27.14
1957	34.73	15.69	19.04	33.32	16.38	16.94
1962	37.45	17.50	19.95	36.70	9.51	27.19
1965	41.40	19.71	21.69	37.60	8.80	28.80
1970	46.83	22.53	24.30	27.50	5.90	21.60
1975	49.89	24.00	25.89	19.37	6.76	12.61
1978	50.95	24.73	26.22	16.39	6.53	9.86
1979	50.44	24.48	25.96	13.74	6.27	7.47
1980	50.48	24.64	25.84	15.20	6.90	8.30
1981	50.79	24.84	25.95	17.81	6.11	11.70
1982	51.27	25.12	26.15	16.85	6.13	10.72
1983	51.17	25.18	25.99	10.19	6.61	3.58
1984	51.06	25.15	25.91	9.58	6.81	2.77
1985	50.94	25.12	25.82	10.00	6.91	3.09
1986	46.04	22.74	23.30	13.03	9.71	3.32
1987	46.17	22.82	23.35	14.46	6.62	7.84
1988	46.38	22.94	23.44	13.53	6.61	6.92
1989	46.49	23.09	23.40	13.86	6.38	7.48
1990	46.56	23.14	23.42	12.81	6.97	5.84
1991	46.54	23.16	23.38	10.56	6.80	3.76
1992	42.73	21.32	21.41	11.16	7.50	3.66
1993	42.54	21.23	21.31	10.38	7.61	2.77
1994	42.48	21.21	21.27	10.76	7.51	3.25
1995	42.20	21.09	21.11	9.15	8.19	0.96
1996	41.58	20.82	20.76	9.46	7.96	1.50
1997	38.13	18.96	19.17	7.70	7.36	0.34
1998	38.03	19.01	19.02	6.79	8.08	-1.29
1999	37.19	18.67	18.52	7.56	7.71	-0.15
2000	36.75	18.40	18.35	6.84	8.21	-1.37
2001	36.71	18.40	18.31	6.94	7.50	-0.56
2002	36.41	18.26	18.15	6.82	7.74	-0.92
2003	36.17	18.13	18.04	5.66	7.57	-1.90
2004	36.11	17.99	18.12	7.83	9.31	-1.48
2005	27.04	13.47	13.57	7.70	6.44	1.26
2006	27.65	13.71	13.94	8.38	6.85	1.53
2007	27.66	13.69	13.97	6.90	10.04	-3.14
2008	**27.91**	**13.79**	**14.12**	**7.10**	**6.86**	**0.24**

2－6　主要年份丹阳市人口及自然变动情况

年　份	年末总人口（万人）	男	女	出生率（‰）	死亡率（‰）	自然增长率（‰）
1954	51.83	25.11	26.72	42.43	15.04	27.39
1957	54.86	26.06	28.80	31.47	14.83	16.64
1962	56.30	26.99	29.31	38.50	7.84	30.66
1965	61.82	30.14	31.68	35.90	8.00	27.90
1970	70.15	34.40	35.75	28.50	6.50	22.00
1975	73.91	36.38	37.53	17.13	6.69	10.44
1978	75.04	37.16	37.88	14.84	6.89	7.95
1979	74.86	37.09	37.77	13.68	6.69	6.99
1980	75.08	37.26	37.82	13.12	7.36	5.76
1981	75.48	37.53	37.95	15.66	6.98	8.68
1982	76.16	38.02	38.14	15.18	6.77	8.41
1983	76.36	38.20	38.16	11.18	6.73	4.45
1984	76.46	38.30	38.16	9.25	6.92	2.33
1985	76.53	38.44	38.09	10.14	7.00	3.14
1986	76.92	38.64	38.28	14.23	7.01	7.22
1987	77.68	39.11	38.57	16.40	6.85	9.55
1988	78.59	39.54	39.05	15.07	7.05	8.02
1989	79.47	39.91	39.56	15.75	6.20	9.55
1990	80.08	40.26	39.82	15.55	6.68	8.87
1991	80.15	40.15	40.00	13.00	7.05	5.95
1992	80.08	40.25	39.83	11.22	7.15	4.07
1993	80.53	40.48	40.05	11.34	6.56	4.78
1994	80.53	40.50	40.03	10.20	7.28	2.92
1995	80.77	40.62	40.15	10.48	7.16	3.32
1996	80.96	40.73	40.23	9.68	6.98	2.70
1997	80.91	40.75	40.16	7.14	6.80	0.34
1998	80.43	40.35	40.08	7.63	7.67	-0.04
1999	80.09	40.18	39.91	7.23	6.61	0.62
2000	80.20	40.22	40.05	8.43	9.27	-0.84
2001	80.31	40.22	40.09	7.25	5.54	1.71
2002	80.37	40.22	40.15	7.41	6.20	1.21
2003	80.25	40.12	40.13	6.73	6.29	0.43
2004	80.16	40.00	40.16	9.02	10.66	-1.64
2005	80.30	40.10	40.20	8.77	7.29	1.48
2006	80.61	40.22	40.39	8.56	7.40	1.16
2007	80.61	40.17	40.44	8.21	9.17	-0.96
2008	**80.64**	**40.15**	**40.49**	**7.75**	**9.37**	**-1.62**

2－7　主要年份扬中市人口及自然变动情况

年　份	年末总人口（万人）	男	女	出生率（‰）	死亡率（‰）	自然增长率（‰）
1954	18.07	8.42	9.65	34.14	15.86	18.28
1957	19.01	8.98	10.03	44.13	14.35	29.78
1962	19.73	9.30	10.43	42.76	10.30	32.46
1965	21.05	10.19	10.86	36.60	10.30	26.30
1970	23.62	11.37	12.25	28.30	6.30	22.00
1975	24.99	12.14	12.85	15.77	7.56	8.21
1978	25.36	12.38	12.98	15.10	7.09	8.01
1979	25.45	12.45	13.00	13.50	6.91	6.59
1980	25.56	12.51	13.05	11.88	7.96	3.92
1981	25.76	12.66	13.10	15.43	6.34	9.09
1982	26.04	12.84	13.20	15.99	6.61	9.38
1983	26.09	12.87	13.22	10.78	6.97	3.81
1984	26.09	12.90	13.19	8.34	7.30	1.04
1985	26.08	12.90	13.18	8.84	7.49	1.35
1986	26.25	13.03	13.22	14.31	7.43	6.88
1987	26.52	13.18	13.34	17.56	7.20	10.36
1988	26.71	13.31	13.40	15.29	7.69	7.60
1989	26.99	13.47	13.52	16.02	3.29	12.73
1990	27.27	13.61	13.66	15.33	7.57	7.76
1991	27.47	13.67	13.80	13.91	7.40	6.51
1992	27.60	13.75	13.85	12.66	7.38	5.28
1993	27.70	13.77	13.93	12.52	7.49	5.03
1994	27.69	13.78	13.91	10.55	7.63	2.92
1995	27.66	13.77	13.89	10.69	7.66	3.03
1996	27.73	13.80	13.93	9.78	7.67	2.11
1997	27.65	13.76	13.89	9.80	7.43	2.37
1998	27.62	13.75	13.87	12.85	8.27	4.58
1999	27.55	13.71	13.84	10.29	7.39	2.90
2000	27.52	13.70	13.82	12.26	8.02	4.24
2001	27.32	13.57	13.75	11.16	7.53	3.63
2002	27.28	13.54	13.74	11.61	7.56	4.05
2003	27.24	13.50	13.74	8.02	8.24	-0.21
2004	27.24	13.50	13.74	8.03	7.97	0.06
2005	27.28	13.51	13.77	10.37	8.13	2.24
2006	27.39	13.55	13.84	10.26	7.62	2.64
2007	27.48	13.59	13.89	6.36	7.87	-1.51
2008	**27.49**	**13.58**	**13.91**	**5.55**	**7.95**	**-2.40**

2－8 主要年份句容市人口及自然变动情况

年 份	年末总人口（万人）	男	女	出生率（‰）	死亡率（‰）	自然增长率（‰）
1954	34.47	18.19	16.28	45.68	13.73	31.95
1957	36.23	19.11	17.12	35.05	7.35	27.70
1962	36.47	18.86	17.61	42.92	6.51	36.41
1965	40.71	20.87	19.84	43.40	6.20	37.20
1970	48.11	24.62	23.49	35.64	5.18	30.46
1975	52.14	26.74	25.40	15.86	5.20	10.66
1978	53.72	27.68	26.04	15.72	5.32	10.40
1979	53.51	27.52	25.99	12.81	5.41	7.40
1980	53.77	27.69	26.08	14.12	6.45	7.67
1981	54.32	27.90	26.42	18.04	5.58	12.46
1982	55.42	28.64	26.78	16.15	5.45	10.70
1983	55.93	29.03	26.90	10.55	5.73	4.82
1984	56.18	29.24	26.94	8.48	6.04	2.44
1985	56.37	29.34	27.03	10.62	6.19	4.43
1986	56.56	29.41	27.15	14.05	6.17	7.88
1987	57.08	29.66	27.42	16.35	6.03	10.32
1988	57.73	30.05	27.68	15.58	6.09	9.49
1989	58.33	30.19	28.14	17.34	7.43	9.91
1990	58.90	30.38	28.52	15.79	6.36	9.43
1991	59.08	30.50	28.58	12.12	5.91	6.21
1992	59.47	30.69	28.78	11.16	6.79	4.37
1993	59.79	30.70	29.09	10.64	5.37	5.27
1994	60.00	30.77	29.23	10.04	5.86	4.18
1995	60.17	31.05	29.12	8.81	6.21	2.60
1996	60.28	31.17	29.11	8.52	5.74	2.78
1997	60.28	31.03	29.25	8.03	5.44	2.59
1998	60.28	31.25	29.04	6.83	6.59	0.24
1999	60.20	31.12	29.08	6.79	5.35	1.44
2000	59.58	30.79	28.79	7.36	7.18	0.18
2001	59.43	30.52	28.91	6.16	4.27	1.89
2002	59.44	30.75	28.69	5.93	4.35	1.58
2003	59.19	30.25	28.94	6.20	4.84	1.36
2004	58.44	29.86	28.57	5.90	8.94	-3.04
2005	58.03	29.55	28.47	7.18	4.04	3.14
2006	58.07	28.00	30.07	6.81	5.35	1.46
2007	57.87	29.37	28.50	7.17	6.79	0.38
2008	**57.82**	**28.94**	**28.88**	**7.53**	**11.42**	**-3.89**

统计指标解释

人 口

指一定时点、一定地区范围内的有生命的个人的总和。年度统计的年末人口数指每年12月31日24时的人口数。

出生率（又称粗出生率）

指在一定时期内（通常为一年）一定地区的出生人数与同期内平均人数（或期中人数）之比。一般用千分率表示。本资料中的出生率指年出生率，其计算公式为：

$$\text{出生率（‰）}=\frac{\text{年出生人数}}{\text{年平均人数}}\times 1000‰$$

出生人数指活产婴儿，即胎儿脱离母体时（不管怀孕月数），有过呼吸或其他生命现象。

年平均人数指年初、年底人口数的平均数，也可用年中人口数代替。

死亡率（又称粗死亡率）

指在一定时期内（通常为一年）一定地区的死亡人数与同期内平均人数（或期中人数）之比，一般用千分率表示。本资料中的死亡率指年死亡率，其计算公式为：

$$\text{死亡率（‰）}=\frac{\text{年死亡人数}}{\text{年平均人数}}\times 1000‰$$

人口自然增长率

指在一定时期内（通常为一年）人口自然增加数（出生人数减死亡人数）与该时期内平均人数（或期中人数）之比，一般用千分率表示。计算公式为：

$$\text{人口自然增长率（‰）}=\frac{\text{本年出生人数}-\text{本年死亡人数}}{\text{年平均人数}}\times 1000‰$$

人口自然增长率=人口出生率-人口死亡率

STATISTICAL YEAR BOOK

第三篇
Chapter 3

劳　动
Labor

3－1 城镇单位年末从业人员

单位：人

项 目	全 部从业人员	在岗职工	其 他从业人员	女 性	离开本单位仍保留劳动关系的职工
合 计	**362 423**	**345 715**	**16 708**	**146 420**	**18 258**
一、按地区分					
市 区	194 809	184 039	10 770	78 743	13 658
#京口区	49 047	46 705	2 342	23 196	3 702
润州区	45 670	44 448	1 222	17 447	5 212
丹徒区	32 561	32 536	25	11 743	2 854
丹阳市	79 004	76 151	2 853	32 745	2 186
扬中市	38 743	37 642	1 101	14 994	571
句容市	49 867	47 883	1 984	19 938	1 843
二、按企业、事业、机关分					
企 业	262 140	250 297	11 843	106 546	16 428
事 业	71 004	68 238	2 766	33 288	1 235
机 关	29 279	27 180	2 099	6 586	595
三、按国民经济行业分					
农、林、牧、渔业	3 224	3 214	10	1 104	326
采矿业	2 142	2 142		469	1 683
制造业	170 411	169 387	1 024	70 617	7 173
电力、煤气及水的生产和供应业	8 270	8 263	7	2 449	126
建筑业	18 340	17 331	1 009	2 974	1 313
交通运输业、仓储和邮政业	15 243	14 891	352	4 172	1 561
信息传输、计算机服务和软件业	2 480	2 392	88	859	145
批发和零售业	14 465	13 992	473	8 347	2 955
住宿和餐饮业	4 649	4 560	89	2 798	442
金融业	16 000	9 551	6 449	8 968	422
房地产业	3 971	3 805	166	1 410	114
租赁和商务服务业	5 015	4 029	986	1 709	557
科学研究、技术服务和地质勘查业	5 016	4 791	225	1 298	132
水利、环境和公共设施管理业	6 158	6 057	101	2 305	207
居民服务和其他服务业	2 556	548	2 008	1 613	76
教 育	34 167	33 751	416	16 723	655
卫生、社会保障和社会福利业	17 397	16 634	763	10 419	132
文化、体育和娱乐业	2 829	2 563	266	1 217	52
公共管理和社会组织	30 090	27 814	2 276	6 969	187
国际组织					

3－2　城镇单位年末从业人员（国有单位）

单位：人

项　　目	全　部从业人员	在岗职工	其　他从业人员	女　性	离开本单位仍保留劳动关系的职工
合　计	**146 473**	**138 323**	**8 150**	**54 491**	**6 593**
一、按地区分					
市　区	78 758	73 814	4 944	30 533	4 182
#京口区	20 826	19 341	1 485	9 842	679
润州区	16 938	15 907	1 031	6 677	936
丹徒区	10 858	10 856	2	3 686	1 525
丹阳市	35 560	34 149	1 411	11 587	1 376
扬中市	11 144	11 059	85	4 872	215
句容市	21 011	19 301	1 710	7 499	820
二、按企业、事业、机关分					
企　业	51 751	48 110	3 641	17 686	4 909
事　业	65 443	63 033	2 410	30 219	1 089
机　关	29 279	27 180	2 099	6 586	595
三、按国民经济行业分					
农、林、牧、渔业	3 224	3 214	10	1 104	326
采矿业	283	283		61	873
制造业	20 145	20 077	68	5 588	2 046
电力、煤气及水的生产和供应业	5 122	5 122		1 369	27
建筑业	3 902	3 336	566	505	396
交通运输业、仓储和邮政业	5 978	5 643	335	1 731	320
信息传输、计算机服务和软件业	907	907		362	65
批发和零售业	3 777	3 760	17	1 512	628
住宿和餐饮业	1 616	1 584	32	991	83
金融业	4 420	3 860	560	2 351	230
房地产业	1 854	1 819	35	730	92
租赁和商务服务业	4 008	3 054	954	1 397	282
科学研究、技术服务和地质勘查业	3 939	3 818	121	976	51
水利、环境和公共设施管理业	5 601	5 500	101	1 938	207
居民服务和其他服务业	2 485	479	2 006	1 586	31
教　育	33 859	33 483	376	16 447	654
卫生、社会保障和社会福利业	13 008	12 564	444	8 021	71
文化、体育和娱乐业	2 255	2 006	249	853	24
公共管理和社会组织	30 090	27 814	2 276	6 969	187
国际组织					

3－3 城镇单位年末从业人员（集体单位）

单位：人

项 目	全 部从业人员	在岗职工	其 他从业人员	女 性	离开本单位仍保留劳动关系的职工
合 计	**21 868**	**21 305**	**563**	**9 515**	**2 549**
一、按地区分					
市 区	9 458	9 277	181	3 951	1 475
#京口区	1 938	1 862	76	1 341	136
润州区	1 102	1 029	73	485	522
丹徒区	4 992	4 992		1 696	810
丹阳市	4 426	4 284	142	1 855	365
扬中市	4 394	4 363	31	1 785	178
句容市	3 590	3 381	209	1 924	531
二、按企业、事业、机关分					
企 业	16 307	16 100	207	6 446	2 403
事 业	5 561	5 205	356	3 069	146
机 关					
三、按国民经济行业分					
农、林、牧、渔业					
采矿业					
制造业	9 721	9 552	169	3 896	525
电力、煤气及水的生产和供应业	156	156		45	
建筑业	778	778		136	110
交通运输业、仓储和邮政业	957	945	12	212	105
信息传输、计算机服务和软件业	93	93		30	10
批发和零售业	1 571	1 550	21	741	1 356
住宿和餐饮业	977	977		692	3
金融业	1 600	1 600		575	80
房地产业	92	92		49	
租赁和商务服务业	657	650	7	151	207
科学研究、技术服务和地质勘查业	112	112		43	81
水利、环境和公共设施管理业	503	503		349	
居民服务和其他服务业	12	12		4	8
教 育	248	212	36	236	1
卫生、社会保障和社会福利业	4 295	3 986	309	2 323	61
文化、体育和娱乐业	96	87	9	33	2
公共管理和社会组织					
国际组织					

3－4　城镇单位年末从业人员（其他单位）

单位：人

项　目	全　部从业人员	在岗职工	其　他从业人员	女　性	离开本单位仍保留劳动关系的职工
合　计	**194 082**	**186 087**	**7 995**	**82 414**	**9 116**
一、按地区分					
市　区	106 593	100 948	5 645	44 259	8 001
#京口区	26 283	25 502	781	12 013	2 887
润州区	27 630	27 512	118	10 285	3 754
丹徒区	16 711	16 688	23	6 361	519
丹阳市	39 018	37 718	1 300	19 303	445
扬中市	23 205	22 220	985	8 337	178
句容市	25 266	25 201	65	10 515	492
二、按企业、事业、机关分					
企　业	194 082	186 087	7 995	82 414	9 116
事　业					
机　关					
三、按国民经济行业分					
农、林、牧、渔业					
采矿业	1 859	1 859		408	810
制造业	140 545	139 758	787	61 133	4 602
电力、煤气及水的生产和供应业	2 992	2 985	7	1 035	99
建筑业	13 660	13 217	443	2 333	807
交通运输、仓储和邮政业	8 308	8 303	5	2 229	1 136
信息传输、计算机服务和软件业	1 480	1 392	88	467	70
批发和零售业	9 117	8 682	435	6 094	971
住宿和餐饮业	2 056	1 999	57	1 115	356
金融业	9 980	4 091	5 889	6 042	112
房地产业	2 025	1 894	131	631	22
租赁和商务服务业	350	325	25	161	68
科学研究、技术服务和地质勘查业	965	861	104	279	
水利、环境和公共设施管理业	54	54		18	
居民服务和其他服务业	59	57	2	23	37
教　育	60	56	4	40	
卫生、社会保障和社会福利业	94	84	10	75	
文化、体育和娱乐业	478	470	8	331	26
公共管理和社会组织					
国际组织					

3－5 城镇单位劳动报酬

单位：万元

项 目	全部从业人员劳动报酬	在岗职工	其他从业人员	离开本单位仍保留劳动关系职工的生活费	在岗职工平均工资（元）
合 计	**1 103 654**	**1 067 404**	**36 250**	**15 000**	**30 958**
一、按地区分					
市 区	661 225	635 378	25 847	11 106	34 530
#京口区	148 093	144 722	3 371	2 550	31 070
润州区	134 923	131 272	3 651	3 860	29 959
丹徒区	90 474	90 414	60	1 830	27 570
丹阳市	216 599	210 158	6 441	1 937	27 602
扬中市	103 822	102 340	1 482	547	27 097
句容市	122 008	119 528	2 480	1 410	25 500
二、按企业、事业、机关分					
企 业	685 767	657 423	28 344	12 427	26 341
事 业	268 377	263 707	4 670	1 741	38 813
机 关	149 510	146 274	3 236	832	53 633
三、按国民经济行业分					
农、林、牧、渔业	7 770	7 763	7	214	23 800
采矿业	5 642	5 642		1 460	26 351
制造业	414 581	407 537	7 044	5 625	24 111
电力、煤气及水的生产和供应业	39 742	39 738	4	210	48 669
建筑业	51 563	48 651	2 912	1 236	28 293
交通运输、仓储和邮政业	45 500	44 764	736	1 108	30 207
信息传输、计算机服务和软件业	11 101	10 385	716	302	44 610
批发和零售业	34 566	34 009	557	1 277	23 976
住宿和餐饮业	8 326	8 260	66	180	18 246
金融业	55 604	42 009	13 595	1 150	44 248
房地产业	13 301	12 958	343	87	33 269
租赁和商务服务业	13 826	12 515	1 311	197	31 405
科学研究、技术服务和地质勘查业	21 759	21 262	497	77	44 472
水利、环境和公共设施管理业	18 181	17 950	231	284	29 561
居民服务和其他服务业	3 897	1 848	2 049	53	34 150
教 育	133 049	132 356	693	935	39 310
卫生、社会保障和社会福利业	62 790	61 524	1 266	144	37 460
文化、体育和娱乐业	10 029	9 198	831	37	36 486
公共管理和社会组织	152 427	149 035	3 392	424	53 689
国际组织					

3－6　城镇单位劳动报酬（国有单位）

单位：万元

项　目	全　部 从业人员 劳动报酬	在岗职工	其　他 从业人员	离开本单位 仍保留劳动 关系职工的 生　活　费	在岗职工 平均工资 （元）
合　计	**567 074**	**554 081**	**12 993**	**6 919**	**40 061**
一、按地区分					
市　区	337 590	329 184	8 406	4 401	44 675
＃京口区	84 839	82 547	2 292	446	42 897
润州区	63 352	59 990	3 362	1 074	37 849
丹徒区	39 457	39 454	3	1 006	36 196
丹阳市	118 484	115 998	2 486	1 277	33 959
扬中市	39 180	39 085	95	307	35 243
句容市	71 820	69 814	2 006	934	36 028
二、按企业、事业、机关分					
企　业	163 522	157 976	5 546	4 465	32 761
事　业	254 042	249 831	4 211	1 622	39 771
机　关	149 510	146 274	3 236	832	53 633
三、按国民经济行业分					
农、林、牧、渔业	7 770	7 763	7	214	23 800
采矿业	496	496		439	17 479
制造业	56 921	56 790	131	1 936	28 103
电力、煤气及水的生产和供应业	28 233	28 233		46	56 602
建筑业	17 290	15 330	1 960	753	43 159
交通运输、仓储和邮政业	21 416	20 703	713	445	36 572
信息传输、计算机服务和软件业	3 992	3 992		125	43 816
批发和零售业	12 895	12 877	18	303	33 939
住宿和餐饮业	3 116	3 069	47	42	19 298
金融业	15 019	14 474	545	635	37 556
房地产业	6 349	6 296	53	76	34 980
租赁和商务服务业	11 060	9 792	1 268	38	32 359
科学研究、技术服务和地质勘查业	16 822	16 543	279	65	43 557
水利、环境和公共设施管理业	17 130	16 899	231	284	30 530
居民服务和其他服务业	3 743	1 696	2 047	37	35 941
教　育	132 359	131 716	643	935	39 422
卫生、社会保障和社会福利业	51 569	50 725	844	105	40 874
文化、体育和娱乐业	8 467	7 652	815	17	38 373
公共管理和社会组织	152 427	149 035	3 392	424	53 689
国际组织					

3－7 城镇单位劳动报酬（集体单位）

单位：万元

项 目	全部从业人员劳动报酬	在岗职工	其他从业人员	离开本单位仍保留劳动关系职工的生活费	在岗职工平均工资（元）
合 计	**51 109**	**50 415**	**694**	**1 299**	**23 696**
一、按地区分					
市 区	23 397	23 178	219	704	24 768
#京口区	3 896	3 798	98	124	20 554
润州区	2 444	2 362	82	166	22 864
丹徒区	11 800	11 800		404	23 282
丹阳市	11 241	11 115	126	263	25 957
扬中市	9 481	9 426	55	97	21 700
句容市	6 990	6 696	294	235	20 340
二、按企业、事业、机关分					
企 业	36 774	36 539	235	1 180	22 612
事 业	14 335	13 876	459	119	27 119
机 关					
三、按国民经济行业分					
农、林、牧、渔业					
采矿业					
制造业	20 489	20 294	195	297	21 280
电力、煤气及水的生产和供应业	402	402			25 737
建筑业	2 284	2 284		73	28 617
交通运输、仓储和邮政业	2 620	2 603	17	87	27 696
信息传输、计算机服务和软件业	387	387		23	41 656
批发和零售业	2 936	2 918	18	533	18 056
住宿和餐饮业	1 246	1 246		2	12 661
金融业	6 030	6 030		165	37 856
房地产业	234	233	1		24 313
租赁和商务服务业	1 455	1 447	8	64	22 719
科学研究、技术服务和地质勘查业	391	391		12	33 983
水利、环境和公共设施管理业	926	926			19 128
居民服务和其他服务业	28	28		4	23 333
教 育	543	500	43		24 713
卫生、社会保障和社会福利业	10 994	10 588	406	39	26 969
文化、体育和娱乐业	144	138	6		15 874
公共管理和社会组织					
国际组织					

3－8　城镇单位劳动报酬（其他单位）

单位：万元

项　目	全　部 从业人员 劳动报酬	在岗职工	其　他 从业人员	离开本单位 仍保留劳动 关系职工的 生活费	在岗职工 平均工资 （元）
合　计	**485 471**	**462 908**	**22 563**	**6 782**	**24 995**
一、按地区分					
市　区	300 238	283 016	17 222	6 001	28 031
#京口区	59 358	58 377	981	1 980	22 904
润州区	69 127	68 920	207	2 620	25 588
丹徒区	39 217	39 160	57	420	23 274
丹阳市	86 874	83 045	3 829	397	22 029
扬中市	55 161	53 829	1 332	143	24 102
句容市	43 198	43 018	180	241	17 774
二、按企业、事业、机关分					
企　业	485 471	462 908	22 563	6 782	24 995
事　业					
机　关					
三、按国民经济行业分					
农、林、牧、渔业					
采矿业	5 146	5 146		1 021	27 708
制造业	337 171	330 453	6 718	3 392	23 726
电力、煤气及水的生产和供应业	11 107	11 103	4	164	36 755
建筑业	31 989	31 037	952	410	24 163
交通运输、仓储和邮政业	21 464	21 458	6	576	26 110
信息传输、计算机服务和软件业	6 722	6 006	716	154	45 365
批发和零售业	18 735	18 214	521	441	20 758
住宿和餐饮业	3 964	3 945	19	136	20 204
金融业	34 555	21 505	13 050	350	53 136
房地产业	6 718	6 429	289	11	32 159
租赁和商务服务业	1 311	1 276	35	95	39 627
科学研究、技术服务和地质勘查业	4 546	4 328	218		49 868
水利、环境和公共设施管理业	125	125			23 623
居民服务和其他服务业	126	124	2	12	21 596
教　育	147	140	7		25 054
卫生、社会保障和社会福利业	227	211	16		23 920
文化、体育和娱乐业	1 418	1 408	10	20	32 011
公共管理和社会组织					
国际组织					

3－9 城镇单位年末从业人员增加情况

单位：人

项 目	增加人数合 计	从农村招	从城镇招	录 用退伍军人	录用大、中专、技工学校的毕业生	调 入	其 他
合 计	**35 953**	**11 688**	**8 430**	**562**	**6 699**	**2 882**	**5 692**
一、按地区分							
市 区	19 944	4 945	5 301	358	3 944	1 773	3 623
#京口区	4 308	683	880	61	973	293	1 418
润州区	7 640	3 257	1 921	141	1 525	349	447
丹徒区	1 257	179	394	33	208	239	204
丹阳市	8 203	3 38	1 559	144	1 686	490	986
扬中市	2 609	1 315	292	41	444	325	192
句容市	5 197	2 090	1 278	19	625	294	891
二、按企业、事业、机关分							
企 业	29 266	11 509	8 133	378	4 903	1 017	3 326
事 业	4 869	164	249	65	1 518	1 348	1 525
机 关	1 818	15	48	119	278	517	841
三、按国民经济行业分							
农、林、牧、渔业	120		5		21	70	24
采矿业	13	5	2		4		2
制造业	20 137	9 786	5 031	258	3 655	465	942
电力、煤气及水的生产和供应业	798		2	2	113	13	668
建筑业	2 034	634	594	32	343	291	140
交通运输、仓储和邮政业	704	183	284	5	110	31	91
信息传输、计算机服务和软件业	141			1	83	24	33
批发和零售业	1 441	116	433	9	131	59	693
住宿和餐饮业	716	76	491	11	107	7	24
金融业	2 523	664	1 020		255	81	503
房地产业	191	8	83	2	22	24	52
租赁和商务服务业	674	41	171	104	48	36	274
科学研究、技术服务和地质勘查业	387	12	65	7	155	63	85
水利、环境和公共设施管理业	409	91	89	5	46	71	107
居民服务和其他服务业	23	10	9		2		2
教 育	2 355	6	32	5	781	1 035	496
卫生、社会保障和社会福利业	1 057	25	19	1	499	113	400
文化、体育和娱乐业	286	1	20	1	23	20	221
公共管理和社会组织	1 944	30	80	119	301	479	935
国际组织							

3－10 城镇单位年末从业人员减少情况

单位：人

项　目	减少人数合计	离休、退休、退职	开除、除名、辞退	终止、解除合同	离开本单位仍保留劳动关系的职工	死　亡	调　出	其　他
合　计	**42 726**	**4 835**	**1 122**	**23 853**	**1 064**	**190**	**4 548**	**7 114**
一、按地区分								
市　区	25 781	2 681	434	14 203	472	124	3 299	4 568
#京口区	4 875	802	131	1 571	145	31	1 174	1 021
润州区	7 592	617	76	4 966	165	36	445	1 287
丹徒区	2 241	343	57	836	54	9	223	719
丹阳市	9 051	620	425	6 065	376	25	687	853
扬中市	3 374	968	224	683	12	17	292	1 178
句容市	4 520	566	39	2 902	204	24	270	515
二、按企业、事业、机关分								
企　业	37 742	3 245	1 021	23 285	776	108	2 966	6 341
事　业	3 767	1 255	84	509	118	60	1 230	511
机　关	1 217	335	17	59	170	22	352	262
三、按国民经济行业分								
农、林、牧、渔业	225	126	2	4	70	2	11	10
采矿业	30	8	3	2	13	4		
制造业	27 570	1 894	821	18 534	637	59	1 597	4 028
电力、煤气及水的生产和供应业	379	137		61	2	8	70	101
建筑业	2 694	291	135	1 389	15	5	339	520
交通运输、仓储和邮政业	962	349	4	203	52	14	189	151
信息传输、计算机服务和软件业	297	18	1	35	19	2	65	157
批发和零售业	1 991	269	18	789	104	8	645	158
住宿和餐饮业	892	40	23	751	33	7	4	34
金融业	2 091	150	3	805	4	4	53	1 072
房地产业	457	48	7	226	8	1	19	148
租赁和商务服务业	379	92	34	170	3		28	52
科学研究、技术服务和地质勘查业	216	91	5	37		2	37	44
水利、环境和公共设施管理业	386	97	2	148	28	7	49	55
居民服务和其他服务业	9	4					2	3
教育	1 965	640	27	143	61	36	939	119
卫生、社会保障和社会福利业	752	227	18	140	12	8	115	232
文化、体育和娱乐业	518	46	2	354	3	3	28	82
公共管理和社会组织	913	308	17	62		20	358	148
国际组织								

3－11 城镇就业和失业变化情况

单位：人

项 目	全 市	市 区	丹阳市	扬中市	句容市
年末失业人员总数	**43 825**	**25 117**	**9 860**	**3 680**	**5 168**
上年末结转人数	14 556	8 299	4 297	684	1 276
本年增加失业人数	29 269	16 818	5 563	2 996	3 892
#就业转失业	16 866	8 988	3 947	1 542	2 389
年末失业人员就业数	25 940	15 913	4 742	2 782	2 503
其他原因减少的失业人员数	1 214	489	613	49	63
年末尚有失业人员数	16 671	8 715	4 505	849	2 602
#女性	7 929	4 401	2 112	315	1 101
城镇登记失业率（%）	**2.54**	**2.43**	**2.85**	**1.51**	**2.80**

3－12 职业介绍机构中介业务基本情况

单位：人

项 目	全 市	市 区	丹阳市	扬中市	句容市
职业介绍机构数（个）	**119**	**62**	**32**	**10**	**15**
中介成功人数	65 010	33 870	17 480	5 870	7 790
失业人员	22 870	10 910	6 240	1 960	3 760
家政服务	3 500	1 400	1 020	560	520
农村劳动力	33 150	3 500	13 730	1 500	14 420
其 他	5 490	2 250	1 340	550	1 350

3－13　主要年份从业人员数

单位：万人

年　份	总　计	第一产业	第二产业	工　业	建筑业	第三产业	交通运输和邮政仓储业	批发和零售业
1990	149.08	55.02	66.05	56.36	9.69	28.01	5.47	7.35
1991	157.73	56.33	69.18	59.30	9.88	32.22	6.07	11.18
1992	161.90	55.46	68.23	58.40	9.83	38.21	6.09	11.83
1993	162.52	52.39	72.87	62.84	10.03	37.26	7.16	13.38
1994	160.95	51.02	71.34	61.75	9.59	38.59	7.39	13.78
1995	162.95	48.47	72.88	62.85	10.03	41.60	7.23	14.58
1996	161.25	47.27	70.34	60.93	9.41	43.64	7.39	15.39
1997	157.82	47.07	68.00	57.59	10.41	42.75	7.50	16.59
1998	156.44	48.26	65.30	54.95	10.35	42.88	7.27	14.63
1999	155.95	47.22	65.08	54.79	10.29	43.65	7.30	14.71
2000	153.07	47.15	59.68	49.96	9.72	46.24	6.23	16.51
2001	140.42	46.10	53.83	44.41	9.42	40.49	5.70	11.49
2002	140.99	44.15	54.98	45.09	9.89	41.87	5.56	11.83
2003	139.83	38.93	60.05	48.71	11.34	40.85	5.84	10.03
2004	145.05	36.75	63.23	51.62	11.61	45.06	5.89	12.41
2005	148.46	35.37	68.41	55.98	12.43	44.68	5.95	12.81
2006	153.18	32.58	74.96	61.79	13.17	45.63	5.85	13.46
2007	157.00	30.40	81.01	67.42	13.59	45.60	6.32	16.12
2008	**165.39**	**31.91**	**84.36**	**69.91**	**14.45**	**49.12**	**7.26**	**17.33**

3－14 主要年份城镇单位职工工资总额

单位：万元

年 份	全 市	市 区	丹阳市	扬中市	句容市
1949	1 489	1 149	300	8	32
1952	2 004	1 348	533	46	77
1962	3 846	2 562	689	160	435
1965	4 122	2 766	758	166	432
1971	8 475	5 998	1 440	363	674
1975	11 472	7 991	2 018	499	964
1976	11 818	8 234	2 009	521	1 054
1977	12 297	8 596	2 076	582	1 043
1978	15 369	10 814	2 623	678	1 252
1979	17 104	12 023	2 823	768	1 490
1980	20 615	14 332	3 489	950	1 844
1981	22 068	15 279	3 792	1 087	1 910
1982	24 276	16 761	4 133	1 242	2 140
1983	25 947	18 073	4 258	1 331	2 285
1984	34 529	23 720	5 698	1 718	3 393
1985	39 574	27 382	6 594	2 266	3 332
1986	48 608	33 651	7 934	2 789	4 234
1987	55 905	38 545	9 402	3 207	4 751
1988	69 298	47 636	11 629	4 035	5 998

3-14（续）

年　份	全　市				
		市　区	丹阳市	扬中市	句容市
1989	80 124	54 573	13 732	4 643	7 176
1990	91 594	62 193	15 925	5 218	8 258
1991	100 791	68 525	17 661	5 844	8 761
1992	125 092	87 449	19 806	6 984	10 853
1993	162 712	113 420	26 429	9 249	13 614
1994	222 620	149 107	38 763	14 499	20 251
1995	271 933	177 003	48 674	20 722	25 534
1996	296 904	190 121	54 357	25 251	27 175
1997	310 088	196 889	58 561	25 062	29 576
1998	311 082	197 333	57 034	26 011	30 704
1999	335 504	216 346	58 537	27 687	32 934
2000	356 073	231 206	61 226	29 322	34 319
2001	380 815	251 253	65 005	31 050	33 508
2002	404 976	269 701	66 568	32 499	36 209
2003	450 122	294 223	77 805	37 616	40 478
2004	514 361	335 957	85 973	45 047	47 385
2005	586 591	380 935	98 827	50 444	56 385
2006	735 687	456 347	137 831	59 319	82 190
2007	891 854	535 726	164 305	86 717	105 105
2008	**1 103 654**	**661 225**	**216 599**	**103 822**	**122 008**

注：从1998年起职工工资为在岗职工工资，不包括离开本单位仍保留劳动关系的职工生活补助费。

3－15 主要年份城镇单位职工平均工资

单位：元

年 份	全 市	市 区	丹阳市	扬中市	句容市
1978	515	542	481	484	471
1979	567	594	525	515	589
1980	694	698	605	594	649
1981	706	707	635	611	639
1982	713	736	684	644	680
1983	730	753	682	677	685
1984	960	985	888	846	993
1985	1 039	1 085	966	932	926
1986	1 225	1 293	1 274	1 090	1 105
1987	1 363	1 433	1 272	1 240	1 151
1988	1 634	1 719	1 520	1 505	1 375
1989	1 874	1 972	1 743	1 699	1 611
1990	2 116	2 227	1 957	1 881	1 852
1991	2 266	2 398	2 092	2 063	1 893
1992	2 871	3 074	2 655	2 408	2 272
1993	3 709	3 965	3 513	3 012	2 915
1994	5 023	5 242	4 987	4 394	4 219
1995	6 018	6 292	5 882	5 260	5 273
1996	6 668	6 979	6 370	6 212	5 800
1997	7 160	7 393	7 102	6 756	6 267
1998	8 184	8 693	7 693	7 354	7 046
1999	9 294	10 006	8 417	8 458	7 747
2000	10 276	11 170	9 131	9 323	8 364
2001	11 742	12 914	10 293	10 403	9 117
2002	13 198	14 647	11 372	11 566	10 034
2003	15 264	16 918	13 497	13 122	11 675
2004	17 382	19 523	15 046	15 204	12 781
2005	19 894	22 251	17 317	17 189	15 157
2006	22 924	25 911	20 198	19 499	17 915
2007	27 025	30 438	23 920	22 990	22 081
2008	**30 958**	**34 530**	**27 602**	**27 097**	**25 500**

注：从 1998 年起职工平均工资为在岗职工平均工资，不包括离开本单位仍保留劳动关系的职工生活补助费。

3－16　分地区社会保障参保人数

单位：万人

地　区	城镇企业职工基本养老保险参保人数	城镇企业职工基本医疗保险参保人数	城镇失业保险参保人数	农村养老保险参保人数	农村合作医疗参保人数
全　市	59.96	69.90	42.08	36.85	163.26
市　区	33.06	41.84	26.08	6.29	45.49
#丹徒区	4.98	5.21	3.14	5.89	21.91
丹阳市	15.81	13.99	7.56	18.87	60.01
扬中市	5.58	7.42	3.90	5.39	18.16
句容市	5.51	6.65	4.54	6.31	39.60

3－17　分地区社会保障覆盖面

单位：%

地　区	城镇企业职工基本养老保险覆盖面	城镇企业职工基本医疗保险覆盖面	城镇失业保险覆盖面	农村养老保险覆盖面	农村合作医疗覆盖面
全　市	**96.9**	**97.5**	**98.1**	**60.2**	**99.5**
市　区	97.1	97.8	99.4	67.6	99.7
#丹徒区	96.8	98.3	95.9	92.2	100.0
丹阳市	97.8	98.0	97.9	93.3	100.0
扬中市	98.5	98.8	99.5	69.7	100.0
句容市	97.3	97.1	96.0	26.4	100.0

统计指标解释

就业人员

指从事一定社会劳动并取得劳动报酬或经营收入的人员，包括在岗职工、再就业的离退休人员、私营业主、个体户主、私营和个体就业人员、乡镇企业就业人员、农村就业人员、其他就业人员（包括民办教师、宗教职业者、现役军人等）。

单位就业人员

指在各级国家机关、政党机关、社会团体及企业、事业单位中工作，并取得劳动报酬的全部人员。包括在职职工、再就业的离退休人员、民办教师以及在各单位中工作的外方人员和港、澳、台方人员、兼职人员、借用的外单位人员和第二职业者，不包括离开本单位仍保留劳动关系的职工。

各单位的从业人员反映了各单位实际参加生产或工作的全部劳动力。

在岗职工

指在本单位工作并由本单位支付工资的人员，以及有工作岗位，但由于学习、病伤产假等原因暂未工作，仍由单位支付工资的人员。

离开本单位仍保留劳动关系的职工

指由于各种原因，已经离开本人的生产或工作岗位，并已不在本单位从事其他工作，但仍与用人单位保留劳动关系的职工。

离开本单位仍保留劳动关系职工的生活费

指离开本单位仍保留劳动关系职工在离开本单位仍保留劳动关系期间从本单位领取的生活费用。

城镇登记失业人员

指有非农业人口，在劳动年龄（16周岁至退休年龄）内，有劳动能力无业而要求就业，并在当地就业服务机构进行求职登记的人员。但不包括:（1）正在就读的学生和等待就学的人员;（2）已经达到国家规定的退休年龄或虽未达到国家规定的退休年龄但已经办理了退休（含离休）、退职手续的人员;（3）其他不符合失业定义的人员。

在岗职工工资总额

指各单位在一定时期内直接支付给本单位在岗职工的劳动报酬总额。工资总额包括计时工资、计件工资、奖金、计件超额工资、各种津贴和补贴、加班加点工资、特殊情况下支付的工资（其他工资）等。

工资总额的计算原则应以直接支付给在岗职工的全部劳动报酬为依据。各单位支付给在岗职工的劳动报酬以及其他根据有关规定支付的工资，不论是计入成本的还是不计入成本的，不论是按国家规定列入计征奖金税项目的，还是未列入计征奖金税项目的，不论是以货币形式支付的还是以实物形式支付的，均包括在工资总额内。

在岗职工平均工资

指企业、事业、机关单位的在岗职工在一定时期内平均每人所得的货币工资额。它表明一定时期在岗职工工资收入的高低程度，是反映在岗职工工资水平的主要指标。计算公式为：

$$在岗职工平均工资=\frac{报告期实际支付的在岗职工工资总额}{报告期在岗职工平均人数}\times 1000$$

STATISTICAL YEAR BOOK

第四篇
Chapter 4

人民生活
National Lives

4－1　城市每百户居民家庭耐用消费品情况

年购买量	单　位	2008 年	2007 年	年末拥有量	单　位	2008 年	2007 年
家用汽车	辆	0.5	1.0	家用汽车	辆	5.0	5.0
摩托车	辆	0.0	0.0	摩托车	辆	16.0	19.5
助力车	辆	6.5	8.0	助力车	辆	64.5	54.0
洗衣机	台	9.5	5.5	洗衣机	台	106.0	106.0
电冰箱	台	8.5	4.5	电冰箱	台	102.5	106.5
彩色电视机	台	12.0	14.0	彩色电视机	台	174.0	179.5
家用电脑	台	5.5	9.0	家用电脑	台	75.5	69.0
组合音响	套	0.5	0.0	组合音响	套	26.0	28.5
摄像机	架	0.5	1.0	摄像机	架	8.5	9.0
照相机	架	2.5	2.0	照相机	架	45.5	60.5
钢　琴	架	0.0	0.0	钢　琴	架	3.0	3.0
其他中高档乐器	件	2.0	2.0	其他中高档乐器	件	10.0	10.5
微波炉	台	5.0	5.0	微波炉	台	97.0	94.0
空调器	台	12.0	9.5	空调器	台	165.0	169.5
淋浴热水器	台	5.5	5.5	淋浴热水器	台	95.0	92.0
消毒碗柜	台	0.5	0.0	消毒碗柜	台	8.0	9.0
健身器材	套	1.5	0.5	健身器材	套	4.5	7.0
移动电话	部	17.0	31.0	移动电话	部	169.5	174.0

4－2　城市居民家庭年人均主要消费品情况

项　目	单　位	样本总体	最低收入户	低收入户	中等收入户	高收入户	最高收入户
粮　食	千克	279.3	259.6	244.9	274.0	325.0	307.9
食用植物油	千克	10.8	10.5	9.3	11.3	13.1	10.1
猪、牛、羊肉	千克	23.1	20.8	22.1	26.0	24.7	23.1
鸡、鸭	千克	9.9	7.8	7.9	12.2	11.3	11.6
鲜　蛋	千克	11.9	10.7	11.8	12.6	13.1	11.4
鱼　虾	千克	16.5	14.2	16.8	17.2	19.7	15.9
鲜　菜	千克	128.4	107.6	128.9	127.3	153.1	132.9
食　糖	元	41.6	23.9	27.4	43.7	66.5	56.0
卷　烟	元	302.9	197.8	292.6	355.6	342.6	362.4
酒　类	千克	8.3	4.6	9.4	6.9	9.9	15.4
饮　料	千克	2.7	1.9	1.7	2.4	4.8	3.3
鲜瓜、鲜果	千克	43.2	27.3	42.9	44.4	52.2	55.0
糕　点	千克	4.9	2.4	5.6	5.1	5.6	6.5
牛　奶	千克	24.0	14.6	19.9	27.3	30.9	31.2
男女服装（每百人）	件	695.0	381.0	629.0	867.0	834.0	882.0
鞋类（每百人）	双	270.0	215.0	235.0	333.0	285.0	307.0
水	立方米	41.1	34.3	39.0	41.0	48.5	45.9
电	千瓦小时	715.2	575.7	629.9	775.0	882.2	778.1
煤　炭	千克	14.1	20.9	13.3	27.4	1.0	4.2
液化石油气	千克	6.4	6.3	7.0	9.6	5.2	3.3
管道煤气	立方米	50.0	36.8	42.8	53.3	61.3	61.8
手表（每百人）	只	1.0	1.0		2.0	3.0	2.0

4-3　城市居民家庭基本情况

项　目	单　位	样本总体	最低收入户	低收入户	中等收入户	高收入户	最高收入户
一、调查户数	户	**200**	**40**	**40**	**40**	**40**	**40**
二、平均每户家庭人口	人	**2.8**	**3.4**	**3.0**	**2.6**	**2.4**	**2.5**
三、平均每户就业人口	人	**1.3**	**1.4**	**1.5**	**1.4**	**1.2**	**1.2**
四、平均每户离退休人口	人	**0.8**	**0.6**	**0.8**	**0.7**	**0.9**	**1.0**
五、平均每一就业者负担人数	人	**2.1**	**2.5**	**2.0**	**1.9**	**2.0**	**2.0**
六、平均每户就业面	%	**48.0**	**40.3**	**49.8**	**53.6**	**49.8**	**49.4**
七、现住房平均每人建筑面积	平方米	**34.2**	**25.7**	**30.1**	**32.4**	**39.1**	**47.6**
#现住房平均每人使用面积	平方米	25.7	19.3	22.6	24.3	29.3	35.7
八、家庭总收入	元／人	**20 182**	**10 259**	**14 476**	**18 411**	**23 180**	**39 401**
#可支配收入	元／人	19 044	9 509	13 610	17 108	22 028	37 600
（一）工薪收入	元／人	11 986	6 389	8 803	13 018	13 091	21 192
#工资及补贴收入	元／人	11 886	6 256	8 758	12 977	13 081	20 924
（二）经营净收入	元／人	916	419	741	54	1 070	2 569
（三）财产性收入	元／人	259	53	76	90	261	937
（四）转移性收入	元／人	7 021	3 398	4 856	5 248	8 758	14 703
#养老金或离退休金	元／人	5 914	2 597	4 462	4 614	7 623	11 856
赡养捐赠收入	元／人	505	290	125	214	638	1 430

4–3（续）

项　目	单　位	样　本 总　体	最　低 收入户	低　收 入　户	中　等 收入户	高　收 入　户	最　高 收入户
九、出售财物收入	元／人	**75**	**0.38**	**1.45**	**5**	**9**	**406**
#出售住房收入	元／人	74				8	405
十、借贷收入	元／人	**3 500**	**789**	**1 410**	**2 642**	**3 739**	**1 0350**
#提取储蓄存款	元／人	2 930	775	1330	2 638	3 605	7 411
#住房贷款	元／人	199					1 114
十一、家庭总支出	元／人	**15 558**	**7 927**	**11 445**	**13 954**	**17 692**	**30 435**
（一）消费支出	元／人	12 217	6 622	9 392	11 353	14 517	21 853
#服务性消费支出	元／人	3 051	1 585	2 057	2 425	3 560	6 394
（二）购房和建房支出	元／人	489					2 739
#购　房	元／人	489					2 739
（三）转移性支出	元／人	1 851	696	1 330	1 474	2 196	4 106
#赡养捐赠支出	元／人	1 660	643	1 155	1 346	2 056	3 588
（四）财产性支出	元／人	40	1.49	1.37	0.42	10.63	210
（五）社会保障支出	元／人	958	608	721	1127	969	1527
十二、借贷支出	元／人	**7 796**	**2 626**	**3 915**	**6 428**	**9 094**	**19 626**
#存入储蓄款	元／人	6 987	2 479	3 767	6 104	8 621	16 285

4－4　城市居民家庭生活消费支出

单位：元

项　目	样本总体	最低收入户	低收入户	中等收入户	高收入户	最高收入户
平均年人均消费性支出	**12 217**	**6 622**	**9 392**	**11 353**	**14 517**	**21 853**
一、食　品	**4 930**	**3 504**	**4 444**	**4 974**	**5 994**	**6 354**
粮食类	279	260	245	274	325	308
油脂类	169	154	144	177	211	171
肉　类	756	644	811	802	822	730
禽　类	340	273	299	398	383	376
蛋　类	104	87	103	111	126	101
水产品类	338	253	317	357	437	358
蔬　菜	515	433	517	497	623	539
糖　类	42	24	27	44	66	56
烟草类	303	198	293	356	343	362
酒　类	194	77	154	147	263	385
饮料类	64	46	53	65	70	93
干鲜瓜果类	261	156	236	271	320	365
奶及奶制品	251	154	192	276	338	340
其它食品	142	75	120	151	217	176

4–4（续）

项　目	样本总体	最低收入户	低收入户	中等收入户	高收入户	最高收入户
二、衣　着	**1 126**	**480**	**805**	**1 441**	**1 309**	**1 871**
#服　装	823	307	598	1 028	973	1 424
#鞋　类	229	129	168	324	233	334
三、家庭设备用品及服务	**1 011**	**278**	**625**	**684**	**1 371**	**2 464**
#耐用消费品	541	82	316	252	758	1 526
四、医疗保健	**667**	**177**	**507**	**734**	**994**	**1 139**
五、交通和通信	**880**	**439**	**779**	**819**	**913**	**1 631**
#通　信	467	272	469	486	507	670
六、教育文化娱乐服务	**1 769**	**945**	**1 262**	**1 371**	**1 918**	**3 771**
#文化娱乐用品	469	160	351	312	475	1 192
#文化娱乐服务	697	232	313	520	943	1 734
#教育费用	603	553	598	539	499	845
七、居　住	**1 293**	**631**	**682**	**781**	**1 150**	**3 605**
#住　房	590	82	51	49	350	2 738
#水电燃料及其它	652	523	609	704	759	717
八、其他商品和服务	**541**	**168**	**289**	**549**	**868**	**1 018**

4－5　城市居民家庭生活消费支出构成

单位：%

项　　目	样本总体	最低收入户	低收入户	中等收入户	高收入户	最高收入户
消费性支出	**100**	**100**	**100**	**100**	**100**	**100**
一、食　品	**40.4**	**52.9**	**47.3**	**43.8**	**41.3**	**29.1**
粮食类	2.3	3.9	2.6	2.4	2.2	1.4
油脂类	1.4	2.3	1.5	1.6	1.5	0.8
肉　类	6.2	9.7	8.6	7.1	5.7	3.3
禽　类	2.8	4.1	3.2	3.5	2.6	1.7
蛋　类	0.9	1.3	1.1	1.0	0.9	0.5
水产品类	2.8	3.8	3.4	3.1	3.0	1.6
蔬　菜	4.2	6.5	5.5	4.4	4.3	2.5
糖　类	0.3	0.4	0.3	0.4	0.5	0.3
烟草类	2.5	3.0	3.1	3.1	2.4	1.7
酒　类	1.6	1.2	1.6	1.3	1.8	1.8
饮料类	0.5	0.7	0.6	0.6	0.5	0.4
干鲜瓜果类	2.1	2.4	2.5	2.4	2.2	1.7
奶及奶制品	2.1	2.3	2.0	2.4	2.3	1.6
其它食品	1.2	1.1	1.3	1.3	1.5	0.8

4–5（续）

项　目	样　本 总　体	最　低 收入户	低　收 入　户	中　等 收入户	高　收 入　户	最　高 收入户
二、衣　着	**9.2**	**7.2**	**8.6**	**12.7**	**9.0**	**8.6**
#服　装	6.7	4.6	6.4	9.1	6.7	6.5
#鞋　类	1.9	1.9	1.8	2.9	1.6	1.5
三、家庭设备用品及服务	**8.3**	**4.2**	**6.7**	**6.0**	**9.4**	**11.3**
#耐用消费品	4.4	1.2	3.4	2.2	5.2	7.0
四、医疗保健	**5.5**	**2.7**	**5.4**	**6.5**	**6.8**	**5.2**
五、交通和通信	**7.2**	**6.6**	**8.3**	**7.2**	**6.3**	**7.5**
#通　信	3.8	4.1	5.0	4.3	3.5	3.1
六、教育文化娱乐服务	**14.5**	**14.3**	**13.4**	**12.1**	**13.2**	**17.3**
#文化娱乐用品	3.8	2.4	3.7	2.7	3.3	5.5
#文化娱乐服务	5.7	3.5	3.3	4.6	6.5	7.9
#教育费用	4.9	8.4	6.4	4.7	3.4	3.9
七、居　住	**10.5**	**9.5**	**7.3**	**6.9**	**7.9**	**16.5**
#住　房	4.8	1.2	0.5	0.4	2.4	12.5
#水电燃料及其它	5.3	7.9	6.5	6.2	5.2	3.3
八、其他商品和服务	**4.4**	**2.5**	**3.1**	**4.8**	**6.0**	**4.7**

4－6　城市居民家庭不同收入水平收支状况

项　目	单　位	按每户月人均可支配收入分组（元）					
		200 以下	200-400	400-600	600-800	800-1000	1000-1500
一、调查户数	户	**1**	**3**	**8**	**19**	**24**	**64**
二、平均每户家庭人口	人	**3**	**3**	**3**	**3**	**3**	**5**
三、平均每户就业人口	人	**2**	**2**	**1**	**2**	**2**	**3**
四、可支配收入	人	**1 642**	**3 722**	**6 005**	**8 466**	**10 758**	**14 484**
五、消费性支出	人	**7 830**	**4 241**	**5 778**	**7 600**	**8 395**	**10 760**
食　品	元	2 297	2 266	3 242	3 662	3 570	4 858
衣　着	元	752	217	391	617	645	958
设备用品及服务	元	221	157	294	364	439	621
医疗保健	元	2 559	406	135	222	444	629
交通与通信	元	214	200	364	556	635	818
教育文化娱乐服务	元	1 478	501	711	1 325	1 128	1 379
居　住	元	258	434	515	648	1 143	1 143
其他商品和服务	元	51	60	127	206	392	355

4–6（续）

项　目	单　位	按每户月人均可支配收入分组（元）					
		1500-2000	2000-2500	2500-3000	3000–4000	4000-5000	5000 以上
一、调查户数	户	**33**	**21**	**8**	**8**	**5**	**6**
二、平均每户家庭人口	人	**2**	**2**	**2**	**2**	**2**	**3**
三、平均每户就业人口	人	**1**	**1**	**1**	**1**	**1**	**2**
四、可支配收入	人	**20 395**	**26 681**	**32 662**	**41 349**	**54 480**	**94 741**
五、消费性支出	人	**14 002**	**15 552**	**20 317**	**20 978**	**26 525**	**34 359**
食　品	元	5 470	6 059	6 434	8 095	6 756	9 762
衣　着	元	1 201	1 832	2 494	2 340	2 171	2 721
设备用品及服务	元	1 232	1 606	1 975	1 886	3 251	6 172
医疗保健	元	839	892	1 752	733	1 746	1 376
交通与通信	元	897	1 211	1 477	1 172	2 262	2 371
教育文化娱乐服务	元	1 792	2 238	2 644	3 541	6 792	5 769
居　住	元	2 026	941	2 030	1 282	1 805	4 770
其他商品和服务	元	546	774	1 511	1 930	1 741	1 419

4－7 主要年份

年份	家庭总收入（元）	可支配收入（元）	工薪收入（元）	家庭总支出（元）	消费支出（元）	食品支出
1985	846	773	736	784	736	400
1986	1 038	949	899	953	895	460
1987	1 214	1 113	1 025	1 127	1 052	562
1988	1 432	1 318	1 158	1 322	1 242	675
1989	1 609	1 476	1 259	1 519	1 431	782
1990	1 736	1 589	1 272	1 627	1 519	839
1991	1 936	1 747	1 416	1 844	1 715	937
1992	2 387	2 386	1 784	2 151	1 985	1 068
1993	3 306	3 303	2 542	2 910	2 625	1 289
1994	4 262	4 261	3 278	3 711	3 320	1 836
1995	5 141	5 141	3 904	4 393	4 027	2 262
1996	5 608	5 608	4 338	5 062	4 530	2 378
1997	6 083	6 016	4 739	5 343	4 853	2 438
1998	6 067	6 019	4 583	5 755	4 701	2 291
1999	6 630	6 570	4 810	6 079	5 102	2 296
2000	7 267	7 170	4 991	6 856	5 803	2 475
2001	7 901	7 698	5 126	7 413	6 236	2 591
2002	8 829	8 202	5 363	8 559	6 305	2 708
2003	10 210	9 451	6 463	9 173	6 969	2 984
2004	11 666	10 858	7 158	10 321	7 374	3 255
2005	13 217	12 394	7 713	10 892	8 335	3 684
2006	15 160	14 291	8 968	11 229	9 196	3 664
2007	18 129	16 775	11 307	18 676	12 008	4 647
2008	**20 182**	**19 044**	**11 986**	**15 558**	**12 217**	**4 930**

城市居民基本状况

人均住房建筑面积（平方米）	恩格尔系数（%）	百户家庭电话拥有量（台）	百户家庭电脑拥有量（台）	百户家庭彩色电视拥有量（台）
11.69	54.4			4
14.42	51.4			16
14.79	53.4			22
15.01	54.4			31
15.24	54.6			46
16.25	55.2			52
17.02	54.7			63
17.42	53.8	8		67
18.19	49.1	13		70
18.54	55.3	37		95
18.90	56.2	52		98
18.94	52.5	60		102
18.85	50.2	71	2	105
19.59	48.7	78	3	98
20.61	45.0	85	5	109
22.18	42.7	126	8	123
22.76	41.5	134	11	123
22.02	43.0	180	23	139
23.20	42.8	205	30	142
23.40	44.1	217	34	143
25.70	44.2	257	43	160
28.50	39.8	263	50	162
32.70	38.7	309	69	180
34.20	**40.4**	**287**	**76**	**174**

4-8　分地区城市居民收入情况

单位：元/人

项　目	市　区	丹徒区	丹阳市	扬中市	句容市
城市居民家庭总收入	20 182	19 823	20 139	21 337	19 217
# 可支配收入	19 044	18 486	18 704	20 812	18 473
#工薪收入	11 986	15 958	14 857	12 731	11 532
经营性收入	916	1 111	2 193	4 437	2 630
财产性收入	259	231	244	346	167
转移性收入	7 021	2 523	2 846	3 822	4 888

4-9　分地区城市居民支出情况

单位：元/人

项　目	市　区	丹徒区	丹阳市	扬中市	句容市
城市居民人均家庭总支出	15 558	16 190	13 073	14 034	13 880
# 人均消费性支出	12 217	12 449	10 110	10 444	12 222
#食品	4 930	4 147	4 475	3 650	4 460
衣着	1 126	1 565	1 209	1 232	1 525
居住	1 293	1 058	773	1 003	706
家庭设备用品及服务	1 011	910	749	632	1 166
医疗保健	667	561	541	460	709
交通和通讯	880	1 876	805	1 215	858
娱乐教育文化服务	1 769	1 814	1 256	1 964	2 322
其他商品和服务	541	518	301	289	477

4－10 主要年份农村居民生活基本情况

单位：元

年 份	全年人均总收入	人均纯收入	全年人均总支出	消费支出	食品支出
2001	5 130	4 191	4 061	2 954	1 285
2002	5 403	4 452	4 179	3 092	1 303
2003	5 772	4 733	4 611	3 351	1 338
2004	6 713	5 306	5 577	3 798	1 696
2005	7 559	5 916	6 457	4 374	1 859
2006	8 483	6 717	7 373	5 068	2 020
2007	9 766	7 668	8 312	5 842	2 302
2008	**11 048**	**8 703**	**9 494**	**6 580**	**2 585**

4-10（续）

年 份	人均住房面积（平方米）	恩格尔系数（%）	百户家庭电话拥有量（台）	百户家庭电脑拥有量（台）	百户家庭电视拥有量（台）
2001	40.76	43.49	106	2	136
2002	41.90	42.15	125	2	145
2003	42.72	39.93	167	2	151
2004	42.89	44.66	179	3	153
2005	43.85	42.49	208	9	163
2006	44.55	39.86	235	16	164
2007	46.07	39.40	252	22	160
2008	**47.92**	**39.29**	**265**	**29**	**164**

4－11　农村居民住户

指标名称	单位	全市	京口区	润州区
调查户数	户	580	50	50
平均每百户常住人口	人	343	372	330
#每百户6岁及以下的常住人口	人	11	12	12
每百户7-15岁的常住人口	人	24	18	16
#每百户7-15岁在校学生人数	人	22	16	16
平均每百户整半劳动力	人	261	258	260
平均每百户就业劳动力人数	人	260	248	254
平均每百户常住人口中在乡镇企业职工人数	人	89	142	152
平均每百个劳动力中不识字或识字很少人数	人	3	-	-
平均每百个劳动力中小学程度人数	人	18	12	7
平均每百个劳动力中初中程度人数	人	52	54	55
平均每百个劳动力中高中程度人数	人	18	18	24
平均每百个劳动力中中专程度人数	人	5	8	6
平均每百个劳动力中大专及以上程度人数	人	4	6	9
平均每人年内新建（购）住房面积	平方米	1	-	0
平均每人年末住房面积	平方米	48	50	42
平均每人年末住房价值	元	24 539	35 677	24 173

调查基本情况

丹徒区	新　区	丹阳市	扬中市	句容市
100	80	100	100	100
338	318	352	355	339
14	15	8	11	13
24	16	26	29	23
24	16	24	24	21
253	231	270	251	269
253	224	270	251	269
110	103	90	143	37
4	4	1	4	3
15	15	18	27	17
56	48	51	49	54
14	21	22	11	17
7	8	4	4	6
4	4	4	6	2
1	1	3	-	1
44	47	52	57	41
22 710	24 728	24 458	38 399	18 559

4－12　农村居民总收入和总支出

单位：元/人

指 标 名 称	全 市	京口区	润州区	丹徒区	新 区	丹阳市	扬中市	句容市
一、全年总收入	**11 048**	**11 049**	**10 493**	**10 766**	**9 580**	**11 874**	**11 897**	**10 150**
（一）工资性收入	5 180	5 242	5 877	5 315	5 432	5 298	6 612	4 120
在非企业组织中劳动	490	1005	640	802	654	295	795	332
在本乡地域内劳动	3 147	4 179	5 127	3 263	3 713	3 082	5 764	1 514
外出从业	1 543	57	110	1 250	1 065	1 921	53	2 274
（二）家庭经营收入	5 050	4 315	3 347	4 487	3 451	5 920	3 933	5 388
第一产业	2 947	2 341	2 578	3 602	1 750	3 339	1 700	3 005
第二产业	982	305		77	304	1 427	1 148	1 167
第三产业	1 121	1 670	769	808	1 398	1 154	1 085	1 217
（三）财产性收入	161	588	637	100	67	136	173	177
（四）转移性收入	657	904	633	865	630	521	1 179	465
二、全年总支出	**9 494**	**9 856**	**9 725**	**9 446**	**7 987**	**11 161**	**8 670**	**8 031**
（一）家庭经营费用支出	1 904	1 503	1 052	2 434	1 027	2 313	1 030	1 794
第一产业	1 470	830	817	2 213	793	1 943	696	1 041
第二产业	231	97		41	64	300	89	396
第三产业	202	576	235	180	170	70	245	357
（二）购置生产性固定资产支出	49		5	168	3	34	57	12
（三）建造生产性固定资产雇工支出								
（四）税费支出	111	61	176	8	21	99	211	159
（五）生活消费支出	6 580	8 102	7 918	6 160	6 296	7 400	6 524	5 610
#服务性	2 104	2 542	2 700	1 743	2 171	2 639	1 912	1 593
#食品	2 585	3 074	3 011	2 430	2 505	2 888	2 537	2 244
衣着	429	403	475	366	406	500	450	366
居住	774	1 570	1 271	808	639	860	688	621
家庭设备用品	394	367	651	469	403	356	432	356
交通和通讯	764	573	657	660	651	917	841	634
文化教育娱乐	1 106	1 551	1 324	964	1 143	1 218	1 112	982
医疗保健	407	388	332	376	374	518	368	314
其他商品和服务	120	176	198	88	176	143	97	93
（六）财产性支出	8		30	15		13		2
（七）转移性支出	843	189	543	660	641	1 302	847	454

4－13　农村居民现金收支情况

单位：元/人

指　标	全　市	京口区	润州区	丹徒区	新　区	丹阳市	扬中市	句容市
一、现金收入	**10 161**	**10 863**	**10 185**	**9 717**	**9 106**	**11 157**	**11 086**	**8 890**
在非企业组织中劳动得到的收入	485	1 005	613	802	654	295	794	317
在本地企业中劳动得到的收入	3 145	4 177	5 082	3 263	3 713	3 082	5 759	1 514
外出从业得到的收入	1 543	57	110	1 250	1 065	1 921	53	2 274
出售产品收入								
#农业产品	1 002	1 707	1 676	760	448	1 151	224	1 352
林业产品	9			8			3	29
牧业产品	773	255	594	1699	749	873	638	202
渔业产品	249		98	9	96	560	47	139
工业产品	122				244		850	
其他产品								
工业服务性收入	861	305		77	59	1 427	298	1 167
建筑业收入								
交通、运输、邮电业收入	368	415	233	393	396	163	357	635
批发和零售贸易、餐饮业收入	619	854	365	413	453	948	454	438
社会服务业收入	103		84		319	43	244	130

4-13（续）

指　　标	全　市	京口区	润州区	丹徒区	新　区	丹阳市	扬中市	句容市
文教卫生业收入	14	328	87		102			
其他行业收入	17	72		1	127		30	14
财产性收入	158	588	637	100	66	128	171	177
转移性收入	648	904	605	861	610	519	1 131	465
二、非收入现金所得	**943**	**186**	**2 771**	**2 104**	**1 252**	**453**	**632**	**820**
三、现金支出	**8 698**	**9 657**	**9 575**	**8 603**	**7 547**	**10 387**	**7 813**	**7 069**
生产费用支出	1 879	1 503	1 057	2 584	990	2 180	1 052	1 784
#家庭经营费用	1 830	1 503	1 052	2 415	988	2 146	994	1 773
#农业生产	644	699	380	621	353	728	351	786
牧业生产	581	127	393	1 558	395	662	292	121
购置生产性固定资产	49		5	168	3	34	57	12
税费支出	111	61	176	8	21	99	211	159
生活消费支出	5 862	7 904	7 769	5 349	5 905	6 798	5 703	4 671
财产性支出	8		30	15		13		2
转移性支出	837	189	543	647	631	1296	847	451
四、非消费性支出	**863**	**857**	**2 119**	**1 988**	**1 101**	**594**	**414**	**570**
五、年末金融资产余额	**13 297**	**12 456**	**12 777**	**10 131**	**8 338**	**19 923**	**16 670**	**6 109**

4－14 分地区农民人均纯收入

单位：元

地 区	农民人均纯收入	工资性收入	家庭经营性收入	财产性收入	转移性收入
全 市	8 703	5 180	2 851	161	511
京口区	9 238	5 242	2 590	588	819
润州区	9 004	5 877	2 068	637	422
丹徒区	8 020	5 315	1 930	100	675
新 区	8 298	5 432	2 318	67	481
丹阳市	9 070	5 298	3 238	136	399
扬中市	10 100	6 612	2 410	173	905
句容市	8 003	4 120	3 328	177	378

4－15 主要年份农民人均纯收入

单位：元

地 区	2004年	2005年	2006年	2007年	2008年
全 市	5 306	5 916	6 717	7 668	8 703
京口区	5 705	6 372	7 245	8 213	9 238
润州区	5 508	6 147	7 020	8 001	9 004
丹徒区	4 876	5 437	6 116	7 005	8 020
新 区	5 960	6 657	6 456	7 313	8 298
丹阳市	5 613	6 258	7 109	8 055	9 070
扬中市	6 160	6 880	8 000	8 956	10 100
句容市	4 844	5 405	6 090	6 985	8 003

4－16　农村每百户居民

项　目	单　位	全　市	京口区	润州区
洗衣机	台	87	114	102
电冰箱	台	82	100	98
空调机	台	90	100	118
抽油烟机	台	30	90	68
吸尘器	台	4	14	6
微波炉	台	43	88	94
热水器	台	82	86	90
#太阳能热水器	台	77	60	84
自行车	辆	172	236	236
#电动自行车	辆	61	78	144
摩托车	台	65	56	36
汽车（生活用）	台	4		
固定电话机	部	100	100	90
移动电话	部	165	174	196
#接入互联网的	部	7	18	4
彩色电视机	台	153	188	174
#接入有线电视网的	台	131	176	166
黑白电视机	台	12	12	
#接入有线电视网的	台	7	10	
摄像机	台	2	2	
影碟机	台	51	68	56
照相机	架	12	36	18
家用计算机	台	29	60	42
#接入互联网的	台	23	58	40
中高档乐器	件	1	2	

家庭拥有耐用消费品

丹徒区	新　区	丹阳市	扬中市	句容市
89	93	85	105	76
77	80	85	86	79
86	83	117	98	55
30	25	47	22	7
2	3	8	3	1
47	59	52	46	17
84	73	92	73	75
81	69	88	70	66
143	120	185	252	141
38	49	83	86	28
79	74	74	44	58
5	1	7	2	3
92	94	107	100	100
159	146	162	161	176
16	9	11	1	
146	148	169	167	128
108	75	162	109	124
9	13	4	20	20
6	3		2	19
1	1	4	2	
66	66	53	45	37
8	23	14	12	6
20	33	32	38	24
16	6	30	21	22
2		1	1	

4－17 农村居民人均

项目	全市	京口区	润州区
一、粮食消费量	**235.3**	**141.4**	**149.1**
（一）谷物消费量	232.5	140.0	148.5
#小麦	24.8	8.4	14.1
稻谷	205.6	117.8	134.1
玉米	0.4	9.7	0.1
（二）薯类消费量	0.3	0.3	0.2
#红薯	0.1		0.1
马铃薯			…
（三）豆类消费量	2.6	1.1	0.4
#大豆	2.0	0.1	0.1
二、油脂类消费量	**4.3**	**8.6**	**11.1**
植物油	3.8	8.4	10.9
动物油	0.5	0.2	0.2
三、烟叶消费量		…	…
四、豆制品	**5.9**	**11.6**	**6.6**
五、蔬菜及菜制品消费量	**192.5**	**149.3**	**116.9**
#鲜菜	188.3	145.0	112.8
干菜	1.6	0.3	0.2
菜制品	0.9	1.9	2.0
鲜菌	1.5	2.0	1.7
干菌	0.1	0.1	0.1
菌制品			

食品消费情况

单位：千克

丹徒区	新　区	丹阳市	扬中市	句容市
256.3	**186.9**	**218.9**	**311.5**	**235.4**
252.6	182.7	215.6	308.7	233.7
33.4	17.5	33.3	27.3	10.9
218.3	159.6	179.0	281.3	222.0
0.6	1.4	0.1	0.1	0.0
0.7	0.9		0.3	0.1
0.6	0.2			
…	0.1			
3.1	3.2	3.2	2.5	1.6
2.0	2.9	3.1	0.2	1.5
3.8	**3.7**	**5.1**	**6.7**	**1.6**
3.3	2.9	4.5	6.1	1.4
0.5	0.8	0.6	0.6	0.1
…	…		…	**0.1**
4.4	**8.7**	**7.5**	**3.1**	**4.9**
205.4	**74.8**	**176.2**	**372.3**	**162.3**
200.9	70.7	170.4	369.9	159.7
2.0	0.2	2.7	0.2	1.0
1.3	1.2	0.9	0.5	0.8
1.3	2.6	2.1	1.3	0.6
0.1		0.1	0.3	0.1

4-17（续）

项　目	全　市	京口区	润州区
六、瓜类	**8.1**	**9.9**	**8.9**
#西　瓜	8.0	9.8	8.6
七、水果类	**8.7**	**11.2**	**10.1**
八、消费茶叶	**0.4**	**0.4**	**0.2**
九、坚果消费量	**2.3**	**2.1**	**2.0**
十、肉禽及其制品	**27.9**	**36.3**	**35.0**
猪　肉	13.0	18.2	14.8
牛　肉	0.7	2.1	2.4
羊　肉	0.2	0.4	0.1
家　禽	9.4	10.9	11.4
其他肉禽及制口	4.6	4.6	6.3
十一、蛋类及蛋制品	**8.9**	**8.9**	**8.4**
十二、奶和奶制品	**7.3**	**9.0**	**13.8**
十三、水产品	**11.8**	**12.6**	**10.8**
鱼　类	10.0	10.5	9.0
虾、贝、蟹类	1.2	1.3	1.1
藻　类	0.1	0.3	0.2
其　他	0.6	0.5	0.4
十四、食糖	**1.4**	**1.3**	**1.6**
十五、酒	**13.8**	**9.2**	**9.7**
#白　酒	5.2	2.7	3.0
啤　酒	8.2	6.0	6.6
果　酒	0.1	0.2	0.1

丹徒区	新　区	丹阳市	扬中市	句容市
7.0	**9.5**	**8.8**	**3.6**	**9.2**
6.9	9.5	8.7	3.6	9.2
7.8	**9.0**	**8.6**	**6.3**	**10.2**
0.2	**0.2**	**0.5**	**0.1**	**0.7**
1.9	**2.3**	**2.2**	**0.7**	**3.5**
24.6	**25.7**	**26.2**	**18.4**	**36.1**
10.9	14.3	13.4	11.5	13.5
0.8	0.8	0.7	0.2	0.8
0.1	0.2	0.3	0.2	0.2
8.4	5.1	7.0	3.3	16.8
4.4	5.4	4.8	3.1	4.8
9.2	**10.0**	**8.5**	**7.8**	**9.6**
8.6	**3.6**	**9.8**	**3.2**	**5.5**
10.0	**9.7**	**13.2**	**9.4**	**12.8**
9.1	8.4	10.6	7.3	11.5
0.7	0.9	1.8	1.4	0.5
0.1	0.3	0.2	0.2	0.0
0.2	0.1	0.7	0.5	0.8
1.4	**1.6**	**1.6**	**1.1**	**1.2**
12.1	**9.5**	**15.3**	**12.7**	**15.0**
5.6	3.2	3.5	4.2	8.7
6.3	6.0	11.2	7.9	6.3
0.2	0.1			

统计指标解释

城市居民家庭就业人口

指城市居民从事社会劳动并取得劳动报酬或经营收入的人口。就业人口包括通过国家统筹规划和指导由劳动部门介绍就业，自愿组织起来就业和自谋职业等方式，在国有制、集体所有制、中外合资、中外合作、外资在华独资的企事业单位和私营企业单位工作或从事个体劳动的有固定性职业或临时性职业的人口。被聘用和留用的离退休人员也计入就业人口。本指标可以反映城市居民的就业情况，是计算就业面、负担系数的重要资料。

家庭总收入

指生活在一起的所有家庭成员得到的工薪收入、经营净收入、财产性收入、转移性收入的总和，不包括出售财物和借贷收入。

可支配收入

指可用于最终消费支出和其他非义务性支出以及储蓄的总和，即居民家庭可以用来自由支配的收入。它是家庭总收入扣除交纳所得税、个人交纳的社会保障费以及调查户的的记帐补贴后的收入。公式为：

可支配收入 = 家庭总收入 – 交纳所得税 – 个人交纳的社会保障支出 – 记帐补贴

消费支出

指调查户购买商品和用于服务的全部支出，共分八大类：食品；衣着；家庭设备、用品及服务；医疗保健；交通和通讯；娱乐、教育、文化服务；居住；杂项商品和服务。购买商品支出是指从商店、集市、饮食业、工作单位以及直接从工厂和农村购买各种商品的支出，包括自用的和赠送亲友的在内；服务支出是指调查户用于社会提供的各种文化和生活服务方面的支出，包括各种修理费、加工费、洗理美容费、保姆费、劳务费等。

非消费支出

指除上述八类消费以外的各类消费。由购建房支出、各类转移性支出、财产性支出、社会保障支出四方面组成。

农民人均纯收入

是总收入扣除相应的各项费用性支出后,归农民所有的收入。它是用于生产、非生产投资,改善物质和文化生产,以及用于再分配的支出和结余的收入。这个指标用来观察农民实际收入水平，以及农民扩大再生产和改善生活的能力。

纯收入 = 总收入 – 家庭经营费用支出 – 生产用固定资产折旧 – 税收 – 上交集体承包任务 – 集体提留和摊派 – 调查补贴。

恩格尔系数

指食品支出总额占个人消费支出总额的比重。

STATISTICAL YEAR BOOK

第五篇 Chapter 5

物　价

Price

5－1 居民消费价格分类指数

项 目	以上年价格为100	项 目	以上年价格为100
居民消费价格总指数	**105.0**	三、衣着	98.5
非食品价格指数	99.7	服装	99.9
服务项目价格指数	100.5	衣着材料	104.0
扣除鲜菜鲜果总指数	104.7	鞋袜帽	92.5
消费品价格指数	**106.6**	衣着加工服务	122.6
一、食品	114.4	四、家庭设备用品及维修服务	102.5
粮食	108.7	耐用消费品	101.6
淀粉及薯类	112.7	室内装饰品	102.0
干豆类及豆制品	140.8	床上用品	100.0
油脂	127.9	家庭日用杂品	103.4
肉禽及其制品	115.1	家庭服务及加工维修服务	105.8
蛋	100.9	五、医疗保健和个人用品	101.2
水产品	111.9	医疗保健	99.6
菜	109.8	个人用品及服务	104.0
#鲜菜	109.7	六、交通和通讯	99.0
调味品	104.9	交通	101.9
糖	107.4	通信	95.6
茶及饮料	104.2	七、娱乐教育文化用品及服务	96.9
干鲜瓜果	120.6	文娱用耐用消费品及服务	82.2
#鲜果	119.7	教育	100.2
糕点、饼干、面包	115.2	文化娱乐用品	103.2
牛奶及奶制品	123.3	旅游及外出	94.9
在外用膳食品	114.0	八、居住	101.0
其它食品及食品加工服务	105.1	建房及装修材料	102.9
二、烟酒及用品	103.1	租房	100.5
烟草	100.3	自有住房	100.4
酒	110.3	水、电、燃料	101.0

5－2　商品零售价格分类指数

项　目	以上年价格为100	项　目	以上年价格为100
商品零售价格总指数	**104.8**		
食品类	114.6	交通、通信用品	91.2
饮料、烟酒	103.4	家具	100.0
服装、鞋帽类	98.8	化妆品类	99.4
纺织品类	100.8	金银珠宝类	123.2
家用电器及音像器材	98.0	中西药品及医疗保健用品类	99.3
文化办公用品	85.5	书报杂志及电子出版物类	109.3
日用品	103.0	燃料类	104.9
体育娱乐用品	91.6	建筑材料及五金电料类	106.3

5－3　分月价格总指数

月　份	居民消费价格总指数（与上年同月比）	商品零售价格总指数（与上年同月比）
一　月	105.0	103.3
二　月	107.6	105.7
三　月	107.5	106.0
四　月	107.0	105.8
五　月	107.1	106.7
六　月	106.5	106.6
七　月	105.8	106.1
八　月	104.0	104.9
九　月	103.5	104.5
十　月	102.8	103.4
十一月	102.0	102.4
十二月	101.7	102.4
全　年	105.0	104.8

5－4　主要年份价格总指数

（以上年价格为100）

年　份	居民消费价格总指数	商品零售价格总指数
1985	109.9	110.1
1986	107.0	106.9
1987	111.3	111.5
1988	120.6	121.4
1989	116.7	116.2
1990	103.6	103.3
1991	109.2	109.6
1992	110.4	108.9
1993	121.1	119.3
1994	126.5	121.1
1995	115.0	110.8
1996	111.6	106.2
1997	100.8	99.4
1998	99.5	97.1
1999	98.3	96.2
2000	99.9	98.0
2001	100.3	98.6
2002	99.1	97.0
2003	101.8	100.2
2004	104.1	102.9
2005	102.2	101.2
2006	101.7	100.4
2007	104.0	102.7
2008	**105.0**	**104.8**

统计指标解释

商品零售价格指数

是反映城乡商品零售价格变动趋势的一种经济指数。零售物价的调整变动直接影响到城乡居民的生活支出和国家的财政收入，影响居民购买力和市场供需平衡，影响消费与积累的比例。因此，计算零售价格指数，可以从一个侧面对上述经济活动进行观察和分析。

居民消费价格指数

是反映一定时期内城乡居民所购买的生活消费品价格和服务项目价格变动趋势和程度的相对数。是综合了城市居民消费价格指数和农民消费价格指数计算取得的。利用居民消费价格指数，可以观察和分析消费品的零售价格和服务价格变动对城乡居民实际生活费支出的影响程度。

STATISTICAL YEAR BOOK

第六篇 Chapter 6

固定资产 Capital Assets

6－1　本年完成亿元以上投资项目

项　目	所属地区	项　目	所属地区
沃得工程机械新建	丹徒区	京口工业园 22 万伏变电所	京口区
索普 60 万吨 / 年醋酸造气工艺	京口区	立成强高档自行车	句容市
辉煌多晶硅铸锭	扬中市	第一楼街步行街	京口区
普莱克斯废气综合利用等	京口区	华东联系制罐迁建项目	新　区
鹤林水泥二期	丹徒区	大亚木业三期	丹阳市
中船船舶配套产品扩能改造建设项目	润州区	镇江农副产品批发市场一期工程	润州区
金山湖整治工程	润州区	江南草苷膦项目	新　区
飞达集团中板二期	丹阳市	凤凰山路建设	润州区
恒顺系列醋产品项目	丹徒区	大通重工新建项目	润州区
环太硅切片扩能	扬中市	S242 大泊至花王公司段	丹阳市
强凌电子新建项目	润州区	122 省道一期工程	句容市
江苏恒神聚丙烯睛基碳纤维项目	丹阳市	自然声电子建设项目	新　区
句容市开发区安置小区	句容市	引航道水利枢纽工程	润州区
辉煌硅棒二期扩能	扬中市	星宝电力建设项目	新　区
润昌远洋船舶制造	扬中市	滨江皇冠假日酒店	京口区
恒顺达生物能源项目	新　区	华龙管业迁建	丹徒区
佳扬系泊链	新　区	苏菱 22 万吨预焙阳极项目	丹徒区
南华年产 51 万吨炼糖项目	新　区	鼎胜铝业技术改造	京口区
山特维克新建项目	新　区	乐宾百货（百富商业中心）	京口区
奇美工程塑料 ABS	新　区	农工商四星酒店新建	丹徒区
李长荣精细化学增资扩建项目	丹徒区	长丰瓦楞纸二期	丹阳市
华地国际购物中心及旧物购置	京口区	诺德电子新建项目	丹阳市
句容段 243 省道建设工程	句容市	新区路网工程建设项目	新　区
大港市政工程	新　区	精功汽车二期	丹徒区
蓝波造船扩建项目	润州区	大全铁路电气化设备	句容市
正丹对二乙基苯项目	新　区	义乌小商品城建设	新　区
台泥二期扩建工程	句容市	科莱恩精细化工项目	新　区
团山路建设	润州区	宏达新材 30000 吨硅橡胶扩能项目	扬中市
大力神 40 万 T/A 镀铝锌及 30 万 T/A 彩涂	丹阳市	镇江港大港三期工程	新　区
港盛重工大型港口机械制造	京口区	峰元模具扩建项目	新　区
天工磨具钢、扁钢生产线	丹阳市	欧菱公司新建项目	丹徒区
百事利桥梁重钢结构项目	新　区	沿江一级公路丹徒段	丹徒区
健康路西延	润州区	鹤林水泥余热发电项目	丹徒区
鸿泰 10 万吨不锈钢项目	京口区	肯帝亚木业新建厂房及生产线项目	丹阳市
绿叶 500-600MW 循环流化床锅炉制造项目	丹阳市	世德南化膨润土、铸造材料项目	新　区
凤凰家园、九华山庄（安置房）	润州区	华科生态电镀项目	新　区
江苏柳工二期	润州区	奇能力镍氢电池项目	扬中市
苏润新建船用机械	丹徒区	谏辛公路	京口区
永久机电基建项目	句容市	汽车销售 5S 店贸易集中区（一期）	润州区
丁卯市政工程	新　区	均和重工船舶配套	新　区
巍华精密合金新建	丹阳市	龙江钢铁厂房及设备	丹阳市
容光医疗建设项目	新　区	金汇钢管技术改造	润州区
亚太置业新建项目	新　区	安丰船业新建项目	丹徒区
长三角 3 万吨顺酐项目	丹徒区	索普新药双环铂	新　区
胜华特种船舶制造项目	润州区	九华山路建设	润州区
恒伟达机械生物能源机械	新　区	威和船舶设备项目	扬中市
宏达化工新建生产线	新　区	帝高力装饰材料公司新建	丹徒区

6－2　全社会固定

项　目	全　市	市　区	京口区
全社会固定资产投资	**7 185 010**	**4 221 458**	**1 000 899**
#第一产业	129 189	68 533	7 389
第二产业	4 633 319	2 370 874	447 088
#工业	4 577 136	2 334 039	419 688
第三产业	2 422 502	1 782 051	546 422
#民营投资	3 832 577	1 985 557	492 511
规模以上固定资产投资	**6 145 100**	**3 693 614**	**889 614**
#第一产业	19 992	18 892	512
第二产业	3 898 189	2 080 054	346 940
#工业	3 846 906	2 046 119	319 540
第三产业	2 226 919	1 594 668	542 162
#内资	4 613 223	2 536 901	706 018
#国有	817 242	580 860	194 746
民营投资	3 671 120	1 845 656	480 742
#私营	2 193 011	836 837	154 839
港澳台商投资	752 399	479 116	40 506
外商投资	779 478	677 597	143 090
#城镇规模投资	4 562 163	3 268 339	804 698
#房地产投资	970 271	644 540	251 582
农村规模投资	1 582 937	425 275	84 916

资产投资完成情况

单位：万元

润州区	丹徒区	新　区	丹阳市	扬中市	句容市
921 568	**930 615**	**1 293 466**	**1 438 257**	**625 420**	**899 875**
8 125	39 650	13 369	25 258	15 420	19 978
327 207	601 924	952 655	1 094 145	510 102	658 198
325 257	596 139	950 955	1 084 665	502 234	656 198
586 236	289 041	327 442	318 854	99 898	221 699
457 995	535 257	499 794	887 854	438 668	520 498
831 221	**767 639**	**1 205 140**	**1 161 486**	**584 869**	**705 131**
	18 380				1 100
266 193	541 988	924 933	877 603	475 539	464 993
265 443	536 203	924 933	868 123	467 671	464 993
565 028	207 271	280 207	283 883	109 330	239 038
727 836	486 863	616 184	1 006 704	482 621	586 997
233 521	60 175	92 418	117 613	44 353	74 416
443 532	425 588	495 794	874 615	438 268	512 581
189 212	258 047	234 739	845 801	170 778	339 595
18 965	197 296	222 349	89 438	79 212	104 633
84 420	83 480	366 607	65 344	23 036	13 501
739 485	554 802	1 169 354	646 867	295 497	351 460
188 744	78 619	125 595	142 377	62 295	121 059
91 736	212 837	35 786	514 619	289 372	353 671

6－3　规模以上固定资产

项　目	全 市	市 区	京口区
一、本年完成投资	**5 174 829**	**3 049 074**	**638 032**
#本年新开工	2 698 193	1 242 953	277 996
#国有经济	1 029 528	794 242	229 668
#基础设施投资	730 113	547 478	165 952
#民间投资	2 912 430	1 365 952	285 625
按构成分			
#建筑工程	2 116 038	1 212 194	370 849
安装工程	345 824	216 003	28 738
设备工器具购置	1 881 006	1 045 244	122 811
#用于更新设备	358 805	288 094	12 949
其他	831 961	575 633	115 634
按性质分			
#新建	3 225 586	2 024 529	325 902
扩建	797 037	459 550	123 090
改建	1 088 331	515 920	170 230
按登记注册类型分			
#内资	3 755 300	1 980 433	484 355
#国有	785 731	557 466	188 430
集体	77 637	19 457	3 923
股份合作	1 720	1 720	
国有联营企业	10 300	10 300	10 300
集体联营企业	1 400	1 400	1 400
国有与集体联营	74 375	74 375	10 800
国有独资公司	46 839	46 715	
其他有限责任公司	712 903	426 292	113 293
股份有限公司	143 166	129 969	41 637
私营	1 821 904	642 313	110 892
其他	68 804	67 686	1 500
个体经营	10 521	2 740	2 180

投资完成情况

单位：万元

润州区	丹徒区	新　区	丹阳市	扬中市	句容市
642 477	**689 020**	**1 079 545**	**1 019 109**	**522 574**	**584 072**
304 465	242 312	418 180	628 707	394 589	431 944
344 133	79 075	141 366	119 136	46 853	69 297
255 623	101 362	24 541	92 116	13 919	76 600
275 934	355 937	448 456	759 868	375 973	410 637
375 105	234 398	231 842	414 223	130 885	358 736
14 776	61 035	111 454	61 028	25 690	43 103
106 414	260 872	555 147	434 728	260 497	140 537
12 008	259 522	3 615	50 943	1 860	17 908
146 182	132 715	181 102	109 130	105 502	41 696
344 804	506 192	847 631	663 938	174 425	362 694
124 444	119 611	92 405	95 720	87 390	154 377
168 429	42 252	135 009	259 451	255 959	57 001
539 092	416 112	540 874	876 024	420 326	478 517
216 443	60 175	92 418	116 032	44 353	67 880
6 310	2 300	6 924	18 088	1 612	38 480
1 120		600			
59 975	3 600				
46 715			124		
96 278	116 674	100 047		202 493	84 118
3 819		84 513	1 697	11 500	
96 672	232 563	202 186	732 302	160 368	286 921
11 200	800	54 186			1 118
560			7 781		

6–3（续1）

项　目	全　市	市　区	京口区
港澳台商投资	703 450	447 048	20 970
#合资经营	299 430	208 162	
合作经营	67 159	29 160	540
独资	327 081	199 946	10 650
股份有限	9 780	9 780	9 780
外商投资	716 079	621 593	132 707
#合资经营	216 014	168 904	47 710
合作经营	7 306	7 306	
独资	436 175	388 799	84 997
股份有限	56 584	56 584	
按产业分			
#第一产业	19 992	18 892	512
第二产业	3 892 689	2 074 554	341 440
#工业	3 846 905	2 046 119	319 540
第三产业	1 262 148	955 628	296 080
按国民经济行业分			
#农、林、牧、渔业	19 992	18 892	512
采矿业	8 127	4 210	
制造业	3 748 091	1 982 392	289 136
#农副食品加工业	62 888	48 473	16 512
食品制造业	54 482	51 280	
饮料制造业	850	850	
纺织业	58 199	10 995	
纺织服装、鞋、帽制造业	64 970	9 432	1 050
皮革、毛皮、羽毛（绒）及其制品业	21 420	2 830	
木材加工及木、竹、藤、棕、草制品	53 505	10 600	
家具制造业	18 400	1 600	1 600
造纸及纸制品业	57 090	23 985	2 100

润州区	丹徒区	新　区	丹阳市	扬中市	句容市
18 965	193 196	213 917	85 136	79 212	92 054
5 800	119 200	83 162	12 956	67 112	11 200
		28 620	37 999		
13 165	73 996	102 135	34 181	12 100	80 854
84 420	79 712	324 754	57 949	23 036	13 501
15 596	19 532	86 066	39 202	5 908	2 000
		7 306			
50 740	21 680	231 382	18 747	17 128	11 501
18 084	38 500				
	18 380				1 100
266 193	541 988	924 933	877 603	475 539	464 993
265 443	536 203	924 933	868 123	467 671	464 992
376 284	128 652	154 612	141 506	47 035	117 979
	18 380				1 100
560	3 650				3 917
262 233	508 033	922 990	847 872	460 152	457 675
	600	31 361	13 735		680
900	40 000	10 380	3 202		
	850				
1 565	9 430		28 804	2 600	15 800
720	6 300	1 362	11 217	5 210	39 111
1 150		1 680	13 390		5 200
	10 600		35 205		7 700
					16 800
		21 885	17 460	3 300	12 345

6–3（续2）

项　目	全　市	市　区	京口区
印刷业和记录媒介的复制	16 331	3 990	
文教体育用品制造业	10 630		
石油加工、炼焦及核燃料加工业	40 301	40 301	
化学原料及化学制品制造业	663 953	415 231	139 800
医药制造业	59 894	51 886	
化学纤维制造业	8 851		
橡胶制品业	13 648	1 748	
塑料制品业	68 565	14 995	2 340
非金属矿物制品业	250 359	121 777	22 680
黑色金属冶炼及压延加工业	125 842	26 652	21 852
有色金属冶炼及压延加工业	84 291	40 942	18 096
金属制品业	329 527	154 210	8 368
通用设备制造业	270 923	157 739	10 620
专用设备制造业	259 513	200 935	1 000
交通运输设备制造业	506 785	277 911	35 228
电气机械及器材制造业	389 514	200 609	2 140
通信设备、计算机及其他电子设备制造业	151 602	91 032	4 750
仪器仪表及文化、办公用机械制造业	76 892	7 628	1 000
工艺品及其他制造业	21 866	14 761	
废弃资源和废旧材料回收加工业	7 000		
电力、燃气及水的生产和供应业	90 687	59 517	30 404
电力、热力的生产和供应业	54 355	29 184	18 184
燃气生产和供应业	3 650	3 650	
水的生产和供应业	32 682	26 683	12 220
建筑业	45 784	28 435	21 900
房屋和土木工程建筑业	30 014	14 535	9 250
其他建筑业	15 770	13 900	12 650
交通运输、仓储和邮政业	241 359	129 682	36 470
道路运输业	133 558	38 900	13 700
城市公共交通业	11 892	11 892	5 500
水上运输业	31 376	29 176	810

润州区	丹徒区	新　区	丹阳市	扬中市	句容市
1 500		2 490	3 661		8 680
			610	2 020	8 000
9 800		30 501			
3 000	57 579	214 852	48 082	172 180	28 460
2 700	16 950	32 236		8 008	
			995	510	7 346
	500	1 248	700	6 100	5 100
816	5 750	6 089	21 137	6 612	25 821
2 085	87 632	9 380	56 843	5 715	66 024
	4 800		96 820	1 000	1 370
	4 950	17 896	29 649	6 200	7 500
5 303	13 700	126 839	79 139	59 585	36 593
27 814	26 522	92 783	82 834	20 880	9 470
52 113	108 750	39 072	20 284	12 494	25 800
94 777	55 680	92 226	124 736	63 395	40 743
45 002	44 840	108 627	77 256	62 668	48 981
12 468	7 300	66 514	25 649	8 625	26 296
	1 600	5 028	52 459	5 900	10 905
520	3 700	10 541	4 005	150	2 950
				7 000	
2 650	24 520	1 943	20 251	7 519	3 400
	11 000		17 652	7 519	
2 650	1 000				
	12 520	1 943	2 599		3 400
750	5 785		9 480	7 868	1
	5 285		7 910	7 568	1
750	500		1 570	300	
32 788	26 400	34 024	32 449	13 951	65 277
14 200	11 000		30 249	2 350	62 059
6 392					
7 500	9 600	11 266	2 200		

6-3（续3）

项　目	全　市	市　区	京口区
装卸搬运和其他运输服务业	14 438	14 438	6 000
仓储业	50 095	35 276	10 460
信息传输、计算机服务和软件业	6 710	6 710	6 710
电信和其他信息传输服务业	5 140	5 140	5 140
计算机服务业	1 570	1 570	1 570
批发和零售业	206 918	182 577	68 977
批发业	64 504	54 914	1 200
零售业	142 414	127 663	67 777
住宿和餐饮业	85 494	75 713	44 207
住宿业	57 974	48 193	21 807
餐饮业	27 520	27 520	22 400
金融业	6 895	6 580	6 580
银行业	2 095	1 780	1 780
其他金融活动	4 800	4 800	4 800
房地产业	37 416	37 416	
租赁和商务服务业	43 505	20 780	1 360
商务服务业	30 585	7 860	1 360
租赁业	12 920	12 920	
科学研究、技术服务和地质勘查业	7 950	7 950	4 200
专业技术服务业	3 750	3 750	
科技交流和推广服务业	2 000	2 000	2 000
研究与试验发展	2 200	2 200	2 200
水利、环境和公共设施管理业	282 816	243 192	25 372
水利管理业	56 370	56 370	
环境管理业	24 620	24 620	2 192
公共设施管理业	201 826	162 202	23 180
居民服务和其他服务业	9 130	9 130	7 110
居民服务业	3 130	3 130	1 110
其他服务业	6 000	6 000	6 000
教育	71 135	67 057	37 167
卫生、社会保障和社会福利业	31 029	21 124	6 454
卫生	31 029	21 124	6 454
文化、体育和娱乐业	58 042	57 042	35 405
广播、电视、电影和音像业	13 526	13 526	7 840

润州区	丹徒区	新 区	丹阳市	扬中市	句容市
		8 438			
4 696	5 800	14 320		11 601	3 218
52 826	7 410	53 364	10 841	10 500	3 000
34 746	700	18 268	2 290	4 300	3 000
18 080	6 710	35 096	8 551	6 200	
5 656	25 850		5 001		4 780
2 036	24 350		5 001		4 780
3 620	1 500				
			315		
			315		
35 416	2 000				
10 120	6 500	2 800	21 725		1 000
	6 500		21 725		1 000
10 120		2 800			
	3 750				
	3 750				
185 306	29 620	2 894	28 483		11 141
55 870	500				
3 278	19 150				
126 158	9 970	2 894	28 483		11 141
2 020					
2 020					
18 190	11 700		4 078		
10 670	4 000		5 855	4 050	
10 670	4 000		5 855	4 050	
10 715	10 922		1 000		
5 686					

6–3（续4）

项　目	全　市	市　区	京口区
文化艺术业	10 899	10 899	5 870
娱乐业	31 837	30 837	19 915
体育	1 780	1 780	1 780
公共管理和社会组织	173 749	90 675	16 068
国家机构	158 931	85 455	15 248
社群团体、宗教组织	2 670	2 670	820
基层群众自治组织	12 148	2 550	
二、本年新增固定资产	**3 669 159**	**1 837 317**	**427 266**
三、施工项目个数（个）	**1 405**	**640**	**178**
# 本年新开工	992	418	133
# 本年投产项目个数	1 036	404	121
四、房屋建筑面积（平方米）			
本年施工房屋面积	8 522 693	3 547 190	546 012
# 住宅	1 080 253	505 053	82 252
本年竣工房屋面积	4 926 101	1 472 153	263 194
# 住宅	197 859	121 659	50 632
五、本年资金来源	**5 211 581**	**3 074 608**	**643 397**
上年末结余资金	44 353	26 970	2 929
本年资金来源	5 167 228	3 047 638	640 468
# 国家预算内资金	12 530	7 006	6 956
国内贷款	588 441	337 889	89 985
利用外资	834 586	596 740	110 621
# 外商直接投资	558 788	417 575	61 581
自筹资金	3 652 245	2 050 063	429 596
# 企事业单位自有资金	2 949 582	1 764 796	370 322
其他资金来源	79 426	55 940	3 310
六、本年各项应付款	**227 650**	**77 595**	**28 690**
# 工程款	170 440	35 677	24 192
七、征用和购置土地面积（平方米）			
规划用地面积	33 649 132	20 410 769	3 188 750
本年实际征用和购置土地面积	10 357 815	5 505 199	22 203

润州区	丹徒区	新　区	丹阳市	扬中市	句容市
5 029					
	10 922		1 000		
12 577	500	61 530	31 759	18 534	32 781
8 677		61 530	22 161	18 534	32 781
1 850					
2 050	500		9 598		
360 849	**572 939**	**476 263**	**1 103 270**	**332 832**	**395 740**
142	**158**	**162**	**365**	**161**	**239**
106	94	85	248	137	189
110	89	84	333	142	157
1 737 931	1 236 300	26 947	2 715 944	971 588	1 287 971
371 801	51 000		164 000		411 200
504 542	684 700	19 717	2 070 489	751 588	631 871
44 027	27 000		75 000		1 200
653 673	**712 936**	**1 064 602**	**1 010 274**	**523 129**	**603 570**
23 891		150	5 995	10 141	1 247
629 782	712 936	1 064 452	1 004 279	512 988	602 323
		50		4 724	800
120 774	127 130		126 853	71 260	52 439
64 777	182 426	238 916	88 879	65 900	83 067
63 532	53 546	238 916	68 556	9 600	63 057
437 531	357 600	825 336	788 167	371 104	442 911
291 567	282 033	820 874	772 392	354 285	58 109
6 700	45 780	150	380		23 106
29 904		**19 001**	**95 851**	**285**	**53 919**
11 485			82 530	74	52 159
5 453 919	5 427 477	6 340 623	6 727 730	2 519 099	3 991 534
1 713 747	1 477 113	2 292 136	2 334 047	2 283 846	234 723

6－4 城镇以上固定资产

项 目	全 市	市 区	京口区
一、本年完成投资	**3 591 892**	**2 623 799**	**553 116**
#本年新开工	1 664 140	1 067 815	262 604
#国有经济	924 312	705 632	225 718
#基础设施投资	635 718	469 224	144 350
#民间投资	1 666 933	1 077 951	247 469
按构成分			
#建筑工程	1 486 043	1 001 214	313 447
安装工程	239 175	187 194	25 170
设备工器具购置	1 224 853	906 568	99 365
#用于更新设备	248 000	203 778	10 469
其他	641 821	528 823	115 134
按性质分			
#新建	2 292 827	1 743 081	259 940
扩建	602 740	418 035	118 840
改建	644 812	424 970	163 388
按登记注册类型分			
#内资	2 436 104	1 633 922	443 249
#国有	717 452	504 376	185 480
集体	59 093	14 170	3 623
股份合作	1 720	1 720	
国有联营企业	10 300	10 300	10 300
集体联营企业	1 400	1 400	1 400
国有与集体联营	70 775	70 775	10 800
国有独资公司	41 419	41 295	
其他有限责任公司	517 086	305 174	89 529
股份有限公司	115 923	114 226	35 637
私营	829 174	501 420	102 800
其他	66 886	66 886	1 500
个体经营	4 876	2 180	2 180

投资完成情况

单位：万元

润州区	丹徒区	新　区	丹阳市	扬中市	句容市
550 741	**476 183**	**1 043 759**	**504 490**	**233 202**	**230 401**
259 729	127 302	418 180	300 388	173 037	122 900
292 593	45 955	141 366	106 687	46 853	65 140
231 663	68 670	24 541	84 716	13 919	67 859
214 738	185 200	430 544	295 190	175 231	118 561
313 965	149 288	224 514	248 498	67 363	168 968
13 353	42 313	106 358	23 504	11 402	17 075
90 552	182 708	533 943	161 935	126 862	29 488
7 286	182 408	3 615	42 144	900	1 178
132 871	101 874	178 944	70 553	27 575	14 870
291 056	371 852	820 233	356 790	49 785	143 171
119 924	86 866	92 405	58 425	80 300	45 980
134 961		126 621	89 275	98 317	32 250
447 356	220 355	522 962	398 897	219 584	183 701
191 323	35 155	92 418	103 583	44 353	65 140
4 900		5 647	7 143		37 780
1 120		600			
59 975					
41 295			124		
73 978	41 620	100 047		162 931	48 981
3 819		74 770	1 697		
59 746	143 580	195 294	283 654	12 300	31 800
11 200		54 186			
			2 696		

6–4（续1）

项　目	全　市	市　区	京口区
港澳台商投资	545 827	428 398	14 320
合资经营	219 748	204 962	
合作经营	66 689	29 160	540
独资	249 610	184 496	4 000
股份有限	9 780	9 780	9 780
外商投资	609 961	561 479	95 547
合资经营	162 301	140 424	22 230
合作经营	7 306	7 306	
独资	383 770	357 165	73 317
股份有限	56 584	56 584	
按产业分			
# 第一产业	10 100	9 000	
第二产业	2 470 816	1 770 961	269 846
# 工业	2 428 683	1 746 176	250 346
第三产业	1 110 976	843 838	283 270
按国民经济行业分			
# 农、林、牧、渔业	10 100	9 000	
制造业	2 368 168	1 712 931	237 294
农副食品加工业	49 841	39 361	8 000
食品制造业	52 982	49 780	
纺织业	18 456	6 065	
纺织服装、鞋、帽制造业	23 460	2 000	500
皮革、毛皮、羽毛（绒）及其制品业	9 295	2 180	
木材加工及木、竹、藤、棕、草制品业	50 808	10 600	
家具制造业	4 200	1 600	1 600

			丹阳市	扬中市	句容市
润州区	丹徒区	新　区			
18 965	181 196	213 917	70 629	3 600	43 200
5 800	116 000	83 162	4 986		9 800
		28 620	37 529		
13 165	65 196	102 135	28 114	3 600	33 400
84 420	74 632	306 880	34 964	10 018	3 500
15 596	16 532	86 066	20 677	1 200	
		7 306			
50 740	19 600	213 508	14 287	8 818	3 500
18 084	38 500				
	9 000				1 100
234 305	377 663	889 147	394 307	186 167	119 381
234 305	372 378	889 147	384 827	178 299	119 381
316 436	89 520	154 612	110 183	47 035	109 920
	9 000				1 100
231 655	356 778	887 204	365 676	170 780	118 781
		31 361	10 480		
900	38 500	10 380	3 202		
1 565	4 500		9 191	2 600	600
720		780	5 760		15 700
500		1 680	7 115		
	10 600		34 208		6 000
					2 600

6–4（续2）

项　目	全 市	市 区	京口区
造纸及纸制品业	26 415	23 985	2 100
印刷业和记录媒介的复制	6 675	3 990	
文教体育用品制造业	1 600		
石油加工、炼焦及核燃料加工业	40 301	40 301	
化学原料及化学制品制造业	529 175	397 480	138 600
医药制造业	53 686	47 686	
橡胶制品业	3 448	1 248	
塑料制品业	34 580	13 765	1 760
非金属矿物制品业	128 582	99 987	14 280
黑色金属冶炼及压延加工业	33 747	21 852	21 852
有色金属冶炼及压延加工业	44 992	35 992	18 096
金属制品业	208 285	138 510	7 468
通用设备制造业	154 439	112 152	3 500
专用设备制造业	199 063	173 005	1 000
交通运输设备制造业	249 953	216 587	10 648
电气机械及器材制造业	229 084	172 292	2 140
通信设备、计算机及其他电子设备制造业	133 798	88 274	4 750
仪器仪表及文化、办公用机械制造业	68 387	6 028	1 000
工艺品及其他制造业	12 916	8 211	
电力、燃气及水的生产和供应业	60 515	33 245	13 052
电力、热力的生产和供应业	37 003	11 832	832
燃气生产和供应业	3 650	3 650	
水的生产和供应业	19 862	17 763	12 220
建筑业	42 133	24 785	19 500
房屋和土木工程建筑业	29 013	13 535	8 250
其他建筑业	13 120	11 250	11 250
交通运输、仓储和邮政业	224 881	120 022	31 610
道路运输业	127 058	34 900	13 700
城市公共交通业	11 892	11 892	5 500
水上运输业	28 876	28 876	510
装卸搬运和其他运输服务业	14 438	14 438	6 000

润州区	丹徒区	新 区	丹阳市	扬中市	句容市
		21 885	2 150		280
1 500		2 490	2 685		
				1 000	600
9 800		30 501			
3 000	46 596	209 284	35 020	82 175	14 500
2 700	12 750	32 236		6 000	
		1 248	700		1 500
816	5 100	6 089	15 315	1 000	4 500
1 765	74 562	9 380	25 095	2 000	1 500
			11 895		
		17 896		2 000	7 000
4 753	4 300	121 989	39 575	20 700	9 500
26 704	8 000	73 948	35 607	6 680	
30 763	102 170	39 072	18 864	3 194	4 000
89 357	26 700	89 882	8 841	7 025	17 500
45 002	17 800	107 350	20 985	29 006	6 801
11 810	5 200	66 514	22 524	1 500	21 500
		5 028	52 459	5 900	4 000
		8 211	4 005		700
2 650	15 600	1 943	19 151	7 519	600
	11 000		17 652	7 519	
2 650	1 000				
	3 600	1 943	1 499		600
	5 285		9 480	7 868	
	5 285		7 910	7 568	
			1 570	300	
28 788	25 600	34 024	30 249	13 951	60 659
10 200	11 000		30 249	2 350	59 559
6 392					
7 500	9 600	11 266			
		8 438			

6–4（续3）

项　目	全　市	市　区	京口区
仓储业	42 617	29 916	5 900
信息传输、计算机服务和软件业	6 160	6 160	6 160
电信和其他信息传输服务业	4 590	4 590	4 590
计算机服务业	1 570	1 570	1 570
批发和零售业	168 065	146 069	67 977
批发业	42 806	33 216	1 200
零售业	125 259	112 853	66 777
住宿和餐饮业	74 493	69 713	44 207
住宿业	46 973	42 193	21 807
餐饮业	27 520	27 520	22 400
金融业	6 895	6 580	6 580
房地产业	35 416	35 416	
租赁和商务服务业	43 505	20 780	1 360
租赁业	12 920	12 920	
商务服务业	30 585	7 860	1 360
科学研究、技术服务和地质勘查业	4 900	4 900	4 200
专业技术服务业	700	700	
科技交流和推广服务业	2 000	2 000	2 000
研究与试验发展	2 200	2 200	2 200
水利、环境和公共设施管理业	238 425	205 342	21 972
水利管理业	55 870	55 870	
环境管理业	8 670	8 670	2 192
公共设施管理业	173 885	140 802	19 780
居民服务和其他服务业	7 310	7 310	6 110
居民服务业	2 310	2 310	1 110
其他服务业	5 000	5 000	5 000
教育	69 175	65 097	37 167
卫生、社会保障和社会福利业	27 029	17 124	6 454
卫生	27 029	17 124	6 454
文化、体育和娱乐业	53 720	53 720	35 405
广播、电视、电影和音像业	13 526	13 526	7 840
文化业	10 899	10 899	5 870

润州区	丹徒区	新　区	丹阳市	扬中市	句容市
4 696	5 000	14 320		11 601	1 100
20 328	4 400	53 364	8 496	10 500	3 000
13 748		18 268	2 290	4 300	3 000
6 580	4 400	35 096	6 206	6 200	
5 656	19 850				4 780
2 036	18 350				4 780
3 620	1 500				
			315		
35 416					
10 120	6 500	2 800	21 725		1 000
10 120		2 800			
	6 500		21 725		1 000
	700				
	700				
167 306	13 170	2 894	25 383		7 700
55 870					
3 278	3 200				
108 158	9 970	2 894	25 383		7 700
1 200					
1 200					
16 230	11 700		4 078		
10 670			5 855	4 050	
10 670			5 855	4 050	
10 715	7 600				
5 686					

6–4（续4）

项　目	全　市	市　区	京口区
娱乐业	27 515	27 515	19 915
体育	1 780	1 780	1 780
公共管理和社会组织	151 002	85 605	14 068
国家机构	145 332	80 885	13 248
社会团体、宗教组织	2 670	2 670	820
基层群众自治组织	3 000	2 050	
二、本年新增固定资产	**2 373 886**	**1 527 731**	**356 408**
三、施工项目个数（个）	**764**	**486**	**156**
本年新开工	494	319	121
本年投产项目个数	542	308	103
四、房屋建筑面积（平方米）			
本年施工房屋面积	5 422 963	2 685 090	480 180
#住宅	980 421	461 421	77 620
本年竣工房屋面积	2 798 939	1 120 921	224 362
#住宅	165 027	90 027	46 000
五、本年资金来源	**3 539 505**	**2 642 155**	**558 481**
上年末结余资金	28 358	26 970	2 929
本年资金来源	3 511 147	2 615 185	555 552
#国家预算内资金	12 530	7 006	6 956
国内贷款	376 241	285 959	89 985
利用外资	698 005	532 326	74 361
#外商直接投资	491 907	396 751	61 581
自筹资金	2 373 211	1 761 774	381 940
#企事业单位自有资金	1 974 503	1 533 275	326 666
其他资金来源	51 160	28 120	2 310
六、本年各项应付款	**171 550**	**53 415**	**4 510**
#工程款	118 000	11 497	12
七、征用和购置土地面积（平方米）			
规划用地面积	23 763 872	16 565 749	2 121 436
本年实际征用和购置土地面积	7 420 979	5 122 639	22 203

润州区	丹徒区	新　区	丹阳市	扬中市	句容市
	7 600				
10 007		61 530	14 082	18 534	32 781
6 107		61 530	13 132	18 534	32 781
1 850					
2 050			950		
314 138	**391 654**	**465 531**	**542 005**	**127 030**	**177 120**
117	**61**	**152**	**165**	**60**	**53**
84	29	85	94	43	38
94	33	78	144	48	42
1 499 263	678 700	26 947	1 711 914	391 588	634 371
371 801	12 000		109 000		410 000
460 142	416 700	19 717	1 229 559	188 588	259 871
44 027			75 000		
561 357	**493 501**	**1 028 816**	**469 692**	**233 757**	**193 901**
23 891		150		1 141	247
537 466	493 501	1 028 666	469 692	232 616	193 654
		50		4 724	800
120 774	75 200		59 143	26 260	4 879
64 777	172 146	221 042	88 879	58 300	18 500
63 532	50 596	221 042	68 556	9 600	17 000
345 215	227 195	807 424	321 670	143 332	146 435
221 477	182 170	802 962	314 435	126 513	280
6 700	18 960	150			23 040
29 904		**19 001**	**80 451**	**285**	**37 399**
11 485			69 530	74	36 899
4 843 124	3 362 057	6 239 132	4 291 188	726 535	2 180 400
1 634 947	1 173 353	2 292 136	1 708 818	509 482	80 040

6－5 农村投资

项 目	全 市	市 区	京口区
一、本年完成投资	**1 582 937**	**425 275**	**84 916**
#本年新开工	1 034 053	175 138	15 392
#国有经济	105 216	88 610	3 950
#基础设施投资	94 395	78 254	21 602
#民间投资	1 245 497	288 001	38 156
按构成分			
#建筑工程	629 995	210 980	57 402
安装工程	106 649	28 809	3 568
设备工器具购置	656 153	138 676	23 446
#用于更新设备	110 805	84 316	2 480
其他	190 140	46 810	500
按性质分			
#新建	932 759	281 448	65 962
扩建	194 297	41 515	4 250
改建	443 519	90 950	6 842
按登记注册类型分			
#内资	1 319 196	346 511	41 106
#国有	68 279	53 090	2 950
集体	18 544	5 287	300
国有与集体联营	3 600	3 600	
国有独资公司	5 420	5 420	
其他有限责任公司	195 817	121 118	23 764
股份有限公司	27 243	15 743	6 000
私营	992 730	140 893	8 092
其他	1 918	800	
个体经营	5 645	560	
港澳台商投资	157 623	18 650	6 650
合资经营	79 682	3 200	
合作经营	470		

完成情况

单位：万元

润州区	丹徒区	新　区	丹阳市	扬中市	句容市
91 736	**212 837**	**35 786**	**514 619**	**289 372**	**353 671**
44 736	115 010		328 319	221 552	309 044
51 540	33 120		12 449		4 157
23 960	32 692		7 400		8 741
61 196	170 737	17 912	464 678	200 742	292 076
61 140	85 110	7328	165 725	63 522	189 768
1 423	18 722	5 096	37 524	14 288	26 028
15 862	78 164	21 204	272 793	133 635	111 049
4 722	77 114		8 799	960	16 730
13 311	30 841	2158	38 577	77 927	26 826
53 748	134 340	27 398	307 148	124 640	219 523
4 520	32 745		37 295	7 090	108 397
33 468	42 252	8 388	170 176	157 642	24 751
91 736	195 757	17 912	477 127	200 742	294 816
25 120	25 020		12 449		2 740
1 410	2 300	1 277	10 945	1 612	700
	3 600				
5 420					
22 300	75 054			39 562	35 137
		9 743		11 500	
36 926	88 983	6 892	448 648	148 068	255 121
	800				1 118
560			5 085		
	12 000		14 507	75 612	48 854
	3 200		7 970	67 112	1 400
			470		

6-5（续 1）

项　目	全 市	市 区	京口区
独资	77 471	15 450	6 650
外商投资	106 118	60 114	37 160
合资经营	53 713	28 480	25 480
独资	52 405	31 634	11 680
按产业分			
# 第一产业	9 892	9 892	512
第二产业	1 421 873	303 593	71 594
# 工业	1 418 222	299 943	69 194
第三产业	151 172	111 790	12 810
按国民经济行业分			
农、林、牧、渔业	9 892	9 892	512
采矿业	8 127	4 210	
制造业	1 379 923	269 461	51 842
农副食品加工业	13 047	9 112	8 512
食品制造业	1 500	1 500	
饮料制造业	850	850	
纺织业	39 743	4 930	
纺织服装、鞋、帽制造业	41 510	7 432	550
皮革、毛皮、羽毛（绒）及其制品业	12 125	650	
木材加工及木、竹、藤、棕、草制	2 697		
家具制造业	14 200		
造纸及纸制品业	30 675		
印刷业和记录媒介的复制	9 656		
文教体育用品制造业	9 030		

润州区	丹徒区	新　区	丹阳市	扬中市	句容市
	8 800		6 067	8 500	47 454
	5 080	17 874	22 985	13 018	10 001
	3 000		18 525	4 708	2 000
	2 080	17 874	4 460	8 310	8 001
	9 380				
31 888	164 325	35 786	483 296	289 372	345 612
31 138	163 825	35 786	483 296	289 372	345 611
59 848	39 132		31 323		8 059
	9 380				
560	3 650				3 917
30 578	151 255	35 786	482 196	289 372	338 894
	600		3 255		680
	1 500				
	850				
	4 930		19 613		15 200
	6 300	582	5 457	5 210	23 411
650			6 275		5 200
			997		1 700
					14 200
			15 310	3 300	12 065
			976		8 680
			610	1 020	7 400

6-5（续2）

项目	全市	市区	京口区
化学原料及化学制品制造业	134 778	17 751	1 200
医药制造业	6 208	4 200	
化学纤维制造业	8 851		
橡胶制品业	10 200	500	
塑料制品业	33 985	1 230	580
非金属矿物制品业	121 777	21 790	8 400
黑色金属冶炼及压延加工业	92 095	4 800	
有色金属冶炼及压延加工业	39 299	4 950	
金属制品业	121 242	15 700	900
通用设备制造业	116 484	45 587	7 120
专用设备制造业	60 450	27 930	
交通运输设备制造业	256 832	61 324	24 580
电气机械及器材制造业	160 430	28 317	
通信设备、计算机及其他电子设备制造业	17 804	2 758	
仪器仪表及文化、办公用机械制造业	8 505	1 600	
工艺品及其他制造业	8 950	6 550	
电力、燃气及水的生产和供应业	30 172	26 272	17 352
电力、热力的生产和供应业	17 352	17 352	17 352
水的生产和供应业	12 820	8 920	
建筑业	3 651	3 650	2 400
房屋和土木工程建筑业	1 001	1 000	1 000
其他建筑业	2 650	2 650	1 400
交通运输、仓储和邮政业	16 478	9 660	4 860
道路运输业	6 500	4 000	
水上运输业	2 500	300	300
仓储业	7 478	5 360	4 560
信息传输、计算机服务和软件业	550	550	550
批发和零售业	38 853	36 508	1 000
批发业	21 698	21 698	
零售业	17 155	14 810	1 000
住宿和餐饮业	11 001	6 000	
住宿业	11 001	6 000	

润州区	丹徒区	新　区	丹阳市	扬中市	句容市
	10 983	5 568	13 062	90 005	13 960
	4 200			2 008	
			995	510	7 346
	500			6 100	3 600
	650		5 822	5 612	21 321
320	13 070		31 748	3 715	64 524
	4 800		84 925	1 000	1 370
	4 950		29 649	4 200	500
550	9 400	4 850	39 564	38 885	27 093
1 110	18 522	18 835	47 227	14 200	9 470
21 350	6 580		1 420	9 300	21 800
5 420	28 980	2 344	115 895	56 370	23 243
	27 040	1 277	56 271	33 662	42 180
658	2 100		3 125	7 125	4 796
	1 600				6 905
520	3 700	2 330		150	2 250
	8 920		1 100		2 800
	8 920		1 100		2 800
750	500				1
					1
750	500				
4 000	800		2 200		4 618
4 000					2 500
			2 200		
	800				2 118
32 498	3 010		2 345		
20 998	700				
11 500	2 310		2 345		
	6 000		5 001		
	6 000		5 001		

6-5（续3）

项　目	全市	市区	京口区
房地产业	2 000	2 000	
科学研究、技术服务和地质勘查业	3 050	3 050	
水利、环境和公共设施管理业	44 391	37 850	3 400
环境管理业	15 950	15 950	
水利管理业	500	500	
公共设施管理业	27 941	21 400	3 400
居民服务和其他服务业	1 820	1 820	1 000
教育	1 960	1 960	
卫生、社会保障和社会福利业	4 000	4 000	
文化、体育和娱乐业	4 322	3 322	
公共管理和社会组织	22 747	5 070	2 000
二、本年新增固定资产	**1 295 273**	**309 586**	**70 858**
三、施工项目个数（个）	**641**	**154**	**22**
本年新开工	498	99	12
本年投产项目个数	494	96	18
四、房屋建筑面积（平方米）			
#本年施工房屋面积	3 099 730	862 100	65 832
#住宅	99 832	43 632	4 632
#本年竣工房屋面积	2 127 162	351 232	38 832
#住宅	32 832	31 632	4 632
五、本年资金来源	**1 672 076**	**432 453**	**84 916**
上年末结余资金	15 995		
本年资金来源	1 656 081	432 453	84 916
#国内贷款	212 200	51 930	
利用外资	136 581	64 414	36 260
#外商直接投资	66 881	20 824	
自筹资金	1 279 034	288 289	47 656
#企事业单位自有资金	975 079	231 521	43 656
其他资金来源	28 266	27 820	1 000
六、本年各项应付款	**56 100**	**24 180**	**24 180**
#工程款	52 440	24 180	24 180
七、征用和购置土地面积（平方米）			
规划用地面积	9 885 260	3 845 020	1 067 314
本年实际征用和购置土地面积	2 936 836	382 560	

润州区	丹徒区	新　区	丹阳市	扬中市	句容市
	2 000				
	3 050				
18 000	16 450		3 100		3 441
	15 950				
	500				
18 000			3 100		3 441
820					
1 960					
	4 000				
	3 322		1 000		
2 570	500		17 677		
46 711	**181 285**	**10 732**	**561 265**	**205 802**	**218 620**
25	**97**	**10**	**200**	**101**	**186**
22	65		154	94	151
16	56	6	189	94	115
238 668	557 600		1 004 030	580 000	653 600
	39 000		55 000		1 200
44 400	268 000		840 930	563 000	372 000
	27 000				1 200
92 316	**219 435**	**35 786**	**540 582**	**289 372**	**409 669**
			5 995	9 000	1 000
92 316	219 435	35 786	534 587	280 372	408 669
	51 930		67 710	45 000	47 560
	10 280	17 874		7 600	64 567
	2 950	17 874			46 057
92 316	130 405	17 912	466 497	227 772	296 476
70 090	99 863	17 912	457 957	227 772	57 829
	26 820		380		66
			15 400		**16 520**
			13 000		15 260
610 795	2 065 420	101 491	2 436 542	1 792 564	1 811 134
78 800	303 760		625 229	1 774 364	154 683

6－6　基本建设

项　　目	全　市	市　区	京口区
一、本年完成投资	**3 225 586**	**2 024 529**	**325 902**
#本年新开工	1 467 381	731 134	74 518
#国有经济	572 396	436 987	70 746
#基础设施投资	478 804	379 546	92 770
#民间投资	1 681 902	817 245	123 527
按构成分			
#建筑工程	1 421 775	828 265	225 291
安装工程	192 010	134 676	5 180
设备工器具购置	1 023 706	654 818	39 385
其他	588 095	406 770	56 046
按性质分			
#新建	3 225 586	2 024 529	325 902
按登记注册类型分			
#内资	2 146 517	1 150 848	182 175
港澳台商投资	517 314	351 457	16 430
外商投资	561 755	522 224	127 297
按产业分			
#第一产业	17 980	17 380	
第二产业	2 295 189	1 327 057	166 112
#工业	2 278 898	1 318 107	159 662
第三产业	912 417	680 092	159 790
按国民经济行业分			
#农、林、牧、渔业	17 980	17 380	
采矿业	5 917	3 000	
制造业	2 225 796	1 267 922	134 740
电力、燃气及水的生产和供应业	47 185	47 185	24 922
建筑业	16 291	8 950	6 450
交通运输、仓储和邮政业	183 129	103 986	22 470
批发和零售业	164 892	142 841	49 187

投资完成情况

单位：万元

润州区	丹徒区	新　区	丹阳市	扬中市	句容市
344 804	**506 192**	**847 631**	**663 938**	**174 425**	**362 694**
126 642	192 472	337 502	398 859	90 384	247 004
197 532	72 490	96 219	70 528	20 234	44 647
181 295	80 940	24 541	43 508	6 400	49 350
134 069	216 970	342 679	513 010	75 491	276 156
228 421	178 890	195 663	327 952	45 947	219 611
3 208	40 524	85 764	28 833	5 548	22 953
28 494	172 316	414 623	213 219	71 855	83 814
84 681	114 462	151 581	93 934	51 075	36 316
344 804	506 192	847 631	663 938	174 425	362 694
271 626	270 560	426 487	580 558	95 725	319 386
5 700	158 000	171 327	56 249	74 700	34 908
67 478	77 632	249 817	27 131	4 000	8 400
	17 380				600
91 544	376 382	693 019	553 079	140 190	274 863
91 544	373 882	693 019	547 689	138 240	274 862
253 260	112 430	154 612	110 859	34 235	87 231
	17 380				600
	3 000				2 917
91 544	350 562	691 076	547 689	138 240	271 945
	20 320	1 943			
	2 500		5 390	1 950	1
30 692	16 800	34 024	21 983	13 951	43 209
32 880	7 410	53 364	8 551	10 500	3 000

6-6（续）

项　　目	全　市	市　区	京口区
住宿和餐饮业	55 758	50 757	22 407
金融业	315		
房地产业	29 880	29 880	
租赁和商务服务业	31 025	9 300	
科学研究、技术服务和地质勘查业	4 750	4 750	1 000
水利、环境和公共设施管理业	208 534	189 701	17 309
教育	40 253	36 175	21 365
卫生、社会保障和社会福利业	16 359	6 454	6 454
文化、体育和娱乐业	31 225	30 225	10 710
公共管理和社会组织	146 297	76 023	8 888
二、本年新增固定资产	**2 138 971**	**1 110 660**	**259 178**
三、施工项目个数（个）	**718**	**334**	**65**
本年新开工	433	172	28
本年投产项目个数	465	169	32
四、房屋建筑面积（平方米）			
本年施工房屋面积	6 161 090	2 458 655	421 249
本年竣工房屋面积	3 304 243	924 963	201 902
五、本年资金来源	**3 234 399**	**2 058 867**	**330 877**
上年末结余资金	39 535	26 520	2 929
本年资金来源	3 194 864	2 032 347	327 948
#国家预算内资金	7 980	2 456	2 456
国内贷款	317 958	195 349	24 087
利用外资	610 292	505 014	110 621
自筹资金	2 193 558	1 281 938	188 984
其他资金来源	65 076	47 590	1 800
六、本年各项应付款	**160 282**	**61 836**	**28 690**
#工程款	114 815	30 180	24 192
七、征用和购置土地面积（平方米）			
规划用地面积	29 812 082	18 077 100	2 923 523
本年实际征用和购置土地面积	8 691 992	4 595 347	22 203

润州区	丹徒区	新　区	丹阳市	扬中市	句容市
2 500	25 850		5 001		
			315		
27 880	2 000				
	6 500	2 800	21 725		
	3 750				
140 378	29 120	2 894	10 592		8 241
3 110	11 700		4 078		
			5 855	4 050	
10 715	8 800		1 000		
5 105	500	61 530	31 759	5 734	32 781
151 147	**409 650**	**290 685**	**663 699**	**107 382**	**257 230**
49	**114**	**106**	**209**	**30**	**145**
29	65	50	128	21	112
29	65	43	185	21	90
1 056 306	981 100		2 263 576	441 488	997 371
174 661	548 400		1 638 121	336 488	404 671
360 917	**524 810**	**842 263**	**657 015**	**174 725**	**343 792**
23 591			3 015	9 000	1 000
337 326	524 810	842 263	654 000	165 725	342 792
				4 724	800
88 112	83 150		74 499	46 460	1 650
52 431	149 550	192 412	51 507	15 200	38 571
190 383	252 720	649 851	527 614	99 341	284 665
6 400	39 390		380		17 106
24 407		**8 739**	**75 297**		**23 149**
5 988			61 976		22 659
4 488 850	4 450 847	6 213 880	6 313 623	1 926 213	3 495 146
1 049 795	1 241 793	2 281 556	2 266 462	1 712 160	118 023

6－7　技术改造

项　　目	全　市	市　区	京口区
一、本年完成投资	**1 949 243**	**1 024 545**	**312 130**
#本年新开工	1 230 812	511 819	203 478
#国有经济	457 132	357 255	158 922
#基础设施投资	251 309	167 932	73 182
#民间投资	1 230 528	548 707	162 098
按构成分			
#建筑工程	694 263	383 929	145 558
安装工程	153 814	81 327	23 558
设备工器具购置	857 300	390 426	83 426
其他	243 866	168 863	59 588
按登记注册类型分			
#内资	1 608 783	829 585	302 180
港澳台商投资	186 136	95 591	4 540
外商投资	154 324	99 369	5 410
按产业分			
#第一产业	2 012	1 512	512
第二产业	1 597 500	747 497	175 328
#工业	1 568 007	728 012	159 878
第三产业	349 731	275 536	136 290
按国民经济行业分			
#农、林、牧、渔业	2 012	1 512	512
采矿业	2 210	1 210	
制造业	1 522 295	714 470	154 396
电力、燃气及水的生产和供应业	43 502	12 332	5 482
建筑业	29 493	19 485	15 450
交通运输、仓储和邮政业	58 230	25 696	14 000
信息传输、计算机服务和软件业	6 710	6 710	6 710
批发和零售业	42 026	39 736	19 790
住宿和餐饮业	29 736	24 956	21 800

投资完成情况

单位：万元

润州区	丹徒区	新　区	丹阳市	扬中市	句容市
297 673	**182 828**	**231 914**	**355 171**	**348 149**	**221 378**
177 823	49 840	80 678	229 848	304 205	184 940
146 601	6 585	45 147	48 608	26 619	24 650
74 328	20 422		48 608	7 519	27 250
141 865	138 967	105 777	246 858	300 482	134 481
146 684	55 508	36 179	86 271	84 938	139 125
11 568	20 511	25 690	32 195	20 142	20 150
77 920	88 556	140 524	221 509	188 642	56 723
61 501	18 253	29 521	15 196	54 427	5 380
267 466	145 552	114 387	295 466	324 601	159 131
13 265	35 196	42 590	28 887	4 512	57 146
16 942	2 080	74 937	30 818	19 036	5 101
	1 000				500
174 649	165 606	231 914	324 524	335 349	190 130
173 899	162 321	231 914	320 434	329 431	190 130
123 024	16 222		30 647	12 800	30 748
	1 000				500
560	650				1000
170 689	157 471	231 914	300 183	321 912	185 730
2 650	4 200		20 251	7 519	3 400
750	3 285		4 090	5 918	
2 096	9 600		10 466		22 068
19 946			2 290		
3 156					4 780

6–7（续）

项　目	全　市	市　区	京口区
金融业	6 580	6 580	6 580
房地产业	7 536	7 536	
租赁和商务服务业	12 480	11 480	1 360
科学研究、技术服务和地质勘查业	3 200	3 200	3 200
水利、环境和公共设施管理业	74 282	53 491	8 063
居民服务和其他服务业	9 130	9 130	7 110
教育	30 882	30 882	15 802
卫生、社会保障和社会福利业	14 670	14 670	
文化、体育和娱乐业	26 817	26 817	24 695
公共管理和社会组织	27 452	14 652	7 180
二、本年新增固定资产	**1 530 188**	**726 657**	**168 088**
三、施工项目个数（个）	**687**	**306**	**113**
本年新开工	559	246	105
本年投产项目个数	571	235	89
四、房屋建筑面积（平方米）			
本年施工房屋面积	2 361 603	1 088 535	124 763
本年竣工房屋面积	1 621 858	547 190	61 292
五、本年资金来源	**1 977 182**	**1 015 741**	**312 520**
上年末结余资金	4 818	450	
本年资金来源	1 972 364	1 015 291	312 520
#国家预算内资金	4 550	4 550	4 500
国内贷款	270 483	142 540	65 898
利用外资	224 294	91 726	
自筹资金	1 458 687	768 125	240 612
其他资金来源	14 350	8 350	1 510
六、本年各项应付款	**67 368**	**15 759**	
#工程款	55 625	5 497	
七、征用和购置土地面积（平方米）			
规划用地面积	3 837 050	2 333 669	265 227
本年实际征用和购置土地面积	1 665 823	909 852	

润州区	丹徒区	新　区	丹阳市	扬中市	句容市
7 536					
10 120					1 000
44 928	500		17 891		2 900
2 020					
15 080					
10 670	4 000				
	2 122				
7 472				12 800	
209 702	**163 289**	**185 578**	**439 571**	**225 450**	**138 510**
93	**44**	**56**	**156**	**131**	**94**
77	29	35	120	116	77
81	24	41	148	121	67
681 625	255 200	26 947	452 368	530 100	290 600
329 881	136 300	19 717	432 368	415 100	227 200
292 756	**188 126**	**222 339**	**353 259**	**348 404**	**259 778**
300		150	2 980	1 141	247
292 456	188 126	222 189	350 279	347 263	259 531
		50			
32 662	43 980		52 354	24 800	50 789
12 346	32 876	46 504	37 372	50 700	44 496
247 148	104 880	175 485	260 553	271 763	158 246
300	6 390	150			6 000
5 497		**10 262**	**20 554**	**285**	**30 770**
5 497			20 554	74	29 500
965 069	976 630	126 743	414 107	592 886	496 388
663 952	235 320	10 580	67 585	571 686	116 700

6－8 民营项目投资

项　目	全　市	市　区	京口区
一、本年完成投资	**2 827 534**	**1 288 837**	**272 645**
#本年新开工	1 785 803	615 743	168 284
#基础设施投资	148 600	135 499	71 130
按构成分			
#建筑工程	1 082 440	487 267	134 899
安装工程	203 467	103 073	12 072
设备工器具购置	1 126 471	489 812	80 061
其他	415 156	208 685	45 613
按性质分			
#新建	1 608 586	751 710	122 127
扩建	455 763	217 506	14 680
改建	725 985	285 421	121 118
按登记注册类型分			
#集体	77 637	19 457	3 923
股份合作	1 720	1 720	
联营企业	1 400	1 400	1 400
其他有限责任公司	712 903	426 292	113 293
股份有限公司	143 166	129 969	41 637
私营	1 821 904	642 313	110 892
其他	68 804	67 686	1 500
按产业分			
#第一产业	6 892	6 292	512
第二产业	2 323 105	890 951	112 290
#工业	2 298 524	876 201	100 790

完成情况

单位：万元

润州区	丹徒区	新　区	丹阳市	扬中市	句容市
215 399	**352 337**	**448 456**	**752 087**	**375 973**	**410 637**
108 873	142 730	195 856	494 638	331 146	344 276
6 310	53 222	4 837	1 000		12 101
141 339	141 728	69 301	270 392	84 746	240 035
8 510	33 328	49 163	46 846	19 611	33 937
52 484	122 688	234 579	349 555	188 830	98 274
13 066	54 593	95 413	85 294	82 786	38 391
73 534	213 370	342 679	505 229	75 491	276 156
68 516	81 615	52 695	61 736	75 590	100 931
71 549	39 672	53 082	185 122	224 892	30 550
6 310	2 300	6 924	18 088	1 612	38 480
1 120		600			
96 278	116 674	100 047		202 493	84 118
3 819		84 513	1 697	11 500	
96 672	232 563	202 186	732 302	160 368	286 921
11 200	800	54 186			1 118
	5 780				600
127 529	269 075	382 057	712 644	360 072	359 438
126 779	266 575	382 057	703 164	359 722	359 437

6-8（续1）

项　目	全 市	市 区	京口区
第三产业	497 537	391 594	159 843
按国民经济行业分			
#农、林、牧、渔业	6 892	6 292	512
采矿业	7 127	4 210	
制造业	2 249 902	833 896	83 438
农副食品加工业	48 238	33 823	1 862
食品制造业	4 702	1 500	
饮料制造业	850	850	
纺织业	47 385	10 995	
纺织服装、鞋、帽制造业	44 692	6 432	1 050
皮革、毛皮、羽毛（绒）及其制品业	19 220	2 830	
木材加工及木、竹、藤、棕、草制	28 562	600	
家具制造业	15 800	1 600	1 600
造纸及纸制品业	36 505	3 400	1 500
印刷业和记录媒介的复制	16 331	3 990	
文教体育用品制造业	10 630		
石油加工、炼焦及核燃料加工业	9 800	9 800	
化学原料及化学制品制造业	247 846	70 844	4 200
医药制造业	26 270	20 270	
化学纤维制造业	8 851		
橡胶制品业	11 143	1 748	
塑料制品业	62 118	13 585	2 330
非金属矿物制品业	170 520	85 355	9 900
黑色金属冶炼及压延加工业	115 644	26 652	21 852
有色金属冶炼及压延加工业	60 590	24 241	18 096
金属制品业	198 373	49 052	7 468

润州区	丹徒区	新　区	丹阳市	扬中市	句容市
87 870	77 482	66 399	39 443	15 901	50 599
	5 780				600
560	3 650				2 917
126 219	244 125	380 114	703 164	359 722	353 120
	600	31 361	13 735		680
	1 500		3 202		
	850				
1 565	9 430		23 590	2 600	10 200
720	3 300	1 362	5 457	5 210	27 593
1 150		1 680	13 390		3 000
	600		20 262		7 700
					14 200
		1 900	17 460	3 300	12 345
1 500		2 490	3 661		8 680
			610	2 020	8 000
9 800					
	10 983	55 661	45 662	110 580	20 760
2 700	4 200	13 370		6 000	
			995	510	7 346
	500	1 248	695	5 100	3 600
816	4 350	6 089	18 650	4 062	25 821
2 085	72 170	1 200	48 515	5 715	30 935
	4 800		86 622	1 000	1 370
	4 950	1 195	29 649	6 200	500
2 653	11 200	27 731	70 525	45 503	33 293

6-8（续2）

项　目	全　市	市　区	京口区
通用设备制造业	177 896	72 823	2 500
专用设备制造业	144 433	86 655	1 000
交通运输设备制造业	285 499	109 997	3 730
电气机械及器材制造业	292 381	122 866	600
通信设备、计算机及其他电子设备	114 597	56 627	4 750
仪器仪表及文化、办公用机械制造	31 010	2 600	1 000
工艺品及其他制造业	20 016	14 761	
电力、燃气及水的生产和供应业	41 495	38 095	17 352
电力、热力的生产和供应业	28 352	28 352	17 352
水的生产和供应业	13 143	9 743	
建筑业	24 581	14 750	11 500
交通运输、仓储和邮政业	52 902	36 683	12 510
道路运输业	3 700	1 200	1 200
水上运输业	10 410	10 410	810
装卸搬运和其他运输服务业	6 000	6 000	6 000
仓储业	32 792	19 073	4 500
信息传输、计算机服务和软件业	6 160	6 160	6 160
计算机服务业	1 570	1 570	1 570
电信和其他信息传输服务业	4 590	4 590	4 590
批发和零售业	173 674	159 545	52 177
批发业	64 504	54 914	1 200
零售业	109 170	104 631	50 977
住宿和餐饮业	65 907	56 126	24 620
住宿业	43 567	33 786	7 400
餐饮业	22 340	22 340	17 220
金融业	5 115	4 800	4 800
房地产业	8 838	8 838	
租赁和商务服务业	33 940	20 220	800
科学研究、技术服务和地质勘查业	4 200	4 200	4 200
科技交流和推广服务业	2 000	2 000	2 000
研究与试验发展	2 200	2 200	2 200
水利、环境和公共设施管理业	17 338	11 137	3 043

润州区	丹徒区	新　区	丹阳市	扬中市	句容市
13 680	26 522	30 121	74 723	20 880	9 470
50 698	13 250	21 707	20 284	12 494	25 000
27 578	31 480	47 209	95 707	58 695	21 100
7 316	36 040	78 910	61 606	58 928	48 981
3 438	2 100	46 339	25 649	6 025	26 296
	1 600		18 510	4 900	5 000
520	3 700	10 541	4 005		1 250
	18 800	1 943			3 400
	11 000				
	7 800	1 943			3 400
750	2 500		9 480	350	1
3 600	10 400	10 173		11 601	4 618
					2 500
	9 600				
3 600	800	10 173		11 601	2 118
49 426	7 410	50 532	6 829	4 300	3 000
34 746	700	18 268	2 290	4 300	3 000
14 680	6 710	32 264	4 539		
5 656	25 850		5 001		4 780
2 036	24 350		5 001		4 780
3 620	1 500				
			315		
6 838	2 000				
10 120	6 500	2 800	13 720		
	5 200	2 894			6 201

6–8（续3）

项　目	全　市	市　区	京口区
居民服务和其他服务业	5 730	5 730	3 710
居民服务业	2 630	2 630	610
其他服务业	3 100	3 100	3 100
教育	21 640	21 640	7 830
卫生、社会保障和社会福利业	1 200	1 200	
文化、体育和娱乐业	42 227	41 227	30 305
公共管理和社会组织	58 666	14 088	9 688
二、本年新增固定资产	**2 178 742**	**880 091**	**195 848**
三、施工项目个数（个）	**957**	**376**	**102**
本年新开工	722	260	82
本年投产项目个数	744	255	76
四、房屋建筑面积（平方米）			
本年施工房屋面积	5 710 786	1 939 180	263 726
本年竣工房屋面积	3 500 724	912 435	104 255
五、本年资金来源	**2 868 772**	**1 295 028**	**273 645**
上年末结余资金	8 117	1 975	20
本年资金来源	2 860 655	1 293 053	273 625
#国内贷款	244 292	111 503	8 978
利用外资	77 474	5 961	
自筹资金	2 505 573	1 142 719	263 647
其他资金来源	33 316	32 870	1 000
六、本年各项应付款	**52 593**	**25 788**	
#工程款	25 901	5 497	
七、征用和购置土地面积（平方米）			
规划用地面积	15 713 446	6 989 696	836 730
本年实际征用和购置土地面积	5 890 431	2 089 498	22 203

润州区	丹徒区	新　区	丹阳市	扬中市	句容市
2 020					
2 020					
6 310	7 500				
	1 200				
	10 922		1 000		
3 900	500		12 578		32 000
127 613	**306 560**	**250 070**	**795 675**	**214 076**	**288 900**
73	**110**	**91**	**261**	**130**	**190**
59	69	50	188	116	158
60	68	51	245	116	128
849 754	811 100	14 600	2 004 306	617 300	1 150 000
306 080	487 500	14 600	1 568 489	490 300	529 500
213 514	**357 985**	**449 884**	**784 436**	**375 973**	**413 335**
1 955			4 960		1 182
211 559	357 985	449 884	779 476	375 973	412 153
7 095	95 430		102 209	24 400	6 180
630		5 331	17 023	48 200	6 290
197 434	237 235	444 403	659 864	303 373	399 617
6 400	25 320	150	380		66
23 916		**1 872**	**22 185**		**4 620**
5 497			17 314		3 090
1 007 797	2 671 510	2 473 659	4 657 770	1 605 993	2 459 987
304 463	843 675	919 157	2 058 650	1 542 593	199 690

6－9 房地产开发

项 目	全 市	市 区	京口区
一、房地产开发企业数（个）	**249**	**144**	**43**
二、本年完成投资	**970 271**	**644 540**	**251 582**
#商品房建设投资额	702 720	456 919	234 981
土地开发投资	16 754	7 166	3 050
配套工程投资	40 011	22 403	12 004
国有经济控股	99 233	76 764	26 546
按登记注册类型分			
#内资	857 923	556 468	221 663
#国有	31 511	23 394	6 316
集体	4 674	330	
股份合作	8 305	8 305	
国有联营	2 791		
其他有限责任公司	381 079	271 849	171 390
股份有限公司	50 314	49 924	10
私营经济	371 107	194 524	43 947
其他	8 142	8 142	
港澳台商投资	48 949	32 068	19 536
#合资经营	32 238	23 636	19 536
合作经营	8 432	8 432	
独资	8 279		
外商投资	63 399	56 004	10 383
#合资经营	7 395		
独资	45 621	45 621	
外商投资股份有限公司	10 383	10 383	10 383
按构成分			
#建筑工程	599 528	373 382	130 780
安装工程	28 532	13 989	6 485
设备工器具购置	6 700	2 434	1 819

投资完成情况

单位：万元

润州区	丹徒区	新　区	丹阳市	扬中市	句容市
42	**36**	**23**	**49**	**20**	**36**
188 744	**78 619**	**125 595**	**142 377**	**62 295**	**121 059**
51 895	51 268	118 775	70 982	60 721	114 098
1 604	2 106	406	2 477		7 111
3 030	1 705	5 664	8 015	1 604	7 989
21 146	1 100	27 972	15 933		6 536
188 744	70 751	75 310	130 680	62 295	108 480
17 078			1 581		6 536
330			403	1 633	2 308
1 335	6 970				
			2 791		
49 557	38 297	12 605	12 406	50 252	46 572
19 762		30 152			390
92 540	25 484	32 553	113 499	10 410	52 674
8 142					
	4 100	8 432	4 302		12 579
	4 100		3 023		5 579
		8 432			
			1 279		7 000
	3 768	41 853	7 395		
			7 395		
	3 768	41 853			
106 909	59 259	76 434	98 922	41 518	85 706
3 345	1 217	2 942	7 114	2 514	4 915
235	380		2 102	570	1 594

6-9（续）

项　目	全 市	市 区	京口区
其他费用	335 511	254 735	112 498
按用途分			
#住宅	836 156	568 969	226 065
# 90 平方米以下	102 203	55 820	26 635
140 平方米以上	236 008	168 752	60 218
经济适用房	14 728	13 327	8 900
别墅、高档公寓	126 658	91 390	48 241
办公楼	3 057	2 053	107
商业营业用房	82 813	44 700	19 316
其他	48 245	28 818	6 094
三、本年新增固定资产	**534 636**	**218 422**	**98 726**
四、本年资金来源	**1 558 637**	**1 011 458**	**310 260**
上年末结余资金	291 368	168 248	37 756
本年资金来源	1 267 269	843 210	272 504
#国内贷款	254 873	163 689	57 171
利用外资	34 856	34 656	14 349
# 外商直接投资	34 806	34 656	14 349
自筹资金	366 716	269 757	102 617
#企事业单位自有资金	169 952	99 933	30 220
其他资金来源	610 824	375 108	98 367
五、土地购置和开发			
本年完成开发土地面积（平方米）	1 229 903	731 050	164 827
待开发土地面积（平方米）	5 312 537	3 023 645	719 610
本年购置土地面积（平方米）	1 766 452	1 227 654	690 860
本年土地成交价款	246 350	199 974	103 905

润州区	丹徒区	新　区	丹阳市	扬中市	句容市
78 255	17 763	46 219	34 239	17 693	28 844
154 865	73 978	114 061	117 892	54 045	95 250
18 483	4 499	6 203	24 080	2 063	20 240
79 015	27 357	2 162	21 342	13 080	32 834
4 427			1 401		
15 223	26 753	1 173	9 856	1 533	23 879
1 444	282	220	518		486
17 518	2 282	5 584	11 512	7 971	18 630
14 917	2 077	5 730	12 455	279	6 693
67 815	**9 187**	**42 694**	**121 559**	**70 797**	**123 858**
378 623	**118 638**	**203 937**	**264 635**	**81 724**	**200 820**
90 811	23 818	15 863	65 328	5 266	52 526
287 812	94 820	188 074	199 307	76 458	148 294
39 100	22 018	45 400	43 030	16 190	31 964
		20 307	200		
		20 307	150		
99 256	18 662	49 222	39 315	30 238	27 406
23 130	14 684	31 899	26 503	29 968	13 548
149 456	54 140	73 145	116 762	30 030	88 924
126 343	316 112	123 768	398 387		100 466
779 501	833 664	690 870	1 446 369		842 523
287 517	124 259	125 018	234 421	144 448	159 929
59 586	10 234	26 249	20 792	15 330	10 254

6－10 商品房

项 目	全 市	市 区	京口区
一、房屋施工面积	**9 112 062**	**4 558 030**	**1 467 513**
#住宅	7 662 827	3 939 071	1 343 135
# 11 层及以上高层建筑	1 015 813	499 058	187 236
90 平方米以下	1 141 393	666 727	300 386
140 平方米以上	1 786 935	845 259	297 124
经济适用房	114 972	99 411	64 410
别墅、高档公寓	849 778	559 306	208 099
办公楼	24 277	12 787	1 538
商业营业用房	871 266	383 654	74 796
其他	553 692	222 518	48 044
二、房屋竣工面积	**2 817 754**	**1 037 369**	**382 147**
#住宅	2 373 966	908 527	343 040
# 11 层及以上高层建筑	292 566	79 729	62 776
90 平方米以下	267 905	103 982	39 485
140 平方米以上	581 596	145 519	100 328
经济适用房	52 459	44 559	20 000
别墅、高档公寓	140 300	38 194	35 342
办公楼	3 147		
商业营业用房	295 975	100 239	25 037
其他	144 666	28 603	14 070
三、竣工房屋价值（万元）	**468 224**	**182 432**	**84 064**
#住宅	387 564	154 787	73 188
# 11 层及以上高层建筑	51 852	19 907	16 170
90 平方米以下	42 332	18 099	9 227
140 平方米以上	116 565	39 556	33 395
经济适用房	7 043	6 593	3 400
别墅、高档公寓	37 150	16 058	15 768
办公楼	287		
商业营业用房	60 749	22 307	7 706
其他	19 624	5 338	3 170

开发与销售情况

单位：平方米

			丹阳市	扬中市	句容市
润州区	丹徒区	新　区			
1 350 062	**705 670**	**1 034 785**	**2 136 479**	**791 459**	**1 626 094**
1 083 710	649 468	862 758	1 701 857	682 263	1 339 636
194 284	16 171	101 367	337 060	102 146	77 549
150 273	67 085	148 983	259 942	15 253	199 471
283 247	183 758	81 130	411 091	212 081	318 504
35 001			15 561		
154 263	181 880	15 064	43 530	2 500	244 442
5 129	3 720	2 400	7 433		4 057
142 609	35 752	130 497	232 639	66 516	188 457
118 614	16 730	39 130	194 550	42 680	93 944
340 269	**25 901**	**289 052**	**856 978**	**355 258**	**568 149**
284 632	18 789	262 066	708 591	334 357	422 491
4 842		12 111	96 788	56 132	59 917
27 549		36 948	81 832	4 769	77 322
21 263		23 928	168 766	164 106	103 205
24 559			7 900		
		2 852	14 279	2 500	85 327
			3 147		
41 104	7 112	26 986	70 696	17 901	107 139
14 533			74 544	3 000	38 519
57 753	**4 412**	**36 203**	**93 619**	**70 797**	**121 376**
48 065	2 634	30 900	77 517	66 673	88 587
600		3 137	7 759	12 203	11 983
4 928		3 944	9 449	1 030	13 754
3 831		2 330	19 078	34 613	23 318
3 193			450		
		290	1 310	700	19 082
			287		
7 520	1 778	5 303	7 740	3 602	27 100
2 168			8 075	522	5 689

6-10（续1）

项　目	全 市	市 区	京口区
四、住宅竣工套数（套）	**19 697**	**7 779**	**2 779**
# 11 层及以上高层建筑	2 574	793	647
90 平方米以下	3 670	1 478	592
140 平方米以上	3 086	775	496
经济适用房	538	468	230
别墅、高档公寓	472	132	119
五、商品房销售面积	**2 140 665**	**1 086 256**	**315 268**
# 住宅	1 921 684	1 002 818	297 510
# 11 层及以上高层建筑	176 937	123 608	46 452
90 平方米以下	274 499	143 182	52 949
140 平方米以上	442 715	196 377	60 715
经济适用房	33 150	25 250	20 000
别墅、高档公寓	152 185	85 615	20 544
办公楼	10 085	9 712	
商业营业用房	124 704	40 142	3 825
其他	84 192	33 584	13 933
六、商品房销售额（万元）	**725 040**	**404 540**	**123 294**
# 住宅	641 866	369 964	117 616
# 11 层及以上高层建筑	62 946	45 635	17 129
90 平方米以下	81 602	46 212	18 350
140 平方米以上	187 350	99 358	29 734
经济适用房	10 479	8 994	7 000
别墅、高档公寓	83 894	49 086	12 042
办公楼	4 977	4 631	
商业营业用房	62 058	24 080	3 091
其他	16 139	5 865	2 587
七、商品住宅销售套数（套）	**16 459**	**8 572**	**2 656**
# 11 层及以上高层建筑	1 631	1 186	435
90 平方米以下	3 457	1 846	715
140 平方米以上	2 352	990	316
经济适用房	348	278	230
别墅、高档公寓	567	340	97

润州区	丹徒区	新　区	丹阳市	扬中市	句容市
2 439	**153**	**2 408**	**5 939**	**2 465**	**3 514**
36		110	746	357	678
359		527	1 021	67	1 104
138		141	1 022	914	375
238			70		
		13	48	8	284
390 080	**174 036**	**206 872**	**412 998**	**240 654**	**400 757**
349 495	165 586	190 227	347 788	221 987	349 091
58 871	3 260	15 025	22 179	21 750	9 400
32 689	16 508	41 036	52 180	5 137	74 000
88 321	29 820	17 521	55 907	110 339	80 092
5 250			7 900		
27 889	25 314	11 868	19 002		47 568
9 281		431	373		
14 481	5 622	16 214	32 214	15 996	36 352
16 823	2 828		32 623	2 671	15 314
168 423	**53 700**	**59 123**	**128 587**	**70 130**	**121 783**
148 665	51 348	52 335	101 881	64 881	105 140
23 945	455	4 106	7 988	6 834	2 489
13 245	4 756	9 861	14 538	1 324	19 528
47 747	14 100	7 777	21 965	32 076	33 951
1 994			1 485		
16 845	13 374	6 825	11 352		23 456
4 456		175	346		
12 372	2 004	6 613	19 176	4 806	13 996
2 930	348		7 184	443	2 647
2 836	**1 322**	**1 758**	**2 939**	**1 813**	**3 135**
527	23	201	164	180	101
407	192	532	604	72	935
468	123	83	288	720	354
48			70		
107	91	45	60		167

6-10（续2）

项　目	全　市	市　区	京口区
八、商品房空置面积（平方米）	**1 321 420**	**454 864**	**100 200**
#住宅	892 652	272 253	76 987
# 11 层及以上高层建筑	139 100	12 267	7 729
90 平方米以下	37 473	17 041	4 193
140 平方米以上	242 663	92 606	31 743
经济适用房	1 304	1 304	1 304
别墅、高档公寓	76 960	53 709	30 216
办公楼	38 702	15 446	
商业营业用房	319 003	136 435	18 466
其他	71 063	30 730	4 747
#空置 1-3 年（含 1 年）	928 497	358 268	90 618
# 11 层及以上高层建筑	22 959	13 997	7 701
# 住宅	613 298	235 837	75 564
# 11 层及以上高层建筑	102 382	12 267	7 729
90 平方米以下	20 439	17 041	4 193
140 平方米以上	168 841	80 042	31 320
经济适用房	1 304	1 304	1 304
别墅、高档公寓	67 792	51 441	30 216
办公楼	14 623	8 684	
商业营业用房	244 844	93 708	10 307
其他	55 732	20 039	4 747
#空置 3 年以上（含 3 年）	69 613	47 877	5 158
# 11 层及以上高层建筑			
#住宅	13 103	12 233	1 000
办公楼	13 432	2 762	
商业营业用房	38 813	29 918	4 158
其他	4 265	2 964	

润州区	丹徒区	新 区	丹阳市	扬中市	句容市
119 505	**143 925**	**91 234**	**580 943**	**44 810**	**240 803**
82 660	56 137	56 469	429 862	29 936	160 601
2 582	1 956		115 241	8 962	2 630
9 804		3 044	17 466	241	2 725
22 891	19 051	18 921	103 594	15 125	31 338
2 894	18 331	2 268	14 928		8 323
6 905	2 163	6 378	22 377	879	
24 473	72 286	21 210	104 920	10 464	67 184
5 467	13 339	7 177	23 784	3 531	13 018
105 416	110 114	52 120	305 806	31 420	233 003
4 340	1 956			8 962	
79 171	46 563	34 539	202 757	21 523	153 181
2 582	1 956		78 523	8 962	2 630
9 804		3 044	952	241	2 205
22 891	19 051	6 780	49 236	15 125	24 438
2 894	18 331		14 928		1 423
143	2 163	6 378	5 939		
21 185	51 013	11 203	77 435	6 897	66 804
4 917	10 375		19 675	3 000	13 018
5 908	33 811	3 000	16 759	4 977	
1 659	9 574		870		
2 762			9 791	879	
1 487	21 273	3 000	5 328	3 567	
	2 964		770	531	

6－11 建筑业

项目	企业个数（个）	建筑业总产值	建筑工程	安装工程
总计	**350**	**1 953 198**	**1 686 174**	**213 430**
一、按登记注册类型分				
#内资企业	347	1 939 724	1 679 501	212 495
国有企业	24	262 088	171 603	76 369
集体企业	16	38 200	37 584	371
股份合作企业	5	21 815	21 815	
联营企业	1	205 385	205 385	
有限责任公司	85	741 381	606 704	110 590
股份有限公司	13	56 464	55 578	886
私营企业	203	614 392	580 834	24 280
港、澳、台商投资企业	2	7 611	6 672	935
外商投资企业	1	5 863		
二、按国民经济行业分				
房屋和土木工程	163	1 618 693	1 497 443	84 348
建筑安装	46	136 312	10 133	126 079
建筑装饰	81	107 612	107 612	
其他建筑业	60	90 581	70 986	3 003
三、按隶属关系分				
省级	5	181 063	78 350	88 597
市级	33	465 319	386 070	67 124
县级	312	1 306 816	1 221 754	57 710
四、按企业资质等级分				
#施工总承包	132	1 524 676	1 391 850	95 801
#一级	8	875 885	773 256	75 749
二级	34	322 147	317 865	911
专业承包	218	428 522	294 323	117 629
#一级	8	174 004	106 411	65 584
二级	52	135 261	109 407	25 850
五、按控股情况分				
国有控股	29	472 732	382 226	76 389
集体控股	29	296 803	272 733	16 369
私人控股	289	1 170 190	1 024 542	119 738
港澳台商控股	2	7 611	6 672	935
外商控股	1	5 863		

基本情况表

单位：万元、平方米

其他产值	竣工产值	房屋建筑施工面积	房屋建筑竣工面积	房屋建筑竣工价值
53 595	**1 516 775**	**12 064 901**	**5 883 083**	**549 219**
47 728	1 515 580	12 064 901	5 883 083	549 219
14 117	403 221	673 503	324 595	47 917
245	26 620	248 195	151 253	14 459
	18 960	488 423	281 820	17 896
	79 640			
24 088	398 827	4 169 271	1 907 027	173 983
	49 778	412 884	224 743	31 906
9 278	538 535	6 072 625	2 993 645	263 059
4	1 195			
5 863				
36 902	1 317 226	11 756 740	5 637 909	528 332
100	48 177	98 974	85 974	7 171
	86 001			
16 592	65 371	209 187	159 200	13 716
14 117	355 939	417 709	197 935	38 052
12 126	179 810	1 601 298	680 493	55 556
27 352	981 026	10 045 894	5 004 655	455 611
37 025	1 233 438	11 443 252	5 583 983	527 693
26 881	655 678	3 005 360	1 185 456	132 955
3 370	277 394	4 355 285	2 014 999	192 720
16 569	283 338	621 649	299 100	21 525
2 010	88 199			
4	116 384	364 841	209 900	14 133
14 117	488 089	694 416	343 508	50 144
7 701	123 016	676 932	317 170	21 154
25 910	904 475	10 693 553	5 222 405	477 920
4	1 195			
5 863				

6－12　分地区建筑业

项　　目	全　市	市　区	京口区
企业个数（个）	350	206	83
合同情况（万元）	3 002 849	2 237 096	624 234
建筑业总产值（万元）	1 953 198	1 317 496	409 032
#建筑工程	1 686 174	1 067 451	307 884
安装工程	213 430	200 961	93 339
其他产值	53 595	49 085	7 809
房屋建筑施工面积（平方米）	12 064 901	5 510 417	382 688
竣工产值（万元）	1 516 775	976 282	155 815
竣工产量			
#房屋建筑竣工面积（平方米）	5 883 083	2 162 532	296 681
#厂房、仓库	1 547 671	723 829	83 600
住宅	3 004 899	809 049	133 492
办公用房	689 661	221 315	48 825
批发和零售用房	145 558	108 479	6 391
住宿和餐饮用房	9 100		
居民服务用房	42 533	35 125	18 913
教育用房	204 459	140 576	
文化、体育和娱乐用房	54 625	3 200	
卫生医疗用房	55 218	7 058	
其他	129 359	113 901	5 460
竣工价值（万元）			
#房屋建筑竣工产值	549 219	230 379	38 684
#厂房、仓库	146 056	90 582	8 149
住宅	276 887	74 318	10 688
办公用房	59 220	19 730	6 032
批发和零售用房	9 052	6 729	703
住宿和餐饮用房	1 240		
居民服务用房	4 553	3 669	2 227
教育用房	20 671	13 897	
文化、体育和娱乐用房	4 289	356	
卫生医疗用房	4 904	810	
其他	22 347	20 288	10 885

企业生产情况

润州区	丹徒区	新　区	丹阳市	扬中市	句容市
69	39	15	63	27	54
1 415 382	165 872	31 609	369 165	122 619	273 970
737 952	133 074	37 440	296 431	110 678	228 593
621 389	109 108	29 070	292 355	103 210	223 158
97 689	7 910	2 022	4 030	3 870	4 570
18 873	16 055	6 347	45	3 599	866
3 764 019	1 200 468	163 242	3 167 816	850 832	2 535 836
689 969	97 366	33 132	264 640	102 717	173 136
1 298 112	444 265	123 474	1 809 757	525 400	1 385 394
439 877	165 474	34 878	511 282	181 523	131 037
464 402	199 694	11 461	914 178	244 819	1 036 853
109 702	4 903	57 885	310 644	67 487	90 215
102 088			7 639		29 440
			300	520	8 280
4 012	12 200		300	7 108	
104 203	28 373	8 000	2 426	9 375	52 082
	3 200		4 778	9 160	37 487
	7 058		48 160		
73 828	23 363	11 250	10 050	5 408	
131 318	49 825	10 553	157 992	46 593	114 255
58 772	20 654	3 007	33 787	13 644	8 043
41 196	20 673	1 760	88 474	21 731	92 365
8 882	833	3 983	28 086	8 391	3 013
6 027			1 174		1 148
			46	69	1 125
242	1 200		46	838	
10 099	3 010	788	302	910	5 562
	356		383	551	2 999
	810		4 094		
6 100	2 288	1 014	1 601	459	

6－13　主要年份全市固定资产投资完成情况

单位：万元、万平方米

年　份	投　资完成额	基本建设	更新改造	房地产	城　镇	新增固定资产	房屋竣工面积	住　宅
1949	45	9						
1952	420	313						
1957	2 240	955						
1962	3 256	892				500	3.76	1.4
1965	6 058	3 728				147	8.52	2.47
1970	14 255	5 097				4 359	9.59	1.38
1975	16 258	4 805				3 151	12.98	3.21
1978	24 656	9 253	2 318		757	7 061	37.46	12.72
1979	38 396	16 972	1 475		751	8 908	44.41	18.25
1980	52 402	20 820	3 698		1 683	27 523	56.81	25.33
1981	37 646	12 399	4 146		2 278	14 077	55.75	31.05
1982	47 942	15 338	5 677		2 956	13 939	64.94	34.94
1983	49 460	18 531	5 487		4 365	30 614	78.25	40
1984	59 498	23 057	5 996		6 175	19 556	69.15	26.14
1985	89 198	26 213	13 349		12 066	50 440	80.71	32.05
1986	108 577	29 650	15 203		12 948	62 589	82.56	38.05
1987	118 921	29 154	18 628		12 041	57 775	57.42	17.72
1988	153 326	31 106	29 299		15 864	57 349	62.33	16.48
1989	132 045	25 472	19 342		9 501	50 352	48.42	13.40

6-13（续）

年　份	投　资完成额	基本建设	更新改造	房地产	城　镇	新增固定资产	房屋竣工面积	住　宅
1990	151 368	28 148	26 300	10 131	8 940	67 021	74.90	34.42
1991	198 552	37 862	35 751	13 291	14 027	76 765	75.69	36.99
1992	312 972	69 134	67 079	16 126	33 426	115 173	95.22	40.39
1993	569 065	97 615	87 568	70 135	36 435	247 175	152.33	74.88
1994	609 487	113 767	101 379	73 992	32 302	242 983	147.12	83.09
1995	685 547	123 109	129 855	73 542	43 616	299 893	150.90	74.98
1996	791 527	201 247	133 595	62 814	33 771	320 327	136.96	65.45
1997	1 013 889	404 085	152 406	67 771	48 989	576 383	134.48	67.96
1998	1 643 619	972 846	152 101	87 390	46 833	503 510	182.57	95.41
1999	1 417 830	661 325	155 054	113 965	29 278	546 313	177.24	111.73
2000	1 409 515	480 446	180 054	128 593	31 408	681 133	204.07	117.04
2001	1 508 727	516 785	172 844	149 463	40 739	1 839 651	283.43	111.62
2002	1 855 394	642 629	231 103	197 973	60 937	472 640	197.08	125.68
2003	2 372 847	792 846	354 738	322 858	87 411	1 126 507	231.31	107.66
2004	3 208 244	1 054 098	565 315	394 747	2 014 161	1 085 086	237.83	161.13
2005	4 047 505	1 153 098	869 831	604 805	2 603 475	2 009 260	213.20	182.44
2006	4 785 412	1 396 735	929 347	674 214	3 000 296	3 511 145	243.90	208.16
2007	5 880 163	2 195 839	1 764 881	843 275	3 637 344	2 797 131	249.15	200.96
2008	**7 185 010**	**3 225 586**	**1 949 243**	**970 271**	**4 562 163**	**2 908 522**	**281.78**	**237.40**

6－14 主要年份市区固定资产投资完成情况

单位：万元、万平方米

年份	投资完成额	基本建设	更新改造	房地产	城镇	新增固定资产	房屋竣工面积	住宅
1949	14	2						
1952	335	147						
1957	699	333						
1962	1 150	386				184	2.75	1.18
1965	3 878	3 177				3 661	6.37	1.63
1970	7 214	4 477				4 007	5.51	0.70
1975	6 955	3 043				2 072	8.26	2.38
1978	13 156	7 729	1 522		324	5 369	26.42	10.83
1979	25 260	14 248	881		450	5 959	31.68	12.36
1980	37 080	17 201	3 024		912	23 178	42.62	19.36
1981	20 311	11 077	2 682		1 227	10 111	33.95	20.40
1982	28 395	13 923	3 789		1 828	10 208	42.60	24.30
1983	28 859	15 644	4 061		2 487	24 745	44.22	24.50
1984	35 783	20 113	4 851		3 712	14 056	37.46	17.71
1985	51 207	23 234	9 620		6 714	40 556	54.52	23.98
1986	57 883	25 806	11 862		7255	49 980	51.82	26.88
1987	62 081	24 959	14 719		5 840	44 719	32.42	11.85
1988	72 952	26 402	19 082		5 690	39 011	32.30	10.74

6-14（续）

年　份	投　资完成额	基本建设	更新改造	房地产	城　镇	新增固定资产	房屋竣工面积	住　宅
1989	67 201	21 764	19 082		5 492	29 905	25.30	8.60
1990	80 505	23 021	20 542	6 127	4 956	51 251	45.03	20.09
1991	103 540	30 478	28 015	7 508	6 783	54 816	39.89	21.13
1992	158 784	55 450	35 980	10 678	13 876	77 468	48.17	24.96
1993	258 081	61 037	56 057	38 507	9 408	130 095	62.88	33.94
1994	274 189	71 884	52 176	43 370	14 442	105 190	66.43	39.58
1995	284 084	69 952	59 435	32 656	20 673	141 148	53.68	30.69
1996	353 492	119 093	77 639	29 083	11 922	156 261	44.49	18.79
1997	473 680	244 661	76 053	30 620	11 258	169 733	43.55	26.80
1998	1 159 969	898 463	72 827	45 529	28 710	288 014	54.17	35.24
1999	872 305	559 360	74 972	67 541	9 398	319 009	71.04	53.00
2000	779 240	380 697	91 325	69 541	6 355	435 866	105.01	61.79
2001	773 912	361 614	95 588	71 999	7 828	1 641 459	95.61	56.18
2002	943 061	467 686	148 633	131 575	14 746	512 136	92.77	60.56
2003	1 328 380	610 008	240 752	220 983	16 906	901 033	143.33	82.15
2004	1 938 164	906 931	446 187	241 574	1 594 692	591 298	86.10	67.27
2005	2 384 743	991 226	596 808	428 360	1 992 132	1 683 078	146.11	128.84
2006	2 843 305	1 185 135	657 618	404 455	2 247 208	2 378 538	119.86	104.44
2007	3 470 797	1 433 607	924 107	530 748	2 603 006	1 539 722	145.11	118.74
2008	**4 221 458**	**2 024 529**	**1 024 545**	**644 540**	**3 271 888**	**1 746 153**	**103.74**	**90.85**

6－15 房地产销售前50强企业

企业名称	企业名称
镇江常发置业有限公司	丹阳市集成房屋开发有限公司
镇江润南置业有限公司	镇江银翔房地产开发有限公司
中南镇江房地产开发有限公司	镇江金顺房地产开发有限公司
丹阳市天怡房屋建设开发有限责任公司	镇江新业置业有限公司
江苏新世界房地产开发有限公司	镇江恒顺房地产开发有限公司
丹阳市天波房地产开发有限公司	镇江海德地产有限公司
无锡红豆置业有限公司镇江分公司	江苏省崇明置业有限公司
江苏申华置业有限公司	镇江润阳房地产开发有限公司
镇江市润州区土地房屋开发总公司	丹阳市通泰房地产开发有限公司
江苏新湖宝华置业有限公司	镇江市永安房地产开发有限公司
苏州建兴置业有限公司句容分公司	扬中市金阳光房地产有限公司
江苏嘉源房地产开发有限公司	江苏鸿诚实业有限公司
镇江明旺房地产开发有限公司	镇江市紫阳城市建设开发有限公司
镇江腾龙置业有限公司	句容市边城汇景房地产开发有限公司
镇江市恒中房地产开发有限公司	镇江恒隆胜房地产开发有限公司
扬中市丰裕开发公司	句容市华阳房地产开发总公司
句容市明豪房地产开发有限公司	镇江博威置业发展有限公司
镇江钧豪房地产开发有限公司	丹阳市美亚房地产开发有限公司
江苏万邦房地产开发有限公司	江苏镇江亚东置业有限公司
镇江瓯龙房地产开发有限公司	镇江市润州区房地产开发总司
江苏沃得房地产开发有限公司	句容市明旺房地产开发有限公司
句容市明豪房地产开发有限公司	镇江瑞泰房地产开发有限公司
丹阳嘉源房地产开发有限公司	镇江浙信房地产开发有限公司
镇江中佳房地产开发有限公司	江苏钟发经济开发有限公司
镇江维科置业有限公司	镇江和融房地产开发有限公司

统计指标解释

全社会固定资产投资

固定资产投资是指建造和购置固定资产的经济活动，它是社会增加固定资产，扩大生产规模，发展国民经济的重要手段，也是提高人民物质文化生活水平的条件。固定资产投资额是以货币表现的建造和购置固定资产活动的工作量，它是反映固定资产投资规模、速度、比例关系和使用方向的综合性指标。全社会固定资产投资包括国有经济单位投资、城乡集体经济单位投资、各种经济类型的单位投资和城乡居民个人投资。按照我国现行计划管理体制划分，固定资产投资总额分为基本建设、更新改造、房地产开发投资、国有其他固定资产投资、城乡集体经济单位投资（包括城镇集体所有制单位投资和农村集体所有制单位投资）、其他各种经济类型的单位投资（包括联营经济、股份制经济、中外合资经营、中外合作经营、外资、与大陆合资经营、与大陆合作经营、港澳台独资及其他经济类型的单位投资）、城乡居民个人投资（包括城市、县城、镇、工矿区所辖范围内的个人建房和农村个人建房及购买生产性固定资产的投资）等九个部分。

从 1997 年起，基本建设、更新改造、城镇集体的项目个数计算由 5 万元提高到 50 万元以上，投资额和其他指标仍按原口径推算。

基本建设投资

基本建设是企业、事业、行政单位以扩大生产能力或工程效益为主要目的的新建、扩建工程及有关工作。包括（1）列入中央和各级地方本年基本建设计划的建设项目，以及虽未列入本年基本建设计划，但使用以前年度基建计划内结转投资（包括利用基建设备材料）在本年继续施工的建设项目；（2）本年基本建设计划内投资与更新改造计划内投资结合安排的新建项目和新增生产能力（或工程效益）达到大中型项目标准的扩建项目，以及为改变生产力布局而进行的全厂性迁建项目；（3）国有单位既未列入基建计划，也未列入更新改造计划的总投资在 50 万元以上的新建、扩建、恢复项目和为改变生产力布局而进行的全厂性迁建项目，以及行政、事业单位增建业务用房和行政单位增建生活福利设施的项目。

更新改造投资

更新改造是指企业、事业单位对原有设施进行固定资产更新和技术改造，以及相应配套的工程和有关工作（不包括大修理和维护工程）。包括:（1）列人中央和各级地方本年更新改造计划的项目和虽未列入本年更新改造计划，但使用上年更新改造计划内结转的投资在本年继续施工的项目；（2）本年更新改造计划内投资与基本建设计划内投资结合安排的对企、事业单位原有设施进行技术改造或更新的项目，或增建主要生产车间、分厂等新增生产能力（或工程效益）未达到大中型项目标准的项目;（3）国有企、事业单位既未列入基建计划也未列入更新改造计划，总投资在 50 万元以上的属于改建或更新改造性质的项目，以及由于城市环境保护和安全生产的需要而进行的迁建工程。

房地产开发投资

包括各种经济类型的房地产开发公司、商品房建设公司及其他房地产开发单位统一开发的包括统代建、拆迁还建的住宅、厂房、仓库、饭店、宾馆、度假村、写字楼、办公楼等房屋建筑物和配套服务设施、土地开发工程、如道路、给水、排水、供电、供热、通讯、平整场地等基础设施工作的投资。还包括非房地产企业实际从事房地产开发或经营活动，不包括单纯的土地交易活动。

其他固定资产投资

全社会固定资产投资中未列入基本建设、更新改造和房地产开发投资的建造和购置固定资产的活动。包括：

（1）国有单位按规定不纳入基本建设计划和更新改造计划管理，总投资在50万元以上的以下工程：①用油田维护费和石油开发基金进行的油田维护和开发工程；②煤炭、铁矿、森工等采掘采伐业用维简费进行的开拓延伸工程；③交通部门用公路养路费对原有公路、桥梁进行改建的工程；④商业部门用简易建筑费建造的仓库工程。

（2）集体经济单位固定资产投资：包括城镇集体经济单位建造和购置固定资产计划总投资在50万元以上的项目。农村集体经济单位建造和购置固定资产计划总投资在5万元以上的项目。

（3）联营经济、股份制经济、外商投资经济、港澳台投资经济及其他经济类型的企、事业单位建造和购置固定资产其计划总投资在50万元以上的项目投资。

（4）城镇、工矿区私人建房投资和农村个人投资。城镇、工矿区私人建房包括：市、县城、镇、工矿区所辖范围内的全部私人建房，不论其房主是否系本地的常住户口均应包括。农村个人投资包括农村个人建房及购置生产性固定资产的投资。农村个人固定资产为农村抽样调查总队根据抽样调查资料推算。

施工项目

指报告期内曾进行建筑或安装工程施工活动的建设项目。包括报告期内新开工项目、报告期以前开工跨人报告期继续施工的项目以及报告期施工过并在报告期内全部建成投产或停缓建的项目。

全部建成投产项目

工业项目是指设计文件规定形成生产能力的主体工程及其相应配套的辅助设施全部建成，经负荷试运转，证明具备生产设计规定合格产品的条件，并经过验收鉴定合格或达到竣工验收标准，与生产性工程配套的生产福利设施可以满足近期正常生产的需要，正式移交生产的建设项目。非工业项目是指设计文件规定的主体工程和相应的配套工程全部建成，能够发挥设计规定的全部效益，经验收鉴定合格或达到竣工验收标准，正式移交使用的建设项目。

新增生产能力

指通过固定资产投资活动而增加的设计能力或工程效益，它是用实物形态表示的固定资产投资的成果。新增生产能力的计算，是以能独立发挥生产能力或效益的单项工程（或项目）为对象。当单项工程（或项目）建成，经有关部门鉴定合格，正式移交投入生产，即可计算新增生产能力。

新增生产能力或工程效益有以下几种表现形式：

（1）以建设项目或单项工程建成后的年产能力表示。如煤炭开采，石油开采等。

（2）以建设项目或单项工程建成后处理原料的能力表示。如选矿工程的年处理矿石能力，洗煤厂年洗原煤能力等。

（3）以新增的主要设备数量或容量表示。如棉纺锭枚数，发电机组容量等。

（4）以建筑物容积、容量、面积或长度表示。如水库容量，铁路公路里程等。

新增生产能力的数量一般按设计能力计算。设计能力是指设计文件中规定的正常情况下能够达到的生产能力，而不论投产后的实际产量如何。以设备数量、建筑物容积、面积、长度等表示的新增生产能力（或效益）则按建成的实际数量计算。

房屋建筑施工面积

指在报告期内施工的全部房屋建筑面积。包括本期内新开工的、上期施工跨人本期继续施工、上期停建本期复工的房屋建筑面积；不包括上期开工后又停工，本期未施工的房屋建筑面积

房屋建筑竣工面积

指在报告期内，按照设计所规定的工程内容全部完工，达到了设计规定的交工条件，经有关部门检查验收鉴定合格的房屋建筑面积。

房屋建筑面积竣工率

指一定时期内房屋竣工面积占同期房屋施工面积的比率。它是从房屋建筑施工速度的角度反映投资效果和建筑业经济效益的指标。

新增固定资产

指通过投资活动所形成的新的固定资产价值。包括已经建成投入生产或交付使用的工程价值和达到固定资产标准的设备、工具、器具的价值及有关应摊人的费用。它是以价值形式表示的固定资产投资成果的综合性指标，可以综合反映不同时期、不同部门、不同地区的固定资产投资成果。

建设项目投产率

指一定时期内全部建成投入生产项目个数占同期正式施工项目个数的比率。它是从项目建设速度的角度反映投资效果的指标。

固定资产交付使用率

指一定时期新增固定资产与同期完成投资额的比率。它是反映各个时期固定资产动用速度，衡量建设过程中投资效果的一个综合性指标。

未完工程占用率

指年末未完工程累计完成投资额占全年实际完成投资额的比率。它反映未完工程的相对规模，并可从资金占用的角度反映固定资产投资效果。由于未完工程是指已经开工，但尚未建成交付使用的工程存在，有跨年度情况，因此未完工程占用率会出现大于 1 的情况。

建筑业统计单位

指从事房屋、构筑物建造和设备安装活动的生产单位。根据不同的组织方式，建筑业统计的调查单位可分为法人建筑业企业和附营建筑施工单位。法人建筑业企业是指专门组织的独立核算的法人建筑业企业。它应同时具备的条件是：①依法成立，有自己的名称、组织机构和场所，能够承担民事责任；②独立拥有和使用资产，承担负债，有权与其他单位签订合同；③独立核算盈亏，能够编制资产负债表。附营建筑施工单位是指建筑业以外行业的企业、事业单位为完成本单位固定资产建造任务而自行组织的建筑施工单位。它应同时具备的条件是：①具有一个场所，从事或主要从事建筑安装活动；②单独组织生产经营活动；③在企业内部单独核算收支。

建筑业总产值

指建筑业企业或附营建筑施工单位自行完成的按工程进度计算的建筑安装生产总值

建筑业总产值包括：

①建筑工程产值：指列入建筑工程预算内的各种工程价值。

②设备安装工程产值：指设备安装工程价值。

③房屋、构筑物修理产值：指房屋、构筑物修理所完成的价值，但不包括被修理房屋、构筑物本身的价值和生产设备的修理价值。

④非标准设备制造产值：指加工制造没有定型的、非标准的生产设备的加工费和原材料价值，不论是现场还

是附属加工厂为本单位承建工程制造的非标准设备的价值，都应计算产值。

建筑业增加值

指建筑业企业在报告期内以货币表现的建筑业生产经营活动的最终成果。目前建筑业增加值采用分配法计算，即从收入的角度出发，根据生产要素在生产过程中应得的收入份额计算。具体计算公式为：

建筑业增加值 = 本年提取的固定资产折旧 + 应付工资 + 应付福利费 + 管理费用中的劳动待业保险金、税金 + 工程结算税金及附加 + 工程结算利润 – 转作奖金的利润

工程结算收入

指企业（或单位）按工程的分部分项自行完成的建筑产品价值并已与甲方在报告期内办理结算手续的工程价款收入，以及向甲方收取的除工程价款以外的按规定列作营业收入的各种款项，如临时设施费、劳动保险费、施工机械调迁费等以及向甲方收取的各种索赔款。

工程结算利润

指已结算工程实现的利润。如为亏损以"—"号表示。其计算公式为：

工程结算利润 = 工程结算收入 – 工程结算成本 – 工程结算税金及附加

企业总收入

指与企业生产经营直接有关的各项收入，包括工程结算收入和其他业务收入，即：

企业总收入 = 工程结算收入 + 其他业务收入

STATISTICAL YEAR BOOK

第七篇
Chapter 7

城市建设
Urban Construction

STATISTICAL YEAR BOOK

第七篇 Chapter 7

城市建设 Urban Construction

7－1 城市人口、建设用地情况

项　目	单 位	市 区	丹阳市	扬中市	句容市
城市总户数	万户	38.75	28.80	11.01	21.50
城市人口	万人	102.81	80.65	27.49	57.82
非农业人口	万人	65.85	20.03	7.43	27.19
城市化水平	(%)	59.8	48.6	53.4	45.2
城市面积	平方公里	1 082	1 047	331	1 387
# 建成区面积	平方公里	98.18	18.57	9.51	15.19
城市建设用地面积	平方公里	98.41	19.84	9.97	15.77
# 居住用地	平方公里	22.91	7.31	2.74	7.02
公共设施用地	平方公里	11.43	2.79	1.17	1.67
工业用地	平方公里	31.93	3.14	2.04	3.00
仓储用地	平方公里	6.80	0.55	0.38	0.13
对外交通用地	平方公里	9.76	0.73	0.99	0.35
道路广场用地	平方公里	6.80	3.21	1.01	2.32
市政公用设施用地	平方公里	3.45	0.70	0.51	0.40
绿地	平方公里	3.99	1.35	1.12	0.86
特殊用地	平方公里	1.34	0.06	0.01	0.02
本年征用土地面积	平方公里	4.01	1.22	0.45	4.10
# 耕地	平方公里	2.32	0.54	0.37	0.77

7－2 城市市政设施情况

项　目	单 位	市 区	丹阳市	扬中市	句容市
实有道路长度	公里	1 022	348	57	116
道路面积	万平方米	1 596	495	163	230
# 人行道面积	万平方米	219	62	34	60
桥梁数（座）	座	131	71	24	43
排水管道长度	公里	1 332	358	118	117
污水处理厂日处理能力	万立方米	26.5	4.0	2.5	2.5
其他污水处理设施日处理能力	万立方米	6.5	8.0	2.5	0.5
防洪堤长度	公里	176	22	5	15
路灯盏数	千盏	56	18	7	11

7－3　城市园林绿化情况

项　目	单　位	市　区	丹阳市	扬中市	句容市
园林绿地面积	公顷	6 097	1 067	415	616
#建成区	公顷	3 818	670	395	597
公园绿地面积	公顷	1 290	249	87	160
建成区绿化覆盖面积	公顷	4 135	757	417	624
建成区绿化覆盖率	%	42.12	40.76	43.85	41.08
城市公园个数	个	17	2	2	2
公园面积	公顷	598	26	24	104
人均公园绿地面积	平方米	14.97	8.40	8.47	10.74

7－4　城市公共交通情况

项　目	单　位	市　区	丹阳市	扬中市	句容市
公共汽车					
#标准营运车辆数	标台	908	142	97	87
营运线路	条	53			
营运线路网长度	公里	285	104	57	74
运客总量	万人次	9 542	600	915	946
平均每日运客量	万人次	26.1	1.6	2.5	2.6
每万人拥有营运车辆	标台	12.2	4.1	6.8	5.7
出租汽车					
#营运车辆	辆	1 254	497	233	287
客运总量	万人次	2 105	758	365	733

7－5　城市自来水情况

项　目	单　位	市　区	丹阳市	扬中市	句容市
水厂综合生产能力	万吨 / 日	62.2	20.0	5.0	11.5
供水管道长度	公里	1 843	382	218	311
供水总量	万吨 / 日	42.81	12.75	2.47	4.36
#生产运营用水	万吨 / 日	17.90	6.66	0.57	0.14
公共服务用水	万吨 / 日	6.68	1.45	0.36	1.16
居民家庭用水	万吨 / 日	10.24	1.91	1.32	1.22
其他用水量	万吨 / 日	2.94	0.61	0.20	0.07
用水户数	万户	26.70	9.18	3.22	3.66
#家庭用户	万户	24.98	8.32	3.11	3.35
用水人口	万人	86.20	29.63	10.27	14.90
人均日生活用水量	升	196	113	165	160
自来水普及率	%	100.0	100.0	100.0	100.0

7－6　城市煤气、液化石油气情况

项　目	单　位	市　区	丹阳市	扬中市	句容市
天然气（人工煤气）					
天然气管道长度	公里	1 209	277	154	107
供气总量	万立方米	14 922	1 306	664	
#家庭用量	万立方米	2 772	294	101	
用气户数	万户	13.67	3.08	1.83	
#家庭用户	万户	13.57	3.07	1.82	
用气人口	万人	46.70	9.20	4.70	
液化石油气					
供气总量	吨	31 286	8 540	3 487	14 260
#家庭用量	吨	17 270	7 640	142	9 500
用气户数	万户	10.68	6.72	2.04	7.50
#家庭用户	万户	10.65	6.71	1.73	6.30
用气人口	万人	36.30	20.43	5.57	14.00
燃气普及率	**%**	**96.29**	**100.00**	**100.00**	**93.96**

7－7　主要年份城市人口、建设用地情况

项　目	单　位	1999年	2000年	2001年	2002年	2003 年
城市总户数	万户	21.71	22.18	22.39	35.84	36.83
城市人口	万人	61.14	62.54	62.82	100.04	100.51
城市化水平	(%)	36.5	50.4	48.7	50.9	56.0
城市面积	平方公里	333	333	333	1 082	1 082
#建成区面积	平方公里	57.8	60.2	62.9	72.4	78.7
城市建设用地面积	平方公里	61.9	64.5	68.8	72.4	78.7
#居住用地	平方公里	14.16	14.50	15.55	15.96	17.71
公共设施用地	平方公里	6.94	7.14	7.77	9.28	9.85
工业用地	平方公里	20.75	22.51	24.33	25.09	26.19
仓储用地	平方公里	5.68	5.71	5.72	5.72	5.89
对外交通用地	平方公里	5.38	5.38	5.38	5.71	7.38
道路广场用地	平方公里	3.85	3.87	4.44	4.67	5.23
市政公用设施用地	平方公里	1.99	1.99	2.12	2.30	2.40
绿地	平方公里	1.94	2.23	2.41	2.41	2.78
特殊用地	平方公里	1.22	1.22	1.22	1.22	1.22
本年征用土地面积	平方公里	3.63	0.41	1.81	8.70	25.65
#耕地	平方公里			1.42	4.93	17.08

7–7（续）

项　目	单　位	2004年	2005年	2006年	2007年	2008 年
城市总户数	万户	37.42	37.85	38.40	38.65	38.75
城市人口	万人	101.36	22.31	102.72	102.82	102.81
城市化水平	(%)	57.4	59.1	59.2	59.6	59.8
城市面积	平方公里	1 082	1 082	1 082	1 082	1 082
#建成区面积	平方公里	82.6	86.1	90.1	94.3	98.2
城市建设用地面积	平方公里	82.60	86.10	90.12	94.30	98.41
#居住用地	平方公里	18.95	19.94	20.99	22.11	22.91
公共设施用地	平方公里	9.98	10.29	10.61	10.95	11.43
工业用地	平方公里	27.69	28.61	29.70	30.77	31.93
仓储用地	平方公里	6.13	6.26	6.45	6.64	6.80
对外交通用地	平方公里	8.18	8.67	9.12	9.58	9.76
道路广场用地	平方公里	5.24	5.54	5.88	6.25	6.80
市政公用设施用地	平方公里	2.42	2.53	2.79	3.07	3.45
绿地	平方公里	2.79	3.04	3.32	3.63	3.99
特殊用地	平方公里	1.22	1.22	1.26	1.30	1.34
本年征用土地面积	平方公里	7.47	9.51	9.82	6.07	4.01
#耕地	平方公里	5.23	7.04	6.85	3.40	2.32

7－8　主要年份城市市政设施情况

项　目	单　位	1999年	2000年	2001年	2002年	2003年
实有道路长度	公里	559	563	573	586	637
道路面积	万平方米	584	643	792	852	1 015
#人行道面积	万平方米	89	94	95	97	125
桥梁数	座	122	133	129	168	189
排水管道长度	公里	364	381	429	466	711
污水处理厂日处理能力	万吨	2	8	8	8	11
其他污水处理设施日处理能力	万吨	19	25	29	29	25
防洪堤长度	公里	86	86	86	196	176
路灯盏数	千盏	18	18	22	25	37

7–8（续）

项　目	单　位	2004年	2005年	2006年	2007年	2008 年
实有道路长度	公里	749	1 412	876	983	1022
道路面积	万平方米	1 158	1 562	1 385	1 432	1 596
#人行道面积	万平方米	140	159	150	181	219
桥梁数	座	198	200	108	116	131
排水管道长度	公里	851	1 092	1 182	1 303	1 332
污水处理厂日处理能力	万吨	11	13	15	14	27
其他污水处理设施日处理能力	万吨	25	25	19	19	7
防洪堤长度	公里	176	176	176	176	176
路灯盏数	千盏	38	43	46	47	56

7－9　主要年份城市园林绿化情况

项　目	单　位	1999年	2000年	2001年	2002年	2003年
园林绿地面积	公顷	2 350	2 676	3 992	4 350	4 693
公园绿地面积	公顷	310	321	392	505	588
建成区绿化覆盖面积	公顷	1 905	2 086	2 216	2 574	2 845
建成区绿化覆盖率	%	32.96	34.65	35.25	35.58	36.18
城市公园个数	个	14	14	14	14	14
公园面积	公顷	196	196	196	206	206
园林游人量	万人次	191	186	191	222	227
人均公园绿地面积	平方米	6.17	6.19	7.45	10.15	10.15

7–9（续）

项　目	单　位	2004年	2005年	2006年	2007年	2008年
园林绿地面积	公顷	4 899	5 110	5 337	5 839	6 097
公园绿地面积	公顷	628	1 073	1 119	1 220	1 290
建成区绿化覆盖面积	公顷	3 057	5 277	3 566	3 871	4 135
建成区绿化覆盖率	%	37.01	38.68	39.57	41.05	42.12
城市公园个数	个	14	17	17	17	17
公园面积	公顷	206	598	598	598	598
园林游人量	万人次	340	380	253	290	350
人均公园绿地面积	平方米	10.65	10.49	13.10	14.11	14.97

7－10　主要年份城市公共交通情况

项　目	单　位	1999年	2000年	2001年	2002年	2003年
公共汽车						
标准营运车辆数	标台	490	511	574	437	481
营运线路	条	23	28	33	35	36
营运线路网长度	公里	306	341	390	398	475
客运总量	万人次	6 475	8 314	8 812	7 086	7 212
平均每日客运量	万人次	17.74	22.78	24.14	19.41	19.76
每万人拥有营运车辆	标台	9.8	9.9	9.1	4.4	4.8
从业人数	人	1 432	1 394	1 386	1 396	1 574
出租汽车						
营运车辆	辆	1 266	1 268	1 258	1 258	1 254
从业人数	人			3 007	3 416	2 850

7–10（续）

项　目	单　位	2004年	2005年	2006年	2007年	2008 年
公共汽车						
标准营运车辆数	标台	602	695	788	888	908
营运线路	条	40	44	49	53	53
营运线路网长度	公里	562	644	715	587	285
客运总量	万人次	8 258	9 805	8 766	9 317	9 542
平均每日客运量	万人次	22.62	24.12	24.00	25.52	26.14
每万人拥有营运车辆	标台	5.9	6.8	9.2	10.3	12.2
从业人数	人	1 828	1 933			
出租汽车						
营运车辆	辆	1 256	1 254	1 254	1 254	1 254
从业人数	人	3 100	3 057	3 135	3 135	3 135

7－11 主要年份城市自来水情况

项　目	单　位	1999年	2000年	2001年	2002年	2003年
水厂综合生产能力	万吨／日	50.0	57.5	57.5	62.8	62.8
供水管道长度	公里	780	830	851	1 661	1 728
供水总量	万吨／日	33.23	38.47	34.94	40.38	41.60
#生产运营用水	万吨／日	18.41	21.63	18.54	17.46	17.34
居民家庭用水	万吨／日	12.03	14.70	15.41	21.28	22.95
其他用水	万吨／日	2.79	2.15	0.99	1.63	1.31
用水户数	万户			18.35	27.60	28.04
#家庭用户	万户			17.95	27.24	27.78
用水人口	万人	59.0	62.2	62.8	95.3	97.2
人均日生活用水量	升	204	236	245	223	236
自来水普及率	%	100.0	100.0	100.0	95.3	96.8

7–11（续）

项　目	单　位	2004年	2005年	2006年	2007年	2008 年
水厂综合生产能力	万吨／日	62.8	66.5	62.2	62.2	62.2
供水管道长度	公里	1 938	2 278	1 585	1 702	1 843
供水总量	万吨／日	41.29	42.70	33.94	42.05	42.81
#生产运营用水	万吨／日	20.07	22.09	16.53	18.52	17.90
居民家庭用水	万吨／日	20.39	20.33	16.26	16.63	10.24
其他用水	万吨／日	0.82	0.28	1.15	2.07	2.94
用水户数	万户	28.65	34.57	24.93	27.07	26.70
#家庭用户	万户	28.22	33.82	23.77	25.57	24.98
用水人口	万人	98.10	99.40	83.89	85.62	86.20
人均日生活用水量	升	208	205	194	195	196
自来水普及率	%	96.8	97.2	98.2	99.0	100.0

7－12　主要年份城市煤气、液化石油气情况

项　目	单　位	1999年	2000年	2001年	2002年	2003年
天然气（人工煤气）						
燃气管道长度	公里	423	446	498	542	577
供气总量	万立方米	3 076	3 049	3 231	4 061	4 740
#家庭用量	万立方米	8 613	2 581	2 711	3 100	3 346
用气户数	万户	7.04	7.42	7.81	8.14	8.42
#家庭用户	万户	7.02	7.39	7.78	8.11	8.37
用气人口	万人	25	26	27	28	29
液化石油气						
供气总量	吨	70 101	22 388	31 874	45 531	52 499
#家庭用量	吨	11 423	10 766	12 269	17 163	22 203
用气户数	万户	6.10	6.99	9.48	12.49	14.81
#家庭用户	万户	6.04	6.75	9.37	12.40	14.79
用气人口	万人	21.12	23.62	32.79	43.38	51.80
燃气普及率	（%）	91.1	95.4	95.5	71.8	80.7

7–12（续）

项　目	单　位	2004年	2005年	2006年	2007年	2008 年
天然气（人工煤气）						
燃气管道长度	公里	664	1 035	958	1 058	1 209
供气总量	万立方米	4 674	5 741	10 654	14 549	14 922
#家庭用量	万立方米	3 347	2 855	1 600	2 753	2 772
用气户数	万户	9.29	12.06	12.62	13.12	13.67
#家庭用户	万户	9.24	11.99	12.54	13.04	13.57
用气人口	万人	32.3	42.0	44.0	45.0	46.7
液化石油气						
供气总量	吨	56 942	56 109	45 335	45 321	31 286
#家庭用量	吨	22 557	16 637	15 029	16 223	17 270
用气户数	万户	12.42	15.60	10.63	10.71	10.68
#家庭用户	万户	12.40	12.52	10.23	10.68	10.65
用气人口	万人	43.37	43.80	35.80	36.50	36.30
燃气普及率	（%）	81.8	83.9	93.4	94.3	96.3

统计指标解释

供水综合生产能力

指按供水设施取水、净化、送水、出厂输水干管等环节实际测定计算的综合生产能力。

供水管道长度

指从送水泵至用户水表之间所有管道的长度。在同一条街道埋设两条或两条以上管道时，应按每条管道的长度计算。

供水总量

指报告期供水企业（单位）供出的全部水量。包括有效供水量和漏损水量。

生活用水量

指居民日常生活与公共福利设施的用水量，包括居民、饮食店、旅馆、医院、理发店、浴池、洗衣店、游泳池、商店、学校、机关、部队等单位的用水量。

城市人口用水普及率

指城市用水人口数与城市人口总数之比。计算公式为:

$$用水普及率（\%）= \frac{城市用水的非农业人口数}{城市非农业人口数} \times 100\%$$

燃气综合生产能力

指报告期末燃气生产厂制气、净化、输送等环节的综合生产能力，不包括备用设备能力。一般按设计能力计算，如果实际生产能力大于设计能力时，应按实际测定的生产能力计算。测定时应以制气、净化、输送三个环节中最薄弱的环节为主。

燃气供气管道长度

指报告期末从气源厂压缩机的出口或门站出口至各类用户引入管之间的全部已经通气投入使用的管道长度。不包括煤气生产厂、输配站、液化气储存站、灌瓶站、储配站、气化站、混气站、供应站等长（站）内的管道。按不同的材质、压力级别、管径分别统计。

燃气供应总量

指报告期燃气企业（单位）向用户供应的燃气数量。包括销售量和损失量。

燃气普及率

指报告期末使用燃气的城市人口数与城市人口总数的比率。计算公式：

$$城市煤气普及率（\%）= \frac{城市用气的非农业人口数}{城市非农业人口总数} \times 100\%$$

道路长度

指道路长度和与道路相通的桥梁、隧道的长度，按车行道中心线计算。

排水管道长度

指所有排水总管、干管、支管、检查井及连接井进出口等长度之和。计算时应按单管计算，即在同一条街道上如有两条或两条以上并排的排水管道时，应按每条排水管道的长度相加计算。

城市污水处理能力

指污水处理厂（或处理装置）每昼夜处理污水量的设计能力。

运营车数

指报告期末公交企业（单位）用于运营业务的全部车辆数。以企业（单位）固定资产台帐中已投入运营的车辆数为准；新购、新制和调入 的运营车辆，自投入之日起开始计算；调出、报废和调作他用的运营车辆，自上级主管机关批准之日起不再计入。

园林绿地面积

指报告期末用作园林和绿化的各种绿地面积。包括公共绿地、居住区绿地、单位附属绿地、防护绿地、生产绿地、道路绿地和风景林地面积。不包括：

1、 屋顶绿化、垂直绿化、阳台绿化和室内绿化。

2、 以物质生产为主的林地、耕地、牧草地、果园和竹园等。

3、城市总体规划中不列入绿地的水域。

公园绿地

指向公众开放的市级、区级、居住区级各类公园、街旁游园，包括其范围内的水域。其中居住区级公园应不小于1万平方米，街旁游园的宽度不小于8米，面积不小于400平方米。

年末实有公共汽（电）车

指年底可参加营运的全部车辆数，包括年底营运车辆数和库存查封未参加营运的车辆，不包括非营运车辆，如架线车、油罐车、工程车、货车及其他专用车辆和借入的客运车辆。

城市园林绿地面积

指城市公共绿地、专用绿地、生产绿地、防护绿地、郊区风景名胜区的全部面积。

公共绿地

指供游览休息的各种公园、动物园、植物园、陵园以及花园、游园和供游览休息用的林荫道绿地、广场绿地，不包括一般栽植的行道树及林荫道的面积。

STATISTICAL
YEAR
BOOK

第八篇
Chapter 8

环境保护
Environmental Protection

8－1　城市环境卫生情况

项　目	单　位	市　区	丹阳市	扬中市	句容市
道路清扫保洁面积	万平方米	735	298	135	390
生活垃圾					
清运量	万吨	29	11	5	5
无害化处理厂（场）数	座	1	1	1	1
无害化处理能力	吨 / 日	550	600	124	150
无害化处理量	万吨	29	11	5	5
粪便					
清运量	万吨	0.9	1.6		
无害化处理量	万吨	0.9	1.6		
公共厕所	座	354	144	24	32
# 水冲式厕所	座	229	95	24	32
环卫专用车辆	台	189	58	20	15

8－2　城市污水处理情况

项　目	单　位	市　区	丹阳市	扬中市	句容市
污水处理厂数	座	2	1	1	1
污水处理厂处理能力	万吨 / 日	14.5	4.0	2.5	2.5
污水处理量	万吨	4 823	1 226	449	912
生活污水处理量	万吨	2 926	1 174	449	912
工业污水处理量	万吨	1 897	52		
化学需氧量去除量	吨	7 291	1 694	592	2 025
氨氮去除量	吨	554	131	56	104
总磷去除量	吨	140	21	5	23
污泥产生量	吨	14 322	7 582	1 542	5 479
污泥处置量	吨	14 322	7 582	1 542	5 479

8－3　工业“三废”排放处理及综合利用情况

项　目	单　位	全　市	市　区	丹阳市	扬中市	句容市
工业用水总量	万吨	80 292.18	57 730.26	7 903.93	373.38	14 284.61
工业重复用水率	%	80.1	81.8	74.4	22.3	77.9
废水治理设施处理能力	万吨 / 日	37.59	17.66	14.03	1.43	4.47
工业废水排放量	万吨	9 280.37	5 442.03	1 723.47	205.06	1 909.82
工业废水排放达标量	万吨	8 575.85	5 091.47	1 723.47	185.01	1 575.91
工业废水排放达标率	%	92.4	93.6	100.0	90.2	82.5
工业废气排放总量	亿标立方米	1 561.97	1 302.99	108.16	30.30	120.53
废气治理设施处理能力	万标立方米 / 时	2 534	1 635	196	38	664
二氧化硫排放量	吨	62 068	54 321	2 123	1 557	4 067
# 排放达标量	吨	62 066	54 319	2 123	1 557	4 067
二氧化硫去除量	吨	130 045	120 049	4 084	738	5 175
烟尘去除量	吨	1 654 123	1 622 845	27 046		4 231
烟尘排放量	吨	14 472	12 339	1 178	550	404
# 排放达标量	吨	14 348	12 223	1 178	548	399
工业粉尘去除量	吨	204 867	104 084	97 313		3 470
工业粉尘排放量	吨	9 128	5 824	1 130	455	1 718
# 排放达标量	吨	8 825	5 521	1 130	455	1 718
工业固体废物产生量	万吨	502.43	443.53	36.08	5.95	16.87
工业固体废物综合利用量	万吨	457.94	399.47	35.80	5.86	16.81
工业固体废物综合利用率	%	91.1	90.1	99.2	98.4	99.6
工业固体废物处置量	万吨	43.59	43.16	0.28	0.09	0.06
# 危险废物处置量	吨	12 111.62	8 320.19	2 364.24	926.20	500.99
工业锅炉	台 / 蒸吨	295/7 371.3	98/6 035	102/867.6	41/265.6	54/203.1
# 烟尘排放达标的	台 / 蒸吨	293/7 221.3	96/5 885	102/867.6	41/265.6	54/203.1
工业炉窑数	座	185	98	58	13	16
# 烟尘排放达标的	座	155	68	58	13	16
汇总企业个数	个	409	181	108	50	70

8－4　主要年份城市环境综合治理情况

项　目	单　位	2003年	2004年	2005年	2006年	2007年	2008年
可吸入颗粒物（PM10）日平均值	毫克/立方米	0.108	0.163	0.090	0.018	0.100	0.096
二氧化硫日平均值	毫克/立方米	0.036	0.048	0.033	0.040	0.034	0.037
二氧化氮平均值	毫克/立方米	0.030	0.039	0.020	0.034	0.038	0.035
饮用水源水质达标率	%	100.0	100.0	100.0	100.0	100.0	100.0
城市地面水质达标率	%	100.0	100.0	100.0	100.0	100.0	100.0
区域环境噪声平均值昼	分贝	54.4	56.3	54.6	56.1	52.5	52.2
交通干线噪声平均值	分贝	66.6	68.2	67.6	69.5	66.9	66.5
烟尘控制区覆盖率	%	100.0	100.0	100.0	100.0	100.0	100.0
汽车尾气达标率	%	80.4	81.2	86.0	80.0	84.0	81.2
工业固体废物综合利用率	%	89.1	92.6	96.4	90.0	95.5	91.1
危险废物处置率	%	100.0	100.0	100.0	100.0	100.0	100.0
工业废水排放量	万吨	9 999.7	8 073.3	10 314.7	10 320.1	9 781.9	9 280.4
工业废水排放达标量	万吨	9 847.4	7 947.1	10 151.2	10 031.9	8 996.5	8 575.9
工业废水排放达标率	%	98.5	98.4	98.4	97.2	92.0	92.4
城市污水处理率	%	39.2	71.2	75.9	76.0	84.0	87.8
城市环境保护投资指数	%	2.2	2.0	1.6	2.5	1.9	2.2

8－5　主要年份工业“三废”排放处理及综合利用情况

项　目	单　位	2003年	2004年	2005年	2006年	2007年	2008年
工业用水总量	万吨	35 393	44 529	62 556	55 085	64 920	80 292
工业重复用水率	%	61.9	75.5	75.6	72.3	77.4	80.1
废水治理设施处理能力	万吨/日	41	30	37	42	54	37.59
工业废气排放总量	亿标立方米	1 379	1 478	1 261	1 635	1 526	1 561.97
废气治理设施处理能力	亿标立方米/时	0.09	0.13	0.18	0.22	0.23	0.25
二氧化硫排放量	吨	83 825	93 894	91 400	86 405	76 478	62 068
#排放达标量	吨	74 905	89 552	88 556	84 624	72 957	62 066
二氧化硫去除量	吨	40 053	11 199	26 712	35 218	112 976	130 045
烟尘去除量	吨	2 655 866	1 381 953	1 481 800	1 596 859	1 553 738	1 654 123
烟尘排放量	吨	37 416	34 540	34 213	23 985	16 484	14 472
#排放达标量	吨	36 534	34 428	33 131	23 117	16 296	14 348
工业粉尘去除量	吨	178 284	149 357	405 119	19 422	39 276	204 867
工业粉尘排放量	吨	10 312	13 724	13 397	10 272	8 826	9 128
#排放达标量	吨	8 836	13 724	13 397	10 232	8 820	8 825
工业固体废物产生量	万吨	340	403	371	635	469	502.43
工业固体废物综合利用量	万吨	319	451	1 191	623	514	457.94
工业固体废物综合利用率	%	89.1	92.6	96.4	90.0	95.5	91.1
工业固体废物处置量	万吨	27.0	35.9	44.7	73.5	26.4	43.6
#危险废物处置量	吨	16 333	16 942	7224	58 162	57 105	12 112
工业锅炉	台/蒸吨	232/8 674	262/9 763	263/14 274	284/15 935	290/11 073	295/7371
#烟尘排放达标的	台/蒸吨	228/8 643	241/9 650	245/14 197	278/15 927	286/10 994	293/7221
工业炉窑数	座	149	94	92	137	144	185
#烟尘排放达标的	座	132	89	90	123	106	155
汇总企业个数	个	262	253	241	296	332	409

8－6 主要年份城市环境卫生情况

项 目	单 位	2002年	2003年	2004年	2005年	2006年	2007年	2008年
环境卫生从业人员	人	1 583	1 589	1 608	1 785	1 738	1 772	1 796
道路清扫保洁面积	万平方米	420	476	469	699	699	702	735
生活垃圾								
清运量	万吨	18	19	20	17	24	28	29
无害化处理厂（场）数	座	1	1	1	1	1	1	1
无害化处理能力	吨/日	500	500	500	500	500	550	550
无害化处理量	万吨	18	19	20	17	24	28	29
粪便								
清运量	万吨	3.3	2.2	3.9	2.4	2.1	2.4	0.9
无害化处理量	万吨	3.3	2.2	3.9	2.4	2.1	2.4	0.9
公共厕所	座	231	215	265	262	215	237	354
# 水冲式厕所	座	231	215	265	257	172	226	229
环卫专用车辆	台	107	162	191	202	170	179	189

8－7 主要年份城市污水处理情况

项 目	单 位	2002年	2003年	2004年	2005年	2006年	2007年	2008年
污水处理厂数	座	1	4	4	5	5	5	5
污水处理厂处理能力	万吨/日	2	16	16	20	21	23	24
污水处理量	万吨	3 368	3 192	4 837	5 690	6 141	6 815	7 410
生活污水处理量	万吨	3 279	2 613	4 820	5 075	5 879	5 651	5 461
工业污水处理量	万吨	89	579	17	615	262	1 164	1 949
化学需氧量去除量	吨	6 415	8 888	8 677	9 981	7 715	8 898	11 601
氨氮去除量	吨	137	753	713	344	619	870	845
总磷去除量	吨	78	133	130	112	129	175	189
污泥产生量	吨	250	835	171 123	4 923	276 007	301 272	14 322
污泥处置量	吨	250	835	171 123	4 558	276 007	301 272	14 322

统计指标解释

工业废水排放量

指经过企业厂区所有排放口排到企业外部的工业废水量。包括生产废水、外排的直接冷却水、超标排放的矿井地下水和与工业废水混排的厂区生活污水，不包括外排的间接冷却水（清污不分流的间接冷却水应计算在内）

工业废水排放达标量

指各项指标都达到国家或地方排放标准的外排工业废水量，包括未经处理外排达标的和经过处理后外排达标的两部分。

工业废水处理量

指报告期内各种水治理设施实际处理的工业废水量，包括处理后外排的和处理后回用的工业废水量。虽经处理但未达到国家或地方排放标准的废水量也应计算在内。计算时，如遇有车间和厂排放口均有治理设施，并对同一废水分级处理时，不应重复计算工业废水处理量。

工业废气排放量

指企业厂区内燃料燃烧和生产工艺过程中产生的各种排入空气的含有污染物的气体的总量，以标准状态[273K,101325Pa] 计。

二氧化硫排放量

指企业在燃料燃烧和生产工艺过程中排入大气的二氧化硫量。

工业烟尘排放量

指企业厂区内的燃料燃烧产生的烟气中夹带的颗粒物的量。

工业粉尘排放量

指企业在生产工艺过程中排放的颗粒物重量，如钢铁企业的耐火材料粉尘、焦化企业的筛焦系统粉尘、烧结机的粉尘、石灰窑的粉尘、建材企业的水泥粉尘等。不包括电厂排入大气的烟尘。

工业固体废物产生量

指企业在生产过程中产生的固体状、半固体状和高浓度液体状废弃物的总量，包括危险废物、冶炼废渣、粉煤灰、炉渣、煤矸石、尾矿、放射性废物和其他废物等；不包括矿山开采的剥离废石和掘进废石（煤矸石和呈酸性或碱性的废石除外），酸性或碱性废石是指采掘的废石其流经水、雨淋水的 pH 值小于 4 或 pH 值大于 10.5 者。

工业固体废物处置量

指将固体废物焚烧或者最终置于符合环境保护规定要求的场所并不再回取的工业固体废物量（包括当年处置往年的工业固体废物累计贮存量）。处置方法如：填埋（其中危险废物应安全填埋）、焚烧、专业贮存场（库）封场处理、深层灌注、回填矿井等。

工业固体废物排放量

指将所产生的固体废物排到固体废物污染防治设施、场所以外的量。不包括矿山开采的剥离废石和掘进废石（煤矸石和呈酸性或碱性的废石除外）。

“三废”综合利用产品产值

指利用“三废”（废液、废气、废渣）作为主要原料生产的产品产值（现行价），已经销售或准备销售的，应计算产品产值；但留作生产上自用的，不应计算产品产值。

STATISTICAL YEAR BOOK

第九篇
Chapter 9

农 业
Agriculture

9－1 主要年份农业生产基本情况

年 份	农机总动力（万千瓦）	化肥使用量（万吨）	农村用电量（万千瓦时）	劳动力（万人）	耕地面积（千公顷）
1978	46.32		17 529	85.36	165.07
1979	53.02	3.62	18 187	84.61	163.81
1980	57.75	4.28	20 353	87.08	164.05
1981	62.28	4.83	23 571	88.95	163.96
1982	67.75	5.47	26 030	91.61	163.65
1983	72.49	5.36	26 032	93.43	163.43
1984	81.09	5.49	32 391	97.53	163.04
1985	83.30	4.51	38 027	100.60	162.69
1986	89.31	5.92	42 720	103.10	162.49
1987	96.02	6.16	49 209	105.40	161.75
1988	100.85	6.54	52 278	107.20	161.58
1989	105.04	6.61	50 545	107.90	161.06
1990	87.72	7.06	57 831	108.90	161.01
1991	87.52	7.93	58 692	109.90	160.99
1992	87.77	8.14	75 662	110.90	160.84
1993	90.74	8.42	82 261	111.70	160.44
1994	92.28	8.94	98 193	110.60	159.55
1995	93.96	10.28	107 065	107.80	159.15
1996	98.21	10.27	113 754	106.10	158.23
1997	104.22	10.63	119 854	103.70	180.93
1998	109.33	10.33	111 671	102.50	180.19
1999	114.16	10.05	110 305	101.10	179.71
2000	118.04	9.59	127 666	100.29	161.35
2001	118.98	8.82	145 044	100.10	160.76
2002	120.32	8.78	153 034	99.46	159.91
2003	122.55	8.71	183 256	97.94	157.30
2004	125.02	8.86	226 930	97.11	154.94
2005	129.61	9.61	289 206	97.55	152.54
2006	131.37	9.52	340 481	96.66	149.60
2007	131.71	10.14	394 285	96.30	148.30
2008	**135.12**	**9.86**	**446 934**	**97.52**	**147.33**

9－2 农业现代化

项目	单位	全市	市区	京口区	润州区
农用化肥施用量（折纯）	吨	**98 574**	**25 723**	**1 355**	**2 466**
氮肥	吨	46 799	12 066	590	1 221
磷肥	吨	9 205	906	152	139
钾肥	吨	6 277	3 253	130	100
复合肥	吨	36 293	9 498	483	1 006
农用薄膜使用量	吨	**2 738**	**747**	**76**	**61**
#地膜使用量	吨	1 398	194	24	17
#地膜覆盖面积	公顷	5 873	1 902	208	201
农用柴油使用量	吨	**17 960**	**4 224**	**337**	**23**
农药使用量	吨	**4 189**	**660**	**38**	**41**
农业机械总动力	千瓦	**1 351 153**	**325 255**	**59 385**	**21 804**
柴油机	千瓦	749 843	180 527	31 688	5 882
汽油机	千瓦	87 998	22 504	6 548	8 328
电动机	千瓦	513 312	122 224	21 149	7 594
农业机械年末拥有量					
大中型拖拉机	台	1 989	459	39	8
小型拖拉机	台	19 289	4 658	50	63
水泵	台	38 160	11 914	1 326	977
联合收割机	台	1 815	361	26	2
机动脱粒机	台	40 882	1 136	440	30
机动喷雾（粉）机	台	7 186	1 248	53	11
饲料粉碎机	台	1 850	420	33	56
农用运输车	辆	7 334	1 720	172	179

基本情况

丹徒区	新　区	丹阳市	扬中市	句容市
12 501	**9 401**	**30 380**	**7 225**	**35 246**
6 382	3 873	15 572	4 642	14 519
357	258	523	723	7 053
431	2 592	1 578	415	1 031
5 331	2 678	12 707	1 445	12 643
199	**411**	**968**	**145**	**878**
128	25	564	143	497
1 413	80	1 552	269	2 150
3 303	**561**	**6 083**	**581**	**7 072**
357	**224**	**1 479**	**409**	**1 641**
184 007	**60 059**	**457 798**	**119 600**	**448 500**
107 539	35 418	201 116	57 900	310 300
3 878	3 750	44 394	5 600	15 500
72 590	20 891	212 288	56 100	122 700
238	174	883	342	305
3 924	621	4 941	825	8 865
6 635	2 976	6 058	5 958	14 230
204	129	1 020	151	283
0	666	33 833	1 945	3 968
291	893	2 732	845	2 361
216	115	886	64	480
862	507	1 471	726	3 417

9－3 农村基本

项　目	单　位	全　市	市　区	京口区	润州区
一、农村基本情况					
乡村户数	万户	57.69	15.45	0.90	1.42
乡村人口数	万人	169.16	45.01	2.18	4.64
通汽车的村数	个	605	143	10	15
自来水受益村数	个	590	129	10	15
通有线电视村数	个	602	140	10	15
二、年末耕地情况					
年末耕地总资源	公顷	147 328	36 578	1 136	1 320
#常用耕地面积	公顷	141 259	9 373	1 136	1 284
#水田	公顷	116 895	6 782	562	433
水浇地	公顷	12 874	1 236		851
三、从业人员情况					
劳动年龄内人口数	万人	99.45	26.05	1.39	2.13
#劳动年龄内上学的学生数	万人	4.76	1.09	0.08	0.09
劳动年龄内丧失劳动能力的人数	万人	2.22	0.52	0.03	0.04
乡村实有从业人员合计	万人	97.52	26.37	1.38	2.12
#男性	万人	50.01	13.38	0.67	1.11
女性	万人	47.51	12.99	0.71	1.01
#劳动年龄内从业人员	万人	89.46	23.73	1.26	1.66
#农林牧渔业	万人	29.13	7.74	0.32	1.00
#种植业	万人	24.24	6.62	0.27	0.71
工业	万人	41.33	10.67	0.57	0.73
建筑业	万人	10.53	2.21	0.08	0.09
交通运输、仓储和邮政业	万人	3.54	1.24	0.10	0.13
信息传输、计算机服务和软件业	万人	0.27	0.09	0.01	0.01
批发、零售业	万人	3.15	1.08	0.07	0.01
住宿和餐饮业	万人	1.36	0.56	0.03	0.05
金融、保险业	万人	0.33	0.11	0.01	0.01
房地产、社会服务业	万人	1.29	0.34	0.01	0.01
卫生、体育和社会福利业	万人	0.35	0.11	0.01	0.01
教育、文化、艺术和广播电视事业	万人	0.34	0.14	0.01	0.01
科学研究和综合技术服务事业	万人	0.08	0.03	0.00	0.01
乡经济组织管理从业人员	万人	0.51	0.14	0.01	0.01
其他从业人员	万人	5.31	1.91	0.15	0.04

情况表

丹徒区	新　区	丹阳市	扬中市	句容市
8.89	4.24	19.68	7.38	15.18
26.65	11.54	58.81	21.06	44.28
83	35	224	85	153
70	34	223	85	153
80	35	224	85	153
27 169	6 953	53 522	10 287	46 941
27 169	6 953	53 522	10 287	40 908
19 088	5 787	47 093	9 412	34 520
8 081	385		875	2 682
15.48	7.05	36.67	12.57	24.16
0.61	0.31	1.77	0.87	1.03
0.28	0.17	0.72	0.28	0.70
15.73	7.14	34.99	11.83	24.33
7.96	3.64	17.90	5.96	12.77
7.77	3.50	17.09	5.87	11.56
14.55	6.26	32.36	10.60	22.77
4.19	2.23	9.75	2.77	8.87
3.71	1.93	7.73	2.42	7.47
6.04	3.33	17.58	6.43	6.65
1.73	0.31	2.95	0.63	4.74
0.74	0.27	0.98	0.41	0.91
0.04	0.03	0.07	0.04	0.07
0.75	0.25	1.01	0.44	0.62
0.39	0.09	0.27	0.18	0.35
0.06	0.03	0.08	0.08	0.06
0.31	0.01	0.44	0.18	0.33
0.07	0.02	0.10	0.05	0.09
0.10	0.02	0.09	0.03	0.08
0.02	0.00	0.01	0.02	0.02
0.10	0.02	0.19	0.10	0.08
1.19	0.53	1.47	0.47	1.46

9－4　农林牧渔业

（按现行

项　目	全　市	市　区	京口区	润州区
农林牧渔业总产值	**920 852**	**202 966**	**17 473**	**25 455**
一、农业产值	**533 602**	**110 945**	**10 667**	**11 137**
（一）谷物及其他作物	267 075	56 923	2 961	1 078
谷物	215 619	47 222	2 374	674
薯类	2 998	629		18
油料	35 980	7 022	348	308
豆类	7 706	1 925	190	78
棉花	2 442	118	49	
糖料	293			
其他农作物	2 038	7		
（二）蔬菜、园艺作物	222 658	45 636	7 510	8 200
蔬菜	195 028	45 166	7 303	8 200
花卉(鲜切花)	1 824	217		
其他园艺作物	25 806	253	207	
（三）水果、坚果、饮料和香料	42 296	6 746	196	1 859
水果、坚果	24 050	3 486	176	1 539
茶	18 246	3 260		320
（四）中药材	1 573	1 640		
二、林业产值	**24 685**	**4 442**	**306**	**87**
（一）林木的培育和种植	14 984	2 124	262	22
育种育苗	3 156	761	111	
人工造林	4 973	1 159	112	
抚育与管理	6 855	204	39	

总产值

价格计算）　　　　　　　　　　　　　　　　　　单位：万元

丹徒区	新　区	丹阳市	扬中市	句容市
123 479	**36 560**	**353 079**	**90 052**	**257 234**
68 280	**20 861**	**204 346**	**46 786**	**164 066**
39 532	13 352	96 204	22 698	88 418
32 805	11 369	86 083	19 139	60 068
431	180	620	451	1 296
5 014	1 352	5 774	674	22 526
1 206	451	2 735	1 048	1 819
69		59		2 282
				301
7		933	1 386	126
22 739	7 187	99 734	21 659	44 402
22 523	7 140	73 602	20 531	44 179
180	37	1 570	42	
36	10	24 562	1 086	223
4 369	322	8 362	1 605	30 111
1 569	202	3 795	1 605	18 649
2 800	120	4 567		11 462
1 640		46	824	1 135
3 477	**572**	**4 858**	**4 845**	**12 525**
1 659	181	2 871	1 690	9 099
627	4	159	89	2 216
1 024	23	872	533	2 671
8	154	1 840	1 068	4 211

9－4（续）

项　目	全　市	市　区	京口区	润州区
（二）竹木采运	7 210	809	44	65
＃村及村以下	3 084	197		65
（三）林产品的采集	2 491	1 509		
三、牧业产值	**181 284**	**48 545**	**4 709**	**5 199**
牲畜的饲养	6 475	2 420	13	986
牛的饲养	323	816		
羊的饲养	1 278	316	4	
奶产品	4 874	1 288	9	
猪的饲养	104 328	26 510	2 956	3 357
家禽	50 754	19 595	1 740	856
肉禽	33 412	14 721	1 683	524
禽蛋	17 342	4 874	58	333
狩猎和捕捉动物	3			
其他畜牧业	19 724	20		
四、渔业产值	**136 530**	**27 831**	**1 326**	**8 347**
淡水鱼类	71 531	14 080	1 095	3 378
淡水甲壳类	41 317	6 903	231	579
淡水贝类	9 998	925		
淡水藻类	1 600			
其他淡水养殖产品	12 084	5 923		4 390
五、农林牧渔服务业	**44 751**	**11 203**	**465**	**685**
附报：农民家庭兼营工业产值	208 267	1 737	880	237

丹徒区	新　区	丹阳市	扬中市	句容市
468	232	1 358	2 255	2 831
	132	471	2 255	358
1 350	159	629	900	595
28 072	**10 566**	**66 357**	**20 498**	**40 531**
1 371	50	1 088	301	3 541
816				314
262	50	584	301	56
293		504		3171
13 609	6 588	44 106	14 875	23 200
13 092	3 908	16 489	4 422	13 100
9 772	2 743	10 963	2 388	7 075
3 319	1 165	5 526	2 034	6 025
		3		
	20	4 671	900	690
16 550	**1 608**	**60 548**	**10 838**	**30 683**
8 339	1 268	29 092	5 960	18 677
5 955	138	22 782	3 649	6 360
844	81	6 098	711	2 265
		1 600		
1 412	121	976	518	3 381
7 100	**2 953**	**16 970**	**7 085**	**9 429**
	1 500	81 880	104 500	20 150

9－5　农林牧渔业

（按现行

项　目	全　市	市　区	京口区	润州区
一、农林牧渔业总产值	**920 852**	**202 966**	**17 473**	**25 455**
农林牧渔业小计	876 101	191 763	17 008	24 770
农业	533 602	110 945	10 667	11 137
林业	24 685	4 442	306	87
牧业	181 284	48 545	4 709	5 199
渔业	136 530	27 831	1 326	8 347
农林牧渔服务业	44 751	11 203	465	685
二、农林牧渔业中间消耗	**411 009**	**93 319**	**8 311**	**13 351**
按消耗方向分				
农林牧渔业小计	388 723	88 168	8 074	13 008
农业	212 907	42 583	4 772	4 788
林业	11 997	2 493	186	43
牧业	102 244	28 446	2 513	2 584
渔业	61 575	14 646	603	5 593
农林牧渔服务业	22 286	5 151	237	343
按消耗性质分				
（一）中间物质消耗				
农林牧渔业小计	319 220	77 556	7 283	12 475
农业	161 809	36 886	4 215	4 681
林业	9 358	2 365	164	37
牧业	92 020	25 217	2 364	2 465
渔业	56 033	13 088	540	5 292
农林牧渔服务业				

增加值

价格计算）　　　　　　　　　　　　　　　　　　　　　　　　　　　单位：万元

丹徒区	新　区	丹阳市	扬中市	句容市
123 478	**36 560**	**353 079**	**90 052**	**257 234**
116 378	33 607	336 109	82 967	247 805
68 280	20 861	204 346	46 786	164 066
3 477	572	4 858	4 845	12 525
28 072	10 566	66 357	20 498	40 531
16 550	1 608	60 548	10 838	30 683
7 100	2 953	16 970	7 085	9 429
54 578	**17 079**	**154 501**	**39 890**	**116 653**
51 030	16 056	145 701	36 702	112 033
23 202	9 821	83 930	18 912	66 045
1 993	271	2 530	2 125	6 426
18 139	5 210	34 008	10 622	24 777
7 696	754	25 233	5 043	14 785
3 548	1 023	8 800	3 188	4 620
46 254	11 545	118 269	32 556	85 884
20 491	7 500	59 374	17 406	46 803
1 934	230	2 325	1 883	4 188
17 251	3 137	31 942	9 307	21 912
6 578	678	24 628	3 960	12 981

9－5(续)

项　目	全　市	市　区	京口区	润州区
（二）非物质消耗				
农林牧渔业小计	69 503	10 611	791	533
农业	51 098	5 696	557	107
林业	2 639	128	22	6
牧业	10 224	3 229	149	119
渔业	5 542	1 558	63	301
农林牧渔服务业				
三、农林牧渔增加值	**509 843**	**109 647**	**9 162**	**12 104**
按生产法计算				
农林牧渔业小计	487 378	103 597	8 934	11 762
农业	320 695	68 362	5 895	6 349
林业	12 688	1 950	120	44
牧业	79 040	20 100	2 196	2 615
渔业	74 955	13 185	723	2 754
农林牧渔服务业	22 465	6 050	228	342
按分配法计算				
农林牧渔业小计	487 378	103 597	8 934	11 762
固定资产折旧	17 546	6 921	549	541
劳动者报酬	458 135	84 450	8 117	8 060
生产补贴	22 419	2 778	26	84
营业盈余	34 116	15 004	294	3 245

单位：万元

丹徒区	新 区	丹阳市	扬中市	句容市
4 776	4 511	27 432	4 146	26 149
2 711	2 321	24 556	1 506	19 242
59	41	205	242	2 238
888	2 073	2 066	1 315	2 865
1 118	76	605	1 083	1 804
68 900	**19 481**	**198 578**	**50 162**	**140 581**
65 350	17 551	190 408	46 265	135 772
45 079	11 040	120 416	27874	98 021
1 485	301	2 328	2 720	6 099
9 933	5 356	32 349	9 876	15 754
8 854	854	35 315	5 795	15 898
3 550	1 930	8 170	3 897	4 809
65 350	17 551	190 408	46 265	135 772
4 595	1 236	6 459	1 851	2 113
57 010	11 263	193 698	43952	126 130
2 435	233	13 847	925	2 195
6 180	5 285	4 098	1 387	9 724

9－6　牧业生

项　目	单　位	全　市	市　区		
				京口区	润州区
肉类总产量	万吨	6.55	2.48	0.29	0.25
生猪年内出栏数	万头	57.96	15.03	1.59	2.60
生猪年末存栏数	万头	54.51	15.68	1.33	2.30
羊年内出栏数	万只	4.58	0.47	0.02	
羊年末存栏数	万只	3.66	0.63	0.02	
家禽年内出栏数	万只	1 223.90	539.20	64.10	18.00
家禽年末存栏数	万只	553.72	251.12	14.21	16.00

9－7　林业及桑

项　目	单　位	全　市	市　区		
				京口区	润州区
一、林业					
当年造林面积合计	公顷	3 041	1 151	100	128
用材林	公顷	2 553	893	60	107
经济林	公顷	303	181	19	21
防护林	公顷	143	56		
零星（四旁）植树	万株	407	102	14	33
育苗面积	公顷	2 652	240	20	
当年苗木产量	万株	1410	25		
主要林产品产量					
板栗	吨	1 504	72		
木材采伐量	万立方米	21 371	5 091	980	481
竹材采伐量	万根	28	5	1	1
二、桑、茶、果					
茶园面积	公顷	4 272	1 024	8	212
茶叶产量	吨	1 225	344	1	32
果园面积	公顷	6 468	794	47	210
水果产量	吨	38 956	6 048	266	1 876
桑园面积	公顷	1 215	167		

产情况

丹徒区	新　区	丹阳市	扬中市	句容市
1.45	0.49	2.34	0.38	1.35
7.32	3.52	22.28	8.00	12.65
5.30	6.75	18.36	9.75	10.72
0.44	0.01	1.46	1.13	1.52
0.35	0.26	1.11	0.95	0.97
356.70	100.40	388.50	51.60	244.60
183.50	37.41	134.76	81.10	86.74

茶果生产情况

丹徒区	新　区	丹阳市	扬中市	句容市
803	120	684	202	1 004
687	39	650	102	908
115	26	34	15	73
1	55		85	2
35	19	188	26	91
220		929	50	1 433
25		1 015	70	300
72				1 432
3 500	130	4 280	4 000	8 000
3		4	15	5
700	105	777		2 471
280	31	450		431
497	40	415	214	5 045
3 519	387	4 218	3 005	25 685
167		700		349

9－8 农作物播种

项目		全市	市区	京口区	润州区
一、粮食作物	**面积**	**175.93**	**41.67**	**2.11**	**0.57**
	单产	**6 390**	**6 203**	**6 378**	**6 558**
	总产	**1 124 156**	**258 474**	**13 458**	**3 738**
（一）夏粮	面积	69.53	17.38	0.93	0.11
	单产	4 593	4 516	5 423	4 445
	总产	319 369	78 484	5 043	489
夏收谷物	面积	68.47	16.94	0.91	0.09
	单产	4 624	4 575	5 490	5 144
	总产	316 595	77 498	4 996	463
#小麦	面积	67.51	16.70	0.91	0.09
	单产	4 647	4 588	5 490	5 144
	总产	313 691	76 614	4 996	463
元麦	面积	0.70	0.19		
	单产	2 969	3 811		
	总产	2 078	724		
蚕豌豆	面积	1.06	0.44	0.02	0.02
	单产	2 617	2 241	2 350	1 300
	总产	2 774	986	47	26
（二）秋粮	面积	106.40	24.29	1.18	0.46
	单产	7 564	7 410	7 131	7 063
	总产	804 787	179 990	8 415	3 249
秋收谷物	面积	99.10	22.50	1.03	0.41
	单产	7 877	7 745	7 802	7 412
	总产	780 606	174 260	8 036	3 039
#稻谷	面积	94.37	19.85	0.81	0.35
	单产	8 028	8 065	8 249	7 826
	总产	757 566	160 096	6 682	2 739

面积和产量

单位：千公顷、公斤/公顷、吨

丹徒区	新　区	丹阳市	扬中市	句容市
27.41	**11.58**	**70.88**	**15.21**	**48.17**
6 339	**5 831**	**6 438**	**6 830**	**6 342**
173 756	**67 522**	**456 301**	**103 882**	**305 499**
10.71	5.63	32.40	7.05	12.70
4 525	4 350	4 580	5 034	4 490
48 461	24 491	148 377	35 488	57 020
10.60	5.34	32.03	6.89	12.61
4 547	4 464	4 608	5 045	4 499
48 201	23 838	147 600	34 763	56 734
10.58	5.12	31.48	6.85	12.48
4 548	4 500	4 641	5 053	4 516
48 115	23 040	146 106	34 614	56 357
0.02	0.17	0.50		0.01
4 300	3 753	2 688		1 000
86	638	1344		10
0.11	0.29	0.37	0.16	0.09
2 364	2 252	2 100	4 531	3 178
260	653	777	725	286
16.70	5.95	38.48	8.16	35.47
7 503	7 232	8 002	8 382	7 005
125 295	43 031	307 924	68 394	248 479
15.53	5.53	36.32	7.51	32.77
7 825	7 535	8 283	8 684	7 333
121 515	41 670	300 825	65 214	240 307
13.46	5.23	36.20	7.50	30.82
8 220	7 654	8 294	8 687	7 530
110 645	40 030	300 257	65 151	232 062

9－8(续)

项　目		全　市	市　区		
				京口区	润州区
#粳稻	面积	91.20	19.85	0.81	0.35
	单产	8 033	8 065	8 249	7 826
	总产	732 625	160 096	6 682	2 739
玉米	面积	4.59	2.65	0.22	0.06
	单产	4 956	5 345	6 155	5 000
	总产	22 750	14 164	1 354	300
秋收豆类	面积	4.89	1.44	0.15	0.04
	单产	2 567	2 249	2 527	3 375
	总产	12 553	3 238	379	135
薯类	面积	2.41	0.35		0.01
	单产	4 825	7 120		7 500
	总产	11 628	2 492		75
二、油料合计	**面积**	**30.86**	**7.38**	**0.29**	**0.31**
	单产	**2 167**	**1 992**	**2 562**	**2 077**
	总产	**66 874**	**14 700**	**743**	**644**
花生	面积	1.09	0.21		
	单产	2 539	2 576		
	总产	2 768	541		
油菜籽	面积	28.68	7.11	0.29	0.30
	单产	2 187	1 982	2 562	2 130
	总产	62 732	14 092	743	639
芝麻	面积	1.09	0.06		0.01
	单产	1 261	1 117		500
	总产	1 374	67		5
三、棉花(皮棉)	**面积**	**1.76**	**0.03**	**0.01**	
	单产	**980**	**2 467**	**3 600**	
	总产	**1 725**	**74**	**36**	

单位：千公顷、公斤/公顷、吨

丹徒区	新　区	丹阳市	扬中市	句容市
13.46	5.23	34.49	7.50	29.36
8 220	7 654	8 298	8 687	7 533
110 645	40 030	286 197	65 151	221 181
2.07	0.30	0.12		1.82
5 251	5 467	4 733		4 405
10 870	1 640	568		8 018
0.95	0.30	1.52	0.39	1.54
2 224	2 037	3 088	3 705	2 063
2 113	611	4 693	1 445	3 177
0.22	0.12	0.64	0.26	1.16
7 577	6 250	3 759	6 673	4 306
1 667	750	2 406	1 735	4 995
5.41	**1.37**	**5.10**	**0.67**	**17.71**
1 913	**2 165**	**2 271**	**2 166**	**2 210**
10 347	**2 966**	**11 584**	**1 451**	**39 139**
0.18	0.03	0.29		0.59
2 667	2 033	3 100		2 251
480	61	899		1 328
5.19	1.33	4.68	0.67	16.22
1 892	2 175	2 233	2 166	2 265
9 817	2 893	10 451	1 451	36 738
0.04	0.01	0.13		0.90
1 250	1 200	1 800		1 192
50	12	234		1 073
0.02		**0.02**		**1.71**
1 900		**1 750**		**945**
38		**35**		**1 616**

9-9 乡镇

名 称	乡镇总人口（人）	外来人口	乡镇从业人口（人）	粮食播种面积（公顷）	粮食产量（吨）	油料产量（吨）
京口区						
谏壁镇	34 158	3 580	19 425	510	4 478	517
象山镇	52 615	3 529	21 500	100	385	200
润州区						
蒋乔镇	19 525	2 054	10 387	560	4 252	680
丹徒区						
高桥镇	28 262	1 230	17 937	2 642	15 716	901
辛丰镇	52 147	3 709	32 755	4 828	29 558	1 103
谷阳镇	52 934	3 641	30 827	4 552	28 372	1 559
上党镇	49 402	3 295	27 737	5 286	32 121	3 294
宝堰镇	44 293	2 704	26 319	5 700	37 602	2 980
高资镇	42 376	2 271	22 917	2 972	22 146	1 429
世业镇	14 355	98	8 789	2 650	16 090	166
新 区						
姚桥镇	40 762	2 562	22 686	4 400	28 864	980
大路镇	28 562	110	14 266	2 560	16 160	371
丁岗镇	20 802	1 060	11 589	2 617	16 184	516
丹阳市						
司徒镇	60 828	7 215	41 185	6 731	44 525	2 717
延陵镇	67 015	3 218	39 341	8 408	58 743	1 246
珥陵镇	52 053	2 702	28 562	6 490	42 745	1 412
导墅镇	50 582	2 300	26 652	7 138	45 605	869

基本情况

农民人均纯收入（元）	经济总收入（万元）	农村地区生产总值（万元）		出口产品交货值（万元）	财政收入（万元）	财政支出（万元）	各项储蓄存款余额（万元）
			第一产业				
9 402	36 933	142 800	2 450	4 783	26 929	1 980	9 100
9 600	497 372	330 000	3 100	9 000	15 145	2 167	170 000
8 895	209 199	54 630	787	19 040	29 312	2 532	2 250
8 002	73 880	63 065	8 007	30 907	6 662	2 885	33 629
9 574	549 538	200 994	10 060	61 339	13 433	2 780	72 070
8 628	777 125	231 873	6 911	120 000	20 035	17 591	69 105
8 010	150 321	171 906	13 225	12 180	5 633	2 052	44 761
8 000	123 186	103 989	9 452	3 405	8 110	4 738	40 081
9 760	1 240 533	302 870	9 500	13 570	10 468	3 442	34 290
8 109	41 710	32 492	4 168	3 159	2 053	2 053	9 750
7 800	84 320	49 903	12 433	1 790	5 120	2 132	22 260
8 286	59 673	37 888	4 015		5 215	2 666	23 178
7 886	116 647	25 497	4 015	2 571	2 245	1 515	19 600
7 420	597 396	230 718	19 550	41 411	28 062	24 670	56 287
7 388	409 936	159 976	21 284	51 065	10 444	10 827	65 312
8 138	298 779	117 547	13 827	40 014	7 603	7 614	61 837
8 900	575 000	231 926	18 196	33 916	12 516	9 744	75 000

9－9（续）

名　称	乡　镇总人口（人）	外来人口	乡镇从业人口（人）	粮食播种面积（公顷）	粮　食产　量（吨）	油　料产　量（吨）
皇塘镇	57 961	6 376	39 279	6 135	39 224	604
吕城镇	51 051	2 718	27 477	6 002	37 258	1 251
陵口镇	45 373	3 280	30 460	5 870	37 810	1 071
访仙镇	51 777	4 753	29 411	6 732	43 727	536
界牌镇	40 946	19 985	28 911	1 131	8 060	28
新桥镇	31 129	9 706	21 281	1 541	10 142	75
后巷镇	53 243	20 082	39 825	2 705	17 782	502
埤城镇	37 264	5 000	22 827	3 503	19 324	622
云阳镇	96 462	9 710	57 793	6 750	43 288	1 153
扬中市						
三茅镇	115 915	13 551	89 154	4 479	30 418	440
新坝镇	52 627	5 500	26 190	3 030	20 503	543
油坊镇	45 744	3 500	28 216	3 304	22 544	245
八桥镇	37 189	3 800	20 132	2 404	16 686	103
西来桥镇	19 426	2 000	10 072	1 167	8 075	48
句容市						
华阳镇	42 967	1 020	24 311	4 022	27 755	3 433
黄梅镇	45 270	897	24 045	4 886	29 968	3 382
下蜀镇	40 152	1 452	17 510	2 803	17 931	1 433
白兔镇	40 344	1 350	22 000	6 268	40 765	4 227
边城镇	35 491	4 300	17 692	4 025	26 231	3 661
茅山镇	28 954	266	16 405	3 865	27 501	2 488
后白镇	54 854	2 212	30 134	6 541	49 623	4 380
郭庄镇	54 911	927	28 795	6 686	45 375	3 588
天王镇	55 691	3 259	29 731	6 058	41 345	4 306
宝华镇	23 791	2 100	11 356	1 883	13 244	802

农民人均纯收入（元）	经济总收入（万元）	农村地区生产总值（万元）		出口产品交货值（万元）	财政收入（万元）	财政支出（万元）	各项储蓄存款余额（万元）
			第一产业				
9 520	603 105	260 626	25 135	47 403	19 065	17 009	74 608
9 670	483 383	226 440	10 138	75 803	22 441	20 851	61 708
8 766	299 200	124 960	13 590	25 770	6 219	7 557	57 000
8 108	379 566	155 181	12 092	30 080	13 806	11 055	40 324
16 200	755 308	285 098	3 087	46 056	21 749	16 280	195 500
15 050	594 650	236 410	2 495	14 600	23 181	16 129	146 300
12 429	1 921 300	603 381	5 042	645 860	45 721	41 032	178 398
7 680	546 316	229 386	6 541	55 030	15 776	12 085	53 785
9 300	1 088 859	411 323	22 607	146 024	43 351	40 680	68 953
9 700	1 253 751	406 038	14 797	16 000	44 856	5 326	136 300
13 176	1 456 337	448 951	8 543	48 270	59 534	6 935	147 620
9 738	560 685	171 698	9 598	62 814	18 872	3 547	114 111
9 117	272 678	109 061	7 151	2 401	11 934	2 398	72 202
7 305	155 888	49 451	3 238	0	4 324	1 100	30 000
8 710	488 994	143 990	9 350	33 950	20 862	12 866	31 080
8 320	153 996	122 730	8 590	118 181	5 363	5 204	15 000
8 700	560 239	151 000	7 362	8 900	32 000	8 100	33 805
8 139	434 980	108 664	12 051	117 822	7 240	2 252	40 880
8 656	221 983	108 000	8 400	35 400	8 250	4 769	23 520
8 106	231 109	63 489	6 566	4 120	3 777	3 306	16 400
8 208	519 520	139 000	14 030	121 480	8 466	8 352	44 826
7 512	330 746	155 834	20 089	118 783	4 365	4 265	41 080
7 787	290 205	149 972	11 248	6 380	3 846	3 819	60 230
8 580	197 800	65 000	2 850	47 850	8 518	6 440	32 308

9－10　主要年份农业经济主要指标

年　份	农林牧渔业总产值（万元）	农　业	水产品产量（吨）	茶叶产量（吨）
1978	59 383	52 651	5 079	643
1979	64 943	56 438	5 651	668
1980	73 368	64 303	7 043	734
1981	92 847	79 446	8 084	894
1982	101 621	84 668	8 927	1 031
1983	119 035	102 193	9 787	1 147
1984	155 537	128 439	12 290	1 202
1985	110 034	76 450	15 393	1 363
1986	131 254	92 674	18 560	1 569
1987	158 179	107 109	24 114	1 775
1988	190 031	115 522	27 736	2 106
1989	194 200	112 571	29 045	1 953
1990	235 920	145 889	31 929	2 137
1991	239 176	140 649	29 742	1 861
1992	285 243	168 740	33 720	2 077
1993	363 668	211 512	39 788	2 340
1994	560 852	304 716	43 840	1 926
1995	639 020	390 947	47 838	1 557
1996	688 833	431 783	57 419	1 818
1997	599 669	430 098	65 375	1 862
1998	610 137	434 302	58 975	1 763
1999	607 681	431 176	62 765	1 879
2000	617 879	433 716	60 000	1 816
2001	645 586	450 447	66 500	1 792
2002	667 532	460 892	68 500	1 707
2003	571 469	339 441	69 600	1 750
2004	669 482	404 642	69 273	1 368
2005	683 595	407 968	73 781	1 253
2006	712 733	420 798	75 527	1 210
2007	800 551	461 972	77 747	1 276
2008	**920 852**	**533 602**	**82 256**	**1 225**

9－11　主要年份粮食总产量

单位：吨

年　份	全　市	市　区	丹徒区	丹阳市	扬中市	句容市
1949	325 519	81 450	77 385	136 170	37 259	70 640
1952	546 422	127 300	120 715	211 225	49 336	158 561
1957	533 679	111 520	105 545	209 835	52 473	159 851
1962	462 051	104 875	102 305	204 560	39 854	112 762
1965	784 447	176 000	167 900	334 585	79 401	194 461
1970	777 109	175 635	165 815	314 355	72 994	214 125
1975	818 199	196 370	187 710	311 395	91 650	218 784
1978	988 997	223 805	217 820	403 620	125 225	236 347
1979	1 055 841	227 195	223 025	427 020	128 795	272 831
1980	977 030	218 560	212 850	417 480	101 727	239 263
1981	969 598	215 060	210 050	406 175	100 075	248 288
1982	1 085 301	240 630	235 235	442 170	109 720	292 781
1983	1 212 125	260 325	241 470	503 860	115 551	332 389
1984	1 280 977	277 672	257 144	523 053	130 885	349 367
1985	1 153 759	252 533	234 744	460 513	117 142	323 571
1986	1 247 167	275 826	258 223	501 229	130 052	340 060
1987	1 185 911	257 478	242 478	496 019	120 995	311 419
1988	1 217 694	268 658	253 147	491 359	130 433	327 244
1989	1 187 944	268 350	253 366	461 882	125 203	332 509

9–11（续）

年　份	全　市	市　区	丹徒区	丹阳市	扬中市	句容市
1990	1 226 583	277 903	262 710	482 403	122 331	343 946
1991	1 138 889	253 791	239 536	450 654	121 277	313 167
1992	1 236 923	278 819	263 764	497 476	124 142	336 486
1993	1 222 352	276 003	249 497	488 951	121 210	336 188
1994	1 123 920	252 368	229 075	474 714	120 881	275 957
1995	1 255 687	291 039	265 240	491 570	123 460	349 618
1996	1 344 569	306 244	279 364	536 937	127 689	373 699
1997	1 362 477	303 147	268 440	549 914	127 853	381 563
1998	1 268 702	292 019	254 674	506 870	113 890	355 923
1999	1 256 272	300 766	261 732	480 429	121 993	353 084
2000	1 180 251	275 327	239 163	460 986	116 837	327 101
2001	1 091 164	236 908	203 577	442 586	108 387	303 283
2002	1 094 501	234 361	202 019	442 934	106 409	310 797
2003	862 505	181 316	156 150	369 383	85 225	226 581
2004	990 368	207 073	183 718	417 638	95 747	269 910
2005	906 834	189 638	168 291	391 570	89 377	236 249
2006	987 098	212 280	141 218	417 979	97 356	259 483
2007	1 007 383	230 789	151 956	399 933	92 733	283 928
2008	**1 124 156**	**258 474**	**173 756**	**456 301**	**103 882**	**305 499**

9－12　主要年份油料总产量

单位：吨

年　份	全　市	市　区		丹阳市	扬中市	句容市
			丹徒区			
1949	3 976	1 977	1 975	690		1 309
1952	8 020	1 836	1 833	2 360		3 824
1957	7 490	2 243	2 235	1 517	12	3 718
1962	1 948	919	885	200		829
1965	4 696	1 884	1 807	369	3	2 440
1970	5 765	1 465	1 363	1 748		2 552
1975	10 417	2 559	2 413	4 020	545	3 293
1978	9 007	2 384	1 672	4 205	598	1 820
1979	11 024	2 711	2 592	5 074	953	2 286
1980	8 072	1 415	1 369	3 518	1 190	1 949
1981	16 426	3 345	3 271	6 713	1 601	4 767
1982	28 920	4 799	4 705	8 423	1 271	14 427
1983	27 543	5 036	4 603	7 806	874	13 827
1984	25 279	5 020	4 598	7 970	646	11 825
1985	47 610	8 822	8 077	11 017	488	27 283
1986	41 390	8 329	7 671	11 931	429	20 701
1987	45 548	9 921	9 296	12 950	414	22 263
1988	35 819	7 340	6 762	11 376	278	16 825
1989	38 988	8 842	8 186	11 304	211	18 631

9-12（续）

年　份	全　市	市　区	丹徒区	丹阳市	扬中市	句容市
1990	45 116	10 364	9 666	12 137	185	22 430
1991	47 742	10 102	9 316	12 406	137	25 097
1992	57 111	12 042	11 057	14 373	119	30 577
1993	55 422	11 740	10 220	13 401	98	30 183
1994	52 775	11 214	9 698	12 005	51	29 505
1995	66 273	15 191	13 247	14 635	83	36 364
1996	61 337	15 194	13 047	15 402	77	30 664
1997	58 616	13 519	11 400	14 001	58	31 038
1998	33 959	8 306	6 967	8 039	23	17 591
1999	73 429	16 485	13 803	15 195	140	14 609
2000	87 232	21 997	18 552	21 067	1 243	42 925
2001	84 986	20 076	16 259	19 295	1 956	43 659
2002	79 205	17 098	13 933	17 695	1 778	42 634
2003	74 482	18 158	14 334	15 795	1 683	38 846
2004	91 449	21 172	17 631	19 681	1 735	48 861
2005	85 697	19 184	15 715	19 065	1 530	45 918
2006	68 784	4 018	11 508	15 160	1 179	36 919
2007	57 912	12 406	8 417	9 819	1 197	34 490
2008	**66 874**	**14 700**	**10 347**	**11 584**	**1 451**	**39 139**

9－13　主要年份棉花总产量

单位：吨

年　份	全　市	市　区		丹阳市	扬中市	句容市
			丹徒区			
1949	968	99	98	394		475
1952	2 598	521	507	1 558	159	360
1957	1 537	283	278	1 087	67	100
1962	572	112	109	440		20
1965	1 563	345	313	1 110	3	105
1970	1 449	600	495	732		117
1975	2 432	985	838	860		587
1978	6 824	2 594	2 571	2 563		1 667
1979	9 760	3 877	3 877	2 294		3 589
1980	8 132	2 514	2 496	1 936		3 682
1981	13 196	3 323	3 312	3 617	28	6 228
1982	12 961	3 280	3 182	4 052	113	5 516
1983	15 925	3 762	3 167	6 001	84	6 078
1984	15 827	3 362	2 833	6 456	56	5 953
1985	10 665	1 611	1 430	4 465		4 589
1986	7 898	703	692	3 141		4 054
1987	7 919	452	448	3 844		3 623
1988	6 970	455	455	2 922		3 593
1989	2 834	73	73	982		1 779

9-13（续）

年　份	全　市	市　区	丹徒区	丹阳市	扬中市	句容市
1990	5 168	158	158	2 010		3 000
1991	5 081	174	174	2 404		2 503
1992	5 893	386	386	2 405		3 102
1993	3 122	100	99	885		2 137
1994	2 551	21	21	1 267		1 263
1995	3 426	97	84	854		2 475
1996	2 493	80	80	622		1 791
1997	2 297	67	67	176		2 054
1998	3 111	122	120	199		2 790
1999	1 224	112	112	82		1 030
2000	1 613	94	94	112		1 407
2001	1 948	187	82	126		1 635
2002	1 501	104	35	137		1 260
2003	1 524	116	83	134		1 274
2004	1 759	148	48	188		1 423
2005	1 833	210	60	137		1 486
2006	2 046	121	89	1 09		1 727
2007	2 358	211	61	54		2 093
2008	**1 725**	**74**	**38**	**35**		**1 616**

统计指标解释

农林牧渔业总产值

指以货币表现的农、林、牧、渔业全部产品和对农业生产进行各种支持性服务活动的总量，它反映一定时期内农业生产总规模和总成果。从2003年开始农林牧渔业总产值执行新的国民经济行业分类标准，包括农业、林业、牧业、渔业、农林牧渔服务业，不再包括农民家庭兼营商品性工业。农林牧渔业总产值中的农、林、牧、渔四业的计算方法通常是按农、林、牧、渔业产品及其副产品的产量分别乘以各自单位产品价格求得，现行价格从2003年开始使用生产价格调查的价格；少数生产周期较长，当年没有产品或产品产量不易统计的，则采用间接方法匡算其产值；然后将四业产品产值与农林牧渔服务业产值相加即为农林牧渔业总产值。1957年以前的农林牧渔业总产值中包括了厩肥和农民自给性手工业（如农民自制衣服、鞋、袜，自己从事粮食初步加工等）。1958年及以后，林业中增加了村及村以下竹木采伐产值；牧业中取消了厩肥产值；副业中取消了农民自给性手工业产值，增加了村及村以下办的工业产值；渔业中增加了海洋捕捞水产品产值。1980年及以后，在副业中增加了农民家庭兼营工业商品部分的产值。从1984年起村及村以下工业产值划归工业。从1993年起取消副业，将野生动物的捕猎划入牧业、野生植物采集和农民家庭兼营商品性工业划归农业，从2003年起不再包括农民家庭兼营商品性工业产值。1996年第一次农业普查以后，由于畜牧业产品年报数据与普查数据之间存在一定的差距，国家统计局农调总队对畜牧业年报数据与普查数据进行衔接，相应的畜牧业产值进行调整。

粮食产量

指全社会的产量。包括国有经济经营的、集体统一经营的和农民家庭经营的粮食产量，还包括工矿企业办的农场和其他生产单位的产量。粮食除包括稻谷、小麦、玉米、高粱、谷子及其他杂粮外，还包括薯类和豆类。其产量计算方法，豆类按去豆荚后的干豆计算；薯类（包括甘薯和马铃薯，不包括芋头和木薯）1963年以前按每4公斤鲜薯折1公斤粮食计算，从1964年开始及以后改为按5公斤鲜薯折1公斤粮食计算。城市郊区作为蔬菜的薯类（如：马铃薯等）按鲜品计算，并且不做为粮食统计。其他粮食一律按脱粒后的原粮计算。

油料产量

指全部油料作物的生产量。包括花生、油菜籽、芝麻、向日葵籽、胡麻籽（亚麻籽）和其他油料。不包括大豆，也不包括木本油料和野生油料。花生以带壳干花生计算。

水产品产量

指人工养殖的水产品和天然生长的水产品的捕捞量。包括海水的鱼类、虾蟹类、贝类和藻类以及内陆水域的鱼类、虾蟹类和贝类，不包括淡水生植物。

猪、牛、羊肉产量

指当年出栏并已屠宰后除去头蹄下水后带骨肉（即胴体重）的重量。

耕地面积

指年初可以用来种植农作物，经常进行耕锄的田地，除包括熟地、当年新开荒地、连续撂荒未满三年的耕地和当年的休闲地（轮歇地）外，还包括以种植农作物为主并附带种植桑树、茶树、果树和其他林木的土地，以及沿海、沿湖地区已围垦利用的“海涂”、“湖田”等面积。但不包括属于专业性的桑园、茶园、果园、果木苗圃、林地、芦苇地、天然或人工草地面积。

农作物播种面积

指实际播种或移植有农作物的面积。凡是实际种植有农作物的面积，不论种植在耕地上还是种植在非耕地上，均包括在农作物播种面积中。在播种季节基本结束后，因遭灾而重新改种和补种的农作物面积，也包括在内。

有效灌溉面积

指具有一定的水源，地块比较平整、灌溉工程或设备已经配套，在一般年景下当年能够进行正常灌溉的耕地面积。

农用化肥施用量

指本年内实际用于农业生产的化肥数量。包括氮肥、磷肥、钾肥和复合肥。化肥施用量要求按折纯量计算数量。折纯法化肥施用量是把氮肥、磷肥和钾肥分别按含氮、含五氧化二磷、含氧化钾的百分之一百成份折算后的数量。复合肥按其所含主要成分折算。

农业机械总动力

指主要用于农、林、牧、渔业的各种动力机械的动力总和。包括耕作机械、排灌机械、收获机械、农用运输机械、植物保护机械、牧业机械、林业机械、渔业机械和其他农业机械［内燃机按引擎马力折成瓦（特）计算，电动机按功率折成瓦（特）计算］。不包括专门用于乡、镇、村、组办工业、基本建设、非农业运输、科学试验和教学等非农业生产方面用的动力机械与作业机械。

农林牧渔业劳动力

指直接参加农林牧渔业生产劳动的劳动力。

期初(末)畜禽存栏头(只)数

指本期期初(末)农村各种合作经济组织和国营农场、农民个人、机关、团体、学校、工矿企业、部队等单位以及城镇居民饲养的大牲畜、猪、羊、家禽等畜禽的存栏头(只)数。

谷　物

指籽实主要供作粮食的作物。这类作物包括稻谷、小麦、玉米、谷子、高粱和其他谷物，不包括豆类和薯类作物。

STATISTICAL
YEAR
BOOK

第十篇
Chapter 10

工业、能源
Industry, Energy

10-1　工业总产值前50家企业

企业名称	所属地区	企业名称	所属地区
金东纸业（江苏）股份有限公司	新　区	丹阳市申阳电梯部件有限公司	丹阳市
大亚科技集团有限公司	丹阳市	江苏南自通华电气集团有限公司	扬中市
江苏飞达工具股份有限公司	丹阳市	丹阳市无氧铜材厂	丹阳市
镇江奇美化工有限公司	新　区	华鹏集团公司	扬中市
江苏天工集团有限公司	丹阳市	国电江苏谏壁发电有限公司	京口区
大全集团有限公司	扬中市	镇江强凌电子有限公司	润州区
江苏索普（集团）有限公司	京口区	江苏大力神钢铁有限公司	丹阳市
江苏沃得机电集团有限公司	丹阳市	镇江美驰轻型车系统（第二）有限公司	新　区
镇江联成化学工业有限公司	新　区	江苏省镇江船厂有限责任公司	润州区
镇江江南化工有限公司	新　区	优利德(江苏)化工有限公司	新　区
金海宏业（镇江）沥青有限公司	丹徒区	镇江中船设备有限公司	润州区
江苏镇江发电有限公司	丹徒区	镇江市三明集团公司	新　区
镇江鼎胜铝业有限公司	京口区	汽巴精化(江苏)有限公司	新　区
江苏鸿泰钢铁有限公司	京口区	江苏华厦电气实业集团	扬中市
镇江国亨化学有限公司	新　区	镇江新区中信铜材厂	新　区
中电电气集团有限公司	扬中市	句容市中容铜业有限公司	句容市
中国国电集团公司谏壁发电厂	京口区	镇江南帝化工有限公司	新　区
丹阳市龙江钢铁有限公司	丹阳市	辉煌硅能源（镇江）有限公司	扬中市
中化镇江焦化有限公司	丹徒区	华东泰克西汽车铸造有限公司	新　区
镇江国亨塑胶有限公司	新　区	镇江大成硅科技有限公司	新　区
江苏建华管桩有限公司	句容市	江苏宏达化工新材料股份有限公司	扬中市
江苏环太集团有限公司	扬中市	镇江大东纸业有限公司	京口区
句容市宁武化工有限公司	句容市	镇江科佳轴承制造有限公司	丹徒区
镇江韦岗铁矿有限公司	润州区	现代重工（中国）电气有限公司	扬中市
江苏晶谷米机集团公司	丹阳市	丹阳市双阳化工厂	丹阳市

10－2　产品销售收入前50家企业

企业名称	所属地区	企业名称	所属地区
金东纸业（江苏）股份有限公司	新　区	华鹏集团公司	扬中市
大亚科技集团有限公司	丹阳市	江苏晶谷米机集团公司	丹阳市
江苏飞达工具股份有限公司	丹阳市	国电江苏谏壁发电有限公司	京口区
镇江奇美化工有限公司	新　区	丹阳市无氧铜材厂	丹阳市
大全集团有限公司	扬中市	镇江强凌电子有限公司	润州区
江苏索普（集团）有限公司	京口区	江苏省镇江船厂有限责任公司	润州区
江苏天工集团有限公司	丹阳市	镇江市三明集团公司	新　区
江苏沃得机电集团有限公司	丹阳市	镇江美驰轻型车系统（第二）有限公司	新　区
镇江联成化学工业有限公司	新　区	江苏大力神钢铁有限公司	丹阳市
镇江国亨化学有限公司	新　区	丹阳市申阳电梯部件有限公司	丹阳市
金海宏业（镇江）沥青有限公司	丹徒区	优利德(江苏)化工有限公司	新　区
江苏镇江发电有限公司	丹徒区	镇江中船设备有限公司	润州区
镇江江南化工有限公司	新　区	镇江新区中信铜材厂	新　区
江苏鸿泰钢铁有限公司	京口区	句容市中容铜业有限公司	句容市
镇江鼎胜铝业有限公司	京口区	汽巴精化（江苏）有限公司	新　区
中国国电集团公司谏壁发电厂	京口区	江苏华厦电气实业集团	扬中市
中电电气集团有限公司	扬中市	镇江南帝化工有限公司	新　区
丹阳市龙江钢铁有限公司	丹阳市	镇江大成硅科技有限公司	新　区
江苏环太集团有限公司	扬中市	江苏宏达化工新材料股份有限公司	扬中市
江苏建华管桩有限公司	句容市	华东泰克西汽车铸造有限公司	新　区
句容市宁武化工有限公司	句容市	镇江科佳轴承制造有限公司	丹徒区
镇江国亨塑胶有限公司	新　区	嘉新京阳水泥有限公司	句容市
镇江韦岗铁矿有限公司	润州区	正茂集团有限责任公司	润州区
江苏南自通华电气集团有限公司	扬中市	辉煌硅能源（镇江）有限公司	扬中市
中化镇江焦化有限公司	丹徒区	镇江大东纸业有限公司	京口区

10－3　利税总额前50家企业

企 业 名 称	所属地区	企 业 名 称	所属地区
金东纸业（江苏）股份有限公司	新　区	镇江韦岗铁矿有限公司	润州区
镇江江南化工有限公司	新　区	镇江鼎胜铝业有限公司	京口区
江苏索普（集团）有限公司	京口区	丹阳市龙江钢铁有限公司	丹阳市
大全集团有限公司	扬中市	镇江华润燃气有限公司	润州区
江苏镇江发电有限公司	丹徒区	丹阳市双阳化工厂	丹阳市
大亚科技集团有限公司	丹阳市	江苏吉贝尔药业有限公司	新　区
江苏飞达工具股份有限公司	丹阳市	海昌隐性眼镜有限公司	丹阳市
江苏天工集团有限公司	丹阳市	江苏太白集团有限公司	新　区
江苏沃得机电集团有限公司	丹阳市	江苏省镇江船厂有限责任公司	润州区
江苏环太集团有限公司	扬中市	华东联合制罐有限公司	润州区
中电电气集团有限公司	扬中市	江苏恒宝股份有限公司	丹阳市
镇江中船设备有限公司	润州区	镇江李裕碳素有限公司	丹徒区
优利德（江苏）化工有限公司	新　区	江苏苏源振光电力设备制造有限公司	丹徒区
华鹏集团公司	扬中市	镇江万发化纤有限责任公司	丹徒区
镇江美驰轻型车系统（第二）有限公司	新　区	江苏恒顺集团有限公司	润州区
江苏建华管桩有限公司	句容市	辉煌硅能源（镇江）有限公司	扬中市
镇江奇美化工有限公司	新　区	江苏汤始建华管桩有限公司	句容市
江苏鸿泰钢铁有限公司	京口区	江苏鱼跃医疗设备有限公司	丹阳市
江苏南自通华电气集团有限公司	扬中市	江苏宏达化工新材料股份有限公司	扬中市
中化镇江焦化有限公司	丹徒区	镇江液压件厂有限责任公司	润州区
镇江南帝化工有限公司	新　区	镇江强灵照明有限公司	京口区
江苏晶谷米机集团公司	丹阳市	江苏丹化醋酐有限公司	丹阳市
镇江中船瓦锡兰螺旋桨有限公司	润州区	阿雷蒙紧固件（镇江）有限公司	新　区
句容市宁武化工有限公司	句容市	江苏星河集团公司	扬中市
金海宏业（镇江）沥青有限公司	丹徒区	镇江铁科橡塑制品有限公司	润州区

10－4 资产总额前50家企业

企 业 名 称	所属地区	企 业 名 称	所属地区
金东纸业（江苏）股份有限公司	新 区	江苏晶谷米机集团公司	丹阳市
大亚科技集团有限公司	丹阳市	中化镇江焦化有限公司	丹徒区
江苏索普（集团）有限公司	京口区	中储粮镇江粮油有限公司	京口区
大全集团有限公司	扬中市	江苏鹤林水泥有限公司	丹徒区
江苏镇江发电有限公司	丹徒区	现代重工（中国）电气有限公司	扬中市
江苏沃得机电集团有限公司	丹阳市	镇江市自来水公司	京口区
江苏飞达工具股份有限公司	丹阳市	优利德（江苏）化工有限公司	新 区
江苏天工集团有限公司	丹阳市	镇江江奎集团有限公司	新 区
嘉新京阳水泥有限公司	句容市	江苏丹化醋酐有限公司	丹阳市
江苏恒顺集团有限公司	润州区	江苏建华管桩有限公司	句容市
中电电气集团有限公司	扬中市	丹阳市龙江钢铁有限公司	丹阳市
镇江奇美化工有限公司	新 区	江苏捷成车载电子信息工程有限公司	丹徒区
国电江苏谏壁发电有限公司	京口区	华东泰克西汽车铸造有限公司	新 区
辉煌硅能源（镇江）有限公司	扬中市	镇江华润燃气有限公司	润州区
镇江鼎胜铝业有限公司	京口区	江苏恒丰集团	丹徒区
镇江中船设备有限公司	润州区	镇江强凌电子有限公司	润州区
镇江国亨化学有限公司	新 区	江苏恒宝股份有限公司	丹阳市
中国国电集团公司谏壁发电厂	京口区	江苏宏达新材料股份有限公司长江分公司	新 区
江苏环太集团有限公司	扬中市	镇江中船瓦锡兰螺旋桨有限公司	润州区
江苏船山集团有限责任公司	润州区	丹阳市长丰造纸厂	丹阳市
江苏宏达化工新材料股份有限公司	扬中市	句容华叶新技有限公司	句容市
镇江联成化学工业有限公司	新 区	镇江普迪混凝土有限公司	新 区
镇江江南化工有限公司	新 区	正茂集团有限责任公司	润州区
华鹏集团公司	扬中市	江苏大力神钢铁有限公司	丹阳市
江苏省镇江船厂有限责任公司	润州区	镇江韦岗铁矿有限公司	润州区

10－5　利润总额前50家企业

企业名称	所属地区	企业名称	所属地区
金东纸业（江苏）股份有限公司	新　区	江苏苏源振光电力设备制造有限公司	丹徒区
镇江江南化工有限公司	新　区	镇江鼎胜铝业有限公司	京口区
江苏索普（集团）有限公司	京口区	江苏鸿泰钢铁有限公司	京口区
江苏天工集团有限公司	丹阳市	海昌隐性眼镜有限公司	丹阳市
大全集团有限公司	扬中市	江苏晶谷米机集团公司	丹阳市
江苏镇江发电有限公司	丹徒区	江苏恒宝股份有限公司	丹阳市
江苏沃得机电集团有限公司	丹阳市	镇江液压件厂有限责任公司	润州区
江苏飞达工具股份有限公司	丹阳市	江苏宏达化工新材料股份有限公司	扬中市
江苏环太集团有限公司	扬中市	镇江联成化学工业有限公司	新　区
优利德（江苏）化工有限公司	新　区	阿雷蒙紧固件（镇江）有限公司	新　区
中电电气集团有限公司	扬中市	镇江铁科橡塑制品有限公司	润州区
镇江中船设备有限公司	润州区	辉煌硅能源（镇江）有限公司	扬中市
江苏建华管桩有限公司	句容市	丹阳市双阳化工厂	丹阳市
大亚科技集团有限公司	丹阳市	镇江大成硅科技有限公司	新　区
镇江美驰轻型车系统（第二）有限公司	新　区	江苏太白集团有限公司	新　区
镇江奇美化工有限公司	新　区	江苏鱼跃医疗设备有限公司	丹阳市
镇江南帝化工有限公司	新　区	江苏省镇江船厂有限责任公司	润州区
镇江中船瓦锡兰螺旋桨有限公司	润州区	大赛璐安全系统（江苏）有限公司	丹阳市
金海宏业（镇江）沥青有限公司	丹徒区	江苏汤始建华管桩有限公司	句容市
华鹏集团公司	扬中市	丹阳市龙江钢铁有限公司	丹阳市
镇江华润燃气有限公司	润州区	江苏双仪光学器材有限公司	丹阳市
中化镇江焦化有限公司	丹徒区	镇江李裕碳素有限公司	丹徒区
镇江韦岗铁矿有限公司	润州区	江苏恒顺集团有限公司	润州区
江苏南自通华电气集团有限公司	扬中市	江苏丹工实业总公司	丹阳市
江苏吉贝尔药业有限公司	新　区	华东联合制罐有限公司	润州区

10－6 全部工业

项 目	全 市	市 区	京口区
总 计	**13 138**	**4 274**	**655**
一、规模以上工业合计	2 504	740	132
#民营企业	1 835	502	98
#高新技术企业	409	146	25
（一）按轻重工业分			
轻工业	892	223	47
重工业	1 612	517	85
（二）按登记注册类型分			
内资企业	1 893	541	110
国有企业	39	23	8
#地方企业	33	17	7
集体企业	198	58	10
股份合作制企业	7	1	
联营企业	1	1	
有限责任公司	180	74	20
股份有限公司	31	11	3
私营企业	1 423	363	69
其他内资企业	14	10	
港澳台投资企业	304	81	9
外商投资企业	307	118	13
（三）按控股情况分			
国有控股企业	66	46	12
集体控股企业	230	72	10
私人控股企业	1 670	464	88
港澳台商控股企业	279	68	9
外商控股企业	259	90	13
（四）按规模分			
大型企业	14	5	2
中型企业	176	56	12
小型企业	2 314	679	118
二、规模以下工业	10 634	3 534	523

注:规模以上工业是指年产品销售收入在500万元及以上的工业企业。
规模以下工业是指年产品销售收入在500万元以下的非国有工业企业。

企业单位数

单位：个

润州区	丹徒区	新 区	丹阳市	扬中市	句容市
980	**1 412**	**1 227**	**4 423**	**2 576**	**1 865**
167	269	172	1 005	404	355
101	206	97	788	305	240
20	43	58	140	72	51
48	90	38	405	84	180
119	179	134	600	320	175
115	213	103	796	308	248
9	3	3	7	1	8
6	2	2	7	1	8
4	27	17	78	45	17
		1	1	4	1
		1			
21	22	11	18	81	7
2	1	5	1	19	
77	154	63	688	157	215
2	6	2	3	1	
27	24	21	102	46	75
25	32	48	107	50	32
16	9	9	9	3	8
9	30	23	82	56	20
108	185	83	725	261	220
19	22	18	93	42	76
15	23	39	96	42	31
2		1	5	3	1
14	16	14	75	28	17
151	253	157	925	373	337
813	1 143	1 055	3 418	2 172	1 510

10－7 全部工业

（按现行

项　目	全　市	市　区	京口区
总　计	**30 892 485**	**13 201 355**	**2 453 526**
一、规模以上工业合计	**27 803 155**	**12 227 399**	**2 316 939**
#民营企业	15 876 411	4 220 528	1 014 487
#高新技术企业	8 434 130	4 330 016	759 155
（一）按轻重工业分			
轻工业	6 376 574	2 828 716	374 578
重工业	21 426 581	9 398 683	1 942 361
（二）按登记注册类型分			
内资企业	17 847 424	6 053 591	2 040 783
国有企业	1 120 420	1 035 967	823 165
#地方企业	861 168	776 715	611 432
集体企业	1 925 442	472 980	33 129
股份合作制企业	23 121	668	
联营企业	2 788	2 788	
有限责任公司	4 005 568	1 448 957	293 534
股份有限公司	250 829	90 737	12 849
私营企业	10 466 029	2 955 343	878 106
其他内资企业	53 227	46 151	
港澳台投资企业	4 026 927	1 468 504	57 584
外商投资企业	5 928 804	4 705 304	218 572
（三）按控股情况分			
国有控股企业	2 129 662	1 941 930	1 026 295
集体控股企业	2 099 889	571 542	33 129
私人控股企业	14 243 630	3 861 620	981 358
港澳台商控股企业	4 155 351	1 760 144	57 584
外商控股企业	5 174 623	4 092 163	218 573
（四）按规模分			
大型企业	6 489 002	2 536 780	764 671
中型企业	7 725 570	4 126 902	799 878
小型企业	13 588 583	5 563 717	752 390
二、规模以下工业	**3 089 330**	**973 956**	**136 587**

企业总产值

价格计算）　　　　　　　　　　　　　　　　　　　　　　　　　　单位：万元

润州区	丹徒区	新　区	丹阳市	扬中市	句容市
1 754 078	**3 182 028**	**5 811 723**	**9 421 213**	**4 084 028**	**4 185 889**
1 578 441	**2 934 707**	**5 397 312**	**8 436 704**	**3 369 334**	**3 769 718**
666 973	1 631 641	907 427	6 707 524	2 728 848	2 219 511
246 940	461 420	2 862 501	1 285 623	1 885 315	933 176
217 063	413 528	1 823 547	1 754 217	297 348	1 496 293
1 361 378	2 521 179	3 573 765	6 682 487	3 071 986	2 273 425
988 258	2 024 615	999 935	6 790 763	2 763 513	2 239 557
146 059	48 971	17 772	57 220	7 186	20 047
110 796	46 727	7 760	57 220	7 186	20 047
20 833	275 432	143 586	933 246	336 014	183 202
		668	637	7 767	14 049
		2 788			
435 581	615 580	104 262	1 046 131	1 477 770	32 710
4 882	1 992	71 014	2 219	157 873	
373 987	1 054 394	648 856	4 746 350	774 787	1 989 549
6 916	28 246	10 989	4 960	2 116	
186 579	507 286	717 055	1 071 002	271 234	1 216 187
403 604	402 806	3 680 322	574 939	334 587	313 974
368 414	421 627	125 594	133 021	34 664	20 047
30 390	338 772	169 251	943 034	382 536	202 777
738 250	1 290 376	851 636	5 936 748	2 428 528	2 016 734
113 863	518 945	1 069 752	918 282	260 135	1 216 790
327 524	364 987	3 181 079	505 619	263 471	313 370
151 924		1 620 185	2 837 858	940 450	173 914
745 641	1 057 166	1 524 217	1 995 102	1 031 523	572 043
680 876	1 877 541	2 252 910	3 603 744	1 397 361	3 023 761
175 637	**247 321**	**414 411**	**984 509**	**714 694**	**416 171**

10－8 主要工业产品产量

产品名称	单位	实绩	产品名称	单位	实绩
一、冶金工业产品			中成药	吨	291
铁矿石（原矿）	万吨	44.11	塑料树脂及共聚物	万吨	74.23
生　铁	万吨	8.47	塑料助剂	吨	36 477
成品钢材	万吨	265.56	橡胶助剂	吨	18 125
铜　材	吨	45 194	五、机械工业产品		
铝　材	吨	136 894	电力电缆	公里	21 675
二、电力工业产品			电　线	万公里	8.64
发电量	亿千瓦小时	217.69	泵	台	782
#谏壁发电厂	亿千瓦小时	67.17	金属切削机床	台	1 774
三、炼焦工业产品			民用钢质船舶	总吨	25 349
焦　炭	万吨	58.52	汽　车	辆	10 690
煤气生产量	万立方米	5022	改装汽车	辆	4 345
四、化学工业产品			内燃机	万千瓦	59.69
硫酸（折100%）	万吨	22.06	场上作业机械	台	231
盐酸（含量31%以上）	万吨	0.92	收获机械	台	21 870
醋　酸	万吨	63.39	粮食加工机械	台	8 107
烧碱(折100%)	万吨	11.90	轴　承	万套	116 125
合成氨	万吨	1.59	阀　门	吨	20 084
农用化肥（折100%）	万吨	0.85	工业锅炉	蒸发量吨	2 722
氮　肥	万吨	0.85	变压器	万千伏安	1 213.72
化学农药（原药）	吨	47 001	金属切削工具	亿件	24.79
染　料	吨		铸　件	万吨	17.27
颜　料	吨	44 509	锁　具	万把	1 014.20
油　漆	吨	27 891	高低压开关板	万面	13.28
纯　苯	吨	17 321	锚　链	万吨	6.68
商品液氯	吨	22 159	金属轧制设备	吨	125

注：自本页起，工业资料统计口径为规模以上工业，即全部国有及年产品销售收在500 万元以上的非国有工业企业。

10-8（续）

产品名称	单位	实绩	产品名称	单位	实绩
桥　架	万吨	39.79	塑料制品	万吨	13.41
母　线	万米	63.23	电光源（灯泡）	万只	24 049
六、建材工业产品			灯具及照明装置	万只	447.77
水泥熟料	万吨	860.56	自行车	万辆	95.93
水　泥	万吨	1 006.38	彩色电视机	万台	3.89
加气混凝土	万立方米	14.58	激光视盘机	万台	74.98
水泥电杆	根	4433	照相机	万台	0.02
水泥压力管	千米	47.25	电子元件	亿只	11.15
水泥排水管	千米	3.44	饮料酒	千升	34 641
玻璃纤维纱	万吨	1.79	软饮料	万吨	4.06
石墨及碳素制品	万吨	45.30	皮　鞋	万双	642.21
七、纺织工业产品			布　鞋	万双	4722
纱	万吨	4.13	胶　鞋	万双	89
布	万米	8 347	配混合饲料	万吨	10
纯棉布	万米	5 835	人造板	万立方米	174.95
棉混纺布	万米	2 274	复合地板	万平方米	2 360
纯化纤布	万米	238	方便面	吨	13 747
印染布	万米	5 880	食用植物油	万吨	0.43
毛　线	吨	405	大　米	万吨	4.75
丝织品	万米	2 266	面　粉	万吨	69.94
服　装	万件	16 072	酱　油	万吨	0.51
革皮服装	万件	0.52	食　醋	万吨	16.28
八、其它轻工产品			眼　镜	万付	806.93
机制纸及纸板	万吨	257.74			
卫生陶瓷	万件	29.72			
日用玻璃制品	万吨	20.39			

10－9　工业企业

项　目	单位数（个）	亏　损	工　业总产值	工　业销售产值
总　计	**2 504**	**347**	**27 803 155**	**27 043 216**
#亏损企业	347	347	2 212 951	2 189 785
#民营企业	1 835	251	15 876 411	15 452 662
#高新技术企业	409	61	8 434 130	8 157 029
一、按登记注册类型分				
内资企业	1 893	268	17 847 424	17 422 418
国有企业	39	12	1 120 420	1 110 989
中央企业	6	1	259 252	255 546
地方企业	33	11	861 168	855 443
集体企业	198	35	1 925 442	1 883 658
股份合作企业	7	1	23 121	21 740
联营企业	1		2 788	2 788
有限责任公司	180	29	4 005 568	3 937 917
股份有限公司	31	4	250 829	238 849
私营企业	1 423	185	10 466 029	10 173 828
其他企业	14	2	53 227	52 650
港澳台商投资企业	304	36	4 026 927	3 921 945
外商投资企业	307	43	5 928 804	5 698 854
二、按经济组织类型分				
独资企业	941	146	10 318 126	10 103 213
合作、合伙企业	65	7	401 417	390 419
股份有限公司	91	10	2 763 132	2 668 327
有限责任公司	1 407	184	14 320 480	13 881 258
三、按隶属关系分				
中央	12	2	496 532	499 493
省	11	2	492 561	493 011
市	49	15	2 856 706	2 787 421
县级市（区）	100	22	2 126 818	2 076 252

主要经济指标

单位：万元

出口交货值	资　产 总　额	应　收 帐款净额	产成品 存　货	流动资产 平均余额	固定资产净值 平 均 余 额	负　债 总　额
3 829 326	**20 067 240**	**2 939 138**	**1 420 935**	**10 203 874**	**6 143 041**	**12 702 990**
203 875	2 158 159	305 585	154 882	1 000 550	848 428	1 393 462
1 910 094	9 732 896	1 825 646	836 231	5 877 727	2 183 989	6 254 255
759 360	5 140 357	963 293	352 073	2 989 300	1 260 735	3 195 844
2 097 975	12 278 159	2 006 564	905 693	6 951 940	3 251 869	7 944 705
150 429	1 319 966	95 862	44 914	643 756	384 311	820 679
	225 151	50 246	8 912	122 964	74 288	114 619
150 429	1 094 815	45 615	36 002	520 792	310 024	706 060
296 758	1 011 708	289 306	93 859	641 876	155 241	590 490
	12 654	2 989	1 569	7 273	3 607	7 073
696	1 503	420	267	1 291	173	1 428
400 972	4 088 710	555 544	189 417	1 983 374	1 410 875	2 861 409
6 277	308 492	42 486	15 437	131 209	66 755	99 634
1 236 643	5 513 474	1 013 486	559 051	3 524 682	1 227 040	3 548 846
6 200	21 651	6 472	1 181	18 481	3 867	15 146
568 703	2 817 969	407 309	230 671	1 407 371	813 554	1 623 587
1 162 648	4 971 112	525 265	284 571	1 844 563	2 077 618	3 134 699
1 481 173	6 809 298	1 150 709	540 107	3 832 915	1 725 278	4 034 599
30 836	176 165	37 339	26 159	116 631	47 701	106 911
813 697	3 232 537	193 081	88 736	764 873	1 418 329	2 029 784
1 503 620	9 849 239	1 548 009	765 933	5 489 455	2 951 732	6 531 697
39 698	562 356	59 366	17 746	331 631	108 044	351 488
6 081	758 287	48 283	4 592	147 542	619 863	532 394
718 354	4 145 663	221 397	106 336	1 189 053	1 778 350	2 718 136
379 997	1 901 231	225 736	152 184	1 043 410	535 616	1 340 744

10-9（续1-1）

项　目	单位数（个）	亏　损	工　业总产值	工　业销售产值
镇（街道）	204	30	2 899 216	2 827 386
村（居）委会	92	13	639 684	620 527
其他	2 036	263	18 291 638	17 739 127
四、按轻重工业分				
轻工业	892	125	6 376 574	6 177 168
重工业	1 612	222	21 426 581	20 866 049
五、按规模分				
大型企业	14	2	6 489 002	6 354 980
# 国有	2	1	764 671	762 188
中型企业	176	18	7 725 570	7 501 506
# 国有	13	4	246 618	241 998
小型企业	2 314	327	13 588 583	13 186 730
六、按控股情况分				
国有控股企业	66	19	2 129 662	2 126 619
集体控股企业	230	41	2 099 889	2 056 176
私人控股企业	1 670	218	14 243 630	13 851 159
港澳台商控股企业	279	34	4 155 351	3 987 790
外商控股企业	259	35	5 174 623	5 021 472
七、按工业行业大类分				
（一）采矿业	25	1	433 375	434 754
黑色金属矿采选业	3		193 871	197 353
非金属矿采选业	22	1	239 504	237 401
（二）制造业	2 456	337	26 601 947	25 841 589
农副食品加工业	37	6	375 382	365 067
食品制造业	13	3	129 423	126 968
饮料制造业	6	3	32 184	28 490
纺织业	156	30	806 132	788 262
纺织服装、鞋、帽制造业	147	25	668 459	648 321
皮革、毛皮、羽毛(绒)及其制品业	78	7	235 047	228 400
木材加工及木、竹、藤、棕、草制品业	14	3	1 014 213	979 062
家具制造业	4		14 042	13 723

出口交货值	资　产 总　额	应　收 帐款净额	产成品 存　货	流动资产 平均余额	固定资产净值 平均余额	负　债 总　额
340 687	2 048 148	510 794	135 768	1 204 320	327 412	1 266 874
54 382	312 025	105 799	20 297	232 669	50 235	196 196
2 290 126	10 339 530	1 767 752	984 013	6 055 251	2 723 520	6 297 158
1 378 027	5 542 398	584 436	311 843	2 254 349	1 949 942	3 640 349
2 451 298	14 524 842	2 354 651	1 109 092	7 949 525	4 193 098	9 062 642
1 462 051	6 667 433	682 078	321 298	2 757 704	2 276 449	4 416 522
122 106	711 379	55 871	16 095	341 057	232 987	430 459
1 297 085	5 963 395	791 303	423 829	3 066 886	1 958 250	3 628 720
19 786	487 737	27 326	17 625	248 158	119 391	304 895
1 070 189	7 436 411	1 465 757	675 809	4 379 284	1 908 341	4 657 748
204 089	2 756 002	199 581	77 662	1 140 855	1 168 057	1 798 020
303 113	1 189 906	309 952	107 349	704 414	248 331	710 486
1 688 973	8 789 780	1 573 682	759 038	5 313 395	1 993 045	5 680 901
592 859	2 730 244	385 212	232 806	1 397 189	776 617	1 587 647
1 040 292	4 601 308	470 709	244 080	1 648 020	1 956 991	2 925 937
	329 097	29 138	15 148	146 404	97 787	187 023
	67 218	13 564	1 289	47 322	9 856	51 748
	261 878	15 574	13 859	99 082	87 931	135 276
3 829 326	18 555 902	2 815 111	1 400 722	9 797 706	5 220 112	11 776 814
4 183	245 506	21 856	22 842	137 327	48 999	186 066
1 675	346 574	11 313	4 238	230 785	41 350	243 578
409	37 609	4 939	5 181	20 707	17 042	19 571
141 216	492 690	73 549	43 812	327 683	119 246	303 602
175 021	296 209	56 981	27 174	185 427	53 651	180 098
62 997	96 069	19 965	11 443	70 296	14 699	60 505
323 691	1 100 475	89 370	103 808	591 952	317 629	838 812
728	5 180	1 436	272	2 265	1 740	987

10-9（续1-2）

项　目	单位数（个）	亏　损	工　业总产值	工　业销售产值
造纸及纸制品业	43	5	1 977 418	1 906 157
印刷业和记录媒介的复制	30	7	82 626	81 546
文教体育用品制造业	48	1	377 102	363 295
石油加工、炼焦及核燃料加工业	9		553 541	511 865
化学原料及化学制品制造业	203	31	4 918 308	4 747 020
医药制造业	15	2	132 729	130 246
化学纤维制造业	4		72 469	70 100
橡胶制品业	24	3	174 446	171 028
塑料制品业	93	13	362 882	356 420
非金属矿物制品业	144	25	1 302 432	1 271 072
黑色金属冶炼及压延加工业	40	7	924 977	898 106
有色金属冶炼及压延加工业	62	8	564 397	553 750
金属制品业	302	43	2 801 430	2 745 311
通用设备制造业	229	18	2 106 685	2 065 459
专用设备制造业	64	12	555 948	540 944
交通运输设备制造业	252	30	1 904 043	1 864 674
电气机械及器材制造业	226	25	3 192 414	3 106 820
通信设备、计算机及其他电子设备制造业	93	24	690 490	669 375
仪器仪表及文化、办公用机械制造业	59	2	359 467	344 921
工艺品及其他制造业	58	4	245 223	237 823
废弃资源和废旧材料回收加工业	3		28 041	27 366
（三）电力、燃气及水的生产和供应业	23	9	767 833	766 874
电力、热力的生产和供应业	9	7	670 420	669 730
燃气生产和供应业	5	1	75 426	75 426
水的生产和供应业	9	1	21 987	21 718
八、按资产总额分				
1000 万元以下	927	112	1 813 572	1 761 282
1000-4000 万元	996	156	4 545 943	4 423 524
4000-10000 万元	314	39	3 207 588	3 118 289

出口交货值	资　产 总　额	应　收 帐款净额	产成品 存　货	流动资产 平均余额	固定资产净值 平 均 余 额	负　债 总　额
494 081	2 692 558	132 392	58 994	519 325	1 293 193	1 872 666
1 200	77 837	15 897	5 114	39 407	31 364	55 309
120 336	89 771	14 884	7 922	63 957	18 236	54 228
127 796	175 087	6 716	45 857	90 522	71 017	129 786
531 363	2 737 270	287 409	212 480	1 472 943	843 991	1 607 786
	78 001	12 543	4 939	47 564	18 767	43 467
	4 898	658	305	1 460	3 362	2 973
38 976	87 075	23 913	11 196	64 482	17 781	52 819
79 118	212 162	57 809	20 954	130 294	46 169	122 323
57 160	1 064 373	110 989	59 917	445 386	449 699	542 189
7 184	356 041	39 744	49 139	204 846	62 922	261 582
103 769	383 096	62 889	36 195	202 095	121 162	239 052
680 280	1 788 291	399 747	193 025	1 155 953	306 512	1 044 683
139 940	1 548 108	228 171	128 459	938 967	389 732	925 378
77 724	405 407	68 969	34 779	241 757	85 244	241 156
266 470	1 119 005	256 727	97 536	710 470	263 371	758 966
135 303	1 904 784	547 224	114 493	1 195 358	332 108	1 259 188
93 988	827 871	187 499	54 839	478 880	152 324	519 175
74 277	293 159	67 765	34 757	173 117	82 296	152 779
90 443	80 763	12 717	9 499	48 096	14 497	52 113
	10 034	1 040	1 554	6 384	2 008	5 977
	1 182 242	94 889	5 065	259 765	825 142	739 153
	938 517	87 693	2 135	221 470	703 322	615 122
	99 065	4 821	724	25 617	45 099	54 701
	144 660	2 375	2 206	12 677	76 721	69 330
172 902	529 124	180 764	68 798	360 777	125 418	364 688
487 405	1 991 267	554 149	225 870	1 287 792	456 076	1 293 624
346 627	1 972 777	433 515	191 025	1 288 732	426 439	1 214 667

10-9（续1-3）

项　目	单位数（个）	亏　损	工　业总产值	工　业销售产值
1-4 亿元	192	32	4 766 204	4 653 131
4-10 亿元	51	4	4 291 305	4 159 081
10 亿元以上	24	4	9 178 543	8 927 910
九、按产品销售收入分				
1000 万元以下	497	109	386 515	373 876
1000-3000 万元	899	143	1 718 757	1 663 242
3000-5000 万元	335	40	1 382 286	1 348 082
5000-10000 万元	309	22	2 337 715	2 280 875
1-3 亿元	334	19	5 541 596	5 396 522
3-5 亿元	59	7	2 351 708	2 294 235
5-10 亿元	39	3	2 817 861	2 736 305
10 亿元以上	32	4	11 266 717	10 950 080
十、按年末从业人员数分				
100 人以下	1 442	212	4 236 137	4 143 910
100-300 人	786	113	7 467 933	7 258 241
300-500 人	135	9	3 645 788	3 494 493
500-1000 人	99	7	4 096 428	3 984 219
1000-2000 人	26	4	1 840 600	1 782 585
2000 人以上	16	2	6 516 269	6 379 768
十一、按地区分				
市　区	740	127	12 227 399	11 907 094
京口区	132	18	2 316 939	2 296 042
# 谏壁镇	42	8	843 457	840 859
象山镇	57		1 000 797	995 093
正东路街道	12	3	32 970	32 776
健康路街道	9	4	70 168	69 810
大市口街道	1		4 029	4 029
四牌楼街道	6	2	87 273	77 845
开发区	5	1	278 245	275 630

出口交货值	资　产 总　额	应　收 帐款净额	产成品 存　货	流动资产 平均余额	固定资产净值 平均余额	负　债 总　额
527 212	3 359 437	575 847	321 792	1 963 803	855 851	2 005 467
430 578	3 014 944	383 103	191 072	1 528 838	921 653	1 857 114
1 864 601	9 199 691	811 750	422 378	3 773 932	3 357 604	5 967 429
35 431	420 092	121 963	42 793	260 414	91 237	291 876
139 524	1 297 402	345 729	138 632	808 915	295 314	906 155
155 487	1 000 534	221 827	90 606	554 924	235 124	615 315
246 141	1 399 093	316 937	141 929	824 739	401 733	822 145
726 220	3 226 713	611 047	296 440	1 940 980	792 440	1 860 126
275 764	1 566 819	238 455	119 633	824 536	486 989	922 543
196 821	2 314 237	238 501	106 962	1 185 916	572 528	1 361 213
2 053 938	8 842 350	844 680	483 942	3 803 452	3 267 676	5 923 618
215 108	2 252 422	599 474	231 991	1 400 027	552 471	1 473 337
597 563	4 415 100	747 159	390 241	2 619 351	1 160 632	2 680 051
334 823	1 871 713	343 257	172 797	1 152 809	554 113	1 235 247
884 615	3 360 696	417 325	216 953	1 526 963	1 245 279	1 962 789
313 961	1 439 106	142 503	85 958	730 529	320 377	922 556
1 483 256	6 728 203	689 421	322 996	2 774 196	2 310 170	4 429 012
1 833 850	9 633 555	938 566	490 061	3 970 616	3 782 868	6 153 026
304 574	1 718 360	156 448	81 196	798 925	653 016	1 143 910
9 132	594 407	67 027	21 251	259 479	266 316	402 949
182 531	715 627	54 423	35 590	350 331	222 571	465 311
12 172	32 359	7 941	4 228	22 836	4 247	26 054
26 837	114 323	10 365	1 554	35 113	54 199	49 083
	1 750	45	4	159	770	146
78	53 550	5 023	3 678	28 339	35 874	50 284
73 824	206 345	21 624	14 891	102 668	69 038	150 082

10-9（续1-4）

项　　目	单位数（个）	亏　损	工　业总产值	工　业销售产值
润州区	167	37	1 578 441	1 579 854
#蒋乔镇	41	12	542 634	550 345
七里甸街道	33	6	231 024	227 129
宝塔路街道	12	5	161 859	163 162
和平路街道	25	2	86 653	86 383
金山街道	6	1	37 665	37 527
开发区	32	3	219 791	213 397
工业园区	13	7	164 199	167 439
丹徒区	269	23	2 934 707	2 836 433
#高桥镇	33	6	127 688	123 607
辛丰镇	67		526 016	512 687
上党镇	26	4	367 055	355 816
宝堰镇	16		89 982	86 229
高资镇	26	4	988 514	943 970
谷阳镇	38		291 962	287 281
世业镇	2		10 538	10 538
新　区	172	49	5 397 312	5 194 765
#姚桥镇	15	1	35 447	34 544
大路镇	15	5	111 002	110 601
丁岗镇	14	1	73 528	69 567
大港街道	30	14	126 045	123 410
丁卯街道	42	5	551 974	542 977
丹阳市	1 005	146	8 436 704	8 216 270
#云阳镇	106	7	585 109	565 290
司徒镇	55	6	290 516	283 963
延陵镇	47	1	180 176	175 712
珥陵镇	37	14	196 287	185 222
导墅镇	48	7	421 780	415 504
皇塘镇	78	18	469 593	461 695
吕城镇	91	9	346 844	341 573

出口交货值	资产总额	应收帐款净额	产成品存货	流动资产平均余额	固定资产净值平均余额	负债总额
221 643	1 536 651	199 846	59 476	900 175	347 839	985 619
54 911	607 774	54 076	21 951	321 057	141 638	371 127
59 317	176 196	32 519	12 864	98 304	50 498	97 575
6 884	383 110	17 740	4 098	223 323	75 405	239 655
712	34 091	5 561	1 840	15 931	9 335	25 399
17 179	15 404	2 318	979	8 255	1 866	9 609
40 450	112 901	31 694	12 776	72 756	26 497	64 392
37 800	135 851	22 538	2 211	106 381	21 896	116 936
385 179	1 682 406	197 587	105 908	641 079	836 384	1 091 787
20 978	45 958	10 651	8 821	32 677	8 284	35 342
61 482	137 259	30 593	19 677	88 971	37 264	100 620
8 028	107 687	18 259	10 875	75 211	23 219	76 928
	41 656	2 195	2 270	18 579	21 638	13 929
131 740	873 299	54 270	43 704	188 769	638 257	569 100
66 153	105 888	17 666	1 313	28 775	13 410	62 322
	1 971	321	107	461	1 489	539
922 454	4 696 137	374 685	243 481	1 630 437	1 945 630	2 931 710
696	17 320	6 026	2 028	11 976	1 856	13 168
1 044	20 818	8 638	1 187	14 332	4 979	15 956
	28 073	6 597	3 665	18 632	7 838	21 272
1 073	125 603	20 444	18 104	75 451	25 684	83 121
104 076	525 386	115 307	53 028	318 836	170 350	254 463
1 414 832	5 882 333	1 029 972	625 573	3 460 058	1 391 718	3 774 060
121 695	319 851	69 812	32 192	190 892	77 392	173 205
35 954	230 759	53 521	27 046	140 114	49 377	126 254
11 579	95 248	23 050	12 479	46 103	13 818	65 230
3 116	136 153	20 279	13 792	83 137	23 848	93 883
26 780	143 513	39 015	11 512	97 242	28 951	87 879
20 169	238 190	62 549	24 766	157 765	50 792	167 806
58 651	205 492	63 079	31 687	132 884	52 428	139 011

10-9（续1-5）

项　　目	单位数（个）	亏　损	工　业 总产值	工　业 销售产值
陵口镇	33		110 035	102 514
访仙镇	53	10	273 110	262 185
界牌镇	112	1	472 102	458 958
新桥镇	95	11	465 848	458 789
后巷镇	75	22	1 807 785	1 775 051
埤城镇	24	7	690 974	666 212
开发区	97	21	692 600	667 931
扬中市	404	56	3 369 334	3 285 257
# 三茅镇	111	15	839 597	797 194
新坝镇	79	8	1 313 486	1 298 961
油坊镇	67	11	324 113	322 010
八桥镇	45	6	168 803	161 634
西来桥镇	26	3	117 592	114 749
开发区	18	1	73 770	71 230
句容市	355	18	3 769 718	3 634 596
# 华阳镇	30		276 936	263 229
黄梅镇	20	4	307 195	291 537
下蜀镇	24	1	433 501	422 160
边城镇	20		290 900	286 891
白兔镇	41	2	272 290	270 616
郭庄镇	28		260 162	250 813
后白镇	39	1	394 538	372 339
天王镇	21		351 480	333 299
茅山镇	25		215 280	206 670
宝华镇	30		350 015	336 381
开发区	29		287 979	278 818

出口交货值	资产总额	应收帐款净额	产成品存货	流动资产平均余额	固定资产净值平均余额	负债总额
29 541	36 518	8 556	7 919	25 024	6 299	24 132
26 051	152 267	36 732	18 695	98 094	30 821	94 558
36 323	260 559	82 769	24 474	173 986	54 902	170 366
20 856	289 796	87 586	21 440	186 517	60 359	198 049
613 953	1 177 178	217 352	137 214	713 536	217 937	715 703
33 925	607 611	52 470	59 243	388 491	165 677	337 278
47 874	538 811	67 752	64 377	246 019	126 001	340 889
148 877	2 825 044	725 124	157 011	1 670 430	471 714	1 759 742
17 746	659 429	177 968	39 246	478 665	92 435	434 622
55 883	1 155 928	329 109	58 068	631 779	200 604	699 167
62 297	285 915	56 000	17 286	160 066	68 526	171 159
2 821	108 657	27 586	7 660	80 269	15 886	61 071
822	119 019	27 157	11 279	66 769	27 601	79 322
	55 907	19 674	4 621	40 336	6 656	31 399
431 767	1 726 308	245 475	148 291	1 102 770	496 741	1 016 161
	110 031	16 098	9 853	80 874	19 070	75 756
126 372	135 670	23 959	17 228	104 755	30 915	85 373
	183 583	19 069	18 640	123 624	52 388	127 980
29 923	79 245	30 726	16 246	66 497	12 170	66 461
49 572	243 253	13 847	4 873	221 006	12 448	132 428
103 531	28 268	4 267	2 059	19 497	8 630	17 404
4 115	79 927	37 772	13 995	56 066	21 586	51 364
	120 744	12 310	10 568	89 906	24 067	76 269
	16 279	1 841	2 970	6 776	8 300	6 919
4 320	98 276	11 599	15 782	77 669	17 360	62 289
67 669	185 809	35 151	15 035	89 717	76 689	99 859

10-9（续2-1）

项　目	产　品 销售收入	销售成本	税金及附加	营　业 费　用
总　计	**25 903 357**	**22 565 230**	**109 223**	**673 224**
#亏损企业	2 157 070	2 127 439	7 115	30 947
#民营企业	15 041 833	12 954 085	77 410	433 845
#高新技术企业	7 946 006	7 002 543	29 654	256 219
一、按登记注册类型分				
内资企业	16 996 462	14 721 480	93 598	472 784
国有企业	1 096 473	1 011 480	10 416	27 308
中央企业	254 223	271 958	1 552	3 101
地方企业	842 250	739 522	8 864	24 207
集体企业	1 806 261	1 593 124	5 077	42 009
股份合作企业	22 022	20 120	266	362
联营企业	1 977	1 872	8	
有限责任公司	3 869 066	3 202 483	21 321	214 004
股份有限公司	241 262	204 341	1 301	7 563
私营企业	9 909 288	8 642 012	55 056	181 115
其他企业	50 113	46 048	154	423
港澳台商投资企业	3 904 155	3 473 115	8 029	64 633
外商投资企业	5 002 740	4 370 634	7 597	135 807
二、按经济组织类型分				
独资企业	9 827 341	8 653 392	41 421	212 708
合作、合伙企业	383 152	340 684	1 914	5 897
股份有限公司	2 069 402	1 687 069	7 343	42 780
有限责任公司	13 623 463	11 884 085	58 546	411 838
三、按隶属关系分				
中央	488 104	471 245	2 465	9 468
省	496 441	432 946	4 424	874
市	2 199 424	1 814 169	11 229	74 858
县级市（区）	2 034 212	1 764 875	6 890	85 499
镇（街道）	2 731 100	2 279 315	8 734	141 672
村（居）委会	604 758	503 327	3 380	33 070
其他	17 349 319	15 299 352	72 102	327 783

管理费用	财务费用	利润总额	亏损企业亏损额	利税总额	从业人员平均人数(人)
862 299	**376 647**	**1 212 888**	**73 366**	**2 104 581**	**445 685**
87 488	38 695	-73 366	73 366	-13 303	49 546
503 428	200 142	630 772	21 860	1 185 633	274 120
271 722	91 040	414 160	8 715	664 883	93 972
591 043	250 228	711 346	57 571	1 374 466	302 990
56 667	17 091	37 403	24 147	89 856	20 103
6 016	593	-19 869	21 240	-4 820	4 228
50 651	16 498	57 271	2 906	94 676	15 875
46 878	18 618	67 535	2 630	130 269	28 396
547	137	587	6	1 598	1 935
12	82	3		138	260
201 921	98 593	163 428	15 212	355 009	59 475
13 389	4 501	11 579	1 747	20 567	5 197
270 495	110 634	429 222	13 125	774 058	186 566
1 134	572	1 588	705	2 972	1 058
109 418	42 533	141 956	8 177	237 483	71 135
161 838	83 887	359 586	7 617	489 632	71 560
311 083	113 121	366 079	38 513	689 127	169 392
8 473	2 446	13 655	1 555	28 413	10 162
50 632	58 869	316 624	2 096	378 784	19 490
492 112	202 211	516 531	31 201	1 005 258	246 641
21 297	-610	85	21 954	23 832	6 347
7 734	29 202	23 219	6 259	66 405	4 826
98 952	77 171	274 989	3 888	359 886	27 004
103 643	46 462	40 706	11 060	115 721	38 643
106 656	39 517	137 248	1 285	250 295	44 423
24 106	5 528	18 936	1 039	42 077	11 545
499 910	179 378	717 706	27 881	1 243 365	312 897

10-9（续2-2）

项　　目	产　品 销售收入	销售成本	税金及附加	营　业 费　用
四、按轻重工业分				
轻工业	5 578 161	4 846 441	28 481	129 999
重工业	20 325 196	17 718 788	80 742	543 225
五、按规模分				
大型企业	5 659 922	4 777 788	17 977	221 023
#国有	764 654	741 520	7 494	10 801
中型企业	7 295 172	6 260 989	26 590	200 405
#国有	227 052	178 687	1 706	14 716
小型企业	12 948 263	11 526 452	64 657	251 795
六、按控股情况分				
国有控股企业	2 107 376	1 893 767	16 383	42 626
集体控股企业	1 966 128	1 728 284	5 859	46 070
私人控股企业	13 513 307	11 605 394	71 906	395 775
港澳台商控股企业	3 951 669	3 561 465	7 889	64 333
外商控股企业	4 364 877	3 776 320	7 187	124 421
七、按工业行业大类分				
（一）采矿业	424 100	351 878	4 106	9 699
黑色金属矿采选业	201 558	174 437	720	3 455
非金属矿采选业	222 542	177 440	3 386	6 244
（二）制造业	24 714 023	21 488 426	99 865	657 414
农副食品加工业	367 636	350 731	464	6 636
食品制造业	124 812	102 267	613	8 020
饮料制造业	21 792	20 418	760	440
纺织业	788 862	717 492	9 846	10 099
纺织服装、鞋、帽制造业	641 242	570 132	4 353	11 348
皮革、毛皮、羽毛（绒）及其制品业	215 185	192 993	1 845	3 009
木材加工及木、竹、藤、棕、草制品业	979 083	825 641	3 120	59 440
家具制造业	13 519	12 831	123	179
造纸及纸制品业	1 343 903	1 114 229	2 002	27 669
印刷业和记录媒介的复制	78 381	65 511	395	1 298

管理费用	财务费用	利润总额	亏损企业亏损额	利税总额	从业人员平均人数(人)
184 042	103 650	330 398	14 040	526 838	157 164
678 257	272 998	882 490	59 325	1 574 743	288 521
198 429	144 622	384 162	25 254	593 333	71 101
22 897	11 101	32 008	21 240	68 971	7 401
263 506	105 048	429 629	8 027	681 937	120 093
25 087	4 778	4 396	1 370	15 903	8 801
400 364	126 978	399 097	40 085	826 311	254 491
94 747	53 378	91 042	37 211	206 593	30 777
55 261	21 984	75 193	4 570	144 831	34 188
464 708	185 186	581 572	17 725	1 076 398	250 023
103 285	36 058	125 155	8 148	212 978	67 088
144 298	80 041	339 927	5 712	460 781	63 609
19 790	5 812	17 682	345	36 880	8 386
4 464	1 092	9 010		13 648	1 241
15 326	4 719	8 673	345	23 232	7 145
832 480	338 880	1 187 931	41 391	2 000 130	430 291
6 600	4 335	5 784	373	9 189	2 551
7 253	3 586	4 324	401	10 210	2 809
1 800	708	782	566	2 292	679
29 800	10 286	13 838	6 321	45 527	27 212
21 904	3 490	19 730	1 031	43 952	29 032
6 591	1 447	8 761	280	15 564	9 452
52 716	31 262	17 884	1 060	57 433	16 583
318	127	1 070		1 673	511
28 468	51 926	194 240	370	232 168	11 372
5 177	2 366	3 699	753	7 512	3 429

10-9（续2-3）

项 目	产品销售收入	销售成本	税金及附加	营业费用
文教体育用品制造业	359 250	321 551	1 699	3 776
石油加工、炼焦及核燃料加工业	525 092	399 892	1 180	10 672
化学原料及化学制品制造业	4 660 592	4 282 907	15 320	65 970
医药制造业	131 032	98 260	282	12 549
化学纤维制造业	68 423	62 941	333	236
橡胶制品业	166 347	149 509	264	3 470
塑料制品业	362 270	313 975	1 998	9 406
非金属矿物制品业	1 244 116	1 093 077	4 265	24 245
黑色金属冶炼及压延加工业	890 685	834 657	4 734	4 864
有色金属冶炼及压延加工业	545 888	507 841	4 558	5 922
金属制品业	2 662 065	2 275 568	8 874	74 439
通用设备制造业	1 957 310	1 627 132	6 286	49 213
专用设备制造业	522 310	429 307	2 506	16 866
交通运输设备制造业	1 798 638	1 559 567	5 112	39 372
电气机械及器材制造业	3 014 085	2 511 915	14 536	174 652
通信设备、计算机及其他电子设备制造业	639 052	556 075	2 567	12 175
仪器仪表及文化、办公用机械制造业	332 245	264 445	866	15 455
工艺品及其他制造业	237 333	206 626	576	5 884
废弃资源和废旧材料回收加工业	22 874	20 935	394	111
（三）电力、燃气及水的生产和供应业	765 234	724 926	5 252	6 111
电力、热力的生产和供应业	673 155	658 731	4 993	
燃气生产和供应业	71 251	54 941	110	1 633
水的生产和供应业	20 828	11 254	149	4 478
八、按资产总额分				
1000万元以下	1 698 355	1 526 368	7 934	28 738
1000-4000万元	4 353 574	3 849 298	22 676	94 932
4000-10000万元	3 083 411	2 686 153	19 719	74 164
1-4亿元	4 499 863	3 877 620	21 510	138 222
4-10亿元	4 042 867	3 479 194	9 788	86 751
10亿元以上	8 225 286	7 146 597	27 597	250 417

管理费用	财务费用	利润总额	亏损企业亏损额	利税总额	从业人员平均人数(人)
7 826	1 497	9 047	1	24 450	20 551
7 996	5 517	17 994		27 820	1 489
120 526	41 904	286 636	6 129	409 970	28 380
6 534	1 614	10 181	37	17 289	2 549
698	28	3 533		8 089	994
7 479	2 029	5 789	582	11 022	4 698
14 347	3 031	21 352	624	35 250	9 380
41 628	13 007	58 344	6 415	104 687	26 554
9 821	5 699	21 639	864	49 561	8 738
12 366	5 956	13 817	418	26 402	8 379
83 058	35 413	111 640	1 825	197 400	41 010
74 875	24 610	100 952	1 938	167 877	39 852
24 685	8 406	19 715	1 907	38 424	10 261
73 847	18 989	66 609	3 463	126 784	32 759
128 228	41 589	113 584	2 618	232 610	51 960
34 401	13 965	27 727	2 722	45 795	16 618
15 734	4 246	20 047	641	32 205	14 704
7 612	1 840	7 607	55	16 541	7 521
191	10	1 610		2 434	264
10 030	31 955	7 275	31 630	64 571	7 008
2 258	29 501	-3 688	31 355	49 134	4 704
3 570	1 157	10 378	268	13 549	825
4 202	1 298	585	7	1 889	1 479
55 497	8 282	50 679	2 745	106 859	68 096
156 973	35 385	122 071	16 521	285 207	113 963
108 956	37 740	100 614	6 957	216 368	71 438
179 963	60 768	178 918	13 547	327 845	77 981
117 176	48 807	192 389	4 790	311 103	46 437
243 735	185 665	568 217	28 806	854 200	67 770

10-9 (续2-4)

项　目	产　品 销售收入	销售成本	税金及附加	营　业 费　用
九、按产品销售收入分				
1000万元以下	342 870	296 809	1 923	10 188
1000-3000万元	1 596 869	1 388 838	8 990	48 127
3000-5000万元	1 299 869	1 131 147	5 974	39 007
5000-10000万元	2 232 000	1 955 132	14 160	55 335
1-3亿元	5 332 430	4 635 426	32 277	135 253
3-5亿元	2 235 660	1 929 799	7 783	57 441
5-10亿元	2 646 378	2 295 107	7 149	74 817
10亿元以上	10 217 281	8 932 973	30 968	253 057
十、按年末从业人员数分				
100人以下	4 013 087	3 617 576	19 636	91 304
100-300人	7 245 582	6 373 007	38 697	141 620
300-500人	3 381 105	3 090 382	10 253	69 660
500-1000人	3 825 821	3 156 117	13 850	113 185
1000-2000人	1 753 078	1 528 009	8 804	36 031
2000人以上	5 684 684	4 800 139	17 983	221 424
十一、按地区分				
市　区	11 208 740	9 858 330	50 139	229 401
京口区	2 295 380	2 174 947	27 131	36 081
# 谏壁镇	842 970	847 974	7 410	4 310
象山镇	996 806	912 317	13 519	19 826
正东路街道	33 043	29 555	531	693
健康路街道	72 634	57 113	1 085	5 586
大市口街道	4 012	3 987	97	39
四牌楼街道	75 920	69 087	736	2 227
开发区	269 997	254 915	3 753	3 400
润州区	1 539 009	1 268 653	6 234	48 232
# 蒋乔镇	539 133	437 469	2 999	16 840
七里甸街道	225 796	179 642	849	9 633

管理费用	财务费用	利润总额	亏损企业亏损额	利税总额	从业人员平均人数(人)
26 572	5 378	3 452	6 723	18 224	31 480
94 252	21 614	36 064	10 063	98 319	72 338
64 846	16 478	46 290	6 797	90 866	44 404
83 330	22 090	85 807	7 079	167 867	56 833
188 781	61 839	198 066	7 223	394 958	105 868
76 235	34 085	92 003	4 997	172 370	31 574
85 739	24 045	140 054	924	219 379	21 878
242 544	191 118	611 152	29 562	939 599	81 310
131 679	39 080	110 662	13 177	234 478	74 771
229 962	77 724	235 659	27 296	488 868	132 971
102 719	26 670	119 138	1 973	215 514	51 336
146 731	60 530	284 354	4 228	434 748	68 837
51 560	27 730	78 539	1 438	134 225	36 875
199 648	144 913	384 536	25 254	593 748	80 895
353 421	160 760	668 650	49 516	1 034 950	131 548
67 613	30 124	64 184	30 030	157 456	26 538
10 310	10 993	-14 609	27 742	24 152	7 259
38 708	13 279	70 780		112 023	11 185
3 943	280	-35	1 165	1 891	1 691
6 973	1 645	806	705	3 739	2 508
166	122	790		1 045	136
3 437	435	892	71	4 108	2 077
4 077	3 370	5 562	347	10 497	1 682
86 262	13 212	92 732	6 049	154 243	32 274
33 978	2 959	38 551	1 267	61 912	7 782
15 179	2 769	9 238	1 444	17 949	5 422

10-9 (续2-5)

项　目	产　品 销售收入	销售成本	税金及附加	营　业 费　用
宝塔路街道	164 317	125 401	702	9 412
和平路街道	86 063	73 838	449	1 645
金山街道	36 652	29 277	359	788
开发区	201 120	162 709	294	7 401
工业园区	162 917	146 538	507	1 333
丹徒区	2 812 738	2 356 568	11 590	46 016
# 高桥镇	121 378	108 817	542	977
辛丰镇	510 490	434 286	1 061	5 238
上党镇	350 926	280 798	501	11 518
宝堰镇	85 302	73 420	1 967	1 660
高资镇	941 671	748 977	3 617	5 745
谷阳镇	281 554	253 546	703	7 218
世业镇	9 809	9 279	47	19
新　区	4 561 614	4 058 162	5 183	99 072
# 姚桥镇	32 194	30 675	124	684
大路镇	109 729	94 863	211	549
丁岗镇	69 106	62 366	272	1 929
大港街道	138 050	118 917	395	5 039
丁卯街道	512 259	404 032	583	27 518
丹阳市	7 912 616	6 922 127	17 551	191 414
# 云阳镇	564 266	503 237	1 571	8 524
司徒镇	268 921	214 851	794	8 963
延陵镇	172 216	157 270	312	3 525
珥陵镇	189 290	172 494	529	2 211
导墅镇	308 504	284 705	366	3 363
皇塘镇	425 645	376 246	1 014	8 261
吕城镇	340 995	305 673	742	5 108
陵口镇	98 609	89 397	424	1 622
访仙镇	211 172	180 546	564	5 065

管理费用	财务费用	利润总额	亏损企业亏损额	利税总额	从业人员平均人数(人)
10 205	3 417	15 490	1 202	26 866	3 331
3 422	575	6 689	126	8 537	1 716
3 490	183	1 657	97	3 211	821
11 059	1 969	14 215	256	19 500	4 063
5 940	357	5 426	902	10 706	1 670
69 063	39 757	110 891	4 891	228 705	41 408
3 368	937	3 621	233	10 157	4 828
11 979	2 471	12 649		32 506	9 790
4 382	1 411	12 152	120	22 862	2 684
3 296	156	4 815		11 523	1 432
16 309	29 356	47 675	3 407	90 446	4 271
9 160	477	10 447		22 319	7 822
263	34	167		457	240
130 483	77 668	400 842	8 545	494 546	31 328
777	338	115	3	1 125	1 322
1 619	531	1 646	133	3 287	1 488
1 837	491	492	8	3 075	1 053
7 127	2 286	5 209	836	9 070	3 261
36 196	11 692	47 116	1 334	63 411	8 375
270 644	134 318	279 202	16 714	517 200	170 031
16 692	4 940	33 175	448	47 226	14 066
12 092	4 944	16 970	898	28 952	9 864
5 443	1 666	5 920	33	9 470	5 686
4 714	2 011	6 064	509	10 307	4 147
6 786	3 707	5 527	318	12 976	6 006
11 873	6 668	10 241	1 274	19 413	9 438
14 466	5 865	10 301	342	20 291	9 015
2 870	594	5 208		8 755	3 106
10 730	2 932	8 828	620	14 831	8 685

10-9 (续2-6)

项 目	产 品 销售收入	销售成本	税金及附加	营 业 费 用
界牌镇	456 685	402 144	1 233	10 219
新桥镇	460 059	418 254	726	10 962
后巷镇	1 719 485	1 482 689	2 814	32 655
埤城镇	638 975	543 154	1 210	11 499
开发区	665 791	592 022	1 013	13 874
扬中市	3 165 363	2 542 085	15 205	209 243
# 三茅镇	773 041	600 923	5 364	62 951
新坝镇	1 261 862	982 512	5 761	115 821
油坊镇	319 394	263 387	959	8 036
八桥镇	151 820	121 725	684	7 480
西来桥镇	105 949	92 987	119	793
开发区	68 274	60 915	355	1 687
句容市	3 616 638	3 242 688	26 329	43 166
# 华阳镇	255 672	235 334	669	5 484
黄梅镇	293 037	243 699	315	3 261
下蜀镇	409 181	353 023	2 337	3 112
边城镇	286 857	273 533	1 441	1 464
白兔镇	270 773	229 043	12 531	2 912
郭庄镇	247 238	217 472	203	2 348
后白镇	390 680	365 820	3 015	2 700
天王镇	340 943	296 430	3 793	7 588
茅山镇	202 541	188 422	582	244
宝华镇	336 948	318 065	228	3 017
开发区	273 388	236 580	291	3 644

管理费用	财务费用	利润总额	亏损企业亏损额	利税总额	从业人员平均人数(人)
16 054	5 672	17 673	23	29 535	9 974
15 961	6 751	7 028	1 824	25 241	9 757
41 941	26 001	69 526	687	114 489	19 054
10 117	14 683	32 736	396	52 238	12 876
25 587	8 793	26 202	2 544	43 920	19 264
165 525	55 376	165 017	4 431	309 897	62 643
45 697	14 628	42 193	619	82 735	15 153
77 740	22 080	62 443	324	126 060	22 604
11 448	5 531	29 084	494	41 949	7 951
5 863	2 021	7 003	220	12 593	4 772
3 893	1 896	5 131	25	7 167	2 528
2 977	1 553	2 495	80	5 312	1 306
72 710	26 193	100 019	2 705	242 534	81 463
4 966	1 174	5 251		13 606	4 877
5 078	1 953	7 584	1 035	18 748	5 038
8 074	1 933	25 267	72	38 654	8 781
2 736	352	6 212		20 911	2 150
7 183	1 913	8 476	2	30 996	6 226
4 505	218	5 308		16 154	16 659
2 803	1 723	14 456	13	26 417	7 692
8 623	6 553	5 563		22 353	3 970
811	73	6 480		14 329	3 025
5 053	1 888	9 414		23 327	4 506
7 458	2 913	4 220		7 474	8 886

10－10　国有工业企业

项　目	单位数（个）	亏　损	工　业总产值	工　业销售产值	出口交货值
总　计	**39**	**12**	**1 120 420**	**1 110 989**	**150 429**
#亏损企业	12	12	375 235	374 399	21 279
#高新技术企业	6	3	647 960	639 841	142 672
一、按隶属关系分					
中央	6	1	259 252	255 546	
省	8	1	60 126	60 700	6 081
市	7	3	620 375	616 367	123 781
县级市（区）	17	7	175 884	173 784	16 654
其他	1		4 784	4 592	3 913
二、按轻重工业分					
轻工业	14	2	95 486	92 535	10 213
重工业	25	10	1 024 934	1 018 453	140 216
三、按规模分					
大型企业	2	1	764 671	762 188	122 106
中型企业	13	4	246 618	241 998	19 786
小型企业	24	7	109 131	106 802	8 537
四、按工业行业大类分					
（一）采矿业	3		9 555	9 656	
非金属矿采选业	3		9 555	9 656	
（二）制造业	32	11	883 626	874 356	150 429
食品制造业	1		51 761	50 350	1 675
饮料制造业	1		2 077	1 035	

主要经济指标

单位：万元

资产总额	负债总额	产品销售收入	利润总额	亏损企业亏损额	利税总额	从业人员平均人数(人)
1 319 966	**820 679**	**1 096 473**	**37 403**	**24 147**	**89 856**	**20 103**
287 174	159 519	361 280	-24 147	24 147	-7 815	7 342
611 592	391 205	631 378	53 281	932	79 911	7 124
225 151	114 619	254 223	-19 869	21 240	-4 820	4 228
48 912	33 167	58 981	1 585	80	5 569	3 970
894 458	563 852	619 089	56 446	754	84 934	7 018
148 693	107 776	159 588	-1 442	2 072	3 215	4 793
2 752	1 265	4 592	682		959	94
414 350	261 715	92 621	5 289	117	11 632	5 196
905 616	558 964	1 003 853	32 113	24 030	78 224	14 907
711 379	430 459	764 654	32 008	21 240	68 971	7 401
487 737	304 895	227 052	4 396	1 370	15 903	8 801
120 851	85 325	104 767	998	1 537	4 982	3 901
13 159	6 963	9 661	872		2 381	901
13 159	6 963	9 661	872		2 381	901
1 017 058	676 836	860 337	57 651	2 906	94 579	15 060
254 667	179 469	50 624	3 840		7 146	1 365
7 285	5 545	1 042	1		117	150

10-10（续）

项　目	单位数（个）	亏　损	工　业总产值	工　业销售产值	出口交货值
纺织业	3	1	10 279	10 094	4 625
印刷业和记录媒介的复制	4	1	10 280	10 556	
化学原料及化学制品制造业	3	2	608 143	603 563	138 759
非金属矿物制品业	2	1	7 355	8 517	
黑色金属冶炼及压延加工业	1	1	31 623	33 323	
金属制品业	1		4 458	3 817	
通用设备制造业	5	1	30 873	30 954	
专用设备制造业	3	2	56 166	55 435	
交通运输设备制造业	4	1	29 994	29 768	1 457
电气机械及器材制造业	3	1	39 816	36 278	3 913
工艺品及其他制造业	1		800	665	
（三）电力、燃气及水的生产和供应业	4	1	227 239	226 977	
电力、热力的生产和供应业	1	1	211 734	211 734	
水的生产和供应业	3		15 505	15 243	

资产总额	负债总额	产品销售收入	利润总额	亏损企业亏损额	利税总额	从业人员平均人数（人）
19 816	14 714	9 903	9	80	863	1 865
7 276	2 975	11 112	606	37	1 322	553
577 252	366 083	596 266	52 683	566	77 563	6 484
7 960	4 056	6 425	-101	108	626	816
12 321	13 057	31 557	-438	438	562	479
1 999	1 601	3 420	22		80	55
17 809	12 040	30 516	722	302	1 930	1 018
31 810	19 114	55 188	-925	985	-461	394
41 506	31 801	28 508	603	26	2 412	1 219
34 340	25 122	35 112	599	367	2 349	640
3 018	1 261	665	31		73	22
289 750	136 880	226 475	-21 120	21 240	-7 104	4 142
170 214	80 393	211 791	-21 240	21 240	-8 258	2 995
119 536	56 487	14 684	120		1 154	1 147

10－11　三资工业企业

项　目	单位数（个）	亏　损	工　业总产值	工　业销售产值	出口交货值	资产总额
总　计	**611**	**79**	**9 955 731**	**9 620 798**	**1 731 351**	**7 789 081**
#亏损企业	79	79	947 525	937 474	124 861	948 684
#高新技术企业	109	12	3 631 095	3 473 034	257 258	2 080 326
一、按隶属关系分						
中央	2	1	20 321	19 030	6 804	17 355
市	21	5	1 950 865	1 888 004	542 995	2 814 726
县级市（区）	30	4	402 249	398 249	58 639	338 641
镇（街道）	43	5	357 179	340 915	49 876	221 137
村（居）委会	12	1	131 602	128 845	25 308	74 013
其他	503	63	7 093 515	6 845 755	1 047 729	4 323 209
二、按轻重工业分						
轻工业	274	39	3 375 507	3 263 592	1 002 739	3 474 525
重工业	337	40	6 580 224	6 357 207	728 612	4 314 556
三、按规模分						
大型企业	3		1 914 351	1 860 897	488 437	2 604 322
中型企业	69	7	2 899 442	2 802 627	595 843	2 141 912
小型企业	539	72	5 141 938	4 957 274	647 071	3 042 847
四、按工业行业大类分						
（一）采矿业	4		77 634	78 835		25 624
黑色金属矿采选业	1		33 049	36 284		8 235
非金属矿采选业	3		44 585	42 551		17 389
（二）制造业	598	76	9 782 245	9 446 111	1 731 351	7 611 279
农副食品加工业	4	1	81 521	77 765	4 183	27 585
食品制造业	3	2	10 118	10 073		13 842
饮料制造业	3	2	23 881	21 275	409	26 640
纺织业	36	10	160 954	155 811	46 668	81 056
纺织服装、鞋、帽制造业	45	8	226 367	220 469	90 800	101 019

主要经济指标

单位：万元

负债总额	产品销售收入	利润总额	亏损企业亏损额	利税总额	从业人员平均人数（人）
4 758 285	**8 906 895**	**501 543**	**15 794**	**727 115**	**142 695**
534 219	961 944	-15 794	15 794	-6 607	12 865
1 306 817	3 371 960	105 865	4 211	171 247	35 213
6 249	17 110	287	714	672	373
1 905 932	1 296 149	204 769	832	244 675	12 027
199 761	377 374	15 769	1 225	28 675	7 232
145 065	336 741	11 921	307	22 256	9 748
55 177	126 676	3 472	679	8 091	2 768
2 446 101	6 752 844	265 325	12 037	422 747	110 547
2 288 898	2 660 422	245 776	5 071	330 669	62 049
2 469 388	6 246 473	255 767	10 723	396 446	80 646
1 780 767	1 272 525	203 882		234 934	16 380
1 257 907	2 718 345	117 744	2 394	185 307	49 595
1 719 611	4 916 024	179 916	13 401	306 874	76 720
13 158	82 002	4 538		6 933	595
4 376	39 451	1 795		2 539	52
8783	42 551	2 743		4 394	543
4 662 368	8 733 379	487 492	14 357	706 869	140 727
14 531	78 789	667	31	1 098	383
8 180	7 760	-116	186	172	460
11 755	15 227	345	539	795	321
44 867	153 622	3 731	783	7 225	5 299
58 306	215 913	6 021	504	13 643	10 435

10-11（续）

项　目	单位数（个）	亏　损	工　业总产值	工　业销售产值	出口交货值	资　产总　额
皮革、毛皮、羽毛(绒)及其制品业	28	2	119 800	117 248	35 218	61 250
木材加工及木、竹、藤、棕、草制品业	7	3	81 007	77 702	23 907	92 003
家具制造业	2		9 005	8 692	728	1 338
造纸及纸制品业	7	1	1 713 677	1 651 162	488 516	2 519 892
印刷业和记录媒介的复制	1		624	624		1 321
文教体育用品制造业	21		192 059	185 156	64 502	44 408
石油加工、炼焦及核燃料加工业	3		522 792	482 691	127 796	164 567
化学原料及化学制品制造业	46	5	2 590 414	2 467 639	90 888	1 188 292
医药制造业	6	1	86 602	85 533		44 035
化学纤维制造业	1		10 040	9 638		328
橡胶制品业	9	1	110 772	108 296	34 695	42 889
塑料制品业	24	2	130 768	130 069	51 825	94 069
非金属矿物制品业	37	5	585 902	576 342	47 680	630 583
黑色金属冶炼及压延加工业	11	1	279 593	277 016	5 903	115 208
有色金属冶炼及压延加工业	12	1	88 409	85 602	22 559	97 814
金属制品业	60	7	397 765	393 476	58 096	342 516
通用设备制造业	39	4	348 262	344 413	64 914	293 725
专用设备制造业	12	1	96 212	94 173	28 262	108 745
交通运输设备制造业	52	7	636 162	624 521	176 064	429 675
电气机械及器材制造业	43	4	543 290	527 664	87 653	320 612
通信设备、计算机及其他电子设备制造业	31	6	385 427	376 058	57 571	510 066
仪器仪表及文化、办公用机械制造业	36	1	242 723	232 854	69 752	220 300
工艺品及其他制造业	19	1	108 102	104 151	52 766	37 501
（三）电力、燃气及水的生产和供应业	9	3	95 852	95 852		152 178
电力、热力的生产和供应业	2	2	16 984	16 984		36 661
燃气生产和供应业	5	1	75 426	75 426		99 065
水的生产和供应业	2		3 443	3 443		16453

负债总额	产品销售收入	利润总额	亏损企业亏损额	利税总额	从业人员平均人数(人)
37 819	116 730	4 920	188	8 439	4 865
64 674	79 770	2 828	1 060	5 053	2 119
560	8 502	270		536	287
1 733 907	1 078 779	186 450	112	216 516	7 758
514	620	49		111	36
26 343	182 860	4 479		11 917	6 012
121 069	495 950	17 561		26 075	1 125
724 553	2 425 805	61 429	3 408	95 347	5 690
21 536	86 151	9 256	13	15 132	1 524
105	9 402	304		645	84
28 570	105 429	3 330	75	6 575	2 837
41 694	136 025	13 393	9	18 453	4 092
282 035	569 540	39 775	547	57 287	12 011
77 717	272 979	8 138	110	17 197	3 264
33 252	84 597	2 253	53	3 300	4 009
181 250	398 506	22 134	555	37 507	8 627
143 213	328 430	14 656	1 215	21 584	7 339
67 485	88 126	4 316	75	6 083	2 158
249 092	619 851	34 102	1 892	53 399	10 510
198 305	508 035	17 808	913	35 440	16 695
347 092	334 483	12 011	1 437	18 783	7 723
121 817	224 316	13 266	637	20 613	12 181
22 128	107 181	4 120	17	7948	2883
82 759	91 514	9 513	1 437	13 313	1 373
18 237	16 949	-1 168	1 168	-712	348
54 701	71 251	10 378	268	13 549	825
9 822	3 313	303		476	200

10－12 民营工业企业

项目	单位数（个）	亏损	工业总产值	工业销售产值	出口交货值	资产总额
总计	**1 835**	**251**	**15 876 411**	**15 452 662**	**1 910 094**	**9 732 896**
#亏损企业	251	251	711 743	695 951	57 581	660 020
#高新技术企业	291	46	4 030 692	3 922 382	357 159	2 320 508
一、按隶属关系分						
中央	1		3 277	2 972	723	1 999
省	1		11 636	11 513		6 120
市	17	6	192 486	192 306	46 452	367 730
县级市（区）	49	10	1 451 462	1 406 825	304 549	1 288 748
镇（街道）	160	25	2 538 761	2 483 241	290 812	1 825 593
村（居）委会	80	12	508 081	491 682	29 074	238 012
其他	1 527	198	11 170 707	10 864 124	1 238 485	6 004 695
二、按轻重工业分						
轻工业	597	83	2 793 410	2 703 715	364 920	1 513 408
重工业	1 238	168	13 083 002	12 748 947	1 545 173	8 219 488
三、按规模分						
大型企业	8		3 783 960	3 704 386	851 353	3 307 685
中型企业	88	7	4 004 897	3 881 271	644 159	2 470 844
小型企业	1 739	244	8 087 554	7 867 005	414 581	3 954 366
四、按工业行业大类分						
（一）采矿业	18	1	346 186	346 263		290 314
黑色金属矿采选业	2		160 822	161 069		58 983
非金属矿采选业	16	1	185 365	185 194		231 331
（二）制造业	1 810	247	15 508 887	15 085 069	1 910 094	9 408 614
农副食品加工业	31	5	234 867	223 976		134 199
食品制造业	9	1	67 544	66 545		78 065
饮料制造业	1	1	2 950	2 950		2 267
纺织业	119	19	619 158	604 942	94 393	367 587

主要经济指标

单位：万元

负债总额	产品销售收入	利润总额	亏损企业亏损额	利税总额	从业人员平均人数（人）
6 254 255	**1 5041 833**	**630 772**	**21 860**	**1 185 633**	**274 120**
495 140	653 145	-218 60	21 860	1 233	25 906
1 406 572	3 816 214	247 210	3 571	401 291	49 361
1 496	3 132	36		74	117
5 012	12 193	1 405		1 677	5
195 292	192 858	9 783	1 656	21 003	6 531
949 861	1 392 972	26 903	3 748	81 773	22 314
1 121 054	2 391 148	124 865	979	227 259	34 570
141 019	478 081	15 464	360	33 986	8 777
3 840 521	10 571 449	452 316	15 118	819 862	201 806
991 491	2 701 527	81 473	4 839	183 927	86 472
5 262 764	12 340 305	549 299	17 021	1 001 706	187 648
2 176 207	3 590 403	152 286		291 993	44 491
1 472 897	3 774 482	254 663	4 263	385 362	57 097
2 605 151	7 676 947	223 824	17 597	508 279	172 532
166 902	332 437	12 272	345	27 566	6 890
47 372	162 107	7 214		11 109	1 189
119 530	170 330	5 057	345	16 457	5 701
6 066 112	14 689 347	619 347	19 241	1 158 366	266 727
111 767	224 512	4 140	342	6 746	2 007
55 929	66 428	601	215	2 892	984
1 516	2 312	-26	26	600	103
229 647	602 900	14 121	1 523	40 867	19 084

10–12（续）

项　目	单位数（个）	亏　损	工　业总产值	工　业销售产值	工　业增加值	资　产总　额
纺织服装、鞋、帽制造业	99	16	431 814	417 758	79 596	175 374
皮革、毛皮、羽毛（绒）及其制品业	50	5	115 247	111 152	27 779	34 819
木材加工及木、竹、藤、棕、草制品业	7		933 205	901 360	299 784	1 008 471
家具制造业	2		5 037	5 032		3 842
造纸及纸制品业	36	4	263 741	254 995	5 565	172 666
印刷业和记录媒介的复制	24	6	70 150	68 793	1 200	66 799
文教体育用品制造业	27	1	185 043	178 139	55 834	45 363
石油加工、炼焦及核燃料加工业	6		30 749	29 174		10 520
化学原料及化学制品制造业	153	24	1 658 042	1 615 401	299 445	922 113
医药制造业	8	1	27 179	26 385		27 253
化学纤维制造业	3		62 429	60 462		4 570
橡胶制品业	15	2	63 674	62 731	4 282	44 186
塑料制品业	68	11	228 753	222 991	27 292	116 318
非金属矿物制品业	104	18	698 754	675 792	9 480	422 836
黑色金属冶炼及压延加工业	28	5	613 761	587 767	1 281	228 512
有色金属冶炼及压延加工业	49	7	473 138	465 299	81 209	284 020
金属制品业	241	36	2 399 207	2 348 018	622 184	1 443 777
通用设备制造业	182	13	1 562 352	1 520 963	42 855	998 924
专用设备制造业	48	9	386 080	374 790	46 608	250 485
交通运输设备制造业	195	21	1 224 263	1 194 047	88 949	646 481
电气机械及器材制造业	180	20	2 609 307	2 542 878	43 738	1 549 833
通信设备、计算机及其他电子设备制造业	61	18	261 337	250 290	36 417	246 199
仪器仪表及文化、办公用机械制造业	23	1	116 744	112 067	4 525	72 858
工艺品及其他制造业	38	3	136 321	133 007	37 677	40 244
废弃资源和废旧材料回收加工业	3		28 041	27 366		10 034
（三）电力、燃气及水的生产和供应业	7	3	21 337	21 331		33 967
电力、热力的生产和供应业	3	2	18 298	18 298		25 296
水的生产和供应业	4	1	3 039	3 033		8 671

负债总额	产品销售收入	利润总额	亏损企业亏损额	利税总额	从业人员平均人数(人)
107 078	415 426	13 700	446	29 446	16 732
22 686	98 455	3 841	92	7 125	4 587
774 138	899 313	15 056		52 380	14 464
427	5 017	800		1 137	224
138 759	265 124	7 790	258	15 653	3 614
50 063	65 028	2 970	717	5 882	2 778
27 885	176 390	4 568	1	12 533	14 539
8 716	29 142	434		1 745	364
478 391	1 575 933	168 179	2 156	228 842	15 321
16 488	26 057	737	24	1 601	770
2 868	59 021	3 229		7 445	910
24 249	60 919	2 459	507	4 448	1 861
79 198	222 984	7 786	615	16 502	5 253
253 287	659 559	19 315	5 114	47 412	13 692
170 808	586 150	13 939	316	31 801	4 995
204 556	458 451	11 562	365	22 959	4 340
861 833	2 260 139	89 485	1 270	159 814	32 328
598 505	1 438 908	66 855	421	117 350	29 930
144 499	362 110	16 208	848	31 405	7 236
476 360	1 138 314	32 131	1 319	71 061	20 822
1 035 762	2 470 938	95 177	1 338	194 821	34 625
125 036	259 527	12 447	1 285	23 353	7 761
30 962	107 930	6 781	4	11 593	2 523
28 724	129 486	3 456	38	8 521	4 616
5 977	22 874	1 610		2 434	264
21 241	20 048	-847	2 274	-299	503
18 220	17 218	-1 008	2 268	-558	371
3 022	2 831	162	7	259	132

10－13　民营工业企业

项　目	全　市	市　区	京口区	润州区
单位数（个）	1 835	502	98	101
#私营	1 423	363	69	77
亏损单位数(个)	251	84	14	27
#私营	185	61	9	20
工业总产值	15 876 411	4 220 528	1 014 487	666 973
#私营	10 466 029	2 955 343	878 105	373 987
工业销售产值	15 452 662	4 137 951	1 005 808	668 786
#私营	10 173 828	2 891 647	870 637	370 584
工业增加值	1 910 094	565 585	125 252	76 048
#私营	1 236 643	479 231	103 019	57 427
资产总额	9 732 896	2 208 725	461 177	553 328
#私营	5 513 474	1 301 451	400 735	235 278
负债总额	6 254 255	1 421 226	355 777	362 729
#私营	3 548 846	876 792	306 894	182 968
产品销售收入	15 041 833	4 088 199	997 838	638 015
#私营	9 909 288	2 855 391	866 247	357 845
利润总额	630 772	222 274	26 641	28 682
#私营	429 222	178 068	23 491	13 858
亏损企业亏损额	21 860	10 617	2 346	2 677
#私营	13 125	6 671	1 632	1 317
利税总额	1 185 633	367 546	57 406	52 241
#私营	774 058	278 838	48 900	26 543
从业人员平均人数（人）	274 120	62 137	10 720	13 483
#私营	186 566	41 378	7 706	7 325

基本情况

单位：万元

丹徒区	新　区	丹阳市	扬中市	句容市
206	97	788	305	240
154	63	688	157	215
17	26	114	42	11
11	21	96	19	9
1 631 641	907 427	6 707 524	2 728 849	2 219 511
1 054 394	648 856	4 746 350	774 787	1 989 549
1 589 958	873 399	6 515 315	2 664 789	2 134 608
1 024 965	625 461	4 609 407	759 429	1 913 343
119 203	245 082	1 156 569	58 385	129 555
79 972	238 813	595 740	37 682	123 990
697 019	497 201	4 546 565	2 170 892	806 713
383 152	282 286	2 889 201	600 699	722 124
468 583	234 137	2 973 203	1 320 722	539 104
247 694	139 236	1 848 147	338 201	485 707
1 567 105	885 241	6 231 803	2 570 879	2 150 951
1 004 700	626 599	4 393 058	732 070	1 928 769
51 410	115 542	215 051	140 464	52 983
29 849	110 871	156 469	47 999	46 686
3 511	2 082	6 940	3 535	769
2 632	1 090	5 202	1 103	149
117 316	140 583	405 103	266 062	146 922
73 959	129 436	285 025	78 165	132 030
27 226	10 708	118 235	47 995	45 753
19 370	6 977	88 956	15 188	41 044

10－14　主要年份分地区

年　份	全　市	市　区	京口区	润州区
1998	1 230 130	501 048	20 568	16 004
1999	1 348 779	562 360	23 603	13 259
2000	1 428 486	604 086	26 389	15 192
2001	1 617 211	730 875	29 682	15 004
2002	1 923 988	901 301	41 652	23 042
2003	2 275 490	1 065 474	67 347	36 990
2004	2 987 224	1 462 739	126 769	45 545
2005	3 604 405	1 707 042	166 072	70 960
2006	4 609 716	2 180 966	380 845	325 673
2007	5 656 494	2 580 374	400 277	397 369
2008	**6 829 188**	**3 078 184**	**602 825**	**369 640**

10－15　主要年份分地区

（以上年

年　份	全　市	市　区	京口区	润州区
1998	107.4	101.6	91.1	65.8
1999	109.6	112.2	114.8	82.8
2000	105.9	107.4	111.8	114.6
2001	113.8	118.5	113.2	122.5
2002	117.4	120.6	138.8	126.4
2003	122.5	128.3	137.4	121.7
2004	122.0	122.5	173.6	139.3
2005	123.4	122.3	121.8	136.8
2006	121.3	121.2	115.4	124.6
2007	119.1	117.7	119.2	121.5
2008	**116.8**	**115.6**	**113.4**	**112.8**

规模以上工业增加值

单位：万元

丹徒区	新　区	丹阳市	扬中市	句容市
128 100	11 564	380 865	183 877	164 340
138 729	25 986	415 347	180 855	190 217
130 034	53 966	415 994	202 434	205 972
148 081	85 904	461 220	191 528	233 588
173 550	111 386	542 862	222 825	257 000
204 241	169 388	632 851	269 374	307 791
263 592	256 548	784 030	352 434	388 021
352 038	334 091	971 487	444 221	481 655
496 814	849 231	1 253 239	559 842	615 669
616 961	1 057 637	1 637 959	673 025	765 136
739 977	**1 365 742**	**2 012 993**	**824 451**	**913 560**

规模以上工业增加值指数

为100）

丹徒区	新　区	丹阳市	扬中市	句容市
94.4		119.4	105.5	103.3
108.3	224.7	109.1	98.4	115.7
93.7	207.7	100.2	111.9	108.3
111.3	132.7	111.5	105.6	110.4
116.1	118.9	116.6	116.8	112.8
114.6	129.5	116.5	118.2	115.3
119.8	130.6	121.6	124.3	120.4
124.5	121.0	124.1	123.8	124.4
121.8	125.5	121.8	122.1	121.8
119.3	119.5	122.6	119.3	119.2
118.1	**117.1**	**118.7**	**118.3**	**118.0**

10－16　主要年份分地区

年　份	全　市	市　区	京口区	润州区
1998	3 657 393	1 338 635	75 875	39 724
1999	4 002 444	1 502 773	82 170	40 656
2000	4 416 063	1 909 114	84 643	41 611
2001	5 076 914	2 334 149	97 913	50 741
2002	6 252 382	3 002 946	161 521	80 188
2003	7 665 652	3 749 454	240 651	110 619
2004	9 790 978	4 752 850	503 842	163 004
2005	1 2456 311	5 957 982	660 577	256 400
2006	1 5759 357	7 341 338	1 323 786	1 178 117
2007	20 238 044	9 056 498	1 554 154	1 452 414
2008	**25 903 357**	**11 208 740**	**2 295 379**	**1 539 009**

10－17　主要年份分地区

（以上年

年　份	全　市	市　区	京口区	润州区
1998	112.0	100.8	97.5	73.2
1999	109.4	112.3	108.3	102.3
2000	110.3	127.0	103.0	102.3
2001	115.0	122.3	115.7	121.9
2002	123.0	127.4	167.9	157.2
2003	123.3	124.0	154.2	126.0
2004	123.9	119.7	202.3	145.1
2005	124.5	121.4	126.4	145.5
2006	126.2	123.0	117.6	133.0
2007	126.9	122.8	125.3	134.3
2008	**127.8**	**125.3**	**124.6**	**126.3**

规模以上产品销售收入

单位：万元

丹徒区	新　区	丹阳市	扬中市	句容市
389 899	58 958	1 190 725	499 997	628 036
418 461	161 448	1 366 233	486 989	646 449
412 982	221 375	1 300 247	530 130	676 572
460 011	310 669	1 448 885	544 281	749 599
581 909	441 458	1 720 104	658 957	870 375
700 134	632 675	2 051 099	840 307	1 024 792
853 493	907 937	2 578 682	1 153 061	1 306 385
1 153 836	1 173 058	3 355 002	1 496 502	1 646 825
1 636 753	2 842 768	4 337 399	1 929 598	2 151 022
2 138 770	3 583 184	5 985 889	2 431 597	2 764 060
2 812 738	**4 561 614**	**7 912 616**	**3 165 363**	**3 616 638**

规模以上工业销售收入指数

为100）

丹徒区	新　区	丹阳市	扬中市	句容市
89.5	—	121.3	120.5	116.1
107.3	273.8	114.7	97.4	102.9
98.7	137.1	95.2	108.9	104.7
111.4	140.3	111.4	102.7	110.8
125.4	142.1	118.1	120.8	119.8
118.5	135.4	119.2	131.2	124.3
120.4	135.1	125.1	135.9	127.5
130.8	115.3	128.2	129.4	125.7
130.6	127.3	129.1	127.2	131.4
120.3	122.9	135.4	123.5	126.3
127.7	**126.3**	**130.4**	**128.5**	**129.7**

10－18　主要年份分地区

年　份	全　市	市　区	京口区	润州区
1998	226 233	67 342	3 300	426
1999	259 492	96 466	3 860	1 894
2000	291 183	129 056	3 551	1 915
2001	319 812	128 367	4 321	4 236
2002	478 700	243 997	7 234	5 643
2003	639 920	349 598	11 573	8 324
2004	768 020	393 170	19 169	12 151
2005	977 079	516 985	2 153	18 987
2006	1 302 075	690 338	108 118	98 579
2007	1 768 382	947 912	133 059	142 448
2008	**2 104 581**	**103 4950**	**157 456**	**154 243**

10－19　主要年份分地区

（以上年

年　份	全　市	市　区	京口区	润州区
1998	100.7	81.8	111.1	21.7
1999	114.7	143.2	117.0	444.6
2000	112.2	133.8	92.0	101.1
2001	109.4	97.5	107.2	198.4
2002	137.0	154.3	149.6	129.1
2003	136.7	146.3	166.4	130.2
2004	120.1	112.6	158.2	151.5
2005	127.7	129.7	11.5	180.8
2006	132.8	132.2	119.5	161.7
2007	135.5	138.3	144.8	146.3
2008	**120.6**	**112.5**	**78.6**	**130.4**

规模以上工业利税总额

单位：万元

丹徒区	新 区	丹阳市	扬中市	句容市
25 973	-5 869	73 288	57 117	28 486
24 575	7 309	83 339	49 976	29 711
29 832	9 265	80 169	50 295	31 663
34 214	3 660	90 742	52 923	47 780
39 576	19 927	111 026	66 018	57 659
49 188	23 024	132 871	81 728	75 723
59 687	52 195	166 553	111 655	96 642
80 919	66 124	206 701	144 240	109 153
151 771	265 955	279 353	187 123	145 261
213 225	391 293	394 808	236 405	189 257
228 705	**494 546**	**517 200**	**309 897**	**242 534**

规模以上工业利税指数

为100）

丹徒区	新 区	丹阳市	扬中市	句容市
92.5	—	123.8	108.3	94.2
94.6	-124.5	113.7	87.5	104.3
121.4	126.8	96.2	100.6	106.6
106.9	53.3	113.1	109.6	138.6
114.2	287.0	121.7	121.5	126.4
122.4	188.1	119.0	133.2	135.7
118.7	239.2	125.8	135.9	127.5
129.2	110.4	128.9	129.7	115.3
128.7	126.4	135.1	130.5	134.2
134.2	144.8	139.2	124.0	130.1
111.5	**124.9**	**130.8**	**129.6**	**126.9**

10－20　主要年份分地区

年　份	全　市	市　区	京口区	润州区
1998	44 774	-2 622	850	-806
1999	62 491	17 969	1 309	-291
2000	76 425	32 162	812	365
2001	89 306	25 187	1 178	1 238
2002	193 628	108 584	4 211	1 627
2003	282 296	168 386	7 095	3 406
2004	356 270	198 274	12 491	4 645
2005	477 639	270 423	-5 535	9 193
2006	702 390	402 638	57 529	56 346
2007	1 031 628	615 892	83 621	87 999
2008	**1 212 888**	**668 650**	**64 185**	**92 732**

10－21　主要年份分地区

（以上年

年　份	全　市	市　区	京口区	润州区
1998	85.1	-26.6	80.4	513.3
1999	139.6	-685.3	154.0	36.1
2000	122.3	179.0	62.0	-125.4
2001	114.0	76.6	101.0	421.6
2002	208.0	388.8	244.8	123.2
2003	153.0	162.0	177.6	168.7
2004	119.1	109.6	176.4	173.9
2005	131.4	133.0	-50.2	203.8
2006	145.0	146.0	130.6	232.1
2007	144.7	150.4	145.8	156.0
2008	**120.6**	**113.5**	**57.9**	**140.0**

规模以上工业利润总额

单位：万元

丹徒区	新　区	丹阳市	扬中市	句容市
12 032	-6 851	25 277	18 307	3 812
12 884	816	30 731	14 117	-326
12 783	1 261	27 317	14 068	2 878
14 102	-7 059	31 655	17 285	15 179
17 116	8 472	40 957	24 303	19 784
20 570	7 138	52 602	30 753	30 555
24 566	38 283	73 473	48 467	36 056
31 463	43 023	99 502	67 744	39 970
75 464	184 240	139 715	95 089	64 948
115 025	295 161	205 930	124 086	85 720
110 891	**400 842**	**279 202**	**165 017**	**100 019**

规模以上工业利润指数

为100）

丹徒区	新　区	丹阳市	扬中市	句容市
103.1	—	149.0	92.8	60.3
107.1	-11.9	121.6	77.1	-8.6
99.2	154.5	88.9	99.7	-882.8
104.0	-915.6	116.1	133.4	302.4
121.3	-196.7	127.1	136.8	130.3
119.0	3425.0	126.5	153.7	155.5
114.4	541.8	128.7	155.6	120.1
131.6	104.1	129.4	142.4	111.8
141.8	128.6	140.8	140.2	156.5
144.2	158.8	145.4	128.4	131.7
99.0	**133.6**	**135.7**	**131.1**	**117.3**

10－22 主要年份分地区

年 份	全 市	市 区	京口区	润州区
1998	118.20	116.33	142.84	96.00
1999	112.23	109.30	114.41	76.78
2000	128.81	165.95	90.64	73.79
2001	111.22	109.10	88.06	121.72
2002	108.83	107.63	143.05	188.73
2003	118.40	116.65	136.95	105.15
2004	118.52	123.04	146.55	126.42
2005	120.20	122.43	98.46	119.92
2006	111.96	103.73	118.56	127.50
2007	119.84	118.25	112.59	119.19
2008	**120.44**	**115.31**	**109.24**	**117.67**

10－23 主要年份分地区

（以上年

年 份	全 市	市 区	京口区	润州区
1998	—	—	—	—
1999	94.03	92.97	71.57	80.78
2000	116.58	156.65	76.23	97.01
2001	72.86	43.15	60.79	101.04
2002	96.54	98.53	157.54	172.26
2003	109.57	109.02	93.90	16.41
2004	100.13	106.39	109.60	121.28
2005	98.31	96.40	58.34	107.13
2006	91.76	84.57	65.83	124.73
2007	107.88	114.52	94.03	91.69
2008	**100.60**	**97.06**	**96.65**	**98.48**

规模以上工业资本保值增值率

单位：%

		丹阳市	扬中市	句容市
丹徒区	新　区			
84.86	798.86	104.45	113.57	234.74
158.70	248.04	116.43	104.82	101.78
105.23	132.66	102.82	114.10	89.38
108.22	91.56	106.64	119.70	112.30
99.30	125.77	109.41	112.72	110.60
78.09	163.18	120.13	125.63	117.18
188.34	135.40	113.73	106.36	120.47
110.34	144.72	120.15	117.75	111.23
107.86	91.39	124.76	119.30	118.75
105.81	125.89	124.77	122.83	111.43
128.78	**112.70**	**122.83**	**133.12**	**122.58**

规模以上工业资本保值增值率指数

为100）

		丹阳市	扬中市	句容市
丹徒区	新　区			
—	—	—	—	—
173.84	-450.82	111.98	91.25	-32.96
46.53	-15.38	86.39	109.28	87.60
92.42	72.50	97.29	118.26	101.95
89.82	41.82	103.23	101.49	101.38
78.79	135.63	110.72	112.92	106.57
210.25	72.22	93.61	80.72	103.30
17.95	88.71	101.49	101.44	97.79
88.99	67.77	104.10	101.22	105.35
97.95	134.50	100.01	103.53	92.68
122.97	**86.81**	**98.06**	**110.29**	**111.15**

10－24 主要年份分地区

年份	全市	市区	京口区	润州区
1998	1.24	-1.51	1.14	-1.97
1999	1.59	0.47	1.63	-0.70
2000	1.77	1.31	1.08	0.89
2001	1.80	0.59	1.22	2.54
2002	3.21	3.75	2.68	2.09
2003	3.84	4.69	3.04	2.73
2004	3.80	4.36	2.53	2.90
2005	4.14	4.88	-0.84	3.80
2006	4.68	5.80	4.55	5.00
2007	6.14	7.05	8.85	6.44
2008	**4.96**	**6.31**	**2.78**	**6.55**

10－25 主要年份分地区

（以上年

年份	全市	市区	京口区	润州区
1998	—	—	—	—
1999	100.35	101.98	100.49	101.27
2000	100.18	100.84	99.45	101.59
2001	99.96	99.12	99.89	102.03
2002	101.33	103.46	102.68	102.09
2003	100.77	101.17	100.41	100.59
2004	99.85	99.59	99.61	100.50
2005	100.22	100.44	96.98	101.09
2006	100.63	100.97	100.72	102.20
2007	100.86	100.52	99.53	101.60
2008	**99.71**	**99.27**	**96.21**	**101.08**

规模以上工业成本费用利润率

单位：%

丹徒区	新　区	丹阳市	扬中市	句容市
3.18	-10.38	2.17	3.86	0.61
3.20	0.51	2.31	2.98	-0.05
3.16	0.57	2.17	2.74	0.44
3.21	-2.21	2.27	3.29	2.07
3.04	1.18	2.47	3.84	2.33
3.05	1.14	2.66	3.84	3.09
3.00	4.38	2.96	4.41	2.87
3.17	3.88	3.17	5.21	2.54
4.90	6.88	3.37	5.17	3.12
5.67	7.00	5.41	5.80	5.09
4.42	**9.18**	**3.71**	**5.55**	**2.96**

规模以上工业成本费用利润率指数

为100）

丹徒区	新　区	丹阳市	扬中市	句容市
—	—	—	—	—
100.02	110.89	100.14	99.12	99.34
99.96	100.06	99.86	99.76	100.49
99.79	98.19	100.10	100.73	101.34
103.04	103.26	102.47	103.84	102.33
100.02	101.09	100.15	100.61	100.65
99.86	103.31	100.10	100.54	99.84
100.02	99.55	100.04	100.47	99.67
100.60	100.09	100.30	100.48	100.54
100.28	100.60	100.79	101.14	101.99
99.06	**100.29**	**100.15**	**100.15**	**99.80**

10－26 主要年份分地区

年 份	全 市	市 区	京口区	润州区
1998	33 792	36 104	35 476	28 530
1999	38 991	42 332	38 407	26 262
2000	47 393	51 156	49 160	37 642
2001	52 589	75 124	47 763	36 058
2002	71 476	106 350	86 594	58 927
2003	73 133	95 712	100 969	51 994
2004	89 914	133 734	156 043	77 523
2005	101 915	147 194	203 644	99 859
2006	125 259	190 722	157 309	111 992
2007	143 648	213 321	167 894	134 615
2008	**153 229**	**233 997**	**227 155**	**114 532**

10－27 主要年份分地区

（以上年

年 份	全 市	市 区	京口区	润州区
1998	105.4	119.5	84.0	104.4
1999	115.4	117.3	108.3	92.1
2000	121.5	120.8	128.0	143.3
2001	116.9	123.3	115.6	130.1
2002	125.6	104.5	152.4	125.9
2003	119.6	123.8	130.8	112.8
2004	129.1	137.8	171.9	130.1
2005	129.5	133.0	134.0	145.0
2006	122.1	130.1	118.1	134.5
2007	123.3	127.6	123.9	112.3
2008	**116.0**	**113.6**	**115.7**	**99.9**

规模以上工业全员劳动生产率

单位：元/人

丹徒区	新 区	丹阳市	扬中市	句容市
45 254	52 301	30 808	34 463	34 048
47 373	98 227	34 817	39 341	39 789
43 278	173 859	43 278	48 435	45 429
46 035	237 677	46 241	42 391	47 085
58 110	319 478	59 275	61 951	62 593
59 833	334 682	58 698	58 497	66 553
74 285	435 048	64 665	72 084	73 605
93 515	396 406	72 470	89 092	89 560
143 600	369 118	87 866	104 141	107 497
164 945	393 261	104 341	118 276	129 843
178 704	**435 949**	**118 390**	**131 611**	**122 686**

规模以上工业全员劳动生产率指数

为100）

丹徒区	新 区	丹阳市	扬中市	句容市
144.4	164.0	101.8	87.9	94.8
104.7	187.8	113.0	114.2	116.9
91.4	177.0	124.3	123.1	114.2
117.0	125.0	115.8	98.9	115.0
122.6	112.0	120.9	127.7	121.3
124.3	132.4	119.6	115.2	116.7
129.4	131.5	125.5	123.0	117.8
145.2	114.5	125.9	126.0	127.3
135.0	125.5	117.0	118.9	126.3
145.2	119.7	122.2	116.1	120.1
114.0	**119.3**	**123.3**	**118.5**	**115.9**

10－28　主要年份分地区

年　份	全　市	市　区	京口区	润州区
1998	95.13	96.82	93.60	92.78
1999	95.59	98.08	95.88	95.15
2000	94.46	94.64	97.76	94.86
2001	96.60	99.26	97.75	95.12
2002	96.48	98.79	98.15	94.77
2003	96.48	97.67	98.15	94.77
2004	97.78	100.29	97.81	101.22
2005	97.00	98.34	97.16	95.28
2006	97.58	98.91	99.48	98.53
2007	97.80	99.28	99.75	100.06
2008	**97.27**	**97.38**	**99.10**	**100.09**

10－29　主要年份分地区

（以上年

年　份	全　市	市　区	京口区	润州区
1998	99.03	99.35	99.68	99.84
1999	100.46	101.26	102.28	102.37
2000	98.87	96.56	101.88	99.71
2001	101.43	104.62	99.68	102.24
2002	99.85	99.61	102.20	101.56
2003	101.30	102.61	100.18	105.89
2004	99.35	98.27	99.29	98.08
2005	100.64	100.70	101.88	102.35
2006	100.10	100.31	100.09	100.81
2007	100.46	101.10	101.38	99.14
2008	**99.84**	**99.02**	**101.96**	**100.06**

工业产品销售率

单位：%

丹徒区	新　区	丹阳市	扬中市	句容市
96.07	91.89	95.40	90.84	94.31
96.34	95.99	95.76	91.13	92.64
96.97	97.48	95.26	93.15	93.58
94.62	90.32	95.33	95.08	95.20
93.66	98.99	95.73	95.51	94.64
93.66	98.99	95.73	95.51	94.64
94.57	98.95	95.95	95.19	95.05
97.68	98.57	96.10	95.42	95.49
95.56	102.12	96.33	96.67	96.26
98.03	99.42	96.91	97.00	95.68
96.65	**96.25**	**97.39**	**97.50**	**96.42**

工业产品销售率指数

为100）

丹徒区	新　区	丹阳市	扬中市	句容市
100.07	109.53	100.02	95.12	100.22
100.27	104.10	100.36	100.29	98.33
100.63	101.49	99.50	102.02	100.94
97.92	97.26	100.06	101.38	100.94
99.48	108.58	100.22	100.49	99.28
100.85	98.95	100.21	99.56	100.60
102.80	99.68	100.16	100.28	100.44
98.69	103.50	100.20	100.98	100.87
100.64	100.20	100.27	98.97	100.06
101.62	100.85	99.81	100.88	99.28
98.42	**97.81**	**100.37**	**100.65**	**100.64**

10－30 工业企业

能源名称	单 位	全 市	市 区	京口区
原 煤	吨	13 005 351	11 472 730	5 507 719
洗精煤	吨	476 846	475 575	
其他洗煤	吨	600	11	
煤制品	吨	8 017	6 846	
#型 煤	吨	547	236	
水煤浆	吨	6 610	6 610	
煤 粉	吨	621		
焦 炭	吨	368 611	253 848	169 465
其他焦化产品	吨	39 570	39 570	37 530
焦炉煤气	万立方米	24 275	24 275	
其他煤气	万立方米	81		
天然气	万立方米	11 430	10 711	1 623
汽 油	吨	20 783	5 816	691
煤 油	吨	3 210	2 306	21
柴 油	吨	56 390	28 380	3 433
燃料油	吨	48 935	42 179	498
液化石油气	吨	15 148	11 080	1 884
其他石油制品	吨	362 623	361 373	26
热 力	百万千焦	20 515 440	19 346 829	6 337 549
电 力	万千瓦时	1 107 403	659 079	202 942
其他能源	吨标准煤	5 858	5 858	
#煤矸石	吨	27 199	27 199	
能源合计	**吨标准煤**	**13 110 844**	**11 176 671**	**4 461 068**

能源消费量

润州区	丹徒区	新　区	丹阳市	扬中市	句容市
327 163	4 140 559	1 497 289	642 363	203 397	686 861
	475 515	60			1 271
	11		309	280	
234	6 610	2	1 042	129	
234		2	182	129	
	6 610				
			621		
1 199	71 097	12 087	109 848	596	4 319
	2 040				
	24 275				
			81		
3	115	8 970	445	208	66
1 146	2 580	1 399	7 488	1 017	6 462
83	2130	72	504	146	254
10 125	5 386	9 436	14 560	1 630	11 820
182	6 834	34 665	6 552	11	193
928	516	7 752	3 469	56	543
93 204	262 190	5 953	1 126	9	115
18 255	574 993	12 416 032	979 580	189 031	
53 847	117 195	285 095	328 484	34 578	85 262
2 339	3 519				
13 096	14 103				
482 569	**4 193 500**	**2 039 534**	**1 057 995**	**200 602**	**675 576**

10－31　主要能源

项　目	原　煤（吨）	洗精煤（吨）	其他洗煤（吨）
总　计	**13 005 351**	**476 846**	**600**
黑色金属矿采选业			
非金属矿采选业	2 694		
农副食品加工业	8 213		
食品制造业	16 022		
饮料制造业	2 640		
纺织业	51 563		
纺织服装、鞋、帽制造业	6 565		287
皮革、毛皮、羽毛（绒）及其制品业	3 953		
木材加工及木、竹、藤、棕、草制品业	4 271		
家具制造业			
造纸及纸制品业	1 469 195		
印刷业和记录媒介的复制	752		
文教体育用品制造业	389		
石油加工、炼焦及核燃料加工业	300	475 515	
化学原料及化学制品制造业	686 012	60	
医药制造业	13 222		
化学纤维制造业	35 477		
橡胶制品业	32 923		
塑料制品业	4 065		
非金属矿物制品业	1 229 631	1 271	11
黑色金属冶炼及压延加工业	112 473		
有色金属冶炼及压延加工业	5 148		
金属制品业	189 164		280
通用设备制造业	14 336		
专用设备制造业	12 895		
交通运输设备制造业	11 119		22
电气机械及器材制造业	6 667		
通信设备、计算机及其他电子设备制造业	1 599		
仪器仪表及文化、办公用机械制造业	808		
工艺品及其他制造业	1 487		
废弃资源和废旧材料回收加工业	2 623		
电力、热力的生产和供应业	9 079 145		
燃气生产和供应业			
水的生产和供应业			

按行业分组消费量

煤制品（吨）	焦　炭（吨）	其他焦化产品（吨）	焦炉煤气（万立方米）	天然气（万立方米）	汽　油（吨）
8 017	**368 611**	**39 570**	**24 275**	**11 430**	**20 783**
					3
					582
					36
				125	120
210				212	826
					511
23					206
				4	140
					11
				5 421	926
					268
	10				193
	58 277		19 200		53
6 660	162 088			3 020	913
					51
					196
129	16			18	308
622	23 669	39 570		78	6 155
	76 236			132	157
159	674			1 601	191
207	1 430			57	1 856
7	43 154			503	1 750
	816				367
	1 283			181	2 274
	712			58	1 577
	246			20	548
					301
					116
					2
			5 075		6
					86
					54

10-31续

项　目	煤　油 （吨）	柴　油 （吨）	燃料油 （吨）
总　计	**3 210**	**56 390**	**48 935**
黑色金属矿采选业			
非金属矿采选业		5 380	
农副食品加工业	42	859	
食品制造业		63	24
饮料制造业			
纺织业	1	2 179	
纺织服装、鞋、帽制造业	1	430	535
皮革、毛皮、羽毛（绒）及其制品业		185	8
木材加工及木、竹、藤、棕、草制品业		3 631	3
家具制造业		33	
造纸及纸制品业		4 654	
印刷业和记录媒介的复制	11	66	
文教体育用品制造业		112	13
石油加工、炼焦及核燃料加工业		71	4 228
化学原料及化学制品制造业	515	3 782	33 664
医药制造业		12	
化学纤维制造业			
橡胶制品业		29	
塑料制品业	7	249	2
非金属矿物制品业	79	12 933	8 423
黑色金属冶炼及压延加工业	104	493	0
有色金属冶炼及压延加工业		499	863
金属制品业	153	2 759	169
通用设备制造业	2 017	7 059	
专用设备制造业	18	756	
交通运输设备制造业	234	5 500	180
电气机械及器材制造业	23	2 350	388
通信设备、计算机及其他电子设备制造业		780	3
仪器仪表及文化、办公用机械制造业	3	201	
工艺品及其他制造业	2	193	
废弃资源和废旧材料回收加工业		1	432
电力、热力的生产和供应业		1 112	
燃气生产和供应业		4	
水的生产和供应业		15	

液化石油气（吨）	其他石油制品（吨）	热　力（百万千焦）	电　力（万千瓦小时）	其他能源（吨标准煤）	能源合计（吨标准煤）
15 148	**362 623**	**20 515 440**	**1 107 404**	**5 858**	**13 110 844**
			4 631		5 696
	44		8 423		21 024
158			8 013		17 351
		106 826	1 285		16 875
		33 818	706		3 906
154		92 210	28 051		81 686
	10	7 710	6 536		15 299
20			2 049		5 972
461		502 156	55 140		94 277
			129		223
7 432		8 897 979	190 750		1 673 236
			1 809		3 267
250		55	1 846		3 453
8	261 695	574 993	5 913		949 877
67	5 824	10 192 250	196 711	1 000	1 310 305
		26 885	2 086		13 017
			1 793		27 545
		47 838	3 185		29 393
51	54	2 800	13 295		20 621
2 152	93 939	21 036	109 232	4 858	1 349 826
34	429		66 340		239 101
113	110		28 303		61 176
1 092	37	8 305	112 510		285 083
109	95	579	50 961		137 458
24			10 862		25 062
737	74		28 444		59 504
2 154	263		32 593		56 501
21	35		10 468		16 488
102	14		14 324		19 110
4			2 343		4 404
			95		2 612
5			103 426		6 554 931
			125		286
			5 027		6 279

10－32 工业企业

项 目	2008年		
	综合能源消费量（吨标准煤）	工业总产值（万元）	产值综合能耗（吨标准煤／万元）
总 计	**8 881 946**	**27 803 155**	**0.32**
一、按地区分			
市 区	7 097 464	12 227 399	0.58
#京口区	2 835 211	2 316 939	1.22
润州区	477 005	1 578 441	0.30
丹徒区	2 321 533	2 934 707	0.79
新 区	1 463 715	5 397 312	0.27
丹阳市	981 255	8 436 704	0.12
扬中市	132 123	3 369 334	0.04
句容市	671 103	3 769 718	0.18
二、按工业行业大类分			
黑色金属矿采选业	5 688	193 871	0.03
非金属矿采选业	19 319	239 504	0.08
农副食品加工业	17 155	375 382	0.05
食品制造业	13 964	129 423	0.11
饮料制造业	3 906	32 184	0.12
纺织业	79 744	806 132	0.10
纺织服装、鞋、帽制造业	14 623	668 459	0.02
皮革、毛皮、羽毛(绒)及其制品业	4 866	235 047	0.02
木材加工及木、竹、藤、棕、草制品业	91 840	1 014 213	0.09
家具制造业	223	14 042	0.02
造纸及纸制品业	1 152 421	1 977 418	0.58

注：节能量和节能率为负值时表示节约，表中数值已扣除价格因素的影响。

综合能源消费量

2007年			节能量（吨标准煤）	节能率（%）	工业品出厂价格指数（以上年价格为100）
综合能源消费量（吨标准煤）	工业总产值（万元）	产值综合能耗（吨标准煤/万元）			
8 724 335	**21 919 288**	**0.40**	**-769 254**	**-6.95**	**105.82**
7 004 107	9 773 118	0.72	-603 186	-6.88	106.34
2 977 520	1 911 123	1.56	-304 490	-8.44	107.48
481 300	1 362 438	0.35	-25 763	-4.62	106.92
2 353 224	2 283 527	1.03	-279 122	-9.23	108.06
1 192 062	4 216 031	0.28	6 189	0.41	105.04
946 523	6 561 909	0.14	-92 462	-7.60	105.03
162 735	2 646 083	0.06	-32 331	-15.60	107.52
610 969	2 938 178	0.21	-41 275	-5.27	104.41
5 343	109 973	0.05	-1 970	-20.91	130.97
39 263	264 141	0.15	-15 196	-42.69	105.62
10 813	192 337	0.06	-1 478	-7.00	114.41
14 215	105 802	0.13	-2 456	-14.13	106.93
5 118	28 217	0.18	-1 802	-30.86	103.33
80 519	745 919	0.11	-5 791	-6.66	101.86
17 779	546 432	0.03	-6 942	-31.92	101.26
4 765	200 549	0.02	-676	-12.10	100.88
87 183	913 744	0.10	-677	-0.70	104.63
223	13 557	0.02	-1	-0.31	103.34
926 808	1 687 089	0.55	140 797	12.96	106.48

10–32（续）

项　目	2008年		
	综合能源消费量（吨标准煤）	工业总产值（万元）	产值综合能耗（吨标准煤/万元）
印刷业和记录媒介的复制	3 144	82 626	0.04
文教体育用品制造业	3 357	377 102	0.01
石油加工、炼焦及核燃料加工业	212 370	553 541	0.38
化学原料及化学制品制造业	1 101 093	4 918 308	0.22
医药制造业	12 819	132 729	0.10
化学纤维制造业	27 505	72 469	0.38
橡胶制品业	29 105	174 446	0.17
塑料制品业	20 244	362 882	0.06
非金属矿物制品业	1 346 250	1 302 432	1.03
黑色金属冶炼及压延加工业	235 533	924 977	0.25
有色金属冶炼及压延加工业	60 786	564 397	0.11
金属制品业	276 982	2 801 430	0.10
通用设备制造业	135 517	2 106 685	0.06
专用设备制造业	24 212	555 948	0.04
交通运输设备制造业	56 320	1 904 043	0.03
电气机械及器材制造业	54 630	3 192 414	0.02
通信设备、计算机及其他电子设备制造业	15 776	690 490	0.02
仪器仪表及文化、办公用机械制造业	18 036	359 467	0.05
工艺品及其他制造业	4 278	245 223	0.02
废弃资源和废旧材料回收加工业	2 604	28 041	0.09
电力、热力的生产和供应业	3 831 109	670 420	5.71
燃气生产和供应业	286	75 426	
水的生产和供应业	6 239	21 987	0.28

2007年			节能量（吨标准煤）	节能率（%）	工业品出厂价格指数（以上年价格为100）
综合能源消费量（吨标准煤）	工业总产值（万元）	产值综合能耗吨标准煤/万元）			
4 358	71 607	0.06	-1 885	-37.48	99.98
3 669	327 309	0.01	-790	-18.69	102.38
129 809	410 429	0.32	98 800	56.43	128.96
983 263	3 756 502	0.26	-109 307	-8.49	106.99
13 784	106 857	0.13	-3 558	-20.78	105.81
25 468	51 892	0.49	-8 365	-23.52	98.90
27 211	129 224	0.21	-6 458	-17.58	104.02
21 753	321 242	0.07	-4 357	-17.73	99.86
1 335 990	976 478	1.37	-353 311	-19.83	106.12
233 450	639 108	0.37	-56 456	-16.71	119.48
56 439	520 647	0.11	-3 039	-4.97	95.65
232 416	2 092 586	0.11	-4 885	-1.57	110.57
125 333	1 520 341	0.08	-32 989	-19.00	103.81
19 674	419 517	0.05	-1 068	-4.10	103.27
55 758	1 487 438	0.04	-13 714	-19.21	102.38
55 784	2 546 748	0.02	-14 198	-20.30	102.01
13 662	458 761	0.03	-5 192	-25.25	97.43
16 280	326 326	0.05	180	1.01	100.43
4 327	200 502	0.02	-898	-16.96	102.73
2106	28166	0.07	437	20.84	97.27
4 165 508	646 517	6.44	-351 255	-8.13	103.58
226	54 659		-11	-3.53	105.14
6 038	18 676	0.32	-743	-10.45	102.03

10－33 工业企业能源购进、消费及库存

能源名称	单 位	年初库存	购进量		消费量	年末库存
			实物量	金 额（万元）		
原 煤	吨	531 629	13 110 349	897 599	13 005 351	580 831
洗精煤	吨	37 135	507 836	50 764	476 846	53 679
其他洗煤	吨	10	600	46	600	
煤制品	吨	45	8 905	703	8 017	1 139
#型 煤	吨	45	575	39	547	73
水煤浆	吨		7 470	595	6 610	1 066
煤 粉	吨		621	49	621	
焦 炭	吨	7 825	309 721	54 966	368 611	5 630
其他焦化产品	吨		39 520	961	39 570	
焦炉煤气	万立方米		5 075	1 523	24 275	
其他煤气	万立方米		81	44	81	
天然气	万立方米		11 430	35 229	11 430	
汽 油	吨	105	20 649	12 134	20 783	78
煤 油	吨	12	3 214	1 795	3 210	14
柴 油	吨	1 838	56 037	32 887	56 390	1 952
燃料油	吨	1 687	48 970	18 791	48 935	1 503
液化石油气	吨	489	15 351	9 957	15 148	706
其他石油制品	吨	51 062	372 932	72 734	362 623	32 544
热 力	百万千焦		6 299 179	33 416	20 515 440	
电 力	万千瓦小时		812 700	546 076	1 107 403	
其他能源	吨标准煤		5 626	81	5 858	
#煤矸石	吨		25 899	69	27 199	
能源合计	吨标准煤	**485 747**	**12 208 242**	**1 769 704**	**13 110 844**	**516 980**

10－34　重点耗能工业企业

企 业 名 称	所属地区	企 业 名 称	所属地区
中国国电集团公司谏壁发电厂	京口区	镇江宏顺热电有限公司	丹徒区
国电江苏谏壁发电有限公司	京口区	镇江市丹徒化肥厂	丹徒区
江苏索普（集团）有限公司	京口区	江苏北固水泥有限责任公司	丹徒区
镇江大东纸业有限公司	京口区	镇江雩山水泥有限责任公司	丹徒区
江苏鸿泰钢铁有限公司	京口区	镇江万发化纤有限责任公司	丹徒区
镇江碳素总厂	京口区	金海宏业（镇江）沥青有限公司	丹徒区
镇江鼎胜铝业有限公司	京口区	镇江江源水泥有限公司	丹徒区
镇江市东方碳素有限责任公司	京口区	镇江茂源化工有限公司	丹徒区
镇江索普化工新发展有限公司	京口区	镇江中天钢管制造有限公司	丹徒区
镇江格兰春普化工有限公司	京口区	江苏华泰化工有限公司	丹徒区
中储粮镇江粮油有限公司	京口区	金东纸业（江苏）股份有限公司	新　区
江苏联合水泥有限公司	润州区	镇江大港热电厂有限责任公司	新　区
镇江市东亚碳素焦化有限公司	润州区	镇江江南化工有限公司	新　区
镇江市金山水泥有限责任公司	润州区	江苏太白集团有限公司	新　区
镇江市洋光水泥有限公司	润州区	江苏宏达新材料股份有限公司长江分公司	新　区
镇江泰普克沥青有限公司	润州区	镇江奇美化工有限公司	新　区
镇江市南方碳素厂	润州区	优利德（江苏）化工有限公司	新　区
江苏船山集团有限责任公司	润州区	华东泰克西汽车铸造有限公司	新　区
镇江市润州方舟水泥厂	润州区	镇江新兴生物能源开发有限责任公司	新　区
江苏恒顺集团有限公司	润州区	镇江国亨化学有限公司	新　区
正茂集团有限责任公司	润州区	镇江国亨塑胶有限公司	新　区
江苏镇江发电有限公司	丹徒区	镇江联成化学工业有限公司	新　区
中化镇江焦化有限公司	丹徒区	镇江万特福化工有限公司	新　区
江苏鹤林水泥有限公司	丹徒区	镇江正丹化学工业有限公司	新　区

10–34（续）

企业名称	所属地区	企业名称	所属地区
罗地亚（镇江）化学品有限公司	新　区	丹阳市新亚锻造五金厂	丹阳市
镇江南帝化工有限公司	新　区	丹阳市双阳化工厂	丹阳市
银峰铸造（中国）有限公司	新　区	丹阳联东化工有限公司	丹阳市
江苏天工集团有限公司	丹阳市	丹阳市丹盛纺织有限公司	丹阳市
江苏飞达工具股份有限公司	丹阳市	江苏丹工实业总公司	丹阳市
大亚科技集团有限公司	丹阳市	丹阳市天工纸业有限公司	丹阳市
丹阳钢铁厂	丹阳市	扬中市华太热电有限公司	扬中市
丹阳市协联热电有限公司	丹阳市	镇江苏惠乳胶制品有限公司	扬中市
丹阳市长丰造纸厂	丹阳市	江苏环太集团有限公司	扬中市
江苏丹化集团有限责任公司	丹阳市	江苏省福达特种钢有限公司	扬中市
江苏丹化醋酐有限公司	丹阳市	江苏宏达化工新材料股份有限公司	扬中市
江苏沃得机电集团有限公司	丹阳市	江苏康祥集团公司	扬中市
江苏正丹集团公司	丹阳市	嘉新京阳水泥有限公司	句容市
丹阳龙源热电厂	丹阳市	江苏远东水泥有限公司	句容市
丹阳市中超化工有限公司	丹阳市	江苏建华管桩有限公司	句容市
江苏晶谷米机集团公司	丹阳市	镇江恒丰钢业有限公司	句容市
丹阳市永兴水泥有限公司	丹阳市	镇江市长河水泥有限公司	句容市
江苏丹毛纺织有限公司	丹阳市	镇江市今盛白水泥有限公司	句容市
江苏大力神钢铁有限公司	丹阳市	江苏省京陶瓷业有限公司	句容市
江苏克诺双凤木业有限公司	丹阳市	江苏毅马铸锻有限公司	句容市
丹阳市嘉山水泥有限公司	丹阳市	镇江京久水泥有限公司	句容市
江苏丹棉集团有限公司	丹阳市	句容市狮城拉丝有限公司	句容市
丹阳市同昌玻璃有限公司	丹阳市	句容市金润粉体材料有限公司	句容市
丹阳市龙江钢铁有限公司	丹阳市	句容盛业管件制品有限公司	句容市

10－35　主要工业产品单位产量能耗

项　目	单　位	2008 年	2007 年
每吨纱（线）混合数综合能耗	千克标准煤 / 吨	487.77	495.70
每吨纱（线）混合数生产用电量	千瓦时 / 吨	3 270.58	3 226.33
机制纸及纸板耗电	千瓦时 / 吨	702.21	762.98
机制纸及纸板综合能耗	千克标准煤 / 吨	447.56	455.30
炼焦工序单位能耗	千克标准煤 / 吨	167.07	170.02
单位烧碱生产综合能耗（离子膜法 30%）	千克标准煤 / 吨	331.45	362.54
单位烧碱生产耗交流电（离子膜法 30%）	千瓦时 / 吨	2 307.51	2 248.15
单位烧碱生产综合能耗（隔膜法 30%）	千克标准煤 / 吨	650.05	647.66
单位烧碱生产耗交流电（隔膜法 30%）	千瓦时 / 吨	2 326.69	2 348.97
单位合成氨生产综合能耗	千克标准煤 / 吨	1 100.01	1 109.98
单位合成氨耗电	千瓦时 / 吨	1 069.45	1 069.89
单位合成氨耗原料煤	千克标煤 / 吨	902.00	901.99
单位合成氨耗标准燃料煤	千克标煤 / 吨	190.95	188.98
吨水泥熟料综合能耗	千克标准煤 / 吨	121.95	119.85
吨水泥熟料烧成标准煤耗	千克标准煤 / 吨	111.65	111.60
吨水泥熟料综合电耗	千瓦时 / 吨	62.74	63.78
吨水泥综合能耗	千克标准煤 / 吨	83.92	84.90
吨水泥综合电耗	千瓦时 / 吨	73.81	73.56
吨水泥标准煤耗	千克 / 吨	86.84	89.90
炼铁工序单位能耗	千克标准煤 / 吨	730.81	757.64
轧钢工序单位能耗	千克标准煤 / 吨	115.00	116.02
轧钢工序单位电力消耗	千瓦时 / 吨	554.00	549.36
吨铝加工材消耗电量	千瓦时 / 吨	1 648.72	1 279.10
吨铝加工材消耗能源量	千克标准煤 / 吨	363.46	303.29
电厂火力发电标准煤耗	克标准煤 / 千瓦时	316.83	319.62
电厂火力供电标准煤耗	克标准煤 / 千瓦时	336.28	340.37
发电厂用电率	%	5.83	6.20

注：本表统计范围为年耗标准煤 5000 吨以上工业企业。

10－36　大中型

企业名称	法定代表人	企业规模	经济类型	隶属关系
中国国电集团公司谏壁发电厂	陈建社	大型	国 有	中 央
江苏索普（集团）有限公司	宋勤华	大型	国 有	市 属
金东纸业（江苏）股份有限公司	黄志源	大型	三 资	市 属
江苏船山集团有限责任公司	冷青松	大型	股份制	市 属
镇江强凌电子有限公司	严兆陵	大型	三 资	其 他
大亚科技集团有限公司	陈兴康	大型	股份制	县 属
江苏丹棉集团有限公司	周 前	大型	股份制	县 属
江苏飞达工具股份有限公司	朱国平	大型	私 营	其 他
江苏天工集团有限公司	朱小坤	大型	集 体	乡镇属
江苏沃得机电集团有限公司	王伟耀	大型	私 营	其 他
华鹏集团公司	郭道鹏	大型	集 体	乡镇属
大全集团有限公司	徐广福	大型	股份制	乡镇属
中电电气集团有限公司	陆廷秀	大型	股份制	乡镇属
江苏建华管桩有限公司	许景新	大型	三 资	其 他
镇江新新工厂	孙恒铭	中型	国 有	省 属
镇江市自来水公司	尚亚波	中型	国 有	市 属
江苏惠通集团有限责任公司	刘正东	中型	股份制	市 属
镇江大东纸业有限公司	黄亦方	中型	三 资	市 属
中外合资镇江京友窗饰有限公司	符俊仁	中型	三 资	其 他
镇江震东电光源有限公司	胡 勇	中型	三 资	其 他
元鼎饰材实业（镇江）有限公司	许培祥	中型	三 资	其 他
镇江市宝华半挂车配件有限公司	童财宝	中型	私 营	其 他
江苏鸿泰钢铁有限公司	陈开春	中型	私 营	其 他
镇江鼎胜铝业有限公司	周贤海	中型	私 营	其 他
南京中船镇江船舶辅机厂	王志达	中型	国 有	省 属
镇江中福马机械有限公司	杨 健	中型	股份制	市 属
镇江江南化工有限公司	李远祥	中型	私 营	其 他
江苏福仕特集团化工有限公司	徐春富	中型	股份制	市 属
镇江五峰山船厂	陈育斌	中型	国 有	中 央
镇江江奎集团有限公司	王 伟	中型	三 资	市 属
镇江奇美化工有限公司	许春华	中型	三 资	其 他
江苏宏图高科技股份有限公司激光声像分公司	李培清	中型	股份制	市 属

工业企业一览表

电话号码	主要产品	邮政编码	企业详细地址
85352222	发电量、供热量	212006	镇江市京口区谏壁镇
88995088	醋酸、ADC 发泡剂、漂粉精	212006	镇江市京口区象山镇
88998888	纸张、纸板纸制品	212132	镇江市大港街道兴港东路 8 号
85823011	石灰石、水泥	212113	镇江市润州区蒋乔镇
88795242	电子整流器	212016	镇江市学府路 200 号
86882222	中高度纤维板、地板、铝箔	212313	丹阳市开发区双庙村
86522211	纱、线、布	212300	丹阳市云阳镇阜阳路 4 号
86321001	工具麻花钻、高速工具钢	212312	丹阳市后巷镇飞达村
86312598	工具麻花钻、高速工具钢	212312	丹阳市后巷镇前巷村
86348008	压力机生产、收割机、草坪机	212311	丹阳市埤城镇西丰村
88411156	开关柜、母线、桥架	212211	扬中市新坝镇建新路 158 号
88411200	开关柜、母线、桥架	212211	扬中市新坝镇新中南路 66 号
88225494	干式变压器、耐高温变压器	212200	扬中市三茅镇中电大道 188 号
87767781	预应力管桩	212413	句容市下蜀镇
84421500	钢钉、镀丝、色织布	212003	镇江市学府路 7 号
85018512	自来水	212001	镇江市解放路 49 号
88814833	电子元件及组件	212003	镇江市桃花坞新村二区 24 号
88820202	机制纸、加工纸	212001	镇江市东吴路 61 号
84408612	塑钢型材、塑料百叶窗帘	212003	镇江市京口区象山镇
88795712	灯头、灯泡	212014	镇江市京口区象山镇丹徒村 371 号
88829888	百页窗帘、塑料制品	212008	镇江市京口区象山镇禹山北路 168 号
88838888	鞍式牵引座	212003	镇江市京口区象山镇九里街东
83355277	螺纹钢	212006	镇江市京口区京口科技园蔡家村
83327238	铝板材、铝带材	212141	镇江市京口区京口科技园李华村
83361170	船用设备	212006	镇江市京口区谏壁镇越河街 56 号
88798000	人造板机械	212016	镇江市学府路 300 号
85511247	固体草甘膦、疫霜灵	212132	镇江市新区国际化学工业园
83369270	硼酸锌、N- 甲基苯胺	212006	镇江市新区粮山路 68 号
83121358	船舶修理、金属结构制品	212133	镇江市新区大路镇五峰山
88884250	激光视盘机、数码照相机、电视机	212009	镇江市丁卯开发区经八路 53 号
83121300	聚苯乙烯树脂	212132	镇江市新区韩峰路 18 号
88884246	DVD 视盘播放机	212009	镇江市经济开发区经八路九号

10–36（续1）

企业名称	法定代表人	企业规模	经济类型	隶属关系
华东泰克西汽车铸造有限公司	吴涛仲	中型	三 资	其 他
江苏希西维轴承有限公司	GIDRPAND	中型	三 资	市 属
江苏太白集团有限公司	张 健	中型	股份制	市 属
镇江市东方制冷空调设备配件有限公司	谭荣生	中型	私 营	其 他
镇江美驰轻型车系统（第二）有限公司	FRANK	中型	三 资	其 他
江苏齐航数控机床有限责任公司	李远清	中型	三 资	其 他
江苏吉贝尔药业有限公司	耿仲毅	中型	三 资	市 属
凯迩必机械工业（镇江）有限公司	渡边敏夫	中型	三 资	其 他
镇江华东电力设备制造厂	祝瑞银	中型	国 有	中 央
镇江液压件厂有限责任公司	潘正东	中型	股份制	市 属
镇江韦岗铁矿有限公司	翟志高	中型	股份制	其 他
正茂集团有限责任公司	徐 翔	中型	股份制	中 央
镇江金港磁性元件有限公司	艾学平	中型	三 资	其 他
江苏联合水泥有限公司	钱炳武	中型	三 资	市 属
镇江飞亚轴承有限责任公司	康顺杰	中型	私 营	其 他
镇江市天安电器电信有限公司	张小亭	中型	私 营	其 他
镇江华晨华通路面机械有限公司	刘炳昭	中型	三 资	市 属
镇江船厂有限责任公司	郭 琰	中型	私 营	其 他
江苏恒顺集团有限公司	叶有伟	中型	国 有	市 属
镇江中船设备有限公司	谢中全	中型	股份制	中 央
镇江中船瓦锡兰螺旋桨有限公司	MURTOARO	中型	三 资	其 他
镇江华润燃气有限公司	唐文雄	中型	三 资	市 属
江苏捷成车载电子信息工程有限公司	徐忠俊	中型	股份制	区 属
镇江亨利达轴承有限公司	周 明	中型	股份制	其 他
镇江雩山水泥有限责任公司	佘明全	中型	股份制	区 属
江苏恒丰集团	李建国	中型	股份制	区 属
镇江市丹徒化肥厂	杨 俊	中型	国 有	区 属
江苏镇江发电有限公司	徐松达	中型	股份制	省 属
江苏领先电子有限公司	林弘育	中型	三 资	其 他
精功镇江汽车制造有限公司	马 行	中型	私 营	其 他
镇江精诚轴承有限责任公司	关云洪	中型	私 营	其 他
江苏苏源振光电力设备制造有限公司	贾红宝	中型	股份制	乡镇属

电话号码	主要产品	邮政编码	企业详细地址
88880346	发动机缸体	212009	镇江市丁卯开发区
88883388	轴承、机械	212009	镇江市丁卯开发区经五路
83356695	钛白粉、涤纶树脂、硫酸	212132	镇江市新区临江西路68号
88988085	电加热管、电加热器	212132	镇江市大港机电工业园
88885999	汽车配件	212008	镇江市丁卯经济开发区
84422480	金属切削机床制造	212003	镇江市丁卯村1号
88885477	片剂、胶囊、眼药水	212009	镇江市经济开发区经七南路
88891017	汽车减震器	212009	镇江市经济开发区经十二路
85626511	消声器、化水装置、封闭母线	212017	镇江市七里甸
85626691	液压件	212005	镇江市朱方路300号
85822017	铁精矿粉、硫酸、阳极铜	212113	镇江市润州区蒋乔镇韦岗
84511540	锚链、船舶超重机械	212011	镇江市南门五峰口
85728168	磁钢	212017	镇江市润州区民营经民营开发区内
85826708	水泥、熟料	212113	镇江市润州区蒋乔镇韦岗
85626191	轴承、工业滚针	212005	镇江市朱方路235号
85721359	电子配件	212021	镇江市润州区民营经民营开发区内
84425459	摊铺机搅拌机、养护车	212003	镇江市润州区矿机路6号
85637101	金属船舶、机械设备	212005	镇江市润江路8号
85222400	食醋、酱油、酱油、酱腌菜	212004	镇江市中山西路84号
84511273	船用柴油机、船舶辅机、船舶推进器	212011	镇江市润州区蒋乔镇五凤口村
84516953	船用推进器	212011	镇江市镇宝路199号
88897960	燃气供应	212009	镇江市电力路45号
85625211	车载电子信息	212005	镇江市丹徒区谷阳镇缪家甸
85981266	轴承	212141	镇江市丹徒区辛丰镇辛丰村
83361770	水泥	212006	镇江市京口区谏壁镇雩山村
84561133	食醋	212143	镇江市丹徒区谷阳镇六村村
85375261	合成氨	212014	镇江市京口区丹徒镇复兴居委会
85686008	火力发电	212114	镇江市丹徒区高资镇
84565037	电子元件	212143	镇江市丹徒区谷阳镇张巷村
84462808	汽车制造	212121	镇江市丹徒区上党镇古洞村
83325518	轴承	212141	镇江市丹徒区辛丰镇辛丰村
85312068	钢管电杆	212121	镇江市丹徒区上党镇

10-36（续2）

企业名称	法定代表人	企业规模	经济类型	隶属关系
江苏北固水泥有限责任公司	赵育林	中型	私营	其他
江苏稳润光电有限公司	叶有伟	中型	三资	区属
镇江李裕碳素有限公司	李裕高	中型	三资	乡镇属
镇江市诚翔电器有限责任公司	朱立荣	中型	私营	其他
中化镇江焦化有限公司	苏启善	中型	三资	其他
镇江维科精华棉纺织有限公司	史美信	中型	股份制	市属
丹阳钢铁厂	陈三友	中型	国有	县属
江苏丹化集团有限责任公司	曾晓宁	中型	国有	县属
江苏丹化醋酐有限公司	曾晓宁	中型	三资	县属
丹阳市丹盛纺织有限公司	邵育浩	中型	私营	其他
丹阳市鑫隆纺织有限公司	张欣午	中型	私营	其他
镇江万新光学眼镜有限公司	汤龙保	中型	三资	乡镇属
江苏东方光学有限公司	蔡国洲	中型	三资	其他
海昌隐性眼镜有限公司	蔡国洲	中型	三资	其他
江苏美乐车圈有限公司	王国宝	中型	三资	其他
江苏宇洲光学有限公司	余志雄	中型	三资	乡镇属
江苏英东纺织实业有限公司	吴东方	中型	私营	其他
江苏盛丽绒绸印染实业有限公司	曾竹森	中型	私营	其他
镇江新澳光学有限公司	汤龙保	中型	三资	乡镇属
丹阳市塑料七厂	徐卫国	中型	私营	其他
江苏南洋印务集团有限公司	陈联芳	中型	私营	其他
丹阳福荣制衣有限公司	张锦云	中型	三资	其他
丹阳润泰纺织有限公司	王叶华	中型	私营	其他
丹阳锅炉辅机厂	陈云龙	中型	私营	其他
江苏正丹集团公司	曹正国	中型	私营	其他
鸿运农用车厂	蒋迁欢	中型	集体	乡镇属
丹阳市申阳电梯部件有限公司	姜锁保	中型	私营	其他
江苏圣罗兰寝品有限公司	刘腊梅	中型	私营	其他
江苏中彩印务有限公司	焦小林	中型	私营	其他
江苏合发装饰工程实业有限公司	荆夕坤	中型	三资	其他
江苏堂皇集团有限公司	荆玉堂	中型	私营	其他
江苏辰阳电子有限公司	何新友	中型	私营	其他

电话号码	主要产品	邮政编码	企业详细地址
85681055	425普硅水泥	212114	镇江市丹徒区高资镇
85510030	光电产品	212002	镇江市润州区金山西路14号
88815105	予焙阳极	212127	镇江市丹徒区谷阳镇长山村
88883173	高压开关柜	212003	镇江市丁卯桥80号
85682666	焦炭	212114	镇江市丹徒区高资镇营春村
88807326	棉纱	212003	镇江市东吴路197号
86523255	生铁、氧气	212300	丹阳市云阳镇港口东路34号
86522311	醋酐、二乙烯苯、二乙烯	212300	丹阳市云阳镇北环路12号
86522311	醋酐及衍生物、氮肥、特种气体	212300	丹阳市云阳镇北环路12号
86525466	布、纱	212300	丹阳市云阳镇新民西路285号
86523816	纺织品	212300	丹阳市云阳镇南门大街167号
86802427	树脂片、眼镜架	212331	丹阳市司徒镇光明中路25号
86802005	眼镜架	212331	丹阳市司徒镇谭巷村
86802005	隐形眼镜	212331	丹阳市司徒镇丹伏路1号
86801668	自行车钢圈、带钢	212331	丹阳市司徒镇丹伏路8号
86802432	眼镜	212331	丹阳市司徒丹伏路2号
86802076	涤棉纱、涤棉坯布	212331	丹阳市司徒镇光明中路35号
86802301	丝绒、化纤	212331	丹阳市司徒镇观鹤北路26号
86809168	眼镜片、眼镜片加硬镀膜	212331	丹阳市司徒光明中路25号
86523686	塑料编织袋、塑料内袋	212342	丹阳市延陵镇联兴村
86842074	印刷、扑克牌	212343	丹阳市延陵镇行宫健康路4号
86898288	服装、服装辅料	212342	丹阳市延陵镇联兴村
86898999	涤纶布	212342	丹阳市延陵镇联兴村
86692204	锅炉配件、锅炉弯管	212300	丹阳市珥陵镇护国村
86682626	偏苯三酸酐、对二乙基苯	212361	丹阳市导墅镇环镇西路
86478617	农用车、汽车配件	212361	丹阳市导墅镇小华村
86682652	电梯配件、扶梯配件	212361	丹阳市导墅镇环镇西路
86682607	床上用品	212361	丹阳市导墅镇环镇西路
86632612	包装、装璜、印、排版、出版	212327	丹阳市皇塘镇皇塘村
86632666	建筑金属装饰材、冷暖器材生产	213027	丹阳市皇塘镇白兔村
86639888	床上用品、保健织物及织品	213027	丹阳市皇塘镇常溧东路3号
86612704	电子变压器、电子适配器	212364	丹阳市蒋墅镇新镇路

10-36（续3）

企业名称	法定代表人	企业规模	经济类型	隶属关系
江苏绿叶锅炉配件有限公司	陈建平	中型	私营	其他
江苏丹毛纺织有限公司	徐荣良	中型	私营	其他
江苏轻扬电镀实业公司	庄坚飞	中型	私营	其他
丹阳市顺发电热材料有限公司	沙国伟	中型	私营	其他
丹阳市双峰玻璃瓶厂	巢杏松	中型	私营	其他
丹阳市兴达光电有限公司	马云燕	中型	私营	其他
江苏金昌集团有限公司	刘兆卿	中型	私营	其他
江苏超力电器有限公司	沈中泉	中型	私营	其他
江苏文光车辆附件有限公司	张文学	中型	私营	其他
江苏圆通汽车部件有限公司	郭卫东	中型	集体	乡镇属
丹阳市金长江环保汽摩消声器有限公司	王礼生	中型	三资	其他
江苏彤明车灯有限公司	姚纪荣	中型	三资	乡镇属
丹阳镇威汽配有限公司	张传枝	中型	三资	其他
江苏晨扬交通器材有限公司	郑俊雄	中型	三资	其他
丹阳市华凯线束有限公司	顾步良	中型	私营	其他
江苏宏昌汽车装饰配件有限公司	崔洪昌	中型	私营	其他
江苏新昌汽车部件有限公司	王琴芳	中型	三资	其他
江苏新泉汽车饰件有限公司	唐敖齐	中型	三资	村属
江苏丹工实业总公司	朱建农	中型	私营	其他
丹阳市长丰造纸厂	陈来大	中型	私营	其他
江苏大海集团股份有限公司	朱忠汉	中型	私营	其他
江苏丰裕工具有限公司	贾文郁	中型	私营	其他
丹阳天一通信有限公司	汪晓峰	中型	三资	其他
江苏东亚电子有限公司	汪东峰	中型	三资	其他
大赛璐安全系统（江苏）有限公司	宫崎铁三	中型	三资	其他
江苏华宇灯具有限公司	郑志伟	中型	私营	其他
江苏晶谷米机集团公司	朱昌宏	中型	私营	其他
江苏恒宝股份有限公司	钱云宝	中型	私营	其他
丹阳市永和纺织印染有限公司	马志麟	中型	三资	其他
丹阳市法拉电子有限公司	夏 渊	中型	三资	其他
江苏鱼跃医疗设备有限公司	吴光明	中型	私营	其他
江苏万泰塑胶电器有限公司	林新生	中型	私营	其他

电话号码	主 要 产 品	邮政编码	企 业 详 细 地 址
86633260	锅炉配件省煤器	212327	丹阳市皇塘镇皇塘村
86476177	布料	212351	丹阳市吕城镇吕蒙北路 2 号
86456437	摩托车配件	212352	丹阳市运河镇雨荷朱家
86478551	电热丝、电热管	212351	丹阳市吕城镇
86465528	抗生素瓶、注射剂瓶	212321	丹阳市访仙镇访东村
86418286	光学镜片、光学仪器零件	212325	丹阳市访仙镇
86462814	化学纤维布、各种门锁挂锁	212321	丹阳市访仙镇
86462594	微电机、其他微电机	212321	丹阳市访仙镇访高路 59 号
86418118	汽车安全顶窗、汽车风道	212325	丹阳市访仙镇
86418345	汽车轮毂、摩托车轮毂	212325	丹阳市访仙镇
86387379	摩托车零件	212323	丹阳市界牌镇长江渔场
86388851	汽车灯具	212323	丹阳市界牌镇东头港工业园
86380701	汽车雨刮器	212323	丹阳市界牌镇大成桥 15 组
86362006	汽车配件	212322	丹阳市新桥镇花扬路 35 号
86357325	汽车线束、电线	212322	丹阳市新桥镇中心工业园
86351690	汽车装饰件、灯具	212322	丹阳市新桥镇木桥工业园
86352928	汽车零配件	212322	丹阳市新桥镇腰沟工业园
86357471	汽车仪表板	212322	丹阳市新桥镇腰沟工业园
86312350	麻花钻、电熔耐火材料	212312	丹阳市后巷镇中心大街
86310097	高强度瓦楞纸	212312	丹阳市后巷镇庭和村
86312404	切削工具、冻干粉针剂	212312	丹阳市后巷镇五星村
86312198	钻头	212312	丹阳市后巷镇迎丰村
86312206	电子接插件	212312	丹阳市后巷镇民有村
86312191	各种接插件、光纤连接器	212312	丹阳市后巷镇民有村
86391999	汽车安全气囊	212312	丹阳市后巷镇建山
86345666	煤油灯具、带钢	212311	丹阳市埤城镇城中村镇西
86341888	米机轮毂、工具	212311	丹阳市埤城镇常兴村
86645000	磁卡、票据	212355	丹阳市横塘镇东马场
86528769	床上用品	212300	丹阳市云阳镇石城村朱家组
86525314	电子元件	212300	丹阳市云阳镇南门外大街 51 号
86963283	听诊器、血压测量仪	212300	丹阳市云阳镇开发区
86565888	塑料音响制品	212300	丹阳市云阳镇

10-36（续4）

企业名称	法定代表人	企业规模	经济类型	隶属关系
丹阳太平橡塑制品有限公司	王 平	中型	三 资	其 他
丹阳市金陵针织厂	刘茂荣	中型	私 营	其 他
江苏东方汽车装饰件总厂	聂刚龙	中型	集 体	其 他
江苏欣隆羽绒有限公司	谈爱松	中型	三 资	县 属
丹阳唯尊光学眼镜有限公司	王裕堂	中型	三 资	其 他
丹阳自来水公司	吴光平	中型	国 有	县 属
丹阳市友和实业有限公司	柴辽江	中型	私 营	其 他
丹阳华昌钻石工具制造有限公司	华川海	中型	三 资	县 属
丹阳锋泰钻石工具制造有限公司	邱新国	中型	三 资	县 属
江苏鸿晨光学有限公司	张加文	中型	三 资	其 他
江苏明月光电科技有限公司	谢公晚	中型	三 资	其 他
丹阳奇烨科技有限公司	夏耀如	中型	三 资	其 他
丹阳市肯帝亚木业有限公司	俪海星	中型	三 资	县 属
丹阳市龙江钢铁有限公司	林世樵	中型	三 资	其 他
江苏同力机械有限公司	李国平	中型	三 资	县 属
江苏大力神钢铁有限公司	樊建平	中型	私 营	其 他
江苏双仪光学器材有限公司	蔡秀英	中型	三 资	其 他
江苏海纳机电集团有限公司	王 征	中型	股份制	其 他
镇江市电站辅机厂	虞瑞鹤	中型	集 体	村 属
江苏港龙集团公司	高金保	中型	集 体	乡镇属
福达特种钢有限公司	顾炳福	中型	私 营	其 他
江苏天源华威电气集团有限公司	孙和平	中型	私 营	其 他
江苏华美制衣有限公司	陈国俊	中型	股份制	乡镇属
扬中市大地水泥有限公司	马爱民	中型	私 营	其 他
江苏海纬集团有限公司	董瑞海	中型	集 体	村 属
江苏双联集团公司	冯锦辉	中型	集 体	乡镇属
江苏康祥集团公司	朱康洋	中型	股份制	乡镇属
江苏东升电器集团公司	陈志斌	中型	国 有	县 属
江苏南自通华电气集团有限公司	王宝平	中型	股份制	县 属
江苏环太集团有限公司	王禄宝	中型	私 营	其 他
扬中市江南砂布有限公司	王荣生	中型	股份制	其 他
镇江苏惠乳胶制品有限公司	王学斌	中型	三 资	村 属

电话号码	主 要 产 品	邮政编码	企 业 详 细 地 址
86235819	橡胶管	212300	丹阳市云阳镇荆村桥村
86885738	针织衫	212310	丹阳市云阳镇金陵西路 138 号
86352998	汽车零配件	212322	丹阳市新桥镇群益村
86510006	羽绒、服装	212334	丹阳市练湖农场
86871237	树脂镜片	212334	丹阳市练湖农场东湖新村
86882129	自来水	212300	丹阳市云阳镇云阳路 55 号
86882238	金刚石锯片	212300	丹阳市开发区金陵西路 156 号
86887062	金刚石锯片	212310	丹阳市开发区善巷村
86880838	机床互换工具	212300	丹阳市开发区长段村
85116967	光学镜片、镜片配件	212300	丹阳市开发区永安村
86882167	镜片	212300	丹阳市开发区八纬路南
86220222	电子变压器、电源供应器	212312	丹阳市开发区前进村
86969508	强化复合地板	212300	丹阳市开发区迎春路 983 号
86595993	螺纹钢	212300	丹阳市开发区史巷村新滗路
86960925	精冲模、精密型、机床配件加工	212300	丹阳市开发区六纬路
86968969	冷轧薄板、管桩钢模	212300	丹阳市开发区双庙村
86988000	光学镜片	212300	丹阳市开发区双仪路
88520158	桥架、阀门、钢管	212216	扬中市油坊镇长旺西街 59 号
85159810	气力输送设备、罗茨风机	212200	扬中市三茅镇扬子西路 261 号
88431750	摩托车零部件、桥架、母线	212213	扬中市三茅镇丰中路
88489509	高速工具钢	212214	扬中市三茅镇永勤村
88401575	桥架母线、高低压开关柜	212211	扬中市新坝镇华威村 248 号
88222576	职业服装	212200	扬中市经济开发区新扬村
88559135	水泥	212200	扬中市经济开发区沙家港
88522198	桥架、管件阀门、氟氯苯胺	212216	扬中市油坊镇邻丰村
88434735	桥架、封闭母线、开关柜	212213	扬中市三茅镇三丰路 1 号
88423848	显示用液晶材料、次碳酸钠	212212	扬中市新坝镇扬中长江大桥
88322840	开关柜、桥架、母线	212200	扬中市三茅镇港东北路 28 号
88360952	配电柜、桥架、母线	212200	扬中市三茅镇南自路 1 号
88520807	复合肥、单晶硅片、硅橡胶	212216	扬中市油坊镇长虹路
88424120	砂布、砂纸	212212	扬中市新坝镇新跃村
88421067	乳胶手套、丁晴手套、PVC 手套	212212	扬中市新坝镇联合村

10–36（续 5）

企业名称	法定代表人	企业规模	经济类型	隶属关系
扬中江洲工艺品有限公司	张选中	中型	三 资	其 他
宜禾股份有限公司	马金芳	中型	股份制	乡镇属
镇江德利纺织制品有限公司	郭克元	中型	三 资	其 他
镇江维纳特气门有限公司	金 龙	中型	三 资	其 他
镇江市华银仪表电器有限公司	季忠银	中型	私 营	其 他
江苏星河集团公司	匡锡和	中型	股份制	乡镇属
江苏绿扬电子仪器集团有限公司	王金堂	中型	股份制	县 属
华能电气有限公司	周阿林	中型	股份制	村 属
江苏华厦电气实业集团	卞 雨	中型	股份制	村 属
江苏绿洲制衣有限公司	孙华忠	中型	股份制	县 属
江苏宏达化工新材料股份有限公司	朱德洪	中型	股份制	乡镇属
现代重工（中国）电气有限公司	金永男	中型	三 资	其 他
扬中市阀门厂有限公司	吴会友	中型	私 营	其 他
江苏天爱集团有限公司	杨桂萍	中型	股份合作	其 他
江苏华阳金属管件有限公司	李 鸣	中型	三 资	县 属
江苏远东水泥有限公司	唐明奇	中型	股份制	其 他
句容骏升显示技术有限公司	姚建伟	中型	三 资	县 属
镇江天力变压器有限公司	金天培	中型	私 营	其 他
嘉新京阳水泥有限公司	张永平	中型	三 资	其 他
句容都茂自行车有限公司	鲁发训	中型	三 资	其 他
句容盛业管件制品有限公司	杜盛钢	中型	三 资	其 他
句容市宁武化工有限公司	来桂琴	中型	私 营	其 他
句容益进光电科技有限公司	陈进荣	中型	三 资	其 他
句容骏科电子科技有限公司	柯立志	中型	三 资	其 他
句容华叶新技有限公司	张瑞定	中型	三 资	其 他
江苏久正光电有限公司	王世岳	中型	三 资	其 他
江苏毅马铸锻有限公司	张燕航	中型	三 资	其 他
江苏久禾光电有限公司	王世岳	中型	三 资	其 他
京陶瓷业有限公司	郜广江	中型	国 有	省 属
湾山旅游制品有限公司	吴 刚	中型	国 有	省 属

电话号码	主 要 产 品	邮政编码	企 业 详 细 地 址
88330181	柳制品、工艺品	212200	扬中市三茅镇环城北路 264 号
88420005	服装	212212	扬中市新坝镇宜禾路 88 号
88364696	床上用品、服装	212200	扬中市三茅镇扬子中路 202 号
88541768	内燃机配件、活塞销	212219	扬中市油坊镇利民村
88549058	电源线插件、电线电缆	212219	扬中市油坊镇长胜村
88453702	塑料管材、管件阀门	212215	扬中市三茅镇兴隆村
88339121	电子测量仪器、机电产品	212200	扬中市三茅镇绿扬路 88 号
88413088	开关柜、母线、桥架	212211	扬中市新坝镇向阳村
88363972	高低压开关柜、桥架、母线	212200	扬中市三茅镇民主村 101 号
88323428	纺织服装	212200	扬中市三茅镇环城南路 239 号
88224286	合成橡胶制造	212200	扬中市新坝镇明珠广场
88420240	GIS 设备、配电盘、断路器	212212	扬中市新坝镇新坝科技园
88481291	工业管道阀门、锻件、铸件	212214	扬中市三茅镇长江 1 号
87403204	长毛绒玩具	212444	句容市后白镇
87226280	不锈钢管件	212400	句容市华阳镇
87611121	水泥	212416	句容市边城镇
87261748	液晶显示屏	212400	句容市华阳镇
87226331	电力变压器	212400	句容市华阳镇
87762222	水泥	212411	句容市下蜀镇
87701888	自行车制造	212423	句容市黄梅镇
87280075	沙滩椅	212425	句容市华阳镇
87763100	专项化学用品	212405	句容市边城镇
87283009	光电产品及元器件	212400	句容市开发区
87876666	液晶显示器	212400	句容市开发区
87278351	金属材料	212400	句容市开发区
87285858	镜头	212400	句容市开发区
87767168	锻桩	212413	句容市下蜀镇
87289789	光学仪器	212400	句容市开发区杨塘岗
87612144	卫生陶瓷	212416	句容市边城镇小茅山
87739135	服装加工	212412	句容市下蜀镇

10－37 工业经济

项 目	综合指数	总资产贡献率（%）	资本保值增值率（%）
总 计	**202.26**	**13.58**	**120.44**
#民营企业	190.84	15.55	133.98
#高新技术企业	256.06	16.22	120.05
一、按轻重工业分			
轻工业	171.41	12.90	113.65
重工业	219.75	13.84	123.00
二、按登记注册类型分			
国有企业	181.60	8.73	114.95
集体企业	212.26	15.91	130.67
股份合作制企业	128.67	14.99	131.67
联营企业	116.67	12.61	351.64
有限责任公司	198.75	12.03	117.15
股份有限公司	175.80	8.92	164.60
私营企业	200.80	17.53	138.44
其他内资企业	192.11	16.47	166.41
港澳台投资企业	188.81	11.13	119.25
外商投资企业	244.11	12.99	104.69
三、按控股情况分			
国有控股企业	215.72	10.10	113.60
集体控股企业	203.64	15.40	135.91
私人控股企业	195.71	15.69	133.95
港澳台商控股企业	192.99	10.20	113.23
外商控股企业	241.59	13.27	105.48
四、按规模分			
大型企业	250.02	12.66	120.42
中型企业	207.11	13.98	115.11
小型企业	188.30	14.08	125.34
五、按地区分			
市 区	258.46	13.72	115.31
#京口区	236.40	11.73	109.24
润州区	173.46	11.99	117.67
丹徒区	240.37	16.75	128.78
新 区	391.81	13.89	112.70
辖 市	176.68	13.45	125.44
丹阳市	171.13	11.99	122.83
扬中市	188.58	14.43	133.12
句容市	190.90	16.91	122.58

效益综合指数

资　产 负债率 （%）	流动资产 周转次数 （次）	成本费用 利润率 （%）	全员劳动 生产率 （元/人）	产　品 销售率 （%）
63.30	**2.54**	**4.96**	**153 229**	**97.27**
64.26	2.56	4.48	128 483	97.33
62.17	2.66	5.43	228 691	96.71
65.68	2.47	6.28	100 078	96.87
62.39	2.56	4.59	182 181	97.38
62.17	1.70	3.36	158 023	99.16
58.37	2.81	3.97	160 293	97.83
55.89	3.03	2.77	29 700	94.03
95.02	1.53	0.15	25 577	100.00
69.98	1.95	4.40	169 106	98.31
32.30	1.84	5.04	123 918	95.22
64.37	2.81	4.66	132 656	97.21
69.96	2.71	3.30	127 940	98.92
57.62	2.77	3.85	140 341	97.39
63.06	2.71	7.57	208 638	96.12
65.24	1.85	4.37	202 982	99.86
59.71	2.79	4.06	146 231	97.92
64.63	2.54	4.60	135 840	97.24
58.15	2.83	3.32	154 067	95.97
63.59	2.65	8.24	200 384	97.04
66.24	2.05	7.19	230 302	97.93
60.85	2.38	6.29	154 369	97.10
62.63	2.96	3.24	131 158	97.04
63.87	2.82	6.31	233 997	97.38
66.57	2.87	2.78	227 155	99.10
64.14	1.71	6.55	114 532	100.09
64.89	4.39	4.42	178 704	96.65
62.43	2.80	9.18	435 949	96.25
62.78	2.36	3.92	119 407	97.18
64.16	2.29	3.71	118 390	97.39
62.29	1.89	5.55	131 611	97.50
58.86	3.28	2.96	122 686	96.42

10－38 工业企业水消费

单位：万立方米

项 目	取水总量	地表水	自来水	重复用水
总 计	**184 222**	**177 872**	**6 172**	**80 253**
一、按地区分				
市 区	173 080	169 909	3 047	79 178
#京口区	10 090	9 183	907	16 824
润州区	608	227	334	705
丹徒区	1 549	772	713	57 108
新 区	3 494	2 389	1 093	392
丹阳市	7 362	5 123	2 220	1 075
扬中市	1 976	1 440	536	
句容市	1 804	1 400	368	
二、按轻重工业分				
轻工业	17 869	16 207	1 647	333
重工业	166 353	161 665	4 525	79 920
三、按工业行业大类分				
黑色金属矿采选业	76	74	2	10
非金属矿采选业	207	193	13	88
农副食品加工业	56		55	
食品制造业	102		94	16
饮料制造业	38	11	27	
纺织业	352	43	305	25
纺织服装、鞋、帽制造业	104	0	104	
皮革、毛皮、羽毛(绒)及其制品业	110		110	
木材加工及木、竹、藤、棕、草制品业	212	55	157	
家具制造业	1		1	

10–38（续）

项　目	取水总量	地表水	自来水	重复用水
造纸及纸制品业	2 346	2 140	206	234
印刷业和记录媒介的复制	31		31	
文教体育用品制造业	28		28	
石油加工、炼焦及核燃料加工业	203	155	36	
化学原料及化学制品制造业	4 348	2 612	1 716	1 7216
医药制造业	32		32	
化学纤维制造业	84		84	
橡胶制品业	50	2	49	
塑料制品业	88		88	
非金属矿物制品业	778	426	272	320
黑色金属冶炼及压延加工业	188	81	107	741
有色金属冶炼及压延加工业	176	4	171	
金属制品业	581	8	572	254
通用设备制造业	407	7	362	28
专用设备制造业	84	15	69	20
交通运输设备制造业	449	29	420	14
电气机械及器材制造业	311	2	309	2
通信设备、计算机及其他电子设备制造业	114		113	2
仪器仪表及文化、办公用机械制造业	211		211	1
工艺品及其他制造业	27		26	
废弃资源和废旧材料回收加工业	1		1	
电力、热力的生产和供应业	158 229	157 847	381	61 282
燃气生产和供应业	8		8	
水的生产和供应业	14 189	14 169	12	

10－39 全社会分行业用电量

单位：万千瓦小时

项 目	2008年	2007年	增长％
全社会用电量	**1 376 869**	**1 268 025**	**8.6**
一、农、林、牧、渔业	**10 160**	**9 231**	**10.1**
＃农业	1 834	1 562	**17.4**
二、工业	**1 124 770**	**1 053 212**	**6.8**
＃轻工业	158 584	267 657	-40.8
重工业	966 186	785 555	23.0
＃厂用电量	277 633	162 949	70.4
线路损失量	98 027	88 294	11.0
三、建筑业	**10 124**	**6 823**	**48.4**
四、交通运输、仓储和邮政业	**16 229**	**11 211**	**44.8**
＃交通运输业	14 356	9 384	53.0
五、信息传输、计算机服务和软件业	**6 050**	**5 387**	**12.3**
六、商业、住宿和餐饮业	**29 788**	**26 796**	**11.2**
批发和零售业	19 930	17 515	13.8
住宿和餐饮业	9 858	9 281	6.2
七、金融、房地产、商务及居民服务业	**15 841**	**13 350**	**18.7**
＃金融业	3 091	2 758	12.1
房地产业	7 579	5 945	27.5
八、公共事业及管理组织	**37 565**	**32 911**	**14.1**
科学研究、技术服务和地质勘查业	551	493	11.8
水利、环境和公共设施管理业	8 206	7 168	14.5
教育、文化、体育和娱乐业	12 320	10 915	12.9
卫生、社会保障和社会福利业	6 748	5 440	24.0
公共管理和社会组织、国际组织	9 740	8 895	9.5
九、城乡居民生活用电	**126 342**	**109 104**	**15.8**
城镇	57 916	50 559	14.6
乡村	68 426	58 545	16.9

10-39（续）

项　目	2008年	2007年	增长%
工业用电量合计	**1 124 770**	**1 053 212**	**6.8**
（一）采矿业	17 294	17 133	0.9
煤炭开采和洗选业	38	79	-51.9
石油和天然气开采业	97	96	1.0
黑色金属矿采选业	4 090	4 349	-6.0
有色金属矿采选业	372	442	-15.8
非金属矿采选业	7 468	8 111	-7.9
其他矿采选业	5 229	4 056	28.9
（二）制造业	991 779	926 493	7.0
食品、饮料和烟草制造业	10 880	11 064	-1.7
纺织业	30 792	33 275	-7.5
服装、鞋帽、皮革、羽绒及其制品业	11 207	11 334	-1.1
木材加工及制品和家具制造业	20 306	18 690	8.6
造纸及纸制品业	190 251	191 127	-0.5
印刷业及记录媒介的复制	3 034	2 466	23.0
文化体育用品制造业	1 131	979	15.5
石油加工业、炼焦及核燃料加工业	5 731	3 344	71.4
化学原料及化学制品制造业	180 970	162 047	11.7
医药制造业	2 727	1 963	38.9
化学纤维制造业	5 162	5 091	1.4
橡胶及塑料制品业	38 887	35 276	10.2
非金属矿物制品业	126 851	125 916	0.7
黑色金属冶炼及压延加工业	115 366	94 993	21.4
有色金属冶炼及压延加工业	37 659	32 231	16.8
金属制品业	81 670	78 832	3.6
通用及专用设备制造业	39 676	37 335	6.3
交通运输、电气、电子设备制造业	84 371	77 967	8.2
工艺品及其他制造业	2 400	2 394	0.3
废弃资源和废旧材料回收加工业	2 708	169	1502.4
（三）电力、燃气及水的生产和供应业	115 697	109 586	5.6
电力、热力的生产和供应业	107 101	100 221	6.9
燃气生产和供应业	450	1 289	-65.1
水的生产和供应业	8 146	8 076	0.9

10－40 分地区用电量

单位：万千瓦小时

项 目	2008 年	2007 年	增长 %
全社会用电量	**1 376 869**	**1 268 025**	**8.6**
#市 区	742 148	708 668	4.7
丹阳市	427 666	364 338	17.4
扬中市	75 799	66 199	14.5
句容市	131 256	128 820	1.9
#工业用电量	1 124 770	1 053 212	6.8
市 区	613 010	597 150	2.7
丹阳市	360 089	308 102	16.9
扬中市	52 956	47 157	12.3
句容市	98 715	100 803	-2.1
城乡居民用电量	**126 342**	**109 104**	**15.8**
#市 区	59 015	51 747	14.0
丹阳市	36 064	30 180	19.5
扬中市	13 346	11 999	11.2
句容市	17 917	15 178	18.0
#城镇居民用电量	57 916	50 559	6.8
市 区	37 736	33 486	12.7
丹阳市	10 175	8 507	19.6
扬中市	4 223	3 654	15.6
句容市	5 782	4 912	17.7

10－41　主要年份工业单位数和总产值

单位：个、万元

年　份	单位数	规模以上工业企业	工业总产值	规模以上工业企业
1983	2 423		281 712	
1984	9 847		350 235	
1985	20 091		549 630	
1986	18 877		651 482	
1987	20 757		858 851	
1988	22 317		1 187 913	
1989	23 012		1 343 495	
1990	22 708		1 511 125	
1991	22 352		1 673 061	
1992	22 717		2 212 701	
1993	23 684		3 496 156	
1994	22 849		4 967 521	
1995	21 115		6 628 401/5 350 239	
1996	22 524		7 127 727	
1997	22 700		7 452 814	
1998	19 319	17 456	7 956 834	5 535 149
1999	18 553	16 863	8 406 141	5 762 365
2000	19 985	17 879	9 053 680	5 864 327
2001	20 664	18 898	9 508 392	5 896 415
2002	22 635	20 508	11 116 961	7 022 532
2003	23 796	19 677	12 742 784	7 855 707
2004	25 795	20 302	15 393 009	9 271 044
2005	29 736	1 773	17 256 544	13 315 610
2006	30 135	1 961	20 374 811	16 287 831
2007	30 883	2 210	25 891 561	21 447 122
2008	**31 470**	**2 504**	**32 336 484**	**27 803 156**

注：工业单位数含个体工业户

统计指标解释

工 业

指从事自然资源的开采，对采掘品和农产品进行加工和再加工的物质生产部门。具体包括：（1）对自然资源的开采，如采矿、晒盐、森林采伐等（但不包括禽兽捕猎和水产捕捞）；（2）对农副产品的加工、再加工，如粮油加工、食品加工、轧花、缫丝、纺织、制革等；（3）对采掘品的加工、再加工，如炼铁、炼钢、化工生产、石油加工、机器制造、木材加工等，以及电力、自来水、煤气的生产和供应等；（4）对工业品的修理、翻新，如机器设备的修理、交通运输工具（包括小卧车）的修理等。

工业统计调查单位

工业统计调查单位分为两类：独立核算法人工业企业和工业活动单位。

(1) 独立核算法人工业企业 是指从事工业生产经营活动的单位。独立核算法人工业企业应同时具备以下条件：①依法成立，有自己的名称、组织机构和场所，能够承担民事责任；②独立拥有和使用资产，承担负债，有权与其他单位签订合同；③独立核算盈亏，并能够编制资产负债表。

(2) 工业活动单位 是指在一个场所从事一种或主要从事一种工业生产活动的经济单位。它包括独立核算工业企业按主营业务活动（即工业生产活动）划分的主营业务活动单位和非工业企业所属的工业生产活动单位（即原非独立核算工业生产单位)。工业活动单位，一般应同时具备以下三个条件：①具有一个场所，从事一种或主要从事一种工业活动；②单独组织工业生产、经营或业务活动；③单独核算收入和支出。

规模以上工业统计调查单位

是指全部国有及年产品销售收入 500 万元及以上的非国有工业企业。

轻工业

指主要提供生活消费品和制作手工工具的工业。按其所使用的原料不同，可分为两大类：（1）以农产品为原料的轻工业，是指直接或间接以农产品为基本原料的轻工业。主要包括食品制造、饮料制造、烟草加工、纺织、缝纫、皮革和毛皮制作、造纸以及印刷等工业；（2）以非农产品为原料的轻工业，是指以工业品为原料的轻工业。主要包括文教体育用品、化学药品制造、合成纤维制造、日用化学制品、日用玻璃制品、日用金属制品、手工工具制造、医疗器械制造、文化和办公用机械制造等工业。

重工业

是指为国民经济各部门提供物质技术基础的主要生产资料的工业。按其生产性质和产品用途，可以分为下列三类：（1）采掘（伐）工业，是指对自然资源的开采，包括石油开采、煤炭开采、非金属矿开采和木材采伐等工业；（2）原材料工业，指向国民经济各部门提供基本材料、动力和燃料的工业。包括金属冶炼及加工、炼焦及焦炭化学、化工原料、水泥、人造板以及电力、石油和煤炭加工等工业；（3）加工工业，是指对工业原材料进行再加工制造的工业。包括装备国民经济各部门的机械设备制造工业、金属结构、水泥制品等工业，以及为农业提供的生产资料如化肥、农药等工业。

根据上述划分原则，修理业中以重工业产品为修理作业对象的划为重工业，反之划为轻工业。

工业总产值

是以货币表现的工业企业在一定时期内生产的已出售或可供出售的工业产品总量，它反映一定时期内工业生产的总规模和总水平。它包括：在本企业内不再进行加工，经检验、包装入库（规定不需包装的产品除外）的成品价值，对外加工费收入，自制半成品、在产品期末期初差额价值。工业总产值采用“工厂法”计算，即以工业企业作为一个整体，按企业工业生产活动的最终成果来计算，企业内部不允许重复计算，不能把企业内部各个车间（分厂）生产的成果相加。但在企业之间、行业之间、地区之间存在着重复计算。

轻重工业总产值的划分也是按“工厂法”计算的，即一个工业企业在正常情况下生产的主要产品的性质属于轻工业，则该企业的全部总产值作为轻工业总产值；一个工业企业生产的主要产品的性质属于重工业，则该企业的全部总产值作为重工业总产值。

工业经济效益综合指数

是衡量工业经济效益各方面在数量上总体水平的一种特殊相对数，是反映工业经济运行质量的综合指标。它是以每项指标的实际值分别除以该项指标的全国标准值，并乘以其权数，加总后再除以总权数而求得。计算公式：

$$工业经济效益综合指数=\sum\left(\frac{某项指标的报告期数值}{该指标全国标准值}\times 该指标权数\right)\div 总权数$$

工业增加值

是指工业企业在报告期内以货币表现的工业生产活动的最终成果。

固定资产原值

指企业在建造、购置、安装、改建、扩建、技术改造某项固定资产时所支出的全部货币总额。它一般包括买价、包装费、运杂费和安装费等。

固定资产净值

是指固定资产原值减去历年已提折旧额后的净额。

流动资产

是指可以在一年或者超过一年的一个营业周期内变现或者耗用的资产，包括现金及各种存款、短期投资、应收及预付货款、存货等。

利税总额

指企业利润总额、产品销售税金及附加和应交增值税之和。

资金利税率

指在一定时期内已实现的利润、税金总额与同期的资产（固定资产净值和流动资产）之比。计算公式：

$$资金利税率（\%）=\frac{报告期累计实现利税总额}{固定资产净值平均余额+流动资产平均余额}\times 100\%$$

资金利税率反映每单位（通常是每万元）资金所提供的利润税金额。它是考察和评价部门或企业资金运用的经济效益，分析资金投入效果的主要指标。

工业成本费用利润率

指在一定时期内实现的利润与成本费用之比，是反映工业生产成本及费用投入的经济效益指标，同时也是反映降低成本的经济效益的指标。计算公式：

工业增加值率

是指在一定时期内工业增加值占同期工业总产值的比重，反映降低中间消耗的经济效益。

计算公式：

$$工业增加值率（\%）=\frac{工业增加值（现价）}{工业总产值（现价）+销项税额}\times 100\%$$

流动资产周转次数

指在一定时期内流动资产完成的周转次数，反映流动资产的周转速度。计算公式：

$$流动资产周转次数 = \frac{产品销售收入}{全部流动资产平均余额}$$

产品销售率

指一定时期内销售产值与同期全部工业总产值之比，反映工业产品已实现销售的程度。

计算公式：

$$工业产品销售率（\%） = \frac{报告期现价工业销售产值}{报告期现价工业总产值} \times 100\%$$

产品销售收入

指企业销售产品的销售收入和提供劳务等主要经营业务取得的业务总额。

产品销售成本

指企业销售产品和提供劳务等主要经营业务的实际成本。

产品销售税金及附加

指企业销售产品和提供工业性劳务等主要经营业务应负担的城市维护建设税、消费税、资源税和教育费附加。

产品销售利润

指企业销售产品和提供工业性劳务等主要经营业务收入扣除其成本、费用、税金后的利润。

利润总额

指企业实现的利润。

应交增值税

指企业在报告期内应交纳的增值税额。

全员劳动生产率

指根据产品的价值量指标计算的平均每一个职工在单位时间内的产品生产量。是考核企业经济活动的重要指标，是企业生产技术水平、经营管理水平、职工技术熟练程度和劳动积极性的综合表现。目前我国的全员劳动生产率是将工业企业的工业增加值除以同一时期全部从业人员的平均人数来计算的。计算公式：

$$全员劳动生产率（元/人） = \frac{工业增加值}{全部从业人员平均人数}$$

实收资本

指企业实际收到投资者投入企业的可作为长期周转使用的主要经营资本，包括国家资本、法人资本、集体资本、个人资本和外商及港澳台资本。

总资产

指企业拥有或控制的全部资产。包括流动资产、长期投资、固定资产、无形及递延资产、其他长期资产、递延税项等，即为企业资产负债表的资产总计项。

(1) 固定资产 指企业固定资产净值、固定资产清理、在建工程、待处理固定资产损失所占用的资金合计。

(2) 无形资产 指企业长期使用而没有实物形态的资产。包括专利权、非专利技术、商标权、著作权、土地使用权、商誉等。

总负债

指企业承担并需要偿还的全部债务。包括流动负债和长期负债、递延税项等，即为企业资产负债表的负债合计项。

（1）流动负债 指企业在一年内或者超过一年的一个营业周期内需要偿还的债务合计，包括短期借款、应付及预收款项、应付工资、应交税金和应交利润等。

（2）长期负债 指企业在一年以上或者超过一年的一个营业周期以上需要偿还的债务合计，包括长期借款、应付债务、长期应付款项等。

所有者权益

指企业投资人对企业净资产的所有权。企业净资产等于企业全部资产减去全部负债后的余额，包括投资者对企业的最初投入，以及资本公积金、盈余公积金和未分配利润，对股份制企业即为股东权益。

能源生产总量

指一定时期内全国（地区）一次能源生产量的总和，是观察全国（地区）能源生产水平、规模、构成和发展速度的总量指标。一次能源生产量包括原煤、原油、天然气、水电及其他动力能（如风能、地热能等）发电量。不包括低热值燃料生产量、生物质能、太阳能等的利用和由一次能源加工转换而成的二次能源产量。

能源消费总量

指一定时期内全国（地区）物质生产部门、非物质生产部门和生活消费的各种能源的总和，是观察能源消费水平、构成和增长速度的总量指标，能源消费总量包括原煤和原油及其制品、天然气、电力。不包括低热值燃料、生物质能和太阳能等的利用。能源消费总量分为三部分，即终端能源消费量、能源加工转换损失量和损失量。（1）终端能源消费量指一定时期内全国（地区）物质生产部门、非物质生产部门和生活消费的各种能源在扣除了用于加工转换二次能源消费量和损失量以后的数量。（2）能源加工转换损失量指一定时期内全国（地区）投入加工转换的各种能源数量之和与产出各种能源产品之和的差额。它是观察能源在加工转换过程中损失量变化的指标。（3）能源损失量指一定时期内能源在输送、分配、储存过程中发生的损失和由客观原因造成的各种损失量。不包括各种气体能源放空、放散量。

能源生产弹性系数

是研究能源生产量的增长与国民经济增长之间关系的指标。计算公式：

能源生产弹性系数＝能源生产总量年平均增长速度／国民经济年平均增长速度

国民经济年平均增长速度，一般采用国内生产总值指标来计算。

电力生产弹性系数

是研究电力生产量的增长与国民经济增长之间关系的指标。一般来说，电力的发展应当快于国民经济的发展，也就是说电力应超前发展。计算公式：

电力生产弹性系数＝电力生产量年平均增长速度／国民经济年平均增长速度

能源消费弹性系数

是反映能源消费增长速度与国民经济增长速度之间比例关系的指标。计算公式：

能源消费弹性系数＝能源消费量年平均增长速度／国民经济年平均增长速度

电力消费弹性系数

是反映电力消费增长速度与国民经济增长速度之间比例关系的指标。计算公式：

电力消费弹性系数＝电力消费量年平均增长速度／国民经济年平均增长速度

能源加工转换效率

指一定时期内能源经过加工转换后，产出的各种能源产品的数量与同期内投入加工转换的各种能源数量的比率。它是观察能源加工转换装置和生产工艺先进与落后、管理水平高低等的重要指标。计算公式：

能源加工转换效率＝加工转换产出量／加工转换投入量×100%

STATISTICAL
YEAR
BOOK

第十一篇
Chapter 11

交通、邮电
Transportation, Post and Telecommunication

11－1　公路、内河航道、码头情况

项　目	单　位	2008 年	2007 年
一、公路线路里程	**公里**	**6 475**	**6 219**
等级公路	公里	6 475	6 201
高　速	公里	153	146
一　级	公里	611	505
二　级	公里	708	702
三　级	公里	796	592
四　级	公里	4 207	4 256
路面等级里程	公里	6 475	6 219
有铺装路面（高级）	公里	5 472	4 842
简易铺装路面（次高级）	公里	160	209
未铺装路面	公里	843	1 168
公路桥梁	座	998	974
公路桥梁	米	72 165	70 125
二、内河航道里程	**公里**	**579**	**597**
# 水深 1 米以上	公里	437	437
等级航道	公里	111	111
四级以上	公里	19	14
五　级	公里	24	29
六　级	公里	46	46
七　级	公里	22	22
等外航道	公里	468	486
航道闸坝	座	21	21
# 碍航闸坝	座	3	3
三、港口码头泊位数	个	**249**	**242**
# 万吨级	个	27	28
# 生产用	个	247	240
码头长度	米	16 148	15 574
# 生产用	米	15 908	15 334

11－2 民用机动车及运输船舶拥有量

项 目	单 位	2008年	2007年
民用车辆	辆	**754 946**	**728 480**
一、汽车	辆	128 576	113 581
#个人	辆	84 756	71 885
载客汽车	辆	98 288	83 128
#个人	辆	70 762	57 667
#营运	辆	4 421	4 521
#出租	辆	2 193	2 317
#大型	辆	2 296	2 119
中型	辆	3 851	3 936
小型	辆	86 182	71 258
微型	辆	5 959	5 815
载货汽车	辆	21 827	21 523
#重型	辆	3 325	2 809
中型	辆	7 786	8 177
轻型	辆	10 170	9 968
微型	辆	546	569
其他汽车	辆	8 461	8 930
二、摩托车	辆	603 883	592 804
普通	辆	573 956	560 238
轻便	辆	29 927	32 566
三、拖拉机	辆	21 278	20 968
#小型	辆	19 289	15 751
四、挂车	辆	1 209	1 127
民用运输驳船总计	艘	**734**	**736**
一、机动船舶数	艘	528	516
客船	艘/客位	42/501	50/5 566
货船	艘/吨位	361/59 560	355/79 639
拖船	艘/千瓦	125/19 210	111/17 851
二、驳船	艘/吨位	206/39 259	220/68 891

补充资料：年末机动车驾驶员587172人，其中：汽车驾驶员367767人。

11－3　客、货运输量

项　目	全　市	市　区	丹徒区	丹阳市	扬中市	句容市
一、客运量（万人）	**10 632**	**6 038**	**665**	**2 282**	**1 016**	**1 296**
铁路	540	407		133		
公路	10 092	5 631	665	2 149	1 016	1 296
#交通部门	3 919	2 824	217			1 095
非交通部门	6 173	2 807	448	2 149	1 016	201
#个体	203			203		
二、旅客周转量（万人公里）	**535 514**	**302 011**	**28 301**	**114 075**	**50 688**	**68 740**
铁路						
公路	535 514	302 011	28 301	114 075	50 688	68 740
#交通部门	133 966	108 765	9 267			25 201
非交通部门	401 548	193 246	19 034	114 075	50 688	43 539
#个体	4 331			4 331		
三、货运量（万吨）	**7 263**	**4 160**	**1 251**	**1 565**	**419**	**1 119**
铁路	124	94		30		
公路	6 568	3 686	1 118	1 496	399	987
#交通部门	9	8			1	
非交通部门	6 559	3 678	1 118	1 496	398	987
#个体	2 439	832	454	758	175	674
水路	571	380	133	39	20	132
#交通部门	25					25
非交通部门	546	380	133	39	20	107
四、货物周转量（万吨公里）	**437 100**	**259 169**	**82 929**	**78 348**	**23 125**	**76 458**
铁路						
公路	303 190	170 111	51 742	69 056	18 538	45 485
#交通部门	316	311			5	
非交通部门	302 874	169 800	51 742	69 056	18 533	45 485
#个体	67 321	22 990	12 524	20 892	4 816	18 623
水路	133 910	89 058	31 187	9 292	4 587	30 973
#交通部门	600					600
非交通部门	133 310	89 058	31 187	9 292	4 587	30 373
五、港口货物吞吐量（万吨公里）	**10 055**					
#长江港	8 705					
#集装箱运量（TEU)	292 447					
#外贸	1 162					

11－4　邮电基本情况

项　目	单　位	全　市	市　区	丹阳市	扬中市	句容市
邮政局所总数	处	131	47	39	14	31
局用交换机容量	万门	136.61	61.33	38.16	14.54	22.58
局用交换机实占容量	万门	106.16	47.82	29.15	11.51	17.68
长途电话交换机容量	路端	24 000	24 000			
长途电话交换机实占容量	路端	23 550	23 550			
长途数字终端复用设备容量	路	133 890	133 890			
长途数字终端复用设备实占容量	路	29 070	29 070			
长途业务电路	路	3 480	3 480			
长途电话业务电路	路	18 720	18 720			
数据通信网长途电路	路	1 290	1 290			
公用电话点	处	43 649	26 621	7 740	4 081	5 207
国际互联网络用户	万户	33.92	17.73	8.82	4.16	3.21
#拨号上网用户	万户	0.95	0.95			
数字数据用户（DDN）	户	1 252	734	282	160	76
本地电话用户	万户	143.11	65.14	38.01	19.65	20.31
#城市电话用户	万户	97.33	58.89	18.03	12.17	8.24
#移动市话用户	万户	43.39	22.70	9.57	7.42	3.70
住宅电话用户	万户	71.35	26.98	23.14	8.28	12.95
#农村电话用户	万户	35.50		18.83	6.22	10.45
全社会移动电话用户	万户	186.27	83.63	53.78	22.20	26.66

11－5　邮电主要设备

项　目	单　位	全　市	市　区	丹阳市	扬中市	句容市
计算机	台	3 711	1 924	821	502	464
局用网服务器	台	195	143	18	31	3
局用网交换机	台	293	128	66	60	39
局用网路由器	台	149	56	75	10	8
自有房屋建筑面积	万平方米	48.76	23.78	11.51	6.41	7.06
#生产用	万平方米	38.39	18.14	10.77	4.61	4.87
本地电话中继电路	万路	21.38	8.30	6.70	2.37	4.01
电缆长度	皮长公里	59 659	22 079	19 292	6 160	12 128
长途光缆线路长度	公里	3 444	3 444			
数字微波线路长度	公里	21	21			
数字数据网节点机端口数	个	3 018	1 538	780	305	395
出局用户线对数	万对	180.78	77.37	54.97	18.83	29.61
移动电话交换机容量	万路	194.47	194.47			
移动电话基站数	个	819	384	182	106	147
移动电话通信信道	个	55 201	24 801	14 147	6 468	9 785
邮路总条数	条	75	26	41	4	4
邮路总长度	公里	5 859	2 572	2 796	156	335
农村投递线路总长度	公里	12 578	4 640	4 267	1 600	2 071
邮政汽车	辆	259	121	63	40	35
邮资机	台	30	14	10	4	2
ATM 自动柜员机	台	107	57	28	12	10

11－6　邮电业务量

项　目	单　位	全　市	市　区	丹阳市	扬中市	句容市
邮政业务总量	万元	33 454	13 198	10 572	5 059	4 625
电信业务总量	万元	254 252	127 546	64 993	29 680	32 033
邮政业务收入	万元	24 263	11 231	7 050	3 314	2 668
电信业务收入	万元	191 989	86 712	55 351	24 105	25 821
函件	万件	2 476	1 242	495	420	319
包裹	万件	19	8	7	2	2
汇票	万张	77	37	27	6	7
机要邮件	万件	2.10	1.78	0.05	0.08	0.19
特快专递	万件	146	62	43	23	18
订销报纸累计份数	万份	9 733	4 157	3 485	1 124	967
订销杂志累计份数	万份	534	339	98	60	37
报纸期发份数	万份	38	15	15	4	4
杂志期发份数	万份	30	18	6	3	3
报刊流转额	万元	7 675	3 916	2 157	862	740
邮政信箱箱格口数	万个	16	11	1	3	1
邮政投递点	万个	17	12	1	3	1
邮政储蓄收储余额	亿元	72	22	26	12	12
集邮	万枚	380	248	12	103	17
长途电话	万次	23 313	10 394	6 002	3 622	3 295
短信业务量	万条	170 431	77 560	47 560	21 245	24 066
公用电话	部	75 952	50 071	10 255	6 031	9 595

11－7　主要年份运输、邮电生产完成情况

年份	货运量总计（万吨）	铁路	公路	客运量总计（万人）	铁路	公路	港口货物吞吐量（万吨）	邮电业务总量（万元）
1949	20		20				12	192
1952	83	15	68	11		11	45	239
1957	129	21	108	320	184	136	108	360
1962	210	40	170	482	403	79	160	660
1965	345	71	274	270	209	61	280	686
1970	588	97	245	781	272	339	233	765
1975	869	176	364	1 279	348	735	509	995
1978	1 170	226	541	1 736	388	1 209	706	1 204
1979	1 196	218	570	1 987	415	1 410	673	1 280
1980	1 207	215	573	2 289	464	1 652	709	1 414
1981	1 149	218	533	2 596	465	1 963	752	1 534
1982	1 248	243	577	2 919	459	2 285	794	1 631
1983	1 885	262	1 095	3 195	488	2 536	890	1 798
1984	1 928	281	1 070	3 348	535	2 666	1 009	1 986
1985	3 370	304	2 266	4 008	556	3 307	1 076	2 508
1986	3 342	309	2 303	3 936	563	3 255	1 260	3 304
1987	3 714	302	2 711	3 921	619	3 196	1 519	3 664
1988	3 421	261	2 479	3 917	712	3 087	1 687	4 798
1989	3 713	315	2 764	3 818	662	3 064	1 803	5 312
1990	3 631	326	2 828	3 509	569	2 867	1 669	6 199
1991	3 874	304	3 058	3 648	550	3 020	1 635	8 472
1992	6 181	313	5 249	4 419	573	3 764	1 896	12 608
1993	3 498	330	2 492	3 433	589	2 770	2 154	20 087
1994	3 664	308	2 808	4 231	584	3 584	2 080	30 714
1995	4 220	318	3 271	4 839	523	4 271	1 971	42 214
1996	3 815	298	3 109	5 160	479	4 638	2 211	51 500
1997	3 931	367	3 132	5 286	421	4 833	2 246	68 851
1998	3 705	298	3 054	5 358	424	4 909	2 226	86 144
1999	3 933	292	3 259	5 526	458	5 045	2 437	97 086
2000	4 100	383	3 343	5 638	436	5 175	2 996	109 830
2001	4 259	380	3 460	5 904	493	5 390	2 949	124 025
2002	4 385	437	3 632	6 148	507	5 615	3 247	149 997
2003	4 654	472	3 856	6 150	426	5 704	3 690	162 568
2004	5 189	557	4 283	6 669	484	6 168	5 342	188 935
2005	5 231	264	4 574	7 223	511	6 712	6 001	214 180
2006	5 507	134	4 951	7 965	524	7 441	6 863	250 329
2007	6 325	140	5 674	9 238	495	8 743	8 849	272 060
2008	**7 263**	**124**	**6 568**	**10 632**	**540**	**10 092**	**10 055**	**287 706**

注：1966 年以前公路为水路、陆路合计数。

邮电业务总量 2000 年前按 1990 年不变价格计算，2000 年及以后年度按 2000 年不变价格计算。

统计指标解释

货（客）运量

指在一定时期内，各种运输工具实际运送的货物（旅客）数量。是反映运输业为国民经济和人民生活服务的数量指标，也是编制和检查运输生产计划，研究运输发展规模和速度的重要指标。货运按吨计算，客运按人计算。货物不论运输距离长短，货物类别，均按实际重量统计；旅客不论行程远近或票价多少，均按一人一次作为客运量统计。半价票、小孩票也按一人统计。

货物（旅客）周转量

指在一定时期内，由各种运输工具运送的货物（旅客）数量与其相应运输距离的乘积之总和，是反映运输业生产总成果的重要指标，也是编制和检查运输生产计划，计算运输效率、劳动生产率以及核算运输单位成本的主要基础资料。通常以吨公里和人公里为计算单位。计算货物周转量通常按发出站与到达站之间的最短距离，也就是计费距离计算。

港口货物吞吐量

指由水运进出港区范围，并经过装卸的货物数量，包括邮件及办理托运手续的行李、包裹以及补给运输船舶的燃、物料和淡水。其计量单位为吨。货物吞吐量的货种分类及其主要流向流量，反映了港口在国内外物资交流和对外贸易运输中的地位和作用。吞吐量可以分为进口、出口，又可以分为国内贸易和对外贸易。

邮电业务总量

指以货币表现的邮电部门用于传递信息和提供其他邮电服务的总数量。它综合反映了一定时期邮电工作的总成果，是研究邮电业务量构成和发展趋势的重要指标。根据邮电管理体制不同，分为中央国营业务总量和地方国营业务总量。它用各种邮电分类业务量，如函件件数、电报份数、长话次数、市内电话和农村电话的年均户数、订销报刊累计份数等，分别乘以相应的平均单价（不变价），加总后再加上出租电路和设备的收人、代用户维护电话交换机和线路等设备的收入、其他业务收入求得。

城市电话用户

指直辖市、省辖市、地级市、县级市的市区、市郊区及县城（包括县人民政府所在地的县城关区或行政建制相当于县人民政府所在地的镇）范围内接入局用交换机的电话用户数，包括分布在农村地区的独立工矿区、林区、驻军等接入局用交换机的电话用户数。

住宅电话用户

是指安装在居民住宅或农民家里并按照住宅电话用户登记注册和收费的电话用户。包括私人付费、单位付费和按规定免费安装的住宅电话用户。

移动电话用户

指在邮电部门登记，通过移动电话交换机进入移动电话网、占有移动电话号码的电话用户。用户数量以实际办理登记手续进入邮电部门移动电话网的户数进行计算，一部或一台移动电话统计为一户。

局用交换机容量

是指安装在本地电信运营商内用于接续本地固定电话的电话交换机容量，有倍增设备按倍增后的数量计数。包括现用和备用的人工或自动交换机的全部容量。

第十二篇
Chapter 12

STATISTICAL YEAR BOOK

国内贸易
Domestic Trade

12－1　亿元以上商品交易市场基本情况

项　目	摊位数（个）	营业面积（平方米）	成交额（万元）	零售额
一、市场合计	**7 540**	**2 132 133**	**1 232 322**	**446 511**
镇江市招商市场	131	5 720	14 100	2 385
京口区甘露商城	405	19 078	11 500	11 500
镇江市钢材市场	109	5 000	381 000	14 000
大港农贸市场	420	3 800	20 100	18 600
镇江九州国际装饰家居广场	292	26 202	10 195	10 195
镇江农副产品批发市场	314	40 000	45 000	5 000
镇江润州市场	466	17 542	22 246	22 246
上党农贸市场	155	3 500	12 034	12 034
宝堰集贸市场	180	4 500	19 810	19 810
丹阳市千家乐市场	560	17 000	33 144	33 144
丹阳市万家欢市场	235	14 872	56 849	56 849
丹阳市眼镜市场	506	13 350	135 000	56 849
东方皮革商城	500	73 900	29 960	29 960
江苏华东灯具城	1 854	1 720 000	274 222	17 539
华东皮鞋市场	98	46 969	19 250	250
丹阳华东建材市场	150	51 000	16 050	15 000
扬中利民市场	613	24 000	29 850	29 850
扬中建宁农贸市场	406	7 500	91 300	91 300
句容温州商贸城有限公司	146	38 200	10 712	
二、市场经营方式				
批发	3 439		898 532	125 983
零售	4 011		333 790	320 528
三、市场类别				
综合市场	3 180		372 280	63 386
#农产品	1 198		87 346	45 846
专业市场	4 270		860 042	383 126
#纺织品服装鞋帽	1 346		117 449	98 449
食品饮料烟酒	335		31 844	31 844
小商品	131		14 100	2 385
金属材料	108		381 000	14 000
建材装饰材料	437		26 245	25 195

12－2 亿元以上销售批发零售贸易企业

企 业 名 称	所属地区	企 业 名 称	所属地区
江苏省烟草公司镇江分公司	京口区	中石化股份有限公司江苏镇江分公司	京口区
江苏中江能源有限公司	京口区	中石油有限公司江苏镇江分公司	润州区
丹阳市物资回收利用公司	丹阳市	镇江百盛商城有限公司	京口区
江苏飞达工具进出口有限公司	丹阳市	丹阳华地百货有限公司	丹阳市
中石化长江燃料有限公司镇江分公司	京口区	昆山润华有限公司镇江分公司	京口区
镇江原源进出口有限公司	京口区	镇江长达汽车销售服务有限公司	新　区
江苏云华商贸有限公司	丹阳市	镇江苏宁电器有限公司	京口区
镇江九泰投资咨询有限责任公司	润州区	江苏五星电器有限公司镇江大卖场	京口区
扬中市中建物贸有限公司	扬中市	镇江市恺源旅游商贸有限责任公司	京口区
中国石化国际事业有限公司江苏镇江化工经营部	京口区	扬中市通达商业总公司	扬中市
镇江华星国际贸易有限责任公司	京口区	镇江京鹏丰田汽车销售服务有限公司	润州区
镇江汉华进出口有限公司	京口区	镇江恒隆汽车销售服务有限公司	新　区
镇江泛华进出口有限公司	润州区	镇江新世纪商厦有限责任公司	京口区
镇江天生物资有限责任公司	润州区	镇江东联丰田汽车销售服务有限公司	润州区
镇江市中油石化有限公司	京口区	镇江家世界万方连锁超市有限责任公司	京口区
丹阳市丰源粮油贸易有限公司	丹阳市	苏果超市句容有限公司	句容市
扬中市天源电力物资有限公司	扬中市	丹阳时代超级购物中心	丹阳市
镇江新世纪照明电器有限公司	京口区	镇江宝德汽车服务有限公司	新　区
丹阳红叶石油制品有限公司	丹阳市	扬中商城	扬中市
扬中市浦京金属材料有限公司	扬中市	镇江福联汽车贸易有限公司	新　区
丹阳市宝龙国际贸易有限公司	丹阳市	北京华联综合超市股份有限公司镇江分公司	京口区
江苏鑫源钢铁集团有限公司	扬中市	句容市天一商城有限公司	句容市
江苏扬子公路沥青有限责任公司	新　区	镇江林宁苏果连锁超市有限公司	京口区
江苏汇天国际贸易有限责任公司	润州区	镇江市天翼汽车销售股份有限公司	新　区
江苏省华茂贸易有限公司	京口区	镇江市润州区好美佳装饰五金城	润州区
丹阳市富新物资有限公司	丹阳市	镇江市跑马山家俱有限公司	润州区
句容市申华纸业有限公司	句容市	镇江天安达汽车贸易有限公司	新　区
镇江市兆丰电器有限公司	扬中市	镇江福田汽车销售服务有限公司	新　区
镇江市瑞琪机械进出口有限公司	润州区	镇江宏图三胞科技发展有限公司	京口区
镇江美洁雅百货有限公司	新　区	句容市张晓林电器城有限公司	句容市
镇江凯发商业有限公司	京口区	江苏五星电器有限公司句容大卖场	句容市
丹阳市长江燃料有限公司	丹阳市	苏果超市（扬中）有限公司	扬中市

12－3　住宿、餐饮20强企业

住宿20强企业		餐饮20强企业	
企业名称	所属地区	企业名称	所属地区
江苏长江大酒店有限公司	扬中市	镇江香逸渔港餐饮娱乐有限公司	京口区
镇江国际饭店置业有限公司	京口区	丹阳市水中仙有限公司	丹阳市
江苏融锦饭店有限公司金陵丹阳饭店	丹阳市	丹阳市香逸美食娱乐有限公司	丹阳市
丹阳市新世纪国际大酒店有限公司	丹阳市	镇江宴春酒楼有限公司	京口区
镇江市碧榆园	润州区	句容市江南美食城	句容市
镇江春秋旅游总公司观海楼大酒店	京口区	镇江市味雅大酒店	润州区
句容市南山农庄有限公司	句容市	无锡肯德基有限公司丹阳广场分店	丹阳市
镇江市北湖宾馆	京口区	句容市京华桂冠国际酒店有限公司	句容市
江苏金陵润扬大桥酒店有限公司	丹徒区	无锡肯德基有限公司镇江电力路分店	京口区
镇江一泉宾馆	润州区	句容市金长城大酒店	句容市
句容宾馆有限公司	句容市	无锡肯德基有限公司镇江分公司	京口区
镇江大酒店股份有限公司	润州区	镇江大娘水饺公司	京口区
镇江新华电宾馆有限公司	新　区	镇江海上皇大酒店有限公司	润州区
镇江宾馆	润州区	镇江阿德宝假日酒店	润州区
句容市正龙大酒店	句容市	句容市茅山宾馆	句容市
扬中市宾馆	扬中市	镇江市海韵大酒店有限公司	京口区
镇江市专业军官培训中心汇萃园	京口区	无锡肯德基有限公司扬中江洲分店	扬中市
扬中市金色港湾大酒店	扬中市	扬州田园肥牛餐饮娱乐有限公司镇江店	京口区
句容市亚龙宾馆有限公司	句容市	南京麦当劳餐饮食品有限公司镇江华联餐厅	京口区
天慧园宾馆	京口区	丹阳市海明威大酒店有限公司	丹阳市

12－4　社会消费品

项　目	全　市	市　区	京口区
合　计	**4 102 100**	**1 988 495**	**1 006 969**
#个体	1 665 979	486 559	205 685
一、按所在地分			
市	3 424 388	1 988 495	1 006 969
县以下	677 712		
二、按行业分			
批发和零售企业	3 574 372	1 775 478	913 201
餐饮企业	444 095	180 293	83 273
住宿企业	56 928	32 724	10 495
其他	26 705		
三、按规模分			
限额以上	1 587 766	1 107 259	659 137
#批发和零售	1 454 439	1 039 529	623 484
餐饮	63 982	45 983	25 965
住宿	42 640	21 747	9 688
限额以下	2 514 334	881 236	347 832
#批发和零售	2 119 933	735 949	289 717
餐饮	380 113	134 310	57 308
住宿	14 288	10 977	807

零售总额

单位：万元

润州区	丹徒区	新　区	丹阳市	扬中市	句容市
501 872	**266 573**	**213 081**	**1 107 857**	**493 372**	**512 376**
152 016	101 663	27 195	702 991	255 410	221 019
501 872	266 573	213 081	699 615	335 658	400 620
			408 242	157 714	111 756
434 048	235 279	192 950	918 056	420 860	459 978
57 539	19 793	19 688	154 123	64 197	45 481
10 285	11 501	443	8 973	8 315	6 917
			26 705		
263 916	40 591	143 615	194 959	100 988	184 560
238 053	36 145	141 847	176 778	92 366	172 471
16 304	1 983	1 731	10 622	1 174	6 202
9 559	2 463	37	7 559	7 448	5 887
237 956	225 982	69 466	912 898	392 384	327 816
195 995	199 134	51 103	767 983	328 494	287 507
41 235	17 810	17 957	143 502	63 023	39 279
726	9 038	406	1 413	867	1 030

12－5 社会消费品

项　目	合　计	一　月	二　月	三　月	四　月
社会消费品零售总额	**4 102 100**	**353 614**	**333 540**	**330 848**	**316 030**
#个体	1 665 979	150 216	136 152	130 465	126 968
一、按所在地分					
市	3 424 388	288 252	277 776	278 907	267 115
县以下	677 712	65 362	55 764	51 941	48 915
二、按行业分					
批发零售	3 574 372	302 999	284 130	282 902	269 961
#限额以上	1 454 439	114 025	115 233	120 318	115 271
限额以下及个体	2 119 933	188 974	168 897	162 584	154 690
餐饮	444 095	44 144	43 245	41 585	39 548
其他	83 633	6 471	6 165	6 361	6 521
三、按地区分					
市　区	1 988 495	162 313	155 209	174 473	160 734
#京口区	1 006 969	79 253	80 850	96 075	85 914
润州区	501 872	44 430	40 962	42 053	42 681
丹徒区	266 573	18 707	17 692	20 006	19 290
新　区	213 081	19 922	15 705	16 339	12 849
丹阳市	1 107 857	95 271	94 759	79 885	82 989
扬中市	493 372	51 781	41 206	35 752	35 329
句容市	512 376	44 249	42 366	40 739	36 979

零售总额分月情况

单位：万元

五　月	六　月	七　月	八　月	九　月	十　月	十一月	十二月
371 917	**340 244**	**305 844**	**317 806**	**339 873**	**355 547**	**346 882**	**389 955**
167 281	152 702	119 550	113 464	125 901	142 245	151 476	149 559
301 174	272 539	260 616	271 687	293 308	298 468	284 712	329 836
70 743	67 705	45 228	46 119	46 565	57 079	62 170	60 119
319 831	298 709	270 064	282 487	301 670	312 823	303 626	345 171
112 528	95 334	114 319	133 947	139 303	128 857	110 274	155 031
207 303	203 375	155 745	148 540	162 367	183 966	193 352	190 140
45 324	35 521	29 469	28 509	31 210	34 351	35 186	36 002
6 762	6 014	6 311	6 810	6 993	8 373	8 070	8 782
177 333	152 618	158 260	169 859	173 187	170 544	152 288	181 677
98 585	60 740	77 153	84 556	86 724	83 562	73 192	100 365
38 490	43 059	42 657	45 804	45 834	43 240	36 539	36 124
23 382	27 314	21 696	22 651	22 744	24 436	25 516	23 140
16 877	21 505	16 755	16 848	17 885	19 306	17 042	22 048
96 989	100 736	80 791	75 798	91 784	104 812	105 868	98 176
44 207	44 570	30 133	31 756	31 842	38 726	46 064	62 008
53 388	42 320	36 660	40 393	43 061	41 465	42 662	48 094

12－6　限额以上批发和零售业企业商品销售情况

单位：万元

项　目	销售合计	批发额	零售额
合　计	**2 868 848**	**1 369 682**	**1 499 166**
食品、饮料、烟酒类	532 401	331 203	201 198
食品类	170 432	36 452	133 980
# 粮油类	57 446	26 389	31 056
肉禽蛋类	36 510	5 320	31 191
饮料类	27 272	7 903	19 369
烟酒类	334 696	286 847	47 849
服装、鞋帽、针纺织品类	157 305	8 352	148 953
服装类	105 817	2 400	103 417
鞋帽类	36 519	3 380	33 139
针、纺织品类	14 970	2 572	12 397
化妆品类	18 976	1 942	17 034
金银珠宝类	29 890		29 890
日用品类	77 288	29 661	47 627
# 洗涤用品类	29 222	10 550	18 673
儿童玩具类	3 031	201	2 829
五金、电料类	154 630	147 833	6 797
体育、娱乐用品类	2 836	5	2 831
书报杂志类	19 675		19 675
电子出版物和音像制品类	2 582		2 582
家用电器和音像器材类	171 652	10	171 642
中西药品类	56 520	32 941	23 579
# 西药	44 960	25 389	19 571
中草药及中成药	10 534	7 073	3 461
文化办公用品类	31 990	4 869	27 121
家俱类	40 561		40 561
通讯器材类	16 854	1 560	15 294
煤炭及制品类	205 282	205 282	
木材及制品类	11 753	11 753	
石油及制品类	632 950	153 930	479 020
化工材料及制品类	78 316	73 652	4 664
# 化肥类	4 418	4 418	
金属材料类	110 190	109 603	587
建筑及装潢材料类	9 762	4 452	5 310
机电产品及设备类	56 829	42 544	14 285
# 农机类	10 845	10 845	
汽车类	232 467	12 792	219 675
种子饲料类	6 653	6 653	
# 棉麻类	2 982	2 982	
其他类	208 505	187 663	20 842

12－7　主要年份社会消费品零售总额

单位：万元

年　份	零售额	批零业	餐饮业	住宿业	其　他
1978	36 260	30 939	1 594		3 727
1979	45 221	37 048	1 963		6 210
1980	56 026	44 160	2 425		9 441
1981	61 918	46 819	2 498		12 601
1982	67 444	51 623	2 689		13 132
1983	75 357	58 032	2 967		14 358
1984	89 907	68 750	3 800		17 357
1985	117 267	82 820	4 805		29 642
1986	136 187	98 421	7 227		30 539
1987	162 003	112 860	9 827		39 316
1988	212 979	154 302	12 522		46 155
1989	222 437	161 211	14 017		47 209
1990	231 105	168 078	14 503		48 524
1991	265 409	188 797	15 437		61 175
1992	343 892	243 226	21 165		79 501
1993	544 603	338 942	28 785		176 876
1994	684 566	424 855	45 704		214 007
1995	862 553	521 145	53 383		288 025
1996	1 019 538	595 171	69 748		354 619
1997	1 091 925	629 745	77 480		384 700
1998	1 151 981	665 823	93 807		392 351
1999	1 238 380	697 318	129 675		411 387
2000	1 344 880	829 624	151 832		363 424
2001	1 454 688	897 809	167 875		389 004
2002	1 630 829	1 250 938	211 959		167 932
2003	1 838 073	1 418 770	232 341		186 962
2004	2 098 233	1 763 423	309 014	11 194	14 602
2005	2 413 727	2 013 294	370 530	12 775	17 128
2006	2 800 688	2 411 334	345 547	17 382	26 425
2007	3 313 647	2 842 823	417 986	27 823	25 015
2008	**4 102 100**	**3 574 372**	**444 095**	**56 928**	**26 705**

统计指标解释

社会消费品零售总额

指各种经济类型的批发零售贸易业、餐饮业、制造业和其他行业对城乡居民和社会集团的消费品零售额和农民对非农业居民零售额的总和。这个指标反映通过各种商品流通渠道向居民和社会集团供应的生活消费品来满足他们生活需要的情况，是研究人民生活、社会消费品购买力、货币流通等问题的重要指标。包括售给城乡居民用于生产消费的商品（不包括住房）和售给机关、团体、部队、学校、企业、事业单位和城市街道居民委员会、农村村民委员会用公款购买的用作非生产、非经营使用的消费品。

批发零售贸易业商品购、销、存总额

指以各种经济类型的批发、零售贸易业（不包括个体）为总体的商品购进、销售、存库总额。

商品购进总额

指从本企业（单位）以外的单位和个人购进（包括从国外直接进口）作为转卖或加工后转卖的商品。这个指标反映批发零售贸易业从国内、国外市场上购进商品的总量。商品购进总额包括：（1）从工农业生产者购进的商品；（2）从出版社、报社的出版发行部门购进的图书、杂志和报纸；（3）从各种经济类型的批发零售贸易企业（单位）购进的商品；（4）从其他单位购进的商品，如从机关、团体、企业、单位购进的剩余物资，从餐饮业、服务业购进的商品，从海关、市场管理部门购进的缉私和没收的商品，向居民收购的废旧商品等；（5）从国（境）外直接进口的商品。不包括企业（单位）为自身经营用，和未通过买卖行为而收入的商品以及销售退回、商品升溢等。

商品销售总额

指对本企业（单位）以外的单位和个人出售[包括对国（境）外直接出口]的商品。这个指标

反映批发零售贸易业在国内市场上销售商品以及出口商品的总量。商品销售总额包括：（1）售给城乡居民和社会集团消费用的商品；（2）售给工业、农业、建筑业、运输邮电业、批发零售贸易业、餐饮业、服务业等作为生产、经营使用的商品；（3）售给批发零售贸易业作为转卖或加工后转卖的商品；（4）对国（境）外直接出口的商品。不包括：出售本企业（单位）自用的废旧包装用品：未通过买卖行为付出的商品；经本单位介绍，由买卖双方直接结算，本单位只收取手续费的业务；购货退出的商品以及商品损耗和损失等。

市的零售额

指设立在直辖市、省辖市的市区和郊区以及县级市的市区的各行业消费品零售额。不包括省辖市的市属县、县级市的市区以外的消费品零售额。

县以下的零售额

指设立在县城关区（镇）以及县级市的市区以外的集镇和农村的各行业消费品零售额。但不包括分布在农村的独立工矿、林区的消费品零售额。这部分零售额，按管辖这些工矿、林区的单位级别分别列入市或县的零售额。

商品交易市场

指有固定场所、设施，有若干经营者入场实行集中、公开交易各类实物商品的市场。

商品交易市场成交额

指商品交易市场内所有经营者所实现的商品销售金额。商品交易市场包括消费品市场和生产资料市场。

STATISTICAL YEAR BOOK

第十三篇
Chapter 13

外向型经济、旅游
Export-Oriented Economy, Tourism

13－1　对外贸易20强企业

进出口总额20强企业		出口总额20强企业	
企业名称	所属地区	企业名称	所属地区
金东纸业(江苏)有限公司	新　区	金东纸业(江苏)有限公司	新　区
镇江奇美化工有限公司	新　区	江苏天工工具股份有限公司	丹阳市
镇江联成化学工业有限公司	新　区	镇江焦化煤气集团有限公司	京口区
镇江国亨化学有限公司	新　区	镇江鼎胜铝业有限公司	京口区
镇江环太硅科技有限公司	扬中市	江苏索普(集团)有限公司	京口区
镇江焦化煤气集团有限公司	京口区	镇江泛华进出口有限公司	润州区
江苏天工工具股份有限公司	丹阳市	江苏飞达对外贸易有限公司	丹阳市
江苏索普(集团)有限公司	京口区	镇江原源进出口有限公司	京口区
镇江鼎胜铝业有限公司	京口区	镇江美驰轻型车系统(第二)有限公司	新　区
镇江泛华进出口有限公司	润州区	江苏飞达工具股份有限公司	丹阳市
辉煌硅能源(镇江)有限公司	扬中市	镇江爱迪进出口有限责任公司	润州区
优利德(江苏)化工有限公司	新　区	圣象集团有限公司	丹阳市
镇江美驰轻型车系统(第二)有限公司	新　区	镇江江南化工有限公司	新　区
江苏飞达对外贸易有限公司	丹阳市	句容都茂自行车有限公司	句容市
大赛璐安全系统(江苏)有限公司	丹阳市	江苏大亚沃得轻合金有限公司	丹阳市
江苏久正光电有限公司	句容市	江苏久正光电有限公司	句容市
镇江原源进出口有限公司	京口区	江苏沃得植保机械有限公司	丹阳市
镇江星际化工有限公司	京口区	镇江市汉华进出口有限公司	京口区
句容市宁武化工有限公司	句容市	句容市宁武化工有限公司	句容市
汽巴精化(江苏)有限公司	新　区	丹阳市海尚国际贸易有限责任公司	丹阳市

13－2 外向型

项目	单位	全市	市区		
				京口区	润州区
一、新注册企业数	**个**	**146**	**79**	**14**	**10**
二、合同利用外资	**万美元**	**233 400**	**133 866**	**21 194**	**16 288**
三、实际利用外资	**万美元**	**120 175**	**61 259**	**8 038**	**4 558**
四、进出口总额	**万美元**	**746 077**	**494 741**	**62 947**	**58 013**
#省级以上开发区进出口总额	万美元	394 180	328 089	12 062	1 659
#进口总额	万美元	320 868	254 967	7 215	18 417
#省级以上开发区进口总额	万美元	232 804	216 654	16	14
出口总额	万美元	425 209	239 774	55 732	39 596
#省级以上开发区出口总额	万美元	161 376	111 435	12 046	1 645
五、新签对外承包劳务合同额	**万美元**	**30 590**	**27 689**	**772**	**921**
六、对外承包劳务营业额	**万美元**	**25 633**	**23 135**	**718**	**722**
七、对外劳务输出					
年末在外人数	人	11 244	5925	736	971
全年新派人数	人	5 154	3 393	595	510

经济主要指标

丹徒区	新　区	丹阳市	扬中市	句容市
23	**32**	**36**	**8**	**23**
37 837	**51 208**	**55 254**	**16 998**	**27 283**
11 292	**38 251**	**20 082**	**13 474**	**25 361**
39 611	**320 907**	**158 214**	**56 646**	**36 476**
1 848	312 522	40 708	8 756	16 627
6 578	223 113	23 212	34 025	8 664
1 007	215 619	6 539	3 271	6 340
33 033	97 794	135 002	22 621	27 812
841	96 903	34 169	5 485	10 287
903		**1 504**	**867**	**530**
1 218		**901**	**801**	**797**
1 392		2 249	1 742	1 328
577		757	604	400

13－3　主要国家和地区进出口总额

单位：万美元

进出口总额		出口总额	
国家（地区）	绝对值	国家（地区）	绝对值
亚洲	**377 604**	**亚洲**	**189 068**
日本	93 956	日本	38 950
东盟组织	82 069	东盟组织	42 480
韩国	74 166	韩国	23 580
台湾	47 036	台湾	11 563
香港	17 577	香港	16 397
印度	21 574	印度	18 360
非洲	**15 142**	**非洲**	**14 291**
欧洲	**145 428**	**欧洲**	**103 568**
欧盟组织	105 805	欧盟组织	75 490
俄罗斯	13 423	俄罗斯	11 718
拉丁美洲	**51 315**	**拉丁美洲**	**24 965**
北美洲	**139 074**	**北美洲**	**78 992**
美国	106 408	美国	72 579
加拿大	32 664	加拿大	6 410
大洋洲	**16 741**	**大洋洲**	**13 595**
澳大利亚	12 874	澳大利亚	12 187
新西兰	3 750	新西兰	1 291

13－4　接待海外旅游者分国家（地区）人数

单位：人

国家（地区）	接待人数	国家（地区）	接待人数
总　计	**535 508**	**欧洲**	**131 038**
#外国人	412 026	# 英国	35 452
亚洲	**297 136**	法国	24 878
#香港	64 967	德国	12 644
澳门	36 352	意大利	6 140
台湾	22 163	瑞士	1 059
日本	74 321	瑞典	1 984
韩国	37 661	俄罗斯	43 676
蒙古	340	西班牙	2 052
印度尼西亚	4 295	其他	3 153
马来西亚	9 224	**美洲**	**81 695**
菲律宾	751	#美国	60 135
新加坡	37 684	加拿大	19 575
泰国	2 697	其他	1 985
印度	2 108	**大洋洲**	**20 230**
越南	184	#澳大利亚	14 114
缅甸	92	新西兰	4 634
朝鲜	220	其他	1 482
巴基斯坦	504	**非洲**	**1 508**
其他	3 573	**其他**	**3 901**

13－5 游览景点接待人数

单位：万人

游览景点	2002年	2003年	2004年	2005年	2006年	2007年	2008年
合　计	**610.1**	**870.0**	**970.9**	**1 167.0**	**1 380.6**	**1 589.9**	**1 818.8**
金山公园	63.1	46.3	69.0	83.0	95.0	124.9	155.6
焦山公园	36.3	26.8	54.0	67.0	79.3	88.5	90.3
北固山公园	16.3	8.9	19.8	38.0	46.6	54.1	55.6
南山公园	23.7	21.9	28.5	46.5	53.9	67.0	73.2
伯先公园	11.5	12.9	18.5	25.3	33.8	34.7	38.3
河滨公园	70.8	151.6	158.0	175.5	216.0	260.5	319.0
宝塔山公园	20.8	9.2	12.0	19.7	25.4	29.2	30.6
博物馆	7.3	9.0	7.1	48.0	69.4	74.0	84.8
西津渡景区	30.4	39.6	12.6	48.3	85.4	130.5	221.0
茅山风景区	144.4	123.1	135.2	170.2	204.2	253.4	253.9
宝华山风景区	23.1	54.6	51.6	87.5	85.4	100.1	114.8
圌山公园	42.5	44.5	31.8	33.2	137.2	85.0	87.7
其他	104.7	269.5	372.8	324.8	249.0	288.0	294.0

13－6　主要年份外向型经济主要指标

单位：万美元

年　份	进出口总　额	出　口	合同利用外资金额	实际利用外资金额
1984			16	
1985			48	
1986			325	
1987			108	63
1988			1 123	578
1989			2 245	2 590
1990			2 772	515
1991			2 417	1 820
1992		3 869	18 425	4 851
1993		15 044	32 801	13 360
1994		34 623	20 467	17 343
1995	55 863	50 561	105 333	21 897
1996	65 982	58 973	50 351	24 000
1997	88 797	70 857	221 390	46 575
1998	150 898	80 436	29 669	75 738
1999	50 142	41 802	29 680	50 840
2000	146 144	65 861	39 814	29 284
2001	145 385	74 574	10 852	32 637
2002	209 775	101 068	104 070	50 095
2003	267 003	128 876	175 381	80 552
2004	347 935	151 863	268 401	55 965
2005	396 148	203 538	321 651	59 590
2006	477 386	266 326	165 861	73 034
2007	630 480	368 727	230 963	106 354
2008	**746 077**	**425 209**	**233 400**	**120 175**

注：1、从1999年起自营出口总额指标改为海关数；
　　2、从2004年起利用外资实际金额指标改为实际到账数。

13－7 主要年份旅游接待人数和收入

年 份	国内旅游人数（万人）	接待海外旅游者人次数（万人）	国内旅游收入（亿元）	旅游外汇收入（万美元）
1984		1.59		76
1985		1.60		77
1986		1.63		78
1987		1.65		87
1988		1.67		98
1989		1.68		105
1990		1.70		111
1991		1.86		117
1992		2.52		129
1993		2.94		140
1994		3.05		680
1995	260	3.75	11.00	761
1996	279	5.36	14.00	1 355
1997	292	6.58	16.10	1 777
1998	238	8.30	24.00	2 709
1999	400	9.20	36.00	3 497
2000	443	10.49	41.90	4 988
2001	486	11.46	43.10	5 334
2002	610	14.96	47.50	6 714
2003	670	15.72	54.00	7 361
2004	971	25.43	86.00	12 292
2005	1 167	30.65	103.50	17 900
2006	1 381	36.40	127.61	25 000
2007	1 590	46.41	153.91	36 000
2008	**1 904**	**53.55**	**185.07**	**42 000**

注：1、从1999年起自营出口总额指标改为海关数；
　　2、从2004年起利用外资实际金额指标改为实际到账数。

统计指标解释

进出口总额

海关进出口总额指实际进出我国国境的货物总金额。包括对外贸易实际进出口货物，来料加工装配进出口货物，国家间、联合国及国际组织无偿援助物资和赠送品，华侨、港澳台同胞和外籍华人捐赠品，租赁期满归承租人所有的租赁货物，进料加工进出口货物，边境地方贸易及边境地区小额贸易进出口货物（边民互市贸易除外），中外合资企业、中外合作经营企业、外商独资经营企业进出口货物和公用物品，到、离岸价格在规定限额以上的进出口货样和广告品（无商业价值、无使用价值和免费提供出口的除外），从保税仓库提取在中国境内销售的进口货物，以及其他进出口货物。进出口总额用以观察一个国家在对外贸易方面的总规模。我国规定出口货物按离岸价格统计，进口货物按到岸价格统计。

商品经营单位所在地进、出口额　指所在地海关注册登记的有进出口经营权的企业实际进、出口额。

商品目的地进口额和商品货源地出口额　目的地进口额指进口货物的消费、使用或最终抵运地的实际进口额，货源地出口额是指出口货物的产地或原始发货地的实际出口额。

外商直接投资

指外国企业和经济组织或个人（包括华侨、港澳台胞以及我国在境外注册的企业）按我国有关政策、法规，用现汇、实物、技术等在我国境内开办外商独资企业、与我国境内的企业或经济组织共同举办中外合资经营企业、合作经营企业或合作开发资源的投资（包括外商投资收益的再投资）。2005 年外商直接投资为经过商务部确认数。

对外承包工程

指各对外承包公司以招标议标承包方式承揽的下列业务：（1）承包国外工程建设项目，（2）承包我国对外经援项目，（3）承包我国驻外机构的工程建设项目，（4）承包我国境内利用外资进行建设的工程项目，（5）与外国承包公司合营或联合承包工程项目时我国公司分包部分，（6）对外承包兼营的房屋开发业务。对外承包工程的营业额是以货币表现的本期内完成的对外承包工程的工作量，包括以前年度签订的合同和本年度新签订的合同在报告期内完成的工作量。

对外劳务合作

指以收取工资的形式向业主或承包商提供技术和劳动服务的活动。我国对外承包公司在境外开办的合营企业，中国公司同时又提供劳务的，其劳务部分也纳入劳务合作统计。劳务合作营业额按报告期内向雇主提交的结算数（包括工资、加班费和奖金等）统计。

旅游者人数

（1）入境国际旅游者人数：指来中国参观、访问、旅行、探亲、访友、休养、考察、参加会议和从事经济、科技、文化、教育、宗教等活动的外国人、华侨、港澳同胞和台湾同胞的人数。不包括外国在我国的常驻机构，如使领馆、通讯社、企业办事处的工作人员；来我国常住的外国专家、留学生以及在岸逗留不过夜人员。

（2）出境居民人数：指大陆居民因公务活动或私人事务短期出境的人数。公务活动出境居民人数包括在国际交通工具上的中国服务员工，因私出境居民人数不包括在国际交通工具上的中国服务员工。

（3）国内旅游者人数：指我国大陆居民和在我国常住 1 年以上的外国人、华侨、港澳台同胞离开常住地在境内其他地方的旅游设施内至少停留一夜，最长不超过 6 个月的人数。

国际旅游（外汇）收入

指入境旅游的外国人、华侨、港澳同胞和台湾同胞在中国大陆旅游过程中发生的一切旅游支出，对于国家来说就是国际旅游（外汇）收入。

STATISTICAL YEAR BOOK

第十四篇
Chapter 14

私营个体经济
Privately Owned Indivdual Economy

14－1　私营个体经济基本情况

项　目	经营户数（个）	从业人员（人）	注册资本（万元）
一、总　计	**112 114**	**563 205**	**4 995 043**
城　镇	73 911	305 814	2 951 027
农　村	38 203	257 391	2 044 016
二、按行业分			
第一产业	1 072	5 757	99 600
农、林、牧、渔业	1 072	5 757	99 600
第二产业	23 894	341 867	2 695 415
工　业	22 234	306 226	2 274 262
采矿业	101	1 580	6 767
制造业	22 067	303 944	2 252 003
电力、燃气及水的生产和供应业	66	702	15 491
建筑业	1 660	35 641	421 153
第三产业	87 148	215 581	2 200 029
交通运输、仓储和邮政业	6 432	17 078	92 020
信息传输、计算机服务和软件业	776	3 456	36 399
批发和零售业	59 453	128 412	990 532
住宿和餐饮业	6 559	17 449	47 016
金融业	39	1 242	58 163
房地产业	716	7 934	563 865
租赁和商务服务业	1 928	11 063	197 187
科学研究、技术服务和地质勘查业	379	4 128	108 962
水利、环境和公共设施管理业	79	1 040	17 919
居民服务和其他服务业	9 814	21 172	73 490
教育	20	113	998
卫生、社会保障和社会福利业	91	425	1 833
文化、体育和娱乐业	859	2 067	11 610
其他	3	2	35
三、当年新增	**18 753**	**59 568**	**732 876**

14－2 私营

项 目	全 市	市 区	市 直	京口区
一、总 计	**25 459**	**12 405**	**5 963**	**1 304**
城 镇	14 854	9 020	4 997	1 120
农 村	10 605	3 385	966	966
二、按行业分				
第一产业	468	121	37	10
农、林、牧、渔业	468	121	37	10
第二产业	12 940	4 486	1 440	269
工 业	11 584	3 610	883	181
采矿业	31	11	2	
制造业	11 514	3 585	878	180
电力、燃气及水的生产和供应业	39	14	3	1
建筑业	1 356	876	557	88
第三产业	12 051	7 798	4 486	1 025
交通运输、仓储和邮政业	631	472	206	43
信息传输、计算机服务和软件业	634	354	216	62
批发和零售业	7 157	4 380	2 738	431
住宿和餐饮业	324	265	114	78
金融业	37	23	19	2
房地产业	601	356	214	34
租赁和商务服务业	1 290	886	449	205
科学研究、技术服务和地质若勘业	361	273	162	29
水利、环境和公共设施管理业	71	38	22	5
居民服务和其他服务业	778	627	288	102
教育	11	8	5	1
卫生、社会保障和社会福利业	15	11	4	3
文化、体育和娱乐业	140	105	49	30
其他	1			
三、当年新增	**3 937**	**1 798**	**568**	**425**

企业户数

单位：户

润州区	丹徒区	新　区	丹阳市	扬中市	句容市
1 349	**2 066**	**1 723**	**6 168**	**3 534**	**3 352**
857	666	1 380	2 196	1 844	1 794
492	1 400	343	3 972	1 690	1 558
15	46	13	69	31	247
15	46	13	69	31	247
501	1 298	978	4 192	2 350	1 912
419	1 213	914	3 976	2 278	1 720
	7	2	3		17
416	1 204	907	3 964	2 275	1 690
3	2	5	9	3	13
82	85	64	216	72	192
833	722	732	1 907	1 153	1 193
69	76	78	75	42	42
27	18	31	154	56	70
399	399	413	1 231	836	710
40	14	19	22	14	23
1		1	9	1	4
13	69	26	87	36	122
131	49	52	189	89	126
34	22	26	34	23	31
1	1	9	11	6	16
96	70	71	63	46	42
1	1		1	1	1
3		1	2		2
18	3	5	28	3	4
			1		
264	**260**	**281**	**805**	**498**	**836**

14－3　私营企业

项　目	全　市	市　区	市　直	京口区
一、总　计	**425 337**	**169 615**	**80 378**	**7 359**
城　镇	215 616	117 320	68 761	5 778
农　村	209 721	52 295	11 617	1 581
二、按行业分				
第一产业	4 620	1 209	452	27
农、林、牧、渔业	4 620	1 209	452	27
第二产业	307 993	100 059	37 202	1 650
工　业	272 998	83 448	24 981	1 491
采矿业	900	586	21	
制造业	271 471	82 674	24 940	1 489
电力、燃气及水的生产和供应业	627	188	20	2
建筑业	34 995	16 611	12 221	159
第三产业	112 724	68 347	42 724	5 315
交通运输、仓储和邮政业	10 727	8 412	5 467	238
信息传输、计算机服务和软件业	3 262	1 936	1 153	256
批发和零售业	60 808	33 265	22 389	1 693
住宿和餐饮业	5 182	3 699	1 910	1 009
金融业	1 240	1 115	1 103	6
房地产业	7 753	4 330	2 250	154
租赁和商务服务业	10 071	5 917	3 282	1 045
科学研究、技术服务和地质勘察业	4 099	2 573	1 520	109
水利、环境和公共设施管理业	1 028	493	251	17
居民服务和其他服务业	7 276	5 747	3 028	623
教育	97	47	29	3
卫生、社会保障和社会福利业	335	213	48	9
文化、体育和娱乐业	846	600	294	153
其他				
三、当年新增	**36 537**	**13 517**	**4 322**	**1 676**

从业人员

单位：人

润州区	丹徒区	新　区	丹阳市	扬中市	句容市
7 673	**47 450**	**26 755**	**146 953**	**52 968**	**55 801**
4 280	17 470	21 031	49 090	23 515	25 691
3 393	29 980	5 724	97 863	29 453	30 110
70	542	100	1 088	185	2 138
70	542	100	1 088	185	2 138
3 677	38 145	19 036	123 915	44 987	39 032
3 232	35 130	18 389	112 893	41 583	35 074
	552	13	30		284
3 215	34 496	18 310	112 743	41 473	34 581
17	82	66	120	110	209
445	3 015	647	11 022	3 404	3 958
3 926	8 763	7 619	21 950	7 796	14 631
268	1 446	993	1 036	513	766
99	96	332	680	229	417
1 923	3 827	3 433	13 237	5 408	8 898
399	184	197	698	234	551
1		5	82	5	38
56	1 421	449	1 612	308	1 503
480	710	400	2 427	531	1 196
94	466	384	979	118	429
10	6	209	199	66	270
493	597	1 006	718	347	464
15			7	28	15
20		136	92		30
68	10	75	183	9	54
1 004	**3 846**	**2 669**	**12 572**	**2 200**	**8 248**

14－4 私营企业

项目	全市	市区	市直	京口区
一、总计	**4 642 840**	**1 835 163**	**1 155 625**	**33 478**
城镇	2 714 982	1 411 251	982 806	27 656
农村	1 927 858	423 912	172 819	5 822
二、按行业分				
第一产业	89 986	16 096	7 676	303
农、林、牧、渔业	89 986	16 096	7 676	303
第二产业	2 624 139	741 823	410 373	10 752
工业	2 206 179	551 796	259 445	6 991
采矿业	5 796	1 835	250	
制造业	2 185 336	546 976	258 829	6 979
电力、燃气及水的生产和供应业	15 047	2 985	366	12
建筑业	417 960	190 026	150 929	3 762
第三产业	1 928 716	1 077 245	737 576	22 423
交通运输、仓储和邮政业	61 639	44 575	30 418	2 104
信息传输、计算机服务和软件业	35 815	22 210	17 157	937
批发和零售业	824 390	436 720	320 973	9 778
住宿和餐饮业	14 958	9 398	5 209	1 578
金融业	58 153	35 343	35 253	80
房地产业	563 569	342 674	225 962	1372
租赁和商务服务业	193 756	100 794	43 058	3 469
科学研究、技术服务和地质勘察业	108 904	44 810	31 768	734
水利、环境和公共设施管理业	17 836	5 771	4 741	160
居民服务和其他服务业	41 184	28 543	19 402	1 550
教育	927	392	152	40
卫生、社会保障和社会福利业	1 595	1 370	287	27
文化、体育和娱乐业	5 960	4 644	3 195	595
其他	30			
三、当年新增	**628 893**	**179 276**	**94 433**	**8 312**

注册资本

单位：万元

润州区	丹徒区	新　区	丹阳市	扬中市	句容市
35 614	**302 036**	**308 409**	**1 369 559**	**724 173**	**713 945**
22 796	132 347	245 646	530 331	365 959	407 441
12 818	169 689	62 763	839 228	358 214	306 504
422	7 152	543	20 033	2 349	51 508
422	7 152	543	20 033	2 349	51 508
16 217	155 189	149 290	932 269	589 919	360 128
14 068	130 888	140 404	826 206	534 124	294 053
	1552	33	100		3 861
14 028	127 146	139 996	817 366	532 986	288 007
41	2 191	376	8 739	1 138	2185
2 149	24 301	8 886	106 064	55 795	66 075
18 975	139 695	158 576	417 256	131 905	302 310
1 264	4 183	6 606	8 379	1 916	6 769
411	718	2 987	9 457	1 363	2 785
9 882	39 290	56 798	194 557	88 860	104 252
709	1 089	813	1 417	553	3 590
		10	22 000	500	310
660	69 719	44 961	88 444	24 605	107 846
2 804	18 266	33 197	57 712	4 889	30 361
730	2 862	8 716	25 732	3 982	34 381
50	100	720	4 832	1 926	5 307
1 727	3 358	2 505	3 570	3 170	5 901
150	50			35	500
57		1 000	120		105
531	60	263	1 007	106	203
			30		
6 992	**26 724**	**42 815**	**187 039**	**70 019**	**192 560**

14－5 个体

项目	全市	市区		
			市直	京口区
一、总计	**86 655**	**30 228**		**8 176**
城镇	59 057	24 850		7 996
农村	27 598	5 378		180
二、按行业分				
第一产业	604	213		18
农、林、牧、渔业	604	213		18
第二产业	10 954	3 381		502
工业	10 650	3 235		477
采矿业	70	23		1
制造业	10 553	3 208		476
电力、燃气及水的生产和供应业	27	4		
建筑业	304	146		25
第三产业	75 097	26 634		7 656
交通运输、仓储和邮政业	5 801	725		43
信息传输、计算机服务和软件业	142	66		20
批发和零售业	52 296	19 324		5 450
住宿和餐饮业	6 235	2 180		672
金融业	2			
房地产业	115	87		64
租赁和商务服务业	638	323		124
科学研究、技术服务和地质勘察业	18	11		1
水利、环境和公共设施管理业	8	5		1
居民服务和其他服务业	9 036	3 378		1 059
教育	9	9		7
卫生、社会保障和社会福利业	76	70		20
文化、体育和娱乐业	719	456		195
其他	2			
三、当年新增	**14 816**	**5 874**		**1 973**

经营户数

单位：户

润州区	丹徒区	新　区	丹阳市	扬中市	句容市
9 034	**7 874**	**5 144**	**30 323**	**9 247**	**16 857**
8 650	4 097	4 107	21 018	4 378	8 811
384	3 777	1 037	9 305	4 869	8 046
63	86	46	75	24	292
63	86	46	75	24	292
754	1 283	842	4 603	1 177	1 793
715	1 255	788	4 534	1 169	1 712
1	18	3	29	1	17
711	1 237	784	4 495	1 161	1 689
3		1	10	7	6
39	28	54	69	8	81
8 217	6 505	4 256	25 645	8 046	14 772
131	505	46	4 217	376	483
28	9	9	40	21	15
5 898	4 762	3 214	15 993	5 791	11 188
673	496	339	1 836	845	1 374
			1	1	
17	4	2	21	6	1
74	59	66	186	51	78
6	2	2	4	1	2
	1	3			3
1 193	633	493	3 196	927	1 535
2					
47	2	1	2	1	3
148	32	81	147	26	90
			2		
1 759	**1 298**	**844**	**3 414**	**1 287**	**4 241**

14－6 个体经营

项　目	全　市	市　区	市　直	京口区
一、总　计	**137 868**	**48 555**		**13 399**
城　镇	90 198	38 535		13 149
农　村	47 670	10 020		250
二、按行业分				
第一产业	1 137	480		30
农、林、牧、渔业	1 137	480		30
第二产业	33 874	8 392		815
工　业	33 228	8 018		741
采矿业	680	87		1
制造业	32 473	7 926		740
电力、燃气及水的生产和供应业	75	5		
建筑业	646	374		74
第三产业	102 857	39 683		12 554
交通运输、仓储和邮政业	6 351	924		72
信息传输、计算机服务和软件业	194	85		26
批发和零售业	67 604	26 220		7 277
住宿和餐饮业	12 267	5 231		2 399
金融业	2			
房地产业	181	144		115
租赁和商务服务业	992	510		159
科学研究、技术服务和地质勘察业	29	18		5
水利、环境和公共设施管理业	12	9		3
居民服务和其他服务业	13 896	5 670		2 041
教育	16	16		14
卫生、社会保障和社会福利业	90	77		34
文化、体育和娱乐业	1 221	779		409
其他	2			
三、当年新增	**23 031**	**9 826**		**3 186**

户从业人员

单位：人

润州区	丹徒区	新　区	丹阳市	扬中市	句容市
9 218	**13 965**	**11 973**	**56 781**	**11 571**	**20 961**
8 835	6 995	9 556	35 203	5 615	10 845
383	6 970	2 417	21 578	5 956	10 116
72	245	133	178	30	449
72	245	133	178	30	449
759	3 676	3 142	19 345	3 196	2 941
715	3 587	2 975	19 204	3 185	2 821
	78	8	561	1	31
712	3 509	2 965	18 623	3 157	2 767
3		2	20	27	23
44	89	167	141	11	120
8 387	10 044	8 698	37 258	8 345	17 571
126	618	108	4 564	382	481
32	14	13	71	21	17
5 970	6 951	6 022	22 494	5 861	13 029
743	1 090	999	4 225	921	1 890
			1	1	0
15	8	6	29	7	1
72	118	161	329	50	103
5	4	4	8	1	2
	2	4			3
1 239	1 170	1 220	5 225	1 074	1 927
2					
39	2	2	8	1	4
144	67	159	302	26	114
			2		
2 107	**2 538**	**1 995**	**5 735**	**2 397**	**5 073**

14－7　个体经营

项　目	全　市	市　区		
			市　直	京口区
一、总　计	**352 203**	**95 182**		**22 388**
城　镇	236 045	75 784		20 861
农　村	116 159	19 399		1 527
二、按行业分				
第一产业	9 614	3 563		472
农、林、牧、渔业	9 614	3 562		472
第二产业	71 276	18 349		1 208
工　业	68 083	16 904		1 063
采矿业	972	231		10
制造业	66 667	16 616		1 053
电力、燃气及水的生产和供应业	444	58		
建筑业	3 193	1 445		145
第三产业	271 314	73 271		20 708
交通运输、仓储和邮政业	30 381	3 920		234
信息传输、计算机服务和软件业	584	201		41
批发和零售业	166 143	42 550		9 468
住宿和餐饮业	32 058	10 860		4 730
金融业	10			
房地产业	296	183		124
租赁和商务服务业	3 431	1 895		431
科学研究、技术服务和地质勘察业	58	41		
水利、环境和公共设施管理业	83	18		1
居民服务和其他服务业	32 306	11 203		3 199
教育	71	71		70
卫生、社会保障和社会福利业	238	206		58
文化、体育和娱乐业	5 649	2 123		1 177
其他	5			
三、当年新增	**103 983**	**22 705**		**6 597**

户注册资本

单位：万元

润州区	丹徒区	新　区	丹阳市	扬中市	句容市
21 977	**31 167**	**20 825**	**115 406**	**56 278**	**85 337**
21 404	16 274	17 245	80 832	31 909	47 521
573	14 893	3 580	34 574	24 370	37 817
947	1 485	658	767	701	4 583
947	1 485	658	767	701	4 583
2 815	7 902	6 423	29 444	9 897	13 586
2 508	7 609	5 724	28 971	9 868	12 340
	131	89	317	3	421
2 470	7 478	5 615	28 571	9 780	11 700
38		20	83	85	218
308	293	699	472	29	1246
18 214	21 780	13 744	85 195	45 680	67 168
651	2604	431	20 684	1 828	3 950
94	36	31	148	159	77
10 832	13 310	8 940	41 842	31 828	49 923
2 135	2 458	1 538	9 432	4 820	6 946
			10		
38	15	6	98	14	1
555	434	475	916	271	349
30	5	6	6	1	10
	10	7			65
3 300	2 691	2 012	10 587	5 469	5 047
1					
92	6	50	8	6	18
486	213	247	1 459	1 286	782
			5		
5 064	**7 198**	**3 844**	**14 505**	**26 656**	**40 117**

统计指标解释

私营企业注册资本

指私营企业办理开业登记，或变更登记时核准的资金数，不包括银行贷款。

个体工商业户数

指已经领取《营业执照》或《临时营业执照》的个体工商户的数量。

个体工商业从业人员

指经过工商行政管理部门核准的、参加经营活动并领取报酬的所有人员，包括个体经营者本人、帮手、学徒等。

个体工商业注册资金

指申请登记或变更登记时核准的资金。

STATISTICAL YEAR BOOK

第十五篇
Chapter 15

财政、金融、保险
Finance, Banking, Insurance

15－1 保险业务情况

单位：万元

项目	全市	市区	丹阳市	扬中市	句容市
承保额	**129 093 155**	**83 800 007**	**15 209 247**	**15 416 372**	**14 667 529**
财产险	35 030 600	19 864 736	7 410 475	3 499 101	4 256 288
企业财产险	8 910 141	6 077 906	1 542 612	1 057 129	232 494
运输工具险	6 754 879	3 569 485	1 825 788	663 770	695 836
货物运输险	4 045 780	2 923 838	335 083	714 367	72 492
家庭财产险	208 769	78 511	41 059	38 177	51 022
其它险	15 111 031	7 214 996	3 665 933	1 025 658	3 204 444
人身险	94 062 555	63 935 271	7 798 772	11 917 271	10 411 241
人寿险	79 710 327	55 364 498	5 284 335	10 363 899	8 697 595
短期人身险	14 352 228	8 570 773	2 514 437	1 553 372	1 713 646
保费收入	**328 460**	**156 078**	**94 743**	**40 734**	**36 905**
财产险	70 397	40 863	16 065	7 170	6 299
企业财产险	10 030	5 997	2 173	1 315	545
运输工具险	47 780	27 290	11 419	4 674	4 397
货物运输险	3 008	2 199	296	435	78
家庭财产险	83	9	13	46	15
其它险	9 496	5 368	2 164	700	1 264
人身险	258 063	115 215	78 678	33 564	30 606
人寿险	249 541	111 026	76 445	32 652	29 418
短期人身险	8 522	4 189	2 233	912	1 188
赔案件数（件）	**225 250**	**111 901**	**62 557**	**29 354**	**21 438**
赔款金额	**92 460**	**41 374**	**27 915**	**13 312**	**9 859**
财产险	43 818	21 514	12 498	4 616	5 190
企业财产险	8 154	2 488	3 434	1 254	978
运输工具险	32 288	17 332	8 142	2 906	3 908
货物运输险	968	602	219	130	17
家庭财产险	85	43	16	17	9
其它险	2 323	1 049	687	309	278
人身险	48 642	19 860	15 417	8 696	4 669
人寿险	45 049	18 190	14 350	8 363	4 146
短期人身险	3 593	1 670	1 067	333	523

15－2　财政收入

项　目	全　市	市　区	京口区	润州区
财政预算内总收入	**2 332 006**	**1 300 660**	**146 525**	**144 235**
上划中央收入	735 236	376 885	63 433	70 695
增值税（75%）	536 426	258 676	36 222	48 540
消费税	4 499	2 696	225	103
企业所得税（60%）	144 366	87 220	18 081	14 759
个人所得税（60%）	49 945	28 293	8 905	7 293
地方财政收入	1 596 770	923 775	83 092	73 540
#一般预算收入	856 600	466 140	83 000	73 468
#税收收入	701 708	377 648	75 587	71 251
#增值税（25%）	178 809	86 225	12 074	16 180
营业税	170 573	96 014	32 535	26 501
企业所得税（40%）	96 243	58 146	12 054	9 839
个人所得税（40%）	33 297	18 862	5 937	4 862
地方财政支出	**1 721 574**	**978 046**	**45 349**	**41 107**
#一般预算支出	965 740	512 450	44 678	40 108
#一般公共服务	178 982	99 442	9 664	9 340
科学技术	24 743	14 905	1 246	1 246
教育	181 077	83 385	14 548	11 522
文化体育与传媒	14 558	9 910	281	351
社会保障和就业	54 799	32 613	2 925	3 672
财政对社会保障基金补助支出	1 948	178		
医疗卫生	41 456	24 102	2 082	1 244
环境保护	22 062	10 681		110
城乡社区事务	117 328	62 151	2 519	2 250
交通运输	11 917	6 226	90	59
农林水事务	73 463	23 532	947	1 563

与支出情况

单位：万元

丹徒区	新　区	丹阳市	扬中市	句容市
173 934	**267 469**	**550 287**	**256 031**	**225 028**
72 091	109 795	193 826	106 000	58 525
56 178	71 353	148 028	86 234	43 488
1 312	796	1 761	15	27
10 829	32 433	33 804	12 916	10 426
3 772	5 213	10 233	6 835	4 584
101 843	157 674	356 461	150 031	166 503
70 000	101 590	200 002	95 440	95 018
62 910	92 107	164 202	80 892	78 966
18 726	23 784	49 343	28 745	14 496
13 079	19 501	33 341	16 694	24 524
7 219	21 622	22 536	8 611	6 950
2 515	3 475	6 822	4 557	3 056
106 574	**138 022**	**368 110**	**160 065**	**215 353**
73 579	78 663	209 008	105 071	139 211
17 393	12 761	34 461	20 194	24 885
2 377	5 034	4 411	3 797	1 630
19 260	8 118	42 271	20 231	35 190
1 484	315	2 333	1 115	1 200
4 381	1 773	7 775	4 961	9 450
178		136	432	1 202
2 395	1 590	8 493	4 784	4 077
1 575	346	6 684	2 697	2 000
3 682	35 054	27 195	12 294	15 688
168	22	4 134	475	1 082
8 516	2 759	17 941	11 051	20 939

15－3 历年

年　份	全　市	市　区	京口区	润州区
1952	2 783	980		
1957	3 521	1 516		
1962	3 958	2 206		
1965	5 942	3 628		
1970	8 898	5 497		
1975	15 344	10 138		
1978	21 924	14 219		
1979	21 313	13 822		
1980	22 897	14 577		
1981	24 048	14 461		
1982	27 800	16 730		
1983	30 449	17 822		
1984	33 843	19 853		
1985	39 957	22 163	491	1 356
1986	42 609	23 746	617	1 567
1987	46 608	25 705	741	1 776
1988	51 756	28 497	952	2 218
1989	56 892	31 268	1 138	2 663
1990	60 378	32 967	1 162	2 783
1991	56 664	31 183	1 043	2 861
1992	65 016	34 760	1 213	3 131
1993	110 784	62 310	3 348	3 840
1994	131 284	70 782	4 102	4 253
1995	152 321	81 299	5 747	5 173
1996	178 287	94 340	6 344	6 082
1997	202 953	107 120	6 554	6 480
1998	230 595	121 282	7 343	6 694
1999	252 683	138 448	8 798	6 826
2000	324 072	173 403	10 201	8 530
2001	408 073	223 340	12 174	10 364
2002	568 049	324 084	17 103	15 753
2003	739 182	426 111	26 451	24 738
2004	921 168	542 473	73 493	58 846
2005	1 184 229	711 677	101 428	73 383
2006	1 512 598	913 475	97 373	95 248
2007	2 032 676	1 246 106	141 975	128 349
2008	**2 332 006**	**1 300 660**	**146 525**	**144 235**

财政收入

单位：万元

丹徒区	新　区	丹阳市	扬中市	句容市
352		1 034	106	663
439		1 331	153	521
374		1 238	174	340
535		1 557	304	453
591		2 421	498	482
1 438		3 345	974	887
2 040		4 860	1 753	1 092
1 927		4 832	1 539	1 120
2 084		5 489	1 580	1 251
2 264		6 437	1 706	1 444
2 403		7 265	2 109	1 696
2 616		8 217	2 542	1 868
2 660		9 113	2 818	2 059
3 192		11 537	3 750	2 507
3 523		11 961	4 096	2 806
3 895		13 189	4 559	3 155
4 564		14 453	5 133	3 673
4 804		16 228	5 559	3 837
5 117		17 179	6 041	4 191
4 422		15 677	6 161	3 643
5 478		18 148	7 251	4 857
8 203	544	28 076	10 794	9 604
10 733	909	35 926	13 391	11 185
12 945	1 025	41 141	16 765	13 116
17 304	1 231	46 843	20 451	16 653
18 718	1 911	53 220	24 038	18 575
20 676	3 004	59 407	28 778	21 128
21 220	6 858	60 930	30 881	22 424
27 654	22 494	79 653	40 557	30 459
32 019	48 854	95 774	51 359	37 600
39 953	67 736	126 368	68 988	48 609
50 008	90 673	166 231	83 007	63 833
62 002	102 186	200 579	98 108	80 008
80 003	125 009	253 590	118 952	100 010
130 000	165 503	322 368	150 957	125 798
185 170	222 516	415 444	200 748	170 378
173 934	**267 469**	**550 287**	**256 031**	**225 028**

15－4 历年

年 份	全 市	市 区	京口区	润州区
1952	428	174		
1957	1 478	689		
1962	1 849	1 000		
1965	2 567	1 335		
1970	3 653	2 131		
1975	4 658	2 423		
1978	9 045	4 861		
1979	8 547	4 061		
1980	8 486	4 663		
1981	8 091	4 311		
1982	9 611	5 246		
1983	12 357	6 767		
1984	15 573	8 957		
1985	16 810	9 380	475	513
1986	23 395	13 152	563	742
1987	22 049	12 443	625	663
1988	26 739	15 120	717	923
1989	33 078	18 353	916	1 041
1990	36 913	20 130	1 217	1 179
1991	41 798	23 401	1 399	1 474
1992	42 269	22 481	1 622	1 510
1993	68 224	37 479	2 314	2 335
1994	79 099	40 320	2 623	2 986
1995	90 258	45 688	3 561	3 143
1996	107 296	55 573	4 150	3 764
1997	125 740	67 389	4 303	4 206
1998	144 645	78 963	5 598	4 985
1999	167 649	91 989	6 094	6 253
2000	208 125	113 024	7 637	6 950
2001	247 721	136 979	9 165	8 133
2002	345 723	202 075	13 966	11 143
2003	495 072	294 068	20 089	14 940
2004	641 446	389 331	25 258	19 293
2005	800 583	487 391	28 769	22 322
2006	1 000 941	608 066	29 296	29 596
2007	1 506 652	957 681	45 444	37 284
2008	**1 721 574**	**978 046**	**45 349**	**41 107**

财政支出

单位：万元

丹徒区	新　区	丹阳市	扬中市	句容市
63		110	58	86
241		428	138	223
312		391	166	292
325		455	206	571
528		696	276	550
742		1 163	383	689
1 412		1 552	721	1 911
1 285		1 625	1 335	1 526
1 227		1 622	741	1 460
1 350		1 825	758	1 197
1 259		2 102	921	1 342
1 567		2 351	1 366	1 873
2 036		3 057	1 399	2 160
1 787		3 666	1 642	2 122
2 623		5 021	2 218	3 004
2 382		4 490	2 260	2 856
3 039		5 590	2 811	3 218
3 860		6 723	3 839	4 163
4 455		7 956	4 289	4 538
5 073		8 310	4 703	5 384
5 413		8 657	5 070	6 061
6 361	521	14 271	7 189	9 285
9 346	659	19 736	9 630	9 413
10 416	706	21 968	11 557	11 045
13 626	776	25 111	13 287	13 325
14 756	1 127	27 646	15 136	15 569
15 915	2 590	30 421	16 874	18 387
18 446	5 018	36 275	18 902	20 483
22 449	7 185	45 853	23 952	25 296
24 483	15 634	52 632	28 140	29 970
30 793	19 945	67 552	37 252	38 844
40 745	28 078	95 023	48 453	57 528
50 031	41 614	124 197	54 884	73 034
62 022	49 432	154 972	70 415	87 805
66 362	76 911	193 769	86 480	112 626
110 697	100 166	267 339	121 738	159 894
106 574	**138 022**	**368 110**	**160 065**	**215 353**

15－5　金融机构存贷款余额

单位：万元

项　目	全　市	市　区	丹阳市	扬中市	句容市
金融机构各项存款余额	**12 627 123**	**6 382 299**	**3 323 762**	**1 625 447**	**1 295 615**
#企业存款	3 622 064	2 187 802	759 389	376 165	298 708
农业存款	314 020	118 584	95 534	43 167	56 735
居民储蓄存款	6 867 081	3 002 771	2 008 346	1 039 247	816 717
#定期	5 199 276	2 239 965	1 502 062	842 415	614 834
金融机构各项贷款余额	**9 209 795**	**4 814 758**	**2 628 463**	**1 059 858**	**706 716**
#短期贷款	4 986 632	2 091 694	1 876 290	704 141	314 507
#工业贷款	2 306 890	978 358	961 950	313 019	53 563
商业贷款	374 545	177 035	157 851	21 626	18 033
农业贷款	427 548	129 395	136 626	73 188	88 339
私营个体贷款	210 522	126 891	57 730	12 137	13 764
个人短期消费贷款	70 335	20 262	22 309	13 874	13 890
中长期贷款	3 445 776	2 280 657	569 900	238 936	356 283
#基本建设贷款	1 429 517	1 024 114	212 753	106 517	86 133
技术改造贷款	119 594	78 579	35 515	5 500	
个人消费贷款	785 180	423 179	184 894	40 091	137 016
金融机构现金收入（亿元）	**3 008.39**	**1 234.12**	**898.75**	**498.03**	**377.48**
金融机构现金支出（亿元）	**3 104.54**	**1 244.83**	**941.84**	**532.99**	**384.89**

15－6　历年金融机构存款余额

单位：万元

年　份	全　市	市　区	丹阳市	扬中市	句容市
1952	972	692	166	32	82
1957	1 740	976	430	63	271
1962	3 774	2 421	789	134	430
1965	6 599	3 909	1 302	308	1 080
1970	10 856	6 893	1 916	657	1 390
1975	18 918	12 659	2 841	1 293	2 125
1976	19 935	13 636	3 010	1 203	2 086
1977	20 964	14 157	3 240	1 586	1 981
1978	25 191	15 696	4 620	2 313	2 562
1979	26 826	17 192	5 336	3 024	1 274
1980	42 188	30 855	6 463	3 075	1 795
1981	53 995	37 726	10 094	3 948	2 227
1982	67 457	48 351	11 890	4 526	2 690
1983	80 275	47 239	14 884	9 299	8 853
1984	109 449	66 102	19 146	12 477	11 724
1985	114 174	64 263	23 608	15 452	10 851
1986	163 631	95 832	36 392	16 575	14 832
1987	196 747	117 517	43 725	16 619	18 886
1988	259 080	165 566	47 688	23 398	22 428
1989	293 187	172 225	59 868	32 145	28 949
1990	391 290	226 061	82 034	47 125	36 070
1991	519 897	301 575	107 181	64 546	46 595
1992	656 929	372 557	142 650	80 664	61 058
1993	820 781	460 878	179 576	99 098	81 229
1994	1 062 564	557 583	253 664	142 154	109 163
1995	1 411 601	735 147	342 509	187 399	146 546
1996	1 834 727	924 251	463 659	260 067	186 750
1997	2 211 036	1 127 046	543 610	322 433	217 997
1998	2 608 337	1 336 213	643 370	380 516	248 238
1999	2 965 700	1 521 200	721 100	444 400	279 000
2000	3 372 219	1 741 971	822 926	497 240	310 082
2001	3 853 485	1 976 555	945 602	585 039	346 289
2002	4 575 205	2 372 534	1 132 936	659 808	409 927
2003	5 808 804	3 091 878	1 420 165	773 063	523 698
2004	6 765 071	3 582 390	1 652 034	886 878	643 769
2005	8 039 551	4 244 771	1 966 929	1 055 719	772 132
2006	9 282 026	4 833 722	2 341 821	1 213 751	892 732
2007	10 235 880	5 175 303	2 653 785	1 321 434	1 085 358
2008	**12 627 123**	**6 382 299**	**3 323 762**	**1 625 447**	**1 295 615**

15－7　历年金融机构贷款余额

单位：万元

年　份	全　市				
		市　区	丹阳市	扬中市	句容市
1952	722	502	147	38	35
1957	4 068	2 705	672	301	390
1962	14 346	9 836	2 169	706	1 635
1965	13 337	7 888	2 849	764	1 836
1970	25 017	16 107	4 827	934	3 149
1975	45 658	35 524	5 710	1 198	3 226
1976	52 057	39 937	6 648	1 359	4 113
1977	48 798	36 895	6 290	1 494	4 119
1978	56 003	41 455	8 002	1 844	4 702
1979	64 090	47 483	9 776	2 872	3 959
1980	88 861	70 825	9 878	3 719	4 439
1981	96 962	74 881	12 943	4 426	4 712
1982	109 732	85 845	13 528	4 880	5 479
1983	127 764	89 211	16 854	8 559	13 140
1984	182 821	122 654	27 331	19 270	13 566
1985	204 836	135 200	30 521	18 310	20 805
1986	264 704	169 025	47 303	20 564	27 812
1987	319 228	206 422	57 982	21 080	33 744
1988	376 016	249 542	61 127	28 555	36 792
1989	416 556	270 164	71 969	31 967	42 456
1990	501 138	324 350	87 810	38 839	50 139
1991	616 525	390 335	114 141	50 900	61 149
1992	739 097	460 145	140 439	66 983	71 530
1993	875 759	535 124	171 541	86 570	82 524
1994	1 065 348	645 777	207 046	112 573	99 952
1995	1 352 368	830 099	266 996	132 362	122 911
1996	1 552 813	895 474	349 267	158 659	149 413
1997	2 005 200	1 204 595	431 836	199 959	168 810
1998	2 201 036	1 260 034	476 687	281 402	182 913
1999	2 379 300	1 423 800	511 900	254 500	189 100
2000	2 521 283	1 509 511	541 441	286 446	183 885
2001	2 817 561	1 687 595	638 663	298 303	193 000
2002	3 280 336	1 927 133	788 605	346 410	218 188
2003	4 250 685	2 536 601	998 735	427 204	288 145
2004	4 892 570	3 983 743	114 219	479 193	315 415
2005	5 604 959	4 504 055	135 803	551 898	413 203
2006	6 680 287	3 780 694	1 682 079	709 938	507 576
2007	7 890 199	4 173 315	2 180 987	903 399	632 498
2008	**9 209 795**	**4 814 758**	**2 628 463**	**1 059 858**	**706 716**

15－8　历年居民储蓄存款余额

单位：万元

年　份	全　市	市　区	丹阳市	扬中市	句容市
1952	259	177	48	8	26
1957	562	360	94	43	65
1962	645	454	94	31	66
1965	1 167	733	210	68	156
1970	1 536	971	283	132	150
1975	3 231	1 977	643	325	286
1978	4 949	3 058	894	604	393
1979	8 166	4 576	1 707	809	1 074
1980	11 083	6 237	2 363	1 174	1 309
1981	13 645	7 681	2 996	1 503	1 465
1982	18 056	9 640	4 193	2 173	2 050
1983	24 986	12 693	6 266	2 914	3 113
1984	34 909	17 420	8 848	4 155	4 486
1985	48 145	23 504	12 688	6 275	5 678
1986	68 964	32 094	18 339	9 890	8 641
1987	97 488	46 141	25 517	13 619	12 211
1988	112 221	53 993	28 656	14 520	15 052
1989	151 598	70 567	38 270	23 323	19 438
1990	214 244	98 348	55 241	34 121	26 534
1991	281 635	125 992	73 964	47 944	33 735
1992	338 371	155 772	82 608	56 702	43 289
1993	440 176	185 207	124 443	70 744	59 782
1994	633 979	269 409	177 096	105 586	81 888
1995	874 280	375 601	246 617	140 925	111 137
1996	1 151 723	483 410	333 392	193 326	141 595
1997	1 365 831	565 461	397 617	240 405	162 348
1998	1 595 645	654 880	476 450	281 402	182 913
1999	1 800 300	739 800	541 200	314 300	205 000
2000	2 039 729	852 203	605 038	356 133	226 355
2001	2 367 546	1 028 829	697 968	385 746	255 003
2002	2 812 593	1 270 754	809 849	432 691	299 304
2003	3 382 088	1 551 701	958 073	512 250	360 064
2004	3 884 619	1 762 916	1 122 179	581 850	417 674
2005	4 584 477	2 095 693	1 309 546	674 119	505 119
2006	5 217 584	2 362 986	1 511 753	769 381	573 464
2007	5 290 822	2 317 994	1 552 244	793 304	627 280
2008	**6 867 081**	**3 002 771**	**2 008 346**	**1 039 247**	**816 717**

15－9　主要年份保险业务情况

单位：万元

年　份	承保额	财产险	人身险	保费收入	财产险	人身险	赔款金额
1980	49 767	49 767		214	214		28
1981	70 952	70 952		298	298		37
1982	73 777	73 777		332	332		81
1983	110 661	110 500	161	444	442	2	122
1984	142 938	142 120	818	576	567	9	191
1985	199 693	165 188	34 505	920	789	131	310
1986	355 081	314 050	41 031	2 129	1 256	873	530
1987	552 944	489 917	63 027	3 217	1 876	1 341	951
1988	704 368	626 750	77 618	4 100	2 507	1 593	1 114
1989	976 503	878 068	98 435	4 781	3 177	1 604	2 186
1990	1 224 021	1 119 494	104 527	5 231	3 592	1 639	1 822
1991	1 468 447	1 326 902	141 545	7 723	4 818	2 905	6 644
1992	2 226 469	1 569 966	656 503	21 046	7 367	13 679	5 219
1993	3 456 643	2 458 375	998 268	31 016	10 528	20 488	8 202
1994	2 929 845	2 468 375	461 470	21 304	11 833	9 471	13 342
1995	2 580 436	2 230 001	350 435	14 136	12 421	1 715	6 965
1996	3 982 908	2 480 022	1 502 886	22 036	14 681	7 355	12 616
1997	4 871 686	3 861 091	1 010 595	38 092	17 351	20 741	13 330
1998	6 987 227	4 365 075	2 622 152	46 063	16 590	29 473	16 892
1999	8 641 582	5 616 214	3 025 368	53 688	18 762	34 926	15 570
2000	7 971 367	5 296 727	2 674 640	58 127	19 834	38 293	14 452
2001	8 666 576	4 743 031	3 923 545	78 575	22 242	56 333	14 166
2002	11 525 857	8 454 665	3 071 192	120 459	27 267	93 192	22 029
2003	17 644 619	13 094 758	4 549 861	170 576	31 456	139 120	46 823
2004	21 832 530	15 631 804	6 200 726	181 246	38 678	142 568	46 218
2005	25 874 725	19 734 938	6 139 787	199 013	41 527	157 486	46 982
2006	28 777 252	23 157 929	5 619 323	216 534	48 404	168 130	69 909
2007	42 599 306	27 168 411	15 430 895	259 436	63 270	196 166	64 261
2008	**129 093 155**	**35 030 600**	**94 062 555**	**328 460**	**70 397**	**258 063**	**92 460**

统计指标解释

财政收入

国家财政参与社会产品分配所取得的收入，是实现国家职能的财力保证。财政收入所包括的内容几经变化，目前主要包括：

（1）各项税收　包括增值税、营业税、消费税、土地增值税、城市维护建设税、资源税、城市土地使用税、印花税、固定资产投资方向调节税、个人所得税、企业所得税、关税、农牧业税和耕地占用税等。

（2）专项收入　包括征收排污费、征收城市水资源费收入、教育费附加收入等。

（3）其他收入　包括基本建设贷款归还收入、国家能源交通重点建设基金收入、国家预算调节基金等。

（4）国有企业计划亏损补贴　这项为负收入、冲减财政收入。

财政支出

国家财政将筹集起来的资金进行分配使用，以满足经济建设和各项事业的需要，主要包括：

（1）基本建设支出；（2）企业挖潜改造资金；（3）地质勘探费用；（4）科技三项费用；（5）支援农村生产支出；（6）农林水利气象等部门的事业费用；（7）工业交通商业等部门的事业费；（8）文教科学卫生事业费；（9）抚恤和社会福利救济费国家预算用于抚恤和社会福利救济事业的经费；（10）国防支出；（11）行政管理费；（12）价格补贴支出等。

中央财政收入和地方财政收入

按财政体制划分的中央本级收入和地方本级收入，1994 年分税制财政体制以后，属于中央财政的收入包括关税、海关代征消费税和增值税、中央企业所得税、地方银行和外资银行及非银行金融企业所得税，铁道、银行总行、保险总公司等集中缴纳的营业税、所得税、利润和城市维护建设税，增值税的 75% 部分，海洋石油资源税和证券（印花）税 88% 部分。属于地方财政的收入包括营业税，地方企业所得税、个人所得税、城镇土地使用税、固定资产投资方向调节税、城镇维护建设税、房产税、车船使用税、印花税、屠宰税、农牧业税、农业特产税、耕地占用税、契税，增值税 25% 部分，证券交易税（印花税）的 12% 部分和除海洋石油资源税以外的其他资源税。

存　款

企业、机关、团体或居民根据可以收回的原则，把货币资金存入银行或其他信用机构保管并取得一定利息的一种信用活动形式。根据存款对象的不同可划分为企业存款、财政存款、机关团体存款、基本建设存款、城镇储蓄存款、农村存款等科目，它是银行信贷资金的主要来源。

城乡储蓄存款余额

城乡储蓄存款，包括城镇居民储蓄存款和农民个人储蓄存款两部分，不包括居民的手存现金和工矿企业、部队、机关团体等集团存款。储蓄存款余额，是指城乡居民存人银行及农村信用社储蓄的时点数（存入数扣除取出数的余额），如月末、季末或年末数额。

贷　款

银行或其他信用机构根据必须归还的原则，按一定利率，为企业、个人等提供资金的一种信用活动形式。我国银行贷款分为流动资金贷款、固定资产贷款、城乡个体工商户贷款以及农业贷款等科目。

承保额

又叫保险金额。它是保险人员对被保险人负提损失补偿或约定给付的金额，它是保险合同上的最高责任额，也是计算保费的依据。

保　费

又叫保险费。是保险人根据保险合同的有关规定，为被保险人取得因约定危险事故发生所造成的经济损失补偿（或给付）权利，付给保险人的代价。包括财产险和人身险储金收入。

赔　款

保险事故发生后，经查证确属保险责任范围以内的保险标的损失，保险人根据保险合同的规定履行赔偿义务，给予被保险人的款项叫做赔款。赔款可分为已决赔款和未决赔款两种。

STATISTICAL YEAR BOOK

第十六篇
Chapter 16

科 技
Science and Technology

16－1 科技成果获奖数

单位：项

项 目	全 市	市 区	丹阳市	扬中市	句容市
总 计	**74**	**54**	**6**	**12**	**2**
国家科技进步奖					
省级科技进步奖	**16**	**9**	**3**	**4**	
一等奖					
二等奖	2	1	1		
三等奖	14	8	2	4	
市级科技进步奖	**58**	**45**	**3**	**8**	**2**
一等奖	4	3			1
二等奖	19	15	1	3	
三等奖	35	27	2	5	1

16－2 专利申请数与批准数

单位：件

项 目	全 市	市 区	丹阳市	扬中市	句容市
专利申请数总计	**7 339**	**3 097**	**2 032**	**1 287**	**923**
发明专利	1 133	711	200	156	66
实用新型专利	1 118	548	242	280	48
外观设计专利	5 088	1 838	1 590	851	809
专利批准数总计	**2 581**	**1 140**	**594**	**462**	**385**
发明专利	137	97	11	20	9
实用新型专利	793	382	134	234	43
外观设计专利	1 651	661	449	208	333

16－3　技术合同签订情况

单位：项、万元

项　目	2008年		2007年	
	合同数	合同金额	合同数	合同金额
总　计	**1 050**	**4 4819**	**1 386**	**42 747**
按合同类别分：				
转让	51	6 830	30	5 819
开发	665	18 402	772	19 827
服务	204	19 170	408	16 289
咨询	130	417	176	812
按社会经济目标分：				
陆地、海洋和大气的开发与估价	4	39		
农业、林业和渔业的发展	124	11 520	204	14 149
促进工业的发展	610	26 691	657	21 954
能源的生产、储存和分配	9	90	16	295
交通、通讯事业的发展	28	481	24	472
教育事业的发展				
卫生事业的发展	7	856	11	56
社会发展和社会经济服务	54	1 295	96	1 083
环境保护	132	502	205	1 075
知识的全面发展	3	43	14	209
其他目标（民用）	74	3 276	153	2 802
国防	5	26	6	652

16－4　地方财政科技拨款情况

单位：万元

项　目	全　市	市　区	丹阳市	扬中市	句容市
总　计	**28 587**	**19 110**	**5 100**	**2 397**	**1 980**
科技事业费	2 698	1 344	381	163	810
科技专项经费	14 167	8 557	3 269	1 688	653
科技三项费	935	815		120	

16-5　火炬计划项目数

单位：项

年　份	全　市	市　区	丹阳市	扬中市	句容市
1991	1			1	
1992	8	7		1	
1993	10	6	2	2	
1994	10	5	2	2	1
1995	18	12	3	1	2
1996	11	6	4	1	
1997	11	7	2	1	1
1998	14	7	3	2	2
1999	21	11	5	4	1
2000	28	18	3	6	1
2001	31	13	8	9	1
2002	41	22	6	11	2
2003	48	19	10	16	3
2004	47	20	12	12	3
2005	53	20	11	18	4
2006	60	18	20	19	3
2007	55	19	14	15	7
2008	26	14	4	5	3
1991-2008 年累计	**493**	**224**	**109**	**126**	**34**

16－6　星火计划项目数

单位：项

年　份	全　市	市　区	丹阳市	扬中市	句容市
1991	8	3	2		3
1992	8	5	2	1	
1993	14	8	4	2	
1994	22	7	8	4	3
1995	21	10	7	1	3
1996	23	13	7	2	1
1997	14	3	8	1	2
1998	12	4	5	1	2
1999	12	5	3	2	2
2000	14	4	4	3	3
2001	12	2	4	6	
2002	16	4	5	7	
2003	15	3	4	6	2
2004	13	2	2	8	1
2005	17	3	8	5	1
2006	14	1	5	8	
2007	14	1	5	8	
2008	3		2	1	
1991-2008 年累计	**252**	**78**	**85**	**66**	**23**

16－7　高新技术企业

项　　目	单　位	全　市	市　区	京口区
高新技术企业数	**个**	**409**	**146**	**25**
高新技术企业总产值	**万元**	**8 434 130**	**4 330 016**	**759 155**
#内资企业	万元	4 803 035	1 740 434	710 955
港澳台商投资企业	万元	1 518 288	836 450	
外商投资企业	万元	2 112 807	1 753 132	48 200
#大型企业	万元	1 613 639	673 189	552 937
中型企业	万元	2 529 814	1 455 496	27 296
小型企业	万元	4 290 677	2 201 331	178 922
高新技术企业销售收入	**万元**	**7 946 006**	**4 084 822**	**755 884**
#内资企业	万元	4 574 046	1 681 388	707 684
港澳台商投资企业	万元	1 472 951	840 230	
外商投资企业	万元	1 899 009	1 563 204	48 200
#大型企业	万元	1 564 929	665 886	552 863
中型企业	万元	2 363 874	1 346 295	26 213
小型企业	万元	4 017 203	2 072 641	176 808
高新技术企业利税总额	**万元**	**664 883**	**348 222**	**95 805**
#内资企业	万元	493 636	242 988	89 209
港澳台商投资企业	万元	70 906	30 264	
外商投资企业	万元	100 341	74 970	6 596
#大型企业	万元	188 365	82 979	77 228
中型企业	万元	249 740	164 746	649
小型企业	万元	226 778	100 497	17 928
高新技术企业利润总额	**万元**	**414 160**	**253 438**	**60 994**
#内资企业	万元	308 295	183 727	58 850
港澳台商投资企业	万元	44 596	21 886	
外商投资企业	万元	61 269	47 825	2 144
#大型企业	万元	108 298	55 356	53 248
中型企业	万元	179 538	135 475	46
小型企业	万元	126 324	62 607	7 700
高新技术企业从业人员数	**人**	**93 972**	**36 675**	**7 369**
#内资企业	人	58 759	18 895	6 959
港澳台商投资企业	人	19 015	6 420	
外商投资企业	人	16 198	11 360	410
#大型企业	人	22 639	11 406	4 406
中型企业	人	31 648	10 339	479
小型企业	人	39 685	14 930	2 484

基本情况

润州区	丹徒区	新 区	丹徒市	扬中市	句容市
20	**43**	**58**	**140**	**72**	**51**
246 940	**461 419**	**2 862 502**	**1 285 623**	**1 885 315**	**933 176**
59 308	244 566	725 605	830 045	1 594 682	637 874
31 381	156 813	648 256	315 039	156 334	210 465
156 251	60 040	1 488 641	140 539	134 299	84 837
120 252				940 450	
70 748	143 934	1 213 518	317 350	460 988	295 980
55 940	317 485	1 648 984	968 273	483 877	637 196
226 639	**430 134**	**2 672 165**	**1 189 566**	**1 773 051**	**898 567**
53 242	230 461	690 001	757 540	1 515 841	619 277
29 767	141 216	669 247	301 587	132 084	199 050
143 630	58 457	1 312 917	130 439	125 126	80 240
113 023				899 043	
59 342	125 419	1 135 321	309 147	431 185	277 247
54 274	304 715	1 536 844	880 419	442 823	621 320
16 223	**25 999**	**210 195**	**91 221**	**176 443**	**48 997**
3 162	15 511	135 106	59 372	156 502	34 774
4 666	8 160	17 438	22 388	10 378	7 876
8 395	2 328	57 651	9 461	9 563	6 347
5 751				105 386	
4 997	6 698	152 402	34 925	370 670	12 999
5 475	19 301	57 793	56 296	33 987	35 998
8 807	**13 982**	**169 655**	**52 925**	**88 574**	**19 223**
1 293	8 877	114 707	34 440	76 911	13 217
3 192	4 692	14 002	13 866	5 832	3 012
4 322	413	40 946	4 619	5 831	2 994
2 108				52 942	
3 231	4 660	127 538	20 929	19 030	4 104
3 468	9 322	42 117	31 996	16 602	15 119
9 902	**9 769**	**9 635**	**21 790**	**25 833**	**9 674**
1 246	5 231	5 459	12 841	22 578	4 445
871	3 688	1 861	6 188	1 758	4 649
7 785	850	2 315	2 761	1 497	580
7 000				11 233	
1 446	4 976	3 438	9 718	7 331	4 260
1 456	4 793	6 197	12 072	7 269	5 414

16－8　大中型工业企业科技活动人员情况

项　目	企业数（个）	有科技活动	科技活动人员（人）	科学家和工程师	R＆D人员	机构人员	R＆D人员折合全时当量（人/年）
总　计	**202**	**123**	**16 584**	**9 937**	**8 679**	**6 867**	**6 545.17**
一、按登记注册类型分组							
内资企业	118	78	11 757	6 646	6 022	4 527	4 529.12
国有企业	18	11	1 749	734	1 105	201	1 073.43
集体企业	7	3	437	360	174	148	142.98
有限责任公司	31	23	5 420	3 383	2 908	2 772	1 874.64
国有独资公司	2	2	584	433	398	275	107.22
其他有限责任公司	29	21	4 836	2 950	2 510	2 497	1 767.42
股份有限公司	9	7	795	565	361	536	309.88
私营企业	53	34	3 356	1 604	1 474	870	1 128.19
私营独资企业	6	3	667	231	388	154	212.28
私营有限责任公司	43	27	2 234	1 178	927	502	785.63
私营股份有限公司	4	4	455	195	159	214	130.28
港、澳、台商投资企业	36	21	1 345	858	675	509	553.59
合资经营企业（港或澳、台资）	21	15	870	570	492	383	426.09
合作经营企业（港或澳、台资）	2						
港、澳、台商独资经营企业	12	5	465	278	177	126	124.50
港、澳、台商投资股份有限公司	1	1	10	10	6		3.00
外商投资企业	48	24	3 482	2 433	1 982	1 831	1 462.46
中外合资经营企业	27	14	1 125	607	694	167	575.74
中外合作经营企业	1						
外资企业	18	8	1 101	798	678	412	526.82
外商投资股份有限公司	2	2	1 256	1 028	610	1252	359.90
二、按工业行业大类分组							
采矿业	3	1	14	12			
黑色金属矿采选业	1	1	14	12			
非金属矿采选业	2						
制造业	194	118	15 987	9 489	8 333	6 867	6 460.74
农副食品加工业	1	1	3	2			
食品制造业	2	2	182	129	109	28	104.94

16-8（续）

项 目	企业数（个）	有科技活动	科技活动人员（人）	科学家和工程师	R & D人员	机构人员	R & D人员折合全时当量（人/年）
纺织业	12	5	285	169	111	134	111.00
纺织服装、鞋、帽制造业	7	2	28	26	26	16	13.68
皮革、毛皮、羽毛（绒）及其制品业	2						
木材加工及木、竹、藤、棕、草制品业	2	2	975	446	757	865	535.58
造纸及纸制品业	3	2	1 320	1 041	620	1 252	365.90
印刷业和记录媒介的复制	2						
文教体育用品制造业	1						
化学原料及化学制品制造业	12	10	2 478	1 127	1 482	670	1 275.62
医药制造业	1	1	62	53	52	52	52.00
橡胶制品业	3	1	4	3			
塑料制品业	4	2	53	19	30		27.00
非金属矿物制品业	14	6	442	239	80	130	29.89
黑色金属冶炼及压延加工业	8	4	317	218	166	156	136.84
有色金属冶炼及压延加工业	3	2	413	114	270	20	270.00
金属制品业	12	8	1 270	729	578	288	350.14
通用设备制造业	21	16	1 258	791	311	550	209.75
专用设备制造业	8	5	802	428	507	318	459.06
交通运输设备制造业	24	12	847	519	370	304	338.15
电气机械及器材制造业	23	17	3 365	2 241	1 901	1 306	1 333.26
通信设备、计算机及其他电子设备制造业	19	16	1 647	969	850	563	774.78
仪器仪表及文化、办公用机械制造业	10	4	236	226	113	215	73.15
电力、燃气及水的生产和供应业	5	4	583	436	346		84.43
电力、热力的生产和供应业	2	2	537	400	306		52.02
燃气生产和供应业	1	1	7	7	7		7.00
水的生产和供应业	2	1	39	29	33		25.41
三、按地区分组							
全 市	202	123	16 584	9 937	8 679	6 867	6 545.17
市 区	69	54	8 478	4 953	4 534	2 778	3 337.74
丹阳市	84	37	2 947	1 573	1 752	1 899	1 232.22
扬中市	31	20	3 978	2 750	1 711	1 845	1 305.53
句容市	18	12	1 181	661	682	345	669.68

16－9　大中型工业企业科技活动经费筹集情况

单位：万元

项　目	科技活动经费筹集总额	企业资金	金融机构贷款	政府资金
总　计	**408 208**	**329 104**	**50 151**	**17 731**
一、按登记注册类型分组				
内资企业	320 363	252 650	42 874	15 200
国有企业	58 811	56 729	600	1 382
集体企业	12 195	5 045	6 650	500
有限责任公司	120 378	108 876	7 414	3 192
国有独资公司	10 789	7 915	2 024	850
其他有限责任公司	109 589	100 961	5 390	2 342
股份有限公司	31 367	16 994	9 000	4 975
私营企业	97 613	65 006	19 210	5 151
私营独资企业	35 018	13 018	13 500	500
私营有限责任公司	44 560	35 813	4 710	3 791
私营股份有限公司	18 035	16 175	1 000	860
港、澳、台商投资企业	20 086	13 161	4 023	2 209
合资经营企业（港或澳、台资）	13 097	7 062	3 783	2 149
合作经营企业（港或澳、台资）				
港、澳、台商独资经营企业	6 384	5 784	40	60
港、澳、台商投资股份有限公司	605	315	200	
外商投资企业	67 759	63 293	3 254	322
中外合资经营企业	24 690	20 496	3 007	307
中外合作经营企业				
外资企业	8 814	8 567	247	
外商投资股份有限公司	34 254	34 229		15
二、按工业行业大类分组				
采矿业	40	40		
黑色金属矿采选业	40	40		
非金属矿采选业				
制造业	394 480	317 403	48 127	17 728
农副食品加工业	79	79		
食品制造业	6 440	6 220		120

16-9（续）

项　目	科技活动经费筹集总额	企业资金	金融机构贷款	政府资金
纺织业	2 719	2 469	150	100
纺织服装、鞋、帽制造业	141	141		
皮革、毛皮、羽毛(绒)及其制品业				
木材加工及木、竹、藤、棕、草制品业	30 600	30 600		
造纸及纸制品业	37 284	37 259		15
印刷业和记录媒介的复制				
文教体育用品制造业				
化学原料及化学制品制造业	90 521	75 002	8 400	5 954
医药制造业	1 000	888		112
橡胶制品业	100	100		
塑料制品业	1 132	1 132		
非金属矿物制品业	7 180	6 359	800	
黑色金属冶炼及压延加工业	10 644	1 937	5 200	3 507
有色金属冶炼及压延加工业	11 050	11 050		
金属制品业	37 916	16 806	12 505	500
通用设备制造业	23 418	19 717	2 200	1 391
专用设备制造业	11 203	8 808	1 650	742
交通运输设备制造业	22 520	17 610	3 500	570
电气机械及器材制造业	67 455	56 412	9 779	1 265
通信设备、计算机及其他电子设备制造业	28 153	21 630	3 243	2 952
仪器仪表及文化、办公用机械制造业	4 925	3 185	700	500
电力、燃气及水的生产和供应业	13 688	11 661	2 024	3
电力、热力的生产和供应业	12 483	10 459	2 024	
燃气生产和供应业	650	650		
水的生产和供应业	555	552		3
三、按地区分组				
全　市	408 208	329 104	50 151	17 731
市　区	192 978	177 771	7 929	5 324
丹阳市	104 396	66 011	25 092	4 700
扬中市	92 432	72 367	14 840	4 550
句容市	18 402	12 955	2 290	3 157

16－10　大中型工业企业科技活动经费支出情况

单位：万元

项　目	科技活动经费内部支出	经常费支出	科研基建支出	R & D经费	新产品开发经费
总　计	**410 530**	**344 990**	**65 540**	**204 644**	**252 693**
一、按登记注册类型分组					
内资企业	325 044	263 867	61 177	154 509	209 809
国有企业	52 406	52 206	200	28 970	35 667
集体企业	10 811	10 811		2 549	9 333
有限责任公司	132 898	94 795	38 103	59 759	79 291
国有独资公司	5 330	4 504	826	3 719	2 200
其他有限责任公司	127 568	90 291	37 277	56 040	77 091
股份有限公司	32 554	29 958	2 596	18 749	21 078
私营企业	96 375	76 098	20 277	44 482	64 440
私营独资企业	32 598	19 498	13 100	14 031	17 680
私营有限责任公司	47 775	40 599	7 176	23 337	31 378
私营股份有限公司	16 002	16 002		7 113	15 382
港、澳、台商投资企业	16 381	15 566	815	9 478	13 394
合资经营企业（港或澳、台资）	10 655	10 063	592	7 393	9 289
合作经营企业（港或澳、台资）					
港、澳、台商独资经营企业	5 606	5 383	223	1 965	3 985
港、澳、台商投资股份有限公司	120	120		120	120
外商投资企业	69 105	65 557	3 548	40 658	29 490
中外合资经营企业	25 948	22 741	3 207	16 949	19 750
中外合作经营企业					
外资企业	8 928	8 587	341	5 801	6 494
外商投资股份有限公司	34 228	34 228		17 909	3 247
二、按工业行业大类分组					
采矿业	40	40			
黑色金属矿采选业	40	40			
非金属矿采选业					
制造业	398 975	333 435	65 540	201 594	246 744
农副食品加工业	53	53			53
食品制造业	5 812	5 612	200	3 123	1 850

6–10（续）

项　目	科技活动经费内部支出	经常费支出	科研基建支出	R & D 经费	新产品开发经费
纺织业	2 736	2 706	30	1 187	1 427
纺织服装、鞋、帽制造业	141	141		141	52
皮革、毛皮、羽毛(绒)及其制品业					
木材加工及木、竹、藤、棕、草制品业	53 255	23 620	29 635	21 778	23 420
造纸及纸制品业	36 758	36 758		17 949	5 674
印刷业和记录媒介的复制					
文教体育用品制造业					
化学原料及化学制品制造业	87 300	84 888	2 412	51 278	64 704
医药制造业	1 000	1 000		1 000	1 000
橡胶制品业	100	100			100
塑料制品业	699	699		336	699
非金属矿物制品业	7 074	7 071	3	1 419	3 857
黑色金属冶炼及压延加工业	11 190	10 210	980	9 975	9 085
有色金属冶炼及压延加工业	9 050	9 050		5 900	9 050
金属制品业	35 879	22 399	13 480	16 503	21 588
通用设备制造业	16 158	13 603	2 555	7 311	10 688
专用设备制造业	12 178	10 560	1 618	8 717	9 512
交通运输设备制造业	13 396	12 478	918	9 556	10 751
电气机械及器材制造业	70 856	64 301	6 555	32 245	50 858
通信设备、计算机及其他电子设备制造业	31 450	24 890	6 560	10 890	19 139
仪器仪表及文化、办公用机械制造业	3 890	3 296	594	2 287	3 236
电力、燃气及水的生产和供应业	11 516	11 516		3 051	5 949
电力、热力的生产和供应业	10 483	10 483		2 024	5 459
燃气生产和供应业	543	543		537	
水的生产和供应业	490	490		490	490
三、按地区分组					
全　市	410 530	344 990	65 540	204 644	252 693
市　区	173 471	168 488	4 983	99 389	105 434
丹阳市	118 979	71 470	47 509	58 319	67 424
扬中市	99 765	86 750	13 015	34 502	65 285
句容市	18 315	18 282	33	12 434	14 550

16－11　大中型工业企业

项　目	企业办科技机构（个）	科技项目数（项）	R＆D项目	新产品项目	项目经费
总　计	**118**	**1 443**	**730**	**1 098**	**290 976**
一、按登记注册类型分组					
内资企业	71	1 115	582	863	228 221
国有企业	5	254	180	225	48 722
集体企业	2	34	21	11	10 345
有限责任公司	27	505	199	379	78 024
国有独资公司	1	7	6	2	4 364
其他有限责任公司	26	498	193	377	73 660
股份有限公司	11	115	58	101	16 748
私营企业	26	207	124	147	74 383
私营独资企业	2	79	58	58	19 498
私营有限责任公司	18	103	55	69	38 883
私营股份有限公司	6	25	11	20	16 002
港、澳、台商投资企业	21	137	40	111	15 456
合资经营企业（港或澳、台资）	14	106	30	92	9 953
合作经营企业（港或澳、台资）					
港、澳、台商独资经营企业	7	30	9	18	5 383
港、澳、台商投资股份有限公司		1	1	1	120
外商投资企业	26	191	108	124	47 299
中外合资经营企业	6	102	49	59	22 300
中外合作经营企业					
外资企业	19	27	19	19	8 198
外商投资股份有限公司	1	62	40	46	16 801
二、按工业行业大类分组					
采矿业		1			40
黑色金属矿采选业		1			40
非金属矿采选业					
制造业	118	1 417	721	1 090	279 427
农副食品加工业		1		1	53
食品制造业	1	78	76	74	3 159

科技活动开展情况

单位：万元

专利申请（件）	发明专利	技术改造经费支出	技术引进经费支出	消化吸收经费支出	购买国内技术经费支出
653	**203**	**302 319**	**18 781**	**11 338**	**7 464**
513	140	268 842	13 978	9 676	6 195
26	15	30 903	2 200	2 050	
11	4	5 327	24		
293	74	178 800	10 419	5 105	4 004
3	2	2 025	4 431	800	
290	72	176 775	5 988	4 305	4 004
40	28	6 337			1 280
143	19	47 475	1 335	2 521	911
7	3	6 968	1 300	2 000	700
130	16	39 771	35	521	211
6		736			
66	16	10 202	2 337	909	478
53	12	9 589	2 337	892	478
12	3	612		17	
1	1				
74	47	23 275	2 466	753	791
63	38	4 236	625	381	783
8	7	755	1841	372	8
3	2	18 284			
		1 640			
		540			
		1 100			
652	203	285 120	18 781	11 338	7 464
1					
8			200	850	

16-11（续）

项　目	企业办科技机构（个）	科技项目数（项）	R & D项目	新产品项目	项目经费
纺织业	4	13	5	6	2 656
纺织服装、鞋、帽制造业	1	3	3	1	141
皮革、毛皮、羽毛(绒)及其制品业					
木材加工及木、竹、藤、棕、草制品业	5	104	40	84	2 3620
造纸及纸制品业	1	78	45	57	19 331
印刷业和记录媒介的复制					
文教体育用品制造业					
化学原料及化学制品制造业	12	241	123	221	71 463
医药制造业	1	3	3	3	1 000
橡胶制品业		1		1	100
塑料制品业		3	1	2	699
非金属矿物制品业	2	15	5	7	6 946
黑色金属冶炼及压延加工业	3	22	11	8	10 210
有色金属冶炼及压延加工业	1	18	11	13	9 050
金属制品业	7	122	79	91	22 320
通用设备制造业	11	123	81	77	11987
专用设备制造业	8	71	50	43	10560
交通运输设备制造业	7	133	40	94	12 216
电气机械及器材制造业	23	234	98	182	45 880
通信设备、计算机及其他电子设备制造业	25	85	37	69	24 781
仪器仪表及文化、办公用机械制造业	6	69	13	56	3 256
电力、燃气及水的生产和供应业		25	9	8	11 510
电力、热力的生产和供应业		18	2	7	10 483
燃气生产和供应业		1	1		537
水的生产和供应业		6	6	1	490
三、按地区分组					
全　市	118	1 443	730	1 098	29 0976
市　区	35	717	425	563	144 767
丹阳市	36	351	139	264	70 707
扬中市	28	347	146	252	57 220
句容市	19	28	20	19	18 282

专利申请（件）	发明专利	技术改造经费支出	技术引进经费支出	消化吸收经费支出	购买国内技术经费支出
50	2	54			
1		106			
73	11	27 917	3 942	1 032	2 571
3	2	18 381			
37	37	21 384	2 000	1 230	660
12	12				
3	3				
		1 086		4	
8	4	3 530			948
29	6	16 882	3 000	3 844	1 910
70	18	10 261	5 477	2 209	155
48	22	2 130			730
39	10	3 767	1 805	300	20
182	44	133 982	35	397	98
75	26	44 832	2 322	1 413	271
13	6	810		60	100
1		15 559			
		15 459			
1		100			
653	203	302 319	18 781	11 338	7 464
230	90	73 589	10 369	5 583	808
192	26	44 545	7 023	3 332	4 581
221	81	180 849	1 319	2 393	1 607
10	6	3 336	70	30	468

16－12　研究与开发机构活动情况

项　　目	单 位	研 究 与 开发机构	自然科学 技术领域	大 中 型 工业企业
机构数	个	142	24	118
经费筹集总额	万元	434 523	26 315	408 208
经费支出总额	万元	432 741	22 211	410 530
职工总数	人	200 726	1 377	199 349
从事科技活动人员	人	17 585	1 001	16 584
中高级职称	人	6 967	624	6 343
初级职称	人	271	271	
其他	人	106	106	

16－13　技术（市场）贸易情况

项　　目	单 位	全 市	市 区	丹阳市	扬中市	句容市
技术合同数	项	1 050	1 010	2	12	26
技术贸易机构数	个	240	186	12	15	27
技术合同成交金额	万元	44 819	29 369	4 577	4 700	6 173
技术交易额	万元	32 273	22 245	4 577	4 700	751
技术贸易机构从业人员数	人	3 085	2 656	132	89	208

统计指标解释

独立研究与开发机构

指有明确的任务和研究方向，有一定学术水平的业务骨干和一定数量的研究人员，具有研究、开发、开展学术工作的基本条件，主要进行科学研究与技术开发活动，并且在行政上有独立的组织形式、财务上独立核算盈亏，有权与其他单位签订合同，在银行有单独户头的单位。包括国务院各部门、中国科学院、中国社会科学院和各省、自治区、直辖市以及地（市）以上 [含地（市）] 各部门所属的国有独立的科学研究与技术开发机构。

独立研究与开发机构职工

指在科学研究与技术开发机构工作，并由其支付工资的各种人员。包括长期职工和临时职工，不包括编制以外的离休、退休人员和停薪留职人员，但包括招聘人员。

研究与发展经费支出

指报告期内用于研究与实验发展课题活动（基础研究、应用研究、实验发展）的全部实际支出。包括用于研究与发展课题活动的直接支出，还包括间接用于研究与发展活动的一切支出（院、所管理费，维持院、所正常运转的必需费用和与研究发展有关的基本建设支出）。

科学家和工程师

指具有大学本科及以上学历的和不具备上述学历但有高、中级职称的人员。

其他科技人员

指大专、中专毕业和具有初级职称的从事科技活动人员。

专业技术人员

指已取得科学技术职称，或大学、中专的理、工、农、医科系毕业，以及国民经济各部门从工作实践中提拔，从事理、工、农、医等自然科学技术的研究、教学、生产的专业人员和在机关、企业、事业中从事科学技术业务管理工作的专业人员。

工程技术人员

指在国民经济各行业从事工程技术工作的自然科学技术专业人员，包括：高级工程师、工程师、助理工程师、技术员和未评定职称的技术人员。

农业技术人员

指在国民经济各行业从事农业技术工作的自然科学技术专业人员，包括：高级农艺师、农艺师、助理农艺师、技术员和未评定职称的技术人员。

卫生技术人员

指在国民经济各行业从事卫生医务工作的自然科学技术专业人员，包括：正副主任医师、主治医师、医师、医（护）士和未评定职称的技术人员。

科学研究人员

指在国民经济各行业从事科学技术活动的自然科学技术专业人员，包括：正副研究员、助理研究员、研究实习员、技术员和未评定职称的技术人员。

自然科学教学人员

指在国民经济各行业从事自然科学技术方面教学活动的专业人员，包括：正副教授、讲师、助教、教师和在中学从事自然科学技术方面教学活动的人员。

发　明

专利法及其实施细则所称的发明，指对有关产品、方法或其改进所提出的新的技术方案。

实用新型

指专利法及其实施细则所称的实用新型，指对产品的形状、构造或者其结构所提出的适于实用的新的技术方案。

STATISTICAL YEAR BOOK

第十七篇
Chapter 17

教　育
Education

17－1 中学、小学专任教师学历和职称情况

单位：人

项 目	全 市	市 区	丹阳市	扬中市	句容市
合 计	**18 478**	**6 890**	**6 059**	**2 284**	**3 245**
一、高中	**3 677**	**1 245**	**1 204**	**504**	**724**
按学历分					
研究生毕业	128	62	41	5	20
本科毕业	3 489	1 161	1 141	484	703
专科毕业	60	22	22	15	1
高中阶段毕业					
按职称分					
中学高级	1 132	427	371	143	191
中学一级	1 034	364	354	135	181
中学二级	1 361	390	432	212	327
中学三级					
未评级	150	64	47	14	25
二、初中	**6 522**	**2 404**	**2 211**	**787**	**1 120**
按学历分					
研究生毕业	15	6	4	3	2
本科毕业	4 777	1 853	1 665	421	838
专科毕业	1 680	506	542	352	280
高中阶段毕业	49	38		11	
高中阶段毕业以下	1	1			
按职称分					
中学高级	1 453	470	540	197	246
中学一级	3 006	1 124	947	373	562
中学二级	1 692	645	573	191	283
中学三级					
未评级	371	165	151	26	29
三、小学	**8 279**	**3 241**	**2 644**	**993**	**1 401**
按学历分					
研究生毕业	3	3			
本科毕业	2 446	949	844	267	386
专科毕业	4 975	1 919	1 543	601	912
高中阶段毕业	855	370	257	125	103
高中阶段毕业以下					
按职称分					
中学高级	107	39	40	19	9
小学高级	5 242	1 947	1 751	601	943
小学一级	2 496	1 121	660	348	367
小学二级	52	15	21	15	1
小学三级					
未评级	382	119	172	10	81

17－2 各类学校基本情况

项 目	全 市	市 区	丹阳市	扬中市	句容市
学校总数（所）	**297**	**123**	**95**	**26**	**53**
普通高等学校	5	5			
普通中等专业学校	7	6	1		
普通中学	116	45	41	13	17
高中	27	11	7	4	5
初中	89	34	34	9	12
职业高中	10	6	2	1	1
技工学校	9	8	1		
小学	145	51	49	11	34
特殊教育学校	5	2	1	1	1
毕业生总数（人）	**114 053**	**54 529**	**30 946**	**8 776**	**19 802**
普通高等学校	18 677	18 677			
普通中等专业学校	7 804	4 874	2 930		
普通中学	51 658	16 754	17 249	6 349	11 306
高中	18 316	5 604	6 184	2 524	4 004
初中	33 342	11 150	11 065	3 825	7 302
职业高中	4 489	861	774		2 854
技工学校	3 265	3 050	215		
小学	28 008	10 251	9 719	2 412	5 626
特殊教育学校	152	62	59	15	16
招生总数（人）	**104 594**	**57 254**	**25 850**	**6 406**	**15 084**
普通高等学校	23 205	23 205			
普通中等专业学校	8 740	6 317	1 519		904
普通中学	44 303	15 486	15 727	4 294	8 796
高中	16 562	5 493	5 954	1 896	3 219
初中	27 741	9 993	9 773	2 398	5 577

17–2（续）

项　　目	全　市	市　区	丹阳市	扬中市	句容市
职业高中	2 869	397	741		1731
技工学校	4 625	4 025	600		
小学	20 714	7 778	7 201	2 098	3 637
特殊教育学校	138	46	62	14	16
在校学生总数（人）	**414 367**	**218 745**	**105 143**	**28 817**	**61 662**
普通高等学校	83 473	83 473			
普通中等专业学校	28 213	19 395	6 240	127	2 451
普通中学	142 290	48 239	49 097	15 220	29 734
高中	51 633	15 995	18 251	6 250	11 137
初中	90 657	32 244	30 846	8 970	18 597
#女生	67 903	23 262	22 996	7 447	14 198
职业高中	9 305	1 561	2 462		5 282
技工学校	15 552	14 318	1 234		
小学	134 609	51 479	45 733	13 359	24 038
#女生	66 316	27 375	20 969	6 255	11 717
特殊教育学校	925	280	377	111	157
专任教师总数（人）	**25 389**	**12 903**	**6 541**	**2 489**	**3 456**
普通高等学校	4 757	4 757			
普通中等专业学校	691	408	283		
普通中学	10 199	3 649	3 415	1 291	1 844
高中	3 677	1 245	1 204	504	724
初中	6 522	2 404	2 211	787	1 120
职业高中	913	429	93	192	199
技工学校	440	361	79		
小学	8 279	3 241	2 644	993	1401
特殊教育学校	110	58	27	13	12

17－3　高等教育基本情况

单位：人

项　目	在校学生数	招生数	毕业生数	教职员工数	专任教师
普通高等学校	**83 473**	**23 205**	**18 677**	**9 068**	**4 757**
江苏大学	24 255	6 442	6 014	4 748	1 954
江苏科技大学	16 160	4 610	3 153	1 867	1 017
镇江市高等专科学校	7 659	2 357	2 344	630	435
江苏农林职业技术学院	10 395	3 810	2 863	694	488
金山职业技术学院	3 469	889	967	191	124
江苏大学京江学院	9 312	1 940	1 883	252	199
南京财经大学红山学院	7 050	1 700	409	394	349
江苏科技大学南徐学院	5 173	1 457	1 044	292	191
成人高等学校	**27 539**	**6 795**	**6 899**		
江苏大学	20 499	4 647	4 802		
江苏科技大学	7 040	2 148	2 097		

17－4　中等教育基本情况

单位：人

项　目	在校学生数	招生数	毕业生数	教职员工数	专任教师
普通中专	**28 213**	**8 740**	**7 804**	**906**	**691**
镇江市旅游学校	26				
镇江市卫生学校	1 344	338	287	70	39
镇江市电子工业学校	1 141	269	476	42	23
镇江市体育运动学校	120	63	42	41	35
镇江市中等专业学校	8 271	2 997	2 899		
镇江市高等专科学校	1 007	200			
镇江市高等专科学校（成教处）	263				
京口职教中心			239		
丹阳市中等专业学校	6 240	1 519	2 930	375	283
江苏省扬中职业教育中心	127				
江苏农林职业技术学院	2 132	740			
镇江机电高等职业技术学校	5 365	1 919	931	378	311
江苏省司法警官高等职业学校	1 858	531			
句容市教师进修学校	319	164			

17－5　职业学校基本情况

单位：人

项　目	在校学生数	招生数	毕业生数	教职员工数	专任教师
合　计	**9 305**	**2 869**	**4 489**	**1 216**	**913**
镇江市旅游学校				122	104
镇江市振华职业技术学院				58	50
镇江市建设学校				38	25
镇江市新华职业学校				12	8
镇江市润州职业学校	42			82	52
丹徒区职业技术教育中心	1 519	397	861	231	190
江苏省丹阳吴塘职业高级中学	2 462	741	774	103	93
江苏省扬中职业教育中心				322	192
句容市职业技术教育中心	5 282	1 731	2 854	248	199

17－6　技工学校基本情况

单位：人

项　目	在校学生数	招生数	毕业生数	教职员工数	专任教师
合　计	**15 552**	**4 625**	**3 265**	**553**	**440**
江苏交通高级技工学校	6 156	1 670	944	139	90
江苏省镇江市高级技工学校	4 845	1 391	786	164	145
镇江市冶金技工学校	1 853	507	695	49	38
镇江市机电机工学校	304	78	161	16	10
镇江市化工技工学校	572	97	131	18	14
镇江市机械技工学校	170		82	13	8
镇江市江天汽车技工学校	418	282	188	21	17
丹阳市高级技工学校	1 234	600	215	86	79
镇江市电力技工学校			63	47	39

17－7　幼儿教育基本情况

单位：所、人

项　目	全　市	市　区	丹阳市	扬中市	句容市
园　数	179	86	45	18	30
离园人数	18 882	7 273	6 116	2 098	3 395
入园人数	19 241	7 805	5 995	1 993	3 448
在园人数	57 322	22 398	18 842	5 804	10 278
教职工数	3 692	1 699	1 096	333	564
专任教师	2 481	1 044	738	244	455

17－8　小学、初中入学率、升学率

单位：%

项　目	小　学			初　中		
	入学率	升学率	毕业率	入学率	升学率	毕业率
合　计	**100.00**	**100.00**	**100.00**	**100.00**	**99.38**	**99.10**
市　区	100.00	100.00	100.00	100.00	101.85	98.64
丹阳市	100.00	100.00	100.00	100.00	98.83	98.72
扬中市	100.00	100.00	100.00	100.00	98.85	99.79
句容市	100.00	100.00	100.00	100.00	98.37	98.93

17－9　普通中小学师资配备情况

地　区	班级数（个）	学生数（人）	教师数（人）	每班教师数（人/班）	每一班教师负担学生数（人）
合　计	**6 088**	**276 899**	**18 478**	**3**	**45**
市　区	2 312	99 718	6 890	3	43
市直属	464	20 587	1 672	4	44
京口区	549	24 099	1 485	3	44
润州区	410	16 026	1 157	3	39
新　区	263	12 092	750	3	46
丹徒区	626	26 914	1 826	3	43
丹阳市	1 986	94 830	6 059	3	48
扬中市	657	28 579	2 284	3	43
句容市	1 133	53 772	3 245	3	47

17－10　市区普通高中教育基本情况

单位：人

项　目	在校学生	高一年级	高二年级	高三年级	毕业生数	专任教师
镇江中学	2 759	960	919	880	955	231
镇江市第一中学	2 228	826	767	635	579	182
镇江市第二中学	1 258	426	395	437	382	93
镇江市实验高级中学	2 607	915	855	837	856	175
镇江市国际学校	116	116				12
镇江市第九中学	1 221	311	489	421	464	94
镇江市实验学校魅力之城分校	164			164	243	44
镇江市丹徒区儒里中学	204			204	241	15
丹徒区上党高级中学	1 616	646	554	416	582	109
江苏省大港中学	2 453	858	799	796	870	189
镇江市谏壁中学	1 369	436	489	444	432	101

17－11　主要年份学校数

单位：所

年　份	总　计	高等院校	中专学校	普通中学	职业中学	小　学	特殊教育
1990	1 982	6	11	261	40	1 659	5
1991	1 898	6	11	248	40	1 585	8
1992	1 824	6	11	229	33	1 573	8
1993	1 762	6	13	213	36	1 484	10
1994	1 689	6	13	203	39	1 420	8
1995	1 637	6	13	190	33	1 387	8
1996	1 468	6	13	175	32	1 235	7
1997	1 367	6	13	168	44	1 130	6
1998	1 173	6	13	153	40	955	6
1999	1 033	6	13	146	40	822	6
2000	968	5	13	141	32	770	7
2001	629	3	9	134	24	453	6
2002	560	4	7	130	22	392	5
2003	473	4	6	128	19	311	5
2004	402	5	5	126	19	242	5
2005	388	5	7	126	18	219	5
2006	350	5	7	123	16	194	5
2007	346	5	7	127	12	190	5
2008	**288**	**5**	**7**	**116**	**10**	**145**	**5**

17－12　主要年份在校学生数

单位：人

年　份	总　计	高等院校	中专学校	普通中学	职业中学	小　学	特殊教育
1990	370 342	9 269	5 325	121 539	8 690	225 139	380
1991	362 359	9 214	5 927	124 297	9 810	212 675	436
1992	357 490	10 056	6 566	123 778	10 739	205 652	699
1993	362 565	11 926	8 965	119 861	12 226	208 937	650
1994	375 070	14 703	12 228	123 693	13 048	210 392	1 006
1995	387 109	15 829	16 718	126 274	11 746	215 298	1 244
1996	400 402	16 433	22 412	122 855	10 532	227 289	881
1997	407 336	17 678	26 294	114 620	9 611	238 563	570
1998	410 133	19 111	27 593	113 348	7 602	241 754	725
1999	416 524	22 407	26 049	125 109	7 257	235 006	696
2000	420 406	25 554	21 823	141 183	6 605	224 644	597
2001	435 267	37 000	18 637	155 259	9 902	213 540	929
2002	434 594	37 751	18 370	165 947	14 257	197 521	748
2003	429 487	43 720	16 651	170 001	15 262	182 984	869
2004	423 549	50 878	17 333	168 307	15 337	171 061	633
2005	433 749	60 196	23 657	161 367	15 566	158 763	696
2006	425 062	67 869	31 564	155 553	19 427	149 920	729
2007	416 605	79 252	31 274	150 065	13 518	141 607	889
2008	**398 815**	**83 473**	**28 213**	**142 290**	**9 305**	**134 609**	**925**

注：教育历史数据不含技工学校，2007 年后高等学校在校生数含研究生。

17－13　主要年份专任教师数

单位：人

年　份	总　计	高等院校	中专学校	普通中学	职业中学	小　学	特殊教育
1990	22 756	1 763	674	7 862	660	11 736	61
1991	22 227	1 797	659	7 918	663	11 116	74
1992	22 295	1 872	653	7 877	692	11 121	80
1993	22 110	1 830	622	7 714	755	11 105	84
1994	22 247	1 823	680	7 782	869	10 999	94
1995	23 019	1 824	709	8 095	1 004	11 283	104
1996	23 322	1 789	779	8 309	1 091	11 259	95
1997	23 352	1 824	797	8 033	1 297	11 294	107
1998	23 333	1 855	836	7 907	1 354	11 269	112
1999	23 607	1 977	840	8 068	1 379	11 237	106
2000	23 582	2 062	679	8 461	1 274	10 984	122
2001	23 692	2 542	610	8 758	1 221	10 459	102
2002	23 623	2 642	418	9 224	1 187	10 046	106
2003	23 677	3 034	296	9 579	1 185	9 470	113
2004	23 464	3 183	287	9 701	1 237	8 945	111
2005	24 147	3 762	283	9 829	1 066	8 689	111
2006	24 297	4 067	604	9 909	1 121	8 489	107
2007	24 651	4 383	731	10 075	987	8 366	109
2008	**25 389**	**4 757**	**691**	**10 199**	**913**	**8 279**	**110**

17－14　主要年份毕业生数

单位：人

年　份	总　计	高等院校	中专学校	普通中学	职业中学	小　学	特殊教育
1990	78 157	2 617	1 790	32 428	2 482	38 829	11
1991	80 507	2 694	1 776	34 367	2 687	38 961	22
1992	80 264	2 722	1 788	35 314	2 639	37 787	14
1993	79 725	2 562	1 939	36 244	3 301	35 653	26
1994	86 513	2 738	1 894	37 737	4 096	40 012	36
1995	83 335	3 935	2 400	36 518	4 543	35 831	108
1996	80 804	4 775	4 876	37 274	4 483	29 346	50
1997	81 656	4 123	5 577	41 807	3 149	26 972	28
1998	85 803	4 869	6 593	40 033	2 996	31 246	66
1999	88 965	4 806	7 652	34 796	2 405	39 200	106
2000	92 097	3 968	8 934	34 234	2 726	42 145	90
2001	96 793	4 320	7 426	39 818	2 023	43 094	112
2002	103 587	5 590	5 633	46 902	2 247	43 101	114
2003	104 658	7 702	4 938	50 110	2 715	39 101	92
2004	105 249	8 273	3 564	54 137	3 088	36 098	89
2005	113 522	9 765	4 988	58 072	3 846	34 104	
2006	110 091	12 784	6 239	54 863	4 121	31 984	100
2007	111 669	16 144	7 128	52 406	4 358	31 504	129
2008	**110 788**	**18 677**	**7 804**	**51 658**	**4 489**	**28 008**	**152**

统计指标解释

普通高等学校

指按照国家规定的设置标准和审批程序批准举办，通过国家统一招生考试，招收高中毕业生为主要培养对象，实施高等学历教育的全日制大学、独立设置的学院和高等专科学校、高等职业学校和其他机构。

成人高等学校

指按照国家规定的设置标准和审批程序举办的，通过全国成人高等教育统一招生考试，招收具有高中毕业或同等学历的人员为主要培养对象，利用脱产、业余或函授等多种形式对其实施高等学历教育的学校。包括广播电视大学、职工高等学校、农民高等学校、管理干部学院、教育学院、独立函授学院、其他机构。

STATISTICAL YEAR BOOK

第十八篇
Chapter 18

文化、卫生、体育
Culture, Public Health, Sports

18－1　文化事业机构数

单位：个

项　目	全　市	市　区	丹阳市	扬中市	句容市
合　计	**107**	**53**	**24**	**10**	**20**
一、电影发行放映管理机构	**8**	**5**	**1**	**1**	**1**
二、艺术事业	**9**	**4**	**1**	**2**	**2**
艺术表演团体	5	2	1	1	1
艺术表演场所	4	2		1	1
三、图书馆	**7**	**3**	**2**	**1**	**1**
四、群众文化事业	**71**	**35**	**18**	**6**	**12**
博物馆	9	6	2		1
群众艺术馆、文化馆	7	4	1	1	1
文化站（文化部门）	55	25	15	5	10
五、其他文化事业	**12**	**6**	**2**		**4**

18－2　文化事业人员数

单位：人

项　目	全　市	市　区	丹阳市	扬中市	句容市
合　计	**880**	**522**	**146**	**65**	**147**
一、电影发行放映管理机构	**11**	**8**	**1**	**1**	**1**
二、艺术事业	**263**	**170**	**35**	**16**	**42**
艺术表演团体	161	121	35	5	
艺术表演场所	102	49		11	42
三、图书馆	**101**	**53**	**24**	**14**	**10**
四、群众文化事业	**451**	**273**	**79**	**34**	**65**
博物馆	173	144	17	0	12
群众艺术馆、文化馆	118	61	23	10	24
文化站（文化部门）	160	68	39	24	29
五、其他文化事业	**69**	**33**	**7**		**29**

18－3　艺术事业基本情况

项　目	单　位	全　市	市　区	丹阳市	扬中市	句容市
艺术表演场所	个	**4**	**2**		**1**	**1**
座席数	个	4 250	1 671		1 201	1 378
演（映）出场次	场	7 392	7 077		245	70
#电影放映场次	场	7 290	7 049		180	61
观众人次	万人次	600	533		13	54
#电影放映	万人次	349	303		3	43
艺术表演团体	个	**5**	**2**	**1**	**1**	**1**
上演节目	个	4		4		
#新创作排演剧目	个					
国内演出场次	场	340	160	180		
国内观众人次	万人次	288	108	180		

18－4　图书馆、博物馆基本情况

项　目	单　位	全　市	市　区	丹阳市	扬中市	句容市
图书馆机构数	个	**7**	**3**	**2**	**1**	**1**
藏书册数	册、件	1 706 810	1 137 525	231 133	235 774	102 378
古　籍	册、件	183 076	180 580	1957	313	226
图　书	册、件	1 568 937	1 065 512	193 774	207 360	102 291
图书流通人次	万人次	80	59	11	9	3
阅览座席数	张	1 546	986	320	160	80
博物馆数	个	**8**	**6**	**2**		**1**
文物藏品	件	37 149	34 237	1 712		1 200
#一级品	件	86	82			4
参观人数	万人次	30	28	1		1

18－5 电影事业基本情况

项 目	单 位	全 市	市 区	丹阳市	扬中市	句容市
电影放映单位数	个	**131**	**31**	**56**	**22**	**22**
电影院	个	69	17	31	9	12
影剧院	个	5	3		1	1
放映队	个	56	10	25	12	9
对内俱乐部	个	1	1			
电影发行放映管理机构	个	**6**	**3**	**1**	**1**	**1**
坐席数	张	**36 370**	**10 570**	**11 200**	**8 800**	**5 800**
电影观众	万人次	**160**	**58**	**67**	**25**	**10**

18－6 娱乐场所情况

项 目	单 位	全 市	市 区	丹阳市	扬中市	句容市
娱乐场所数	个	**1 110**	**496**	**364**	**159**	**91**
歌舞娱乐场所	个	589	294	178	78	39
电子游艺厅	个	164	49	72	43	
台球厅	个	357	153	114	38	52
网吧	个	361	157	114	38	52

18－7　广播电台、电视台基本情况

项　目	单　位	全　市	市　区	项　目	单　位	全　市	市　区
广播电台	**座**	**1**	**1**	**电视台**	**座**	**1**	**1**
发射台及转播台	座	7	1	发射台及转播台	座	5	1
节目套数	套	9	3	节目套数	套	7	3
广播人口覆盖率	%	100.0	100.0	有线电视总户数	万户	66.5	22.0
有线广播站	个	44	7	有线电视总用户数	万户	66.5	22.0
广播喇叭数	万只	10	2	电视人口覆盖率	%	100.0	100.0

18－8　广播、电视节目制作情况

项　目	单　位	全　市	市　区	项　目	单　位	全　市	市　区
广播节目				**电视节目**			
平均每日播音时间	小时	134.5	56.0	平均每周播出时间	小时	600.4	250.1
#自办节目	小时	101.2	42.0	#自办节目	小时	241.5	79.9
全年制作节目时间	小时	30 450	15 331	全年制作节目时间	小时	3 355	1 395
自办节目	小时	30 450	15 331	自办节目	小时	3 355	1 395
#新闻	小时	8 094	5 237	#新闻	小时	1 297	732
专题	小时	5 763	2 569	专题	小时	447	73
文艺	小时	11 390	4 788	文艺	小时	501	296
广告	小时	4 227	2 737	广告	小时	654	274
服务信息	小时	976	926	服务信息	小时	456	20

18－9　卫生机构、床位、人员数

项　目	机构数（个）	床位数（张）	卫生工作人员数（人）	卫生技术人员数（人）	执业（助理）医师
合　计	**911**	**8 644**	**17 131**	**14 253**	**5 121**
市　区	397	4 892	8 255	6 809	2 710
丹阳市	228	2 033	4 248	3 570	1 097
扬中市	102	600	1 861	1 483	606
句容市	184	1 119	2 767	2 391	708
一、医院合计	**31**	**6 010**	**8 542**	**6 891**	**2 613**
综合医院	18	4 169	6 041	4 915	1 782
中医医院	5	699	1175	945	387
专科医院	8	1 142	1 326	1 031	444
二、疗养院	**1**	**100**	**17**	**13**	**7**
三、卫生院	**70**	**2 259**	**3 587**	**2 933**	**1 196**
四、急救中心（站）	**1**		**33**	**15**	**10**
五、采供血机构	**2**		**140**	**97**	**9**
六、妇幼保健院（所、站）	**6**	**154**	**429**	**358**	**165**
七、疾病预防控制中心（防疫站）	**7**		**447**	**328**	**198**
八、卫生监督所	**7**		**260**	**195**	**107**
九、医学在职培训机构	**3**		**100**	**14**	**5**
十、其他卫生机构	**8**		**103**	**66**	**52**
十一、诊所、卫生所、医务室、卫生服务站	**775**		**2 522**	**2 396**	**861**

18－10　各类卫生机构人员数

单位：人

项　目	全　市	市　区	丹阳市	扬中市	句容市
合　计	**17 131**	**8 255**	**4 248**	**1 861**	**2 767**
一、卫生技术人员总计	**14 253**	**6 809**	**3 570**	**1 483**	**2 391**
执业医师	4 545	2 525	939	473	608
执业助理医师	576	185	158	133	100
注册护士	4 363	2 332	984	425	622
药剂人员	885	381	224	147	133
检验人员	804	422	182	83	117
其他	3 080	964	1 083	222	811
二、其他技术人员	**639**	**360**	**116**	**42**	**121**
三、管理人员	**949**	**477**	**265**	**110**	**97**
四、工勤人员	**1 290**	**609**	**297**	**226**	**158**

18－11　医疗卫生水平及保障

单位：张、人、%

项　目	全　市	市　区	丹阳市	扬中市	句容市
每千人拥有卫生机构床位数	3.22	4.76	2.52	2.18	1.94
每千人拥有医院（卫生院）床位数	3.08	4.57	2.40	2.05	1.85
每千人拥有卫生技术人员数	5.30	6.62	4.43	5.39	4.14
每千人拥有执业（助理）医师数	1.91	2.64	1.36	2.20	1.22
每千人拥有注册护士数	1.62	2.27	1.22	1.55	1.08
城镇基本医疗保险覆盖面	97.5	97.8	98.0	98.8	97.1
新型农村合作医疗覆盖面	99.5	99.7	100.0	100.0	100.0

18－12　县以上医院工作情况

项　目	单　位	全　市	市　区	丹阳市	扬中市	句容市
医院数	个	31	19	4	2	6
诊疗人次	万人次	622.14	381.89	108.34	62.69	69.22
#门诊人次	万人次	545.44	338.00	90.08	59.80	57.56
急诊人次	万人次	49.20	28.05	10.45	2.89	7.81
健康检查	人	263 146	142 829	67 417	4 004	48 896
入院人数	人	153 288	93 604	34 454	11 689	13 541
出院人数	人	152 877	93 240	34 443	11 691	13 503
#治愈人数	人	62 995	39 749	13 362	4 878	5 006
好转人数	人	68 292	40 063	17 154	4 763	6 312
未愈人数	人	4 349	2 576	788	444	541
死亡人数	人	767	580	99	16	72
治愈率	%	52.0	42.6	47.6	55.3	48.7
好转率	%	44.7	43.0	49.8	40.7	46.8
病死率	%	0.5	0.6	0.3	0.1	0.5
年底实有医院床位数	张	6 010	4 070	953	480	507
平均开放病床数	张	5 788	3 012	918	381	489
病床周转次数	次/年	26.7	31.0	37.5	30.7	27.6
病床工作日	日	303	343	317	311	243
病床使用率	%	82.8	84.2	86.8	85.3	66.5
出院者平均住院日	日	10.7	11.9	8.5	10.2	8.8

18－13　镇以上卫生院工作情况

项　目	单　位	全　市	市　区	丹阳市	扬中市	句容市
医院数	个	70	24	24	6	16
诊疗人次	万人次	322.84	102.01	121.99	23.40	75.44
#门诊人次	万人次	298.65	93.70	110.26	22.61	72.08
急诊人次	万人次	19.66	5.95	9.66	0.75	3.30
健康检查	人	273 788	49 938	125 370	4 018	94 462
入院人数	人	34 755	8 286	15 551	1 548	9 370
出院人数	人	35 009	8 490	15 646	1 533	9 340
#治愈人数	人	24 276	7 084	7 550	1 262	8 380
好转人数	人	8 272	946	6 301	176	849
未愈人数	人	620	85	492		43
死亡人数	人	7	7			
治愈率	%	74.6	83.4	56.6	88.5	90.5
好转率	%	23.6	11.1	40.3	11.5	9.1
病死率	%	0.02	0.08			
年底实有医院床位数	张	2 259	631	980	84	564
平均开放病床数	张	2 141	579	959	48	555
病床周转次数	次/年	16.4	14.6	16.3	32.1	16.8
病床工作日	日	127	128	128	106	126
病床使用率	%	34.8	35.2	35.1	29.0	34.5
出院者平均住院日	日	7.4	8.7	7.3	2.8	7.2

18－14　妇幼保健发展情况

项　目	单　位	全　市	市　区	丹阳市	扬中市	句容市
婴儿死亡率	‰	4.32	4.18	4.72	5.23	3.48
5 岁以下儿童死亡率	‰	6.29	5.66	7.55	8.13	4.55
新生儿疾病筛查率	%	91.1	95.0	91.19	95.9	80.5
新生儿出生缺陷发生率	‰	11.27	13.80	13.14	7.57	4.31
7 岁以下儿童保健管理率	%	96.84	97.57	96.25	96.19	96.70
5 岁以下儿童中重度营养不良患病率	%	0.86	0.48	1.62	0.23	0.77
4–6 个月龄母乳喂养率	%	91.7	91.0	95.01	91.3	87.6
幼儿园儿童龋齿发生率	%	34.1	39.0	41.74	70.2	34.4
孕产妇死亡率	1/10万					
妇女病普查率	%	70.8	68.1	85.57	75.0	62.6
孕妇产前医学检查率	%	97.11	98.6	95.90	96.8	96.7
孕产妇系统管理率	%	84.1	82.1	80.52	92.4	90.7

18－15　前十位疾病死亡构成

全　市		市　区	
死亡原因	构成（%）	死亡原因	构成（%）
肿瘤	34.58	肿瘤	33.80
循环系统疾病	28.68	循环系统疾病	28.04
呼吸系统疾病	5.65	呼吸系统疾病	7.10
损伤和中毒	5.16	损伤和中毒	5.11
消化系统疾病	2.47	消化系统疾病	3.08
神经系统疾病	2.01	内分泌疾病	2.09
内分泌疾病	1.84	神经系统疾病	1.50
传染病和寄生虫病	0.79	传染病和寄生虫病	1.46
泌尿生殖系统疾病	0.78	泌尿生殖系统疾病	0.94
精神障碍	0.42	精神障碍	0.66

18－16　主要年份卫生机构数

单位：个

年　份	全　市	市　区	丹阳市	扬中市	句容市
1990	722	471	129	52	70
1991	717	462	131	52	72
1992	723	469	131	52	71
1993	731	480	128	53	70
1994	731	480	128	53	70
1995	731	477	129	53	72
1996	731	477	129	53	72
1997	851	534	157	70	90
1998	850	533	157	70	90
1999	851	533	157	71	90
2000	723	456	110	52	105
2001	720	413	151	52	104
2002	797	377	300	29	91
2003	879	382	276	29	192
2004	940	440	258	47	195
2005	920	440	246	47	187
2006	968	437	237	104	190
2007	910	401	223	101	185
2008	**911**	**397**	**228**	**102**	**184**

18－17　主要年份卫生技术人员

单位：人

年　份	全　市	市　区	丹阳市	扬中市	句容市
1990	9 744	5 824	1 951	755	1 214
1991	9 958	5 972	1 944	797	1 245
1992	10 328	6 170	1 998	867	1 293
1993	10 569	6 202	2 067	925	1 375
1994	10 954	6 380	2 144	970	1 460
1995	11 286	6 407	2 322	1 032	1 525
1996	11 367	6 301	2 424	1 090	1 552
1997	11 941	6 561	2 577	1 169	1 634
1998	12 235	6 646	2 664	1 221	1 704
1999	10 460	5 201	2 424	1 593	1 242
2000	10 773	5 307	2 542	1 271	1 653
2001	11 928	6 118	2 729	1 326	1 755
2002	11 878	6 472	2 421	1 309	1 676
2003	10 504	5 110	2 499	1 266	1 629
2004	13 203	6 406	3 377	1 337	2 083
2005	13 485	6 555	3 395	1 429	2 106
2006	13 892	6 636	3 491	1 665	2 100
2007	13 738	6 656	3 420	1 555	2 107
2008	**14 253**	**6 809**	**3 570**	**1 483**	**2 391**

18－18　主要年份医院床位数

单位：张

年　份	全　市	市　区	丹阳市	扬中市	句容市
1990	7 580	4 286	1 555	617	1 122
1991	7 706	4 295	1 671	621	1 119
1992	7 830	4 351	1 716	639	1 124
1993	7 929	4 480	1 776	625	1 048
1994	7 549	4 165	1 718	571	1 095
1995	7 368	4 161	1 561	567	1 079
1996	7 520	4 291	1 576	623	1 030
1997	7 464	4 253	1 545	629	1 037
1998	7 668	4 352	1 569	700	1 047
1999	7 596	4 266	1 619	689	1 022
2000	7 693	4 293	1 647	671	1 082
2001	7 732	4 272	1 700	671	1 089
2002	7 869	4 357	1 696	694	1 122
2003	8 088	4 604	1 733	623	1 128
2004	8 176	4 662	1 815	637	1 062
2005	8 320	4 769	1 816	613	1 122
2006	8 486	4 882	1 898	595	1 111
2007	8 566	4 905	1 928	579	1 154
2008	**8 644**	**4 892**	**2 033**	**600**	**1 119**

18－19　主要年份医生数

单位：人

年　份	全　市	市　区	丹阳市	扬中市	句容市
1990	4 551	2 820	827	564	340
1991	4 688	2 923	827	584	354
1992	4 926	2 976	947	615	388
1993	5 014	2 995	960	643	416
1994	5 109	3 072	943	663	431
1995	5 341	3 077	1 071	728	465
1996	5 318	2 898	1 183	717	520
1997	5 548	3 050	1 205	745	548
1998	5 638	3 075	1 250	735	578
1999	5 692	3 121	1 249	713	609
2000	3 860	1 996	898	443	523
2001	4 389	2 438	996	423	532
2002	4 794	2 421	1 149	543	681
2003	4 421	2 039	1 103	533	746
2004	5 163	2 532	1 293	584	754
2005	5 437	2 664	1 379	648	746
2006	5 506	2 706	1 430	644	726
2007	5 617	2 763	1 375	703	776
2008	**5 121**	**2 710**	**1 097**	**606**	**708**

18－20 体育事业情况

项　目	单　位	全　市	市　区	丹阳市	扬中市	句容市
一、运动会						
举办县级及以上运动会次数	次	2	1		1	
参加县级及以上运动会人数	人	6 700	2 300	2 000	1 500	900
二、等级运动员发展人数	人	**94**	**83**	**9**	**2**	
# 女性	人	34	28	5	1	
三、等级裁判员发展人数	人	**151**	**41**	**36**	**20**	**54**
# 女性	人	18	2	6	5	5
四、公共体育运动场地						
体育场地个数	个	163	61	25	34	43
体育场	个	114	35	15	26	38
体育馆	个	30	20	4	3	3
室外游泳池	个	10	4	2	3	1
室内游泳池	个	9	2	4	2	1
使用场次	次	53 740	20 320	7 000	11 970	14 450
体育场	次	43 580	15 400	5 400	9 100	13 680
体育馆	次	6 780	4 000	420	2 000	360
室外游泳池	次	500	200	100	150	50
室内游泳池	次	2 880	720	1 080	720	360
五、体育学校						
少年儿童业余体校	所	5	2	1	1	1
在校学生	人	485	235	138	92	20
专职教练员	人	33	14	6	8	5

18－21 体育竞赛获奖数

单位：个

项　目	总　计	金　牌	银　牌	铜　牌
参加全国比赛获奖数	12	6	4	2
参加全省比赛获奖数	47	17	16	14

统计指标解释

文化事业机构

指从事专业文化工作和为专业文化工作服务的独立建制的单独核算的单位。不包括这些单位另外举办独立核算的其他机构和各部门的业余文化组织。

艺术表演团体

指从事戏曲、音乐、舞蹈、杂技等专业艺术表演，有独立帐户，实行单独核算的团体。不包括半工半艺、半农半艺和民间职业剧团。

电影放映单位

指具有放映机器设备、固定或不固定的放映场所与专职与兼职的放映技术人员，经有关部门登记批准，经常为一定的观众对象放映电影的机构。包括批准对外开放进行营业，并与电影发行放映管理机构分帐的专用放映单位和军委系统租片单位。

艺术表演观众人数（人次）

指售票、包场演出或民族地区免费演出的艺术表演观众人次数。不包括彩排审查和内部观摩演出的观看人次数。

卫生机构

指从卫生行政部门取得《医疗机构执业许可证》，或从民政、工商行政、机构编制管理部门取得法人单位登记证书，为社会提供医疗保障、疾病控制、卫生监督服务或从事医学科研和教育等工作的单位。

卫生技术人员

指卫生事业机构支付工资的全部职工中现任职务为卫生技术工作的专业人员，包括执业医师、执业助理医师、注册护士、药剂人员、检验人员和其他卫生技术人员。

执业（助理）医师和注册护士

指领取医师执业证书和注册护士证书的人员。

等级运动员人数

指经考核正式批准授予等级运动员称号的人数。运动员等级分为国际级运动健将、运动健将、一级运动员、二级运动员、三级运动员、少年级运动员。

等级裁判员人数

指经考核正式批准授予等级裁判员称号的人数。裁判员等级分为国际裁判、国家级裁判、一级裁判、二级裁判、三级裁判。

STATISTICAL YEAR BOOK

第十九篇
Chapter 19

民政及其他
Civil Administration, Judiciary, Other Items

19－1　社会福利院基本情况

项　目	单　位	全　市	市　区	丹阳市	扬中市	句容市
各类福利院						
院数	个	68	32	18	7	11
职工人数	人	573	344	102	90	37
#医护人员	人	102	64	80	7	11
年末床位数	张	7 569	2 402	2 361	706	2 100
年末在院人员	人	4 658	1 496	1 790	571	801
#老人	人	4 475	1 342	1 785	569	779
老年福利院						
院数	个	66	30	18	7	11
职工人数	人	509	280	102	90	37
年末床位数	张	7 440	2 273	2 361	706	2 100
收养人数	人	4 459	1 297	1 790	571	801
#老人	人	4 381	1 248	1 785	569	779
儿童福利院						
院数	个	1	1			
职工人数	人	15	15			
年末床位数	张	80	80			
收养人数	人	73	73			
#儿童	人	73	73			
精神病福利院						
院数	个	1	1			
职工人数	人	49	49			
年末床位数	张	130	130			
收养人数	人	126	126			
#老人	人	94	94			

19－2　社会福利企业情况

项　目	单　位	全　市	市　区	丹阳市	扬中市	句容市
单位数	个	272	69	102	73	28
职工人数	人	20 124	3 542	10 803	4 419	1 360
#残疾人员	人	7 570	1 519	3 580	2 064	407
#女性	人	3 890	470	2 303	949	168
残疾职工工资总额	万元	8 267	1 091	3 230	2 750	1 196
残疾职工养老保险总额	万元	1 694	423	645	299	327
残疾职工补贴	万元	78	18		58	2
纳税总额	万元	35 887	3 844	17 295	12 772	1 976
#增值税总额	万元	24 044	2 746	9 315	10 947	1 036
所得税总额	万元	10 787	927	7 935	1 820	105
盈利总额	万元	32 452	3 931	22 830	5 691	
亏损总额	万元	4 446	778	2 775		893
固定资产原价	万元	164 363	17 645	111 854	31 624	3 240
营业收入	万元	717 554	102 148	362 923	248 488	3 995
费用合计	万元	67 998	6 620		60 684	694
营业利润	万元	29 350	3 850	20 577	4 923	

19－3　城乡居民最低生活保障情况

项　目	单　位	全　市	市　区	丹阳市	扬中市	句容市
城乡居民最低生活保障人数	人	**44 425**	**18 570**	**11 452**	**4 568**	**9 835**
#城镇居民最低生活保障人数	人	13 652	10 485	1 665	676	826
在职人员	人	681	546	40	35	60
下岗人员	人	1 753	941	395	138	279
失业人员	人	3 881	3 303	291	105	182
“三无”人员	人	221	73	48	7	93
其他人员	人	7 155	5 561	891	491	212
#农村居民最低生活保障人数	人	30 773	8 085	9 787	3 892	9 009
城乡居民最低生活保障资金	万元	**6 016**	**3 541**	**865**	**464**	**1 146**
城镇保障资金	万元	3 164	2 572	292	132	168
农村保障资金	万元	2 852	969	573	332	978

19－4　城镇社区服务基本情况

项　目	单　位	全　市	市　区	丹阳市	扬中市	句容市
城镇社区服务设施数	个	2 589	1 280	455	280	574
从业人员数	人	7 652	2 211	1 780	2 076	1 585
#安置下岗人员	人	438	195	138	77	28
便民利民服务网点	个	8 152	5 110	2 512	315	215
社区服务志愿者组织	个	487	414	26	33	14
社区服务志愿者人数	人	14 710	471	2 330	11 239	670

19－5 调解民事纠纷分类

项　目	单　位	全　市	市　区	丹阳市	扬中市	句容市
合　计	**件**	**10 835**	**2 806**	**4 616**	**1 200**	**2 213**
婚姻	件	1 530	563	411	240	316
赡、抚、扶养	件	995	499	214	228	54
继承	件	826	126	577	20	103
房屋、宅基地	件	490	115	181	18	176
债务	件	1 948	654	683	132	479
生产经营	件	1 030	128	310	29	563
邻里	件	4 016	721	2 240	533	522
损害赔偿	件	1 061	567	207	121	166
其他	件	2 722	1 711	385	311	315

19－6 婚姻登记情况

项　目	单　位	全　市	市　区	丹阳市	扬中市	句容市
结婚登记数	对	23 710	9 435	6 896	2 261	5 118
初婚	人	39 571	16 193	10 181	3 450	9 747
再婚	人	7 849	2 677	3 611	1 072	489
离婚登记数	对	4 160	1 878	1 004	387	891

19－7　国内外公证文书分类

单位：件

项　目	单　位	国　内	国　外	项　目	单　位	国　内	国　外
合 计	**件**	**25 882**	**804**				
经济公证	**件**	**16 387**		**民事公证**	**件**	**9 495**	**804**
# 购 销	件			# 继承权	件	1 167	
拍 卖	件	171		遗 嘱	件	344	
贷 款	件	14 653		产 权	件		
招标、投标	件	713		亲属关系	件	17	665
劳务合同	件	114		房屋买卖	件	1 689	
工商服务业承包	件			房屋租赁	件		
农林牧副渔业承包	件			遗赠抚养协议	件	6	
财产租赁	件			委托书	件	1 887	36
企业租赁	件	3		赠与书	件	691	
其他经济合同	件	241		声明书	件	1 524	103
法人（代表人）资格	件	284		现场监督	件	2 170	
法人委托书	件	208		计划生育协议	件		

19－8　交通事故及火灾情况

项　目	单　位	全　市	市　区	丹阳市	扬中市	句容市
道路交通事故						
发生起数	起	557	294	149	27	87
死亡人数	人	457	276	103	21	57
受伤人数	人	292	103	94	17	78
损失折款	万元	297	188	85	6	19
船舶交通事故						
发生起数	起	9				
损失折款	万元	1 259				
火灾事故						
发生起数	起	226	153	41	10	22
死亡人数	人	1	1	0	0	0
受伤人数	人	4	1	1	0	2
损失折款	万元	116	63	33	9	10

19－9　主要年份社会福利院基本情况

项　目	单　位	2002年	2003年	2004年	2005年	2006年	2007年	2008年
各类福利院								
院数	个	77	75	76	71	61	63	68
职工人数	人	501	489	472	455	408	370	573
#医护人员	人	140	114	112	106	95	92	102
年末床位数	张	2 902	2 935	3 044	2 863	3 847	4 125	7 569
年末在院人员	人	2 252	2 358	2 503	2 186	3 202	3 551	4 658
#老人	人	2 120	2 228	2 241	1 982	3 021	3 329	4 475
老年福利院								
院数	个	75	73	74	69	59	61	66
职工人数	人	442	427	410	392	345	307	509
年末床位数	张	2 709	2 742	2 844	2 668	3 642	3 650	7 440
收养人数	人	2 068	2 170	2 310	1 998	3 006	3 345	4 459
#老人	人	2 028	2 148	2 166	1 922	2 944	3 329	4 381
儿童福利院								
院数	个	1	1	1	1	1	1	1
职工人数	人	14	15	15	15	15	15	15
年末床位数	张	80	80	80	80	85	85	80
收养人数	人	71	75	80	80	81	81	73
#儿童	人	71	75	80	80	81	81	73
精神病福利院								
院数	个	1	1	1	1	1	1	1
职工人数	人	45	47	47	48	48	48	49
年末床位数	张	113	113	120	115	120	128	130
收养人数	人	113	113	113	108	115	128	126
#老人	人	92	80	75	60	77	74	94

19－10　主要年份律师、公证、调解工作情况

项　目	单　位	2003年	2004年	2005年	2006年	2007年	2008年
律师							
律师事务所	所	34	34	37	37	37	38
专职工作人员	人	269	280	321	327	334	345
#专职律师	人	259	270	312	316	324	335
兼职律师	人	10	10	9	11	10	10
聘请常年法律顾问单位	个	2 320	2 380	2 410	2 580	2 650	2 730
民事代理	件	2 673	2 954	3 440	3 360	5 320	5 601
经济诉讼代理	件	1 980	1 867	1 900	1 980		
刑事辩护	件	628	706	884	810	1 020	1 102
非诉讼法律事务	件	2 520	2 719	2 517	2 750	2 800	2 882
法律咨询	件	8 300	10 061	12 000	9 330	8 717	8 876
代写法律事务文书	件	3 100	3 469	3 316	3 100	2 283	2 084
公证							
公证处	个	7	7	7	7	7	7
公证人员	人	50	64	64	60	58	63
公证员	人	39	40	40	40	40	40
公证员助理	人	5	5	6	5	7	7
办理公证件数	件	39 528	37 181	32 961	34 470	36 295	36 815
#国内民事	件	14 647	10 084	10 771	10 795	10 384	13 885
国内经济	件	21 724	23 604	19 093	19 190	20 397	17 628
涉外	件	3 133	3 493	2 898	4 478	5 353	5 302
人民调解							
专职司法助理员	人	186	213	167	184	183	171
人民调解委员会	个	1 386	1 470	1 814	1 218	3 034	3 028
调解人员	人	9 918	13 316	16 776	11 517	12 610	9 893
调解民间纠纷	件	8 340	8 596	8 550	7 755	9 797	10 835

统计指标解释

社会福利企业单位

指以安置城镇有一定劳动能力的盲、聋、哑和肢体残疾人员就业为目的，享受国家减免税待遇的国有或集体经济性质的企业。包括福利工厂、福利商品服务业、假肢厂和安置农场等单位。

律师

指受聘参加法律顾问处工作，担任法律顾问、刑（民）事代理人、刑事辩护人，办理非诉讼事件、解答法律询问，代写法律事务文书等主要从事律师业务的专职法律工作者和兼职律师。

公证人员

指在国家公证机关依法办理公证事务的司法人员。包括公证员、助理公证员和在公证处工作的其他人员，

办理公证文书

指公证处在一定时期内办结的公证文书件数。公证文书应按司法部规定或批准的格式制作。包括国内公证和涉外公证两部分。其中国内公证分为经济合同公证和民事法律关系公证两大类。

调解人员

指在人民调解委员会担负调解民间一般民事纠纷和轻微违法行为所引起的纠纷的工作人员。包括调解委员会的委员和调解小组的调解员。

调解民间纠纷

指调解委员会依照法律规定，根据自愿原则，用说服教育的方法调解民间发生的有关民事权利和义务的争执，促成当事双方达到协议和谅解，解决纠纷. 包括婚姻家庭纠纷，财产权益纠纷等。不包括法院受理的纠纷案。

STATISTICAL YEAR BOOK

第二十篇
Chapter 20

省内资料
Cities Compare

20－1　江苏省主要指标

项　目	单　位	2008 年	2007 年
土地面积	万平方公里	10.26	10.26
年末人口	万人	7 676.50	7 354.08
从业人员	万人	4 648.89	4 618.14
地区生产总值（现价）	亿元	30 312.61	25 741.15
农林牧渔业总产值（现价）	亿元	3 590.64	3 064.72
规模以上工业总产值	亿元	64 497.10	53 316.38
规模以上工业产品销售收入	亿元	62 941.77	52 594.30
规模以上工业利润总额	亿元	2 953.02	2 765.77
规模以上工业利税总额	亿元	5 088.62	4 423.16
规模以上工业增加值	亿元	15 068.98	12 926.87
全社会固定资产投资	亿元	15 060.45	12 268.07
城镇固定资产投资	亿元	11 369.62	9 161.38
社会消费品零售总额	亿元	9 661.40	7 838.08
进出口总额	亿美元	3 922.68	3 496.71
出口	亿美元	2 380.36	2 037.33
合同利用外资金额	亿美元	507.26	527.07
实际利用外资金额	亿美元	251.20	218.92
财政收入	亿元	7 109.72	5 591.29
一般预算内财政收入	亿元	2 731.41	2 237.73
地方财政一般预算支出	亿元	3 247.49	2 553.72
金融机构各项存款余额	亿元	30 317.48	30 450.54
金融机构各项贷款余额	亿元	26 160.72	22 092.10
城镇居民人均可支配收入	元	18 680	16 378
城镇居民人均生活消费支出	元	11 978	10 715
在岗职工平均工资	元	31 667	27 347
农民人均纯收入	元	7 357	6 561
农民人均生活消费支出	元	5 328	4 792
居民消费价格指数	%	105.4	104.1

20－2 江苏省各市、

市（县）名称	土地面积（平方公里）	年末总人口（万人）	从业人员（万人）
南京市	**6 582**	**624.46**	**380.37**
溧水县	1 067	41.05	25.67
高淳县	792	42.17	26.11
无锡市	**4 788**	**464.20**	**350.02**
江阴市	988	120.00	83.72
宜兴市	2 177	106.78	67.06
徐州市	**11 258**	**946.86**	**486.05**
丰　县	1 446	114.03	59.71
沛　县	1 349	123.80	57.01
铜山县	1 877	122.11	62.28
睢宁县	1 767	132.51	72.85
新沂市	1 571	100.31	50.10
邳州市	2 088	169.70	84.93
常州市	**4 385**	**358.74**	**290.77**
溧阳市	1 536	77.83	49.96
金坛市	976	55.04	37.87
苏州市	**8 488**	**629.75**	**517.56**
常熟市	1 094	106.50	85.82
张家港市	772	89.84	70.98
昆山市	865	69.04	71.99
吴江市	1 093	79.53	59.94
太仓市	620	46.63	37.32
南通市	**8 001**	**763.72**	**454.90**
海安县	1 108	93.81	54.27
如东县	1 733	105.67	62.70
启东市	1 208	111.41	72.64
如皋市	1 492	140.92	77.15
通州市	1 166	124.27	72.94
海门市	939	100.12	63.20
连云港市	**7 500**	**488.25**	**276.10**
赣榆县	1 427	109.95	54.20
东海县	2 037	111.79	59.94
灌云县	1 853	110.35	50.69
灌南县	1 027	75.28	37.41

县主要经济指标

地区生产总值（亿元）	第一产业增加值	第二产业增加值	工业	第三产业增加值
3 775.00	**93.00**	**1 795.00**	**1 555.00**	**1 887.00**
159.63	13.43	99.90	83.50	46.30
168.21	15.09	97.50	81.00	55.62
4 419.50	**63.50**	**2 546.07**	**2 398.40**	**1 809.93**
1 530.00	21.60	942.65	916.63	565.75
600.02	21.52	350.49	330.48	228.01
2 007.36	**210.02**	**1 061.78**	**910.04**	**735.56**
100.02	25.28	41.92	30.95	32.82
208.01	37.55	98.94	81.87	71.52
250.50	28.30	141.80	123.27	80.40
108.12	27.56	44.04	35.84	36.52
128.41	25.01	58.52	50.15	44.88
218.85	44.12	99.67	78.96	75.06
2 202.23	**68.32**	**1 297.51**	**1 191.03**	**836.40**
320.00	19.80	186.70	165.70	113.51
263.00	16.70	145.00	125.00	101.30
6 701.29	**108.86**	**4 155.54**	**3 924.11**	**2 436.89**
1 150.03	19.03	660.42	640.69	470.58
1 250.31	14.66	783.06	759.95	452.59
1 500.26	12.37	978.81	945.31	509.08
750.10	18.34	469.21	455.13	262.55
528.02	18.23	314.99	288.90	194.80
2 510.13	**199.18**	**1 430.93**	**1 201.12**	**880.02**
264.60	29.10	145.12	119.17	90.38
263.40	34.09	141.31	110.83	88.00
327.00	41.62	174.92	139.92	110.46
280.00	31.01	157.19	131.40	91.80
391.00	30.35	231.00	197.50	129.65
376.10	27.87	227.43	193.93	120.80
750.10	**122.78**	**355.06**	**281.29**	**272.26**
140.71	27.17	66.79	55.50	46.75
124.75	28.30	54.28	44.68	42.17
96.72	29.49	42.37	31.35	24.86
79.25	16.75	40.13	32.63	22.37

20-2（续1）

市（县）名称	土地面积（平方公里）	年末总人口（万人）	从业人员（万人）
淮安市	**10 072**	**536.91**	**313.04**
涟水县	1 670	107.93	61.78
洪泽县	1 394	38.81	25.75
盱眙县	2 493	75.84	45.68
金湖县	1 344	36.40	22.03
盐城市	**16 972**	**811.71**	**336.11**
响水县	1 461	60.76	23.03
滨海县	1 915	115.72	43.21
阜宁县	1 439	109.13	41.41
射阳县	2 855	96.64	39.82
建湖县	1 160	80.55	34.26
东台市	3 221	114.60	52.50
大丰市	3 059	72.45	36.12
扬州市	**6 634**	**459.79**	**273.40**
宝应县	1 461	91.97	53.50
仪征市	857	56.80	34.78
高邮市	1 962	82.40	48.06
江都市	1 330	106.84	57.20
镇江市	**3 847**	**268.77**	**165.39**
丹阳市	1 047	80.65	52.44
扬中市	331	27.49	18.27
句容市	1 387	57.82	32.61
泰州市	**5 797**	**500.89**	**281.09**
兴化市	2 394	154.43	71.90
靖江市	665	66.55	39.03
泰兴市	1 172	119.70	65.84
姜堰市	927	79.56	44.56
宿迁市	**8 555**	**534.58**	**309.88**
沭阳县	2 298	176.82	108.63
泗阳县	1 418	98.64	54.75
泗洪县	2 731	101.12	51.86

地区生产总值（亿元）	第一产业增加值	第二产业增加值	工业	第三产业增加值
915.83	**142.01**	**453.25**	**381.75**	**320.57**
110.49	32.34	46.95	37.08	31.20
72.51	13.67	33.79	27.94	25.05
110.43	21.91	55.91	45.81	32.61
67.74	12.80	31.06	27.26	23.88
1 603.26	**275.26**	**778.40**	**670.45**	**549.60**
80.09	17.25	41.15	36.95	21.69
130.85	28.90	59.54	51.00	42.41
139.09	27.87	68.56	52.85	42.68
173.00	42.01	73.25	68.42	57.97
168.64	26.00	83.98	75.08	58.66
267.11	49.69	127.37	114.70	90.05
207.36	41.33	95.73	82.23	70.30
1 573.29	**117.47**	**897.71**	**795.88**	**558.11**
167.83	30.89	85.54	69.68	51.40
200.64	10.52	129.97	116.11	60.15
182.45	33.30	93.37	78.87	55.78
336.10	26.56	205.74	177.60	103.80
1 408.14	**51.08**	**843.40**	**774.67**	**513.66**
425.45	19.88	253.12	240.93	152.45
172.80	5.33	103.48	97.45	63.99
180.20	14.00	106.63	99.51	59.57
1 394.38	**109.26**	**808.63**	**704.71**	**476.49**
268.61	44.55	132.18	112.49	91.88
291.11	10.76	175.97	160.73	104.38
290.17	25.82	166.60	139.73	97.75
218.15	18.12	123.42	103.32	76.61
655.06	**133.62**	**305.34**	**241.11**	**216.10**
181.51	45.32	80.01	70.16	56.18
124.73	29.21	56.67	45.66	38.85
118.20	32.50	45.80	39.70	39.90

20-2（续2）

市（县）名称	工业总产值（当年价格）（亿元）	产品销售收入（亿元）	利税总额（亿元）
南京市	**6 472.23**	**6 466.85**	**371.74**
溧水县	284.72	268.98	25.53
高淳县	228.06	231.46	18.36
无锡市	**10 281.67**	**9 988.63**	**765.83**
江阴市	4 011.65	3 893.02	323.00
宜兴市	1 437.85	1 358.76	113.55
徐州市	**2 846.68**	**2 776.46**	**451.54**
丰　县	75.22	69.76	6.46
沛　县	208.63	202.51	26.65
铜山县	634.72	617.38	97.64
睢宁县	86.84	83.97	12.58
新沂市	172.31	170.58	15.85
邳州市	308.79	305.78	55.25
常州市	**5 166.49**	**5 057.29**	**368.79**
溧阳市	628.87	600.89	54.56
金坛市	438.27	416.49	46.28
苏州市	**18 630.13**	**18 379.42**	**1 330.14**
常熟市	2 290.71	2 229.51	146.26
张家港市	3 153.78	3 163.52	252.86
昆山市	4 554.86	4 510.13	342.66
吴江市	2 178.47	2 104.91	121.26
太仓市	996.44	971.81	75.40
南通市	**5 162.42**	**5 089.20**	**470.49**
海安县	569.86	569.66	42.35
如东县	530.81	521.08	42.28
启东市	550.21	541.25	58.37
如皋市	605.08	603.98	50.01
通州市	900.13	890.98	92.20
海门市	800.03	790.79	98.35
连云港市	**973.98**	**954.12**	**130.80**
赣榆县	124.90	124.39	13.94
东海县	106.90	104.57	8.43
灌云县	88.59	88.41	10.77
灌南县	103.77	100.41	9.23

利　润 总　额 （亿元）	建筑业 总产值 （亿元）	社会消费品 零售总额 （亿元）	自营进出口 总　　额 （亿美元）	出　口
125.51	**1 138.02**	**1 651.82**	**405.92**	**235.97**
13.31	67.26	49.24	3.94	3.70
10.35	107.13	56.69	1.85	1.70
527.74	**344.22**	**1 391.48**	**560.28**	**357.85**
226.97	55.50	293.34	135.49	87.91
67.43	103.73	210.12	24.43	19.99
215.66	**351.24**	**680.23**	**34.54**	**22.45**
3.18	30.71	36.31	0.40	0.38
14.05	37.05	68.61	0.40	0.35
52.95	73.40	55.33	1.36	1.05
6.82	11.03	44.64	0.85	0.14
7.93	15.52	44.06	1.70	1.31
22.49	22.26	59.80	4.02	3.75
220.07	**507.84**	**758.16**	**176.29**	**132.44**
27.51	166.34	106.44	5.95	5.49
29.99	60.58	82.06	12.61	10.45
895.64	**906.28**	**1 551.45**	**2 285.26**	**1 317.23**
96.01	92.28	263.68	129.35	86.58
161.94	69.40	167.15	217.35	102.80
266.04	130.44	201.87	613.50	386.64
75.49	64.39	125.05	163.34	88.94
42.36	35.21	81.95	72.14	38.83
303.61	**1 838.15**	**915.10**	**166.88**	**117.52**
27.75	260.53	96.38	8.08	7.29
27.31	138.76	107.51	8.42	7.42
38.94	214.67	122.89	14.55	11.79
30.08	253.14	123.73	13.25	8.22
59.61	382.38	129.42	16.45	14.60
60.90	359.46	126.81	8.96	7.14
81.13	**213.09**	**310.44**	**44.49**	**22.92**
7.93	66.58	59.50	0.85	0.73
6.19	26.33	54.97	1.39	1.23
6.50	19.39	43.98	1.37	1.24
2.86	21.06	26.86	0.59	0.54

20-2（续3）

市（县）名称	工业总产值（当年价格）（亿元）	产品销售收入（亿元）	利税总额（亿元）
淮安市	**1 254.88**	**1 233.18**	**134.63**
涟水县	140.51	140.23	7.72
洪泽县	109.66	110.09	11.93
盱眙县	111.00	105.25	6.00
金湖县	105.11	101.60	7.18
盐城市	**2 515.04**	**2 384.82**	**186.98**
响水县	166.80	157.07	14.80
滨海县	167.26	163.85	16.73
阜宁县	214.68	210.88	14.56
射阳县	252.39	216.24	13.13
建湖县	295.35	269.76	23.37
东台市	358.76	348.44	32.20
大丰市	247.99	240.91	18.23
扬州市	**3 517.56**	**3 333.71**	**270.97**
宝应县	307.32	292.64	16.89
仪征市	530.43	478.61	9.09
高邮市	345.10	328.68	19.57
江都市	864.06	817.85	63.19
镇江市	**2 780.32**	**2 590.34**	**210.16**
丹阳市	843.67	791.26	51.72
扬中市	336.93	316.54	30.99
句容市	376.97	361.66	24.25
泰州市	**2 949.82**	**2 794.88**	**287.50**
兴化市	388.07	378.95	34.06
靖江市	675.78	632.73	80.82
泰兴市	533.01	501.17	27.46
姜堰市	441.02	408.51	39.13
宿迁市	**581.82**	**569.22**	**51.37**
沭阳县	157.14	154.96	12.37
泗阳县	108.30	105.07	6.20
泗洪县	76.41	75.42	7.24

利润总额（亿元）	建筑业总产值（亿元）	社会消费品零售总额（亿元）	自营进出口总额（亿美元）	
				出口
57.27	**386.49**	**335.90**	**17.81**	**11.94**
3.17	57.83	31.81	0.86	0.68
7.51	25.32	30.12	0.25	0.24
2.94	23.28	32.14	0.46	0.41
4.34	22.64	28.20	1.26	1.19
87.50	**464.84**	**542.78**	**28.30**	**21.06**
10.00	19.39	20.64	2.19	1.57
8.85	32.93	37.52	0.95	0.87
6.77	104.37	47.10	1.08	0.90
5.58	16.18	57.84	0.95	0.83
12.25	61.30	55.53	1.49	1.32
15.47	33.46	86.48	3.01	2.72
9.28	23.78	57.31	3.15	2.92
142.01	**1 033.15**	**521.30**	**61.80**	**45.67**
9.03	127.57	57.04	3.53	2.69
-2.51	132.82	59.22	5.82	3.39
9.42	153.24	57.39	3.10	2.64
37.18	322.00	96.89	9.25	7.74
121.29	**195.32**	**410.21**	**74.61**	**42.52**
27.92	29.64	110.79	15.82	13.50
16.50	11.07	49.34	5.66	2.26
10.00	22.86	51.24	3.65	2.78
152.01	**954.06**	**395.60**	**63.42**	**48.87**
19.04	109.42	59.23	3.37	2.08
53.46	128.38	68.71	21.39	18.63
23.44	204.19	83.95	11.00	6.80
25.33	246.96	68.19	6.14	5.32
29.71	**175.31**	**196.80**	**4.76**	**4.31**
7.25	28.77	56.94	0.70	0.67
4.48	20.08	33.01	0.60	0.57
2.22	26.24	31.49	0.39	0.35

20-2（续4）

市（县）名称	城镇固定资产投资（亿元）	房地产开发投资（亿元）	实际利用外资金额（万美元）
南京市	**1 736.48**	**508.17**	**237 203**
溧水县	66.17	7.27	7 519
高淳县	29.17	8.58	1 649
无锡市	**1 370.38**	**449.72**	**316 651**
江阴市	183.00	77.78	62 758
宜兴市	121.87	38.02	45 480
徐州市	**1 015.04**	**130.81**	**58 251**
丰　县	40.17	7.90	482
沛　县	91.35	8.35	2 394
铜山县	135.05	11.08	6 073
睢宁县	45.38	2.92	1 134
新沂市	82.13	12.55	1 326
邳州市	102.38	13.85	3 012
常州市	**951.41**	**308.92**	**204 002**
溧阳市	93.07	16.85	26 055
金坛市	103.64	20.21	26 055
苏州市	**1 937.79**	**718.08**	**813 262**
常熟市	211.89	74.73	85 223
张家港市	183.10	51.55	59 741
昆山市	286.09	120.13	160 285
吴江市	212.40	79.10	85 248
太仓市	189.73	39.24	73 451
南通市	**840.00**	**172.68**	**293 710**
海安县	107.68	15.68	37 599
如东县	63.91	9.34	23 752
启东市	85.03	15.03	38 286
如皋市	85.83	13.09	64 731
通州市	93.58	10.32	25 807
海门市	87.02	15.44	29 770
连云港市	**568.17**	**113.28**	**93 528**
赣榆县	79.74	13.58	14 092
东海县	55.46	8.45	13 810
灌云县	86.59	9.10	15 000
灌南县	85.51	8.35	13 263

地方财政一般预算收入（亿元）	地方财政一般预算支出（亿元）	金融机构存款余额（亿元）	城乡居民储蓄余额（亿元）	金融机构贷款余额（亿元）
386.56	**404.67**	**8 392.88**	**2 505.33**	**7 171.70**
10.02	13.91	85.50	49.69	46.69
9.02	12.61	74.18	48.88	47.17
365.43	**338.98**	**5 321.81**	**2 255.89**	**3 725.07**
102.19	89.82	1 214.58	469.62	965.59
38.12	35.00	625.13	359.37	442.25
125.85	**199.05**	**1 719.14**	**974.51**	**796.58**
5.27	15.79	81.83	65.96	28.94
10.81	20.33	144.93	106.53	34.64
13.30	22.47	210.29	152.70	99.10
5.22	16.72	87.46	71.90	36.99
7.01	15.73	76.29	55.98	54.00
13.07	23.70	111.74	89.06	67.98
185.19	**186.68**	**2 819.42**	**1 431.20**	**1 851.69**
19.62	21.85	281.79	185.53	181.86
12.78	13.74	188.72	127.51	119.09
668.91	**622.37**	**8 340.79**	**3 337.32**	**6 301.81**
70.15	64.37	1 082.26	554.57	684.03
103.98	94.23	1 070.21	439.36	755.33
115.69	96.90	1 138.70	414.87	809.49
60.16	53.09	791.31	364.82	616.16
50.18	47.14	450.90	204.22	384.41
159.59	**196.22**	**2 966.13**	**1 875.19**	**1 728.22**
12.57	18.56	297.10	216.49	176.28
12.12	22.49	248.76	186.20	114.05
16.22	19.86	315.49	252.82	156.63
16.43	27.12	297.54	220.06	136.80
16.58	22.11	371.31	279.89	190.15
16.51	19.60	329.52	253.21	156.69
66.21	**106.43**	**796.84**	**395.56**	**490.49**
8.02	18.79	87.71	61.85	46.70
7.50	17.24	86.32	59.86	40.08
7.01	14.06	79.31	48.83	28.87
7.48	15.46	43.20	30.57	16.49

20–2（续5）

市（县）名称	城镇固定资产投资（亿元）	房地产开发投资（亿元）	实际利用外资金额（万美元）
淮安市	**518.20**	**138.40**	**45 465**
涟水县	54.29	11.45	5 214
洪泽县	36.97	6.61	3 866
盱眙县	79.45	17.88	5 006
金湖县	32.42	8.51	4 065
盐城市	**649.45**	**109.02**	**94 394**
响水县	45.75	5.35	3 707
滨海县	48.35	7.54	4 732
阜宁县	52.32	7.70	8 666
射阳县	41.93	4.49	8 160
建湖县	52.68	7.90	6 687
东台市	72.21	10.92	17 389
大丰市	71.72	9.32	18 411
扬州市	**613.85**	**137.66**	**172 003**
宝应县	52.64	15.07	8 031
仪征市	77.90	8.50	35 269
高邮市	67.85	9.92	10 052
江都市	113.92	22.26	25 090
镇江市	**456.22**	**97.03**	**120 175**
丹阳市	64.69	14.04	20 082
扬中市	29.55	6.07	13 474
句容市	35.15	12.11	25 361
泰州市	**437.66**	**111.78**	**104 988**
兴化市	37.81	13.70	6 234
靖江市	84.36	17.43	27 742
泰兴市	59.48	10.62	17 594
姜堰市	40.11	13.86	12 216
宿迁市	**341.99**	**87.07**	**9 458**
沭阳县	98.72	25.26	1 359
泗阳县	63.21	13.61	2 190
泗洪县	43.93	13.32	1 651

地方财政一般预算收入（亿元）	地方财政一般预算支出（亿元）	金融机构存款余额（亿元）		金融机构贷款余额（亿元）
			城乡居民储蓄余额（亿元）	
71.36	**114.29**	**694.53**	**400.71**	**451.74**
5.07	13.34	74.07	49.94	32.51
4.31	9.11	44.83	27.62	29.96
5.91	12.46	69.32	41.63	34.86
4.00	8.13	54.62	36.62	30.36
90.30	**153.65**	**1 302.10**	**863.63**	**717.06**
4.80	9.25	51.27	35.20	27.20
6.40	14.74	76.63	54.74	38.17
6.69	16.27	102.80	80.01	39.60
7.67	15.37	105.63	84.10	55.67
8.94	15.66	122.60	93.21	64.41
13.08	20.72	222.44	168.58	92.84
10.02	17.71	148.16	105.30	69.24
104.83	**126.46**	**1 551.91**	**899.10**	**889.40**
7.98	15.32	123.10	92.35	58.75
12.52	13.50	167.05	96.44	101.90
8.43	15.01	151.39	112.02	60.18
15.87	19.42	327.58	233.72	148.52
85.66	**96.57**	**1 262.71**	**686.71**	**920.98**
20.00	20.90	332.38	200.83	262.85
9.54	10.51	162.54	103.92	105.99
9.50	13.92	129.56	81.67	70.67
101.08	**125.44**	**1 402.12**	**824.87**	**792.89**
12.50	23.68	211.36	157.54	122.81
20.84	18.85	305.70	165.21	139.75
15.89	22.62	219.07	160.37	105.25
13.24	17.52	214.90	152.70	125.80
46.52	**98.62**	**447.47**	**271.16**	**323.09**
12.52	24.98	120.28	81.84	71.21
6.12	16.54	78.39	53.88	48.95
6.71	17.74	77.03	49.37	52.50

20–2（续6）

市（县）名称	在岗职工平均工资（元）	城市居民人均可支配收入（元）	农民人均纯收入（元）
南京市	**39 876**	**23 123**	**8 951**
溧水县	28 359	17 909	8 661
高淳县	30 659	20 750	8 982
无锡市	**38 843**	**23 605**	**11 280**
江阴市	38 766	24 214	11 975
宜兴市	33 149	20 752	10 191
徐州市	**26 824**	**16 955**	**6 240**
丰　县	17 330	9 227	5 724
沛　县	18 760	10 924	6 593
铜山县	21 883	13 010	7 167
睢宁县	16 781	9 275	5 452
新沂市	18 533	10 028	5 698
邳州市	18 830	11 923	6 526
常州市	**34 834**	**21 592**	**10 171**
溧阳市	27 613	18 790	9 151
金坛市	28 169	19 710	9 484
苏州市	**36 090**	**23 867**	**11 785**
常熟市	33 420	24 602	11 804
张家港市	33 538	24 859	11 785
昆山市	33 735	24 808	11 934
吴江市	35 440	24 869	11 732
太仓市	34 716	24 623	11 795
南通市	**30 856**	**18 903**	**7 811**
海安县	28 564	16 407	7 510
如东县	27 402	16 579	7 210
启东市	26 680	16 608	8 376
如皋市	26 895	15 756	6 695
通州市	29 013	18 508	8 363
海门市	30 797	18 558	9 008
连云港市	**26 596**	**15 255**	**5 454**
赣榆县	21 730	11 177	5 894
东海县	21 592	11 239	5 652
灌云县	20 497	9 010	5 031
灌南县	20 603	10 620	4 804

农、林、牧、渔总产值（现价）（亿元）	粮食总产量（万吨）	油料总产量（万吨）	肉类总产量（万吨）	水产品总产量（万吨）
194.01	**114.43**	**13.34**	**13.21**	**20.14**
27.95	23.54	2.52	2.18	2.63
32.67	18.99	2.97	1.70	3.96
124.47	**79.94**	**1.70**	**11.60**	**12.36**
41.91	20.05	0.19	4.73	2.31
44.07	41.94	1.32	3.59	7.82
420.65	**389.34**	**10.70**	**58.85**	**16.19**
53.09	43.91	0.62	5.61	0.38
67.39	51.76	0.36	14.19	1.80
59.98	65.43	0.73	7.30	4.11
51.93	74.67	1.95	7.22	2.21
50.33	52.94	5.40	7.80	3.79
88.24	69.93	1.47	13.36	3.08
124.80	**113.35**	**5.26**	**12.06**	**15.05**
35.72	49.41	3.87	2.07	4.56
33.05	27.09	0.96	2.92	4.49
199.55	**113.22**	**4.26**	**15.38**	**28.88**
35.83	30.15	1.29	2.14	4.06
26.98	28.09	0.60	1.57	1.77
25.51	12.68	0.32	1.03	5.07
34.57	13.86	1.00	1.75	7.93
32.80	21.03	0.73	6.82	3.98
371.46	**319.12**	**38.07**	**44.00**	**74.24**
60.19	61.91	1.72	9.37	2.56
74.42	86.20	5.05	8.69	24.33
77.72	25.56	8.74	5.11	31.99
54.68	65.54	3.63	9.78	2.21
48.14	51.17	8.64	6.28	5.02
47.57	18.71	8.85	3.84	7.69
230.54	**320.12**	**10.78**	**20.49**	**56.02**
64.79	48.35	6.44	4.76	35.09
53.27	97.37	3.99	5.35	4.57
54.49	83.27	0.11	5.36	3.57
31.37	59.49	0.22	2.95	2.65

20–2（续7）

市（县）名称	在岗职工平均工资（元）	城镇居民人均可支配收入（元）	农民人均纯收入（元）
淮安市	**23 993**	**14 007**	**5 657**
涟水县	18 979	10 571	5 193
洪泽县	22 574	12 792	6 197
盱眙县	21 190	13 041	5 774
金湖县	21 439	13 203	6 109
盐城市	**22 380**	**15 862**	**6 867**
响水县	18 224	10 578	5 690
滨海县	18 945	11 101	6 044
阜宁县	18 920	10 682	6 122
射阳县	19 183	11 301	6 869
建湖县	19 993	12 339	6 835
东台市	22 958	13 994	7 916
大丰市	22 408	13 093	7 901
扬州市	**27 323**	**17 398**	**7 450**
宝应县	20 286	11 251	6 881
仪征市	26 195	15 834	7 177
高邮市	24 504	13 359	6 941
江都市	25 005	15 601	7 937
镇江市	**30 958**	**19 044**	**8 703**
丹阳市	27 602	18 704	9 070
扬中市	27 097	20 812	10 100
句容市	25 500	18 473	8 003
泰州市	**25 737**	**17 198**	**7 338**
兴化市	22 894	14 667	6 995
靖江市	26 438	17 491	8 072
泰兴市	23 956	15 995	7 355
姜堰市	23 101	16 223	7 171
宿迁市	**19 988**	**10 959**	**5 406**
沭阳县	18 237	9 950	5 449
泗阳县	16 081	9 536	5 417
泗洪县	17 881	9 002	5 295

农、林、牧、渔总产值（现价）（亿元）	粮食总产量（万吨）	油料总产量（万吨）	肉类总产量（万吨）	水产品总产量（万吨）
280.97	**424.74**	**10.49**	**26.23**	**24.07**
64.64	84.91	3.30	5.62	1.89
30.55	38.15	0.40	1.88	4.86
45.80	87.20	3.28	4.75	5.18
24.74	46.65	0.81	1.22	4.82
658.25	**603.03**	**33.60**	**63.23**	**86.58**
42.10	46.19	2.61	3.41	4.72
61.79	78.09	5.65	8.10	7.50
64.22	85.62	1.90	14.06	5.54
108.73	87.57	3.86	6.01	15.63
55.62	68.27	1.48	5.02	8.05
122.80	84.45	9.04	9.82	14.81
107.96	63.98	6.25	7.73	13.33
230.70	**269.42**	**7.95**	**16.44**	**36.12**
60.16	78.05	1.40	3.44	13.93
20.65	29.33	1.24	2.14	0.55
63.15	76.91	2.03	3.67	14.77
50.62	57.60	2.39	4.17	4.00
92.09	**112.42**	**6.69**	**6.55**	**8.23**
35.31	45.63	1.16	2.34	3.54
9.01	10.39	0.15	0.38	0.62
25.72	30.55	3.91	1.35	2.19
203.22	**300.62**	**11.94**	**21.18**	**24.07**
85.80	127.11	3.71	4.16	18.21
19.91	32.28	0.52	2.74	0.78
46.41	69.95	4.25	6.76	1.46
33.18	56.61	2.96	4.83	2.53
253.38	**352.46**	**6.37**	**24.01**	**23.05**
83.08	116.29	1.87	9.41	1.77
51.10	53.33	1.36	3.78	6.45
58.85	93.91	2.17	5.05	7.90

20－3　江苏省各城市

项　目	单　位	南京市区	无锡市区	徐州市区	常州市区	苏州市区
土地面积	平方公里	4723	1 623	1 160	1 872	1 650
年末总人口	万人	541.24	237.42	184.40	225.87	238.21
从业人员	万人	328.59	199.24	99.17	202.94	191.51
地区生产总值	亿元	3 447.16	2 421.88	1 039.17	1 664.03	2 718.12
#第一产业	亿元	64.48	20.60	14.54	31.76	22.24
第二产业	亿元	1 597.60	1 305.80	604.24	1 002.16	1 536.56
第三产业	亿元	1 785.08	1 095.48	420.39	630.11	1 159.32
人均地区生产总值	元	64 096	102 332	56 580	73 858	114 810
城镇固定资产投资	亿元	1 641.14	1 065.52	518.57	754.70	854.58
规模工业销售收入	亿元	5 959.45	4 832.18	1 360.16	4 099.35	5 455.87
规模工业利税总额	亿元	5 966.41	4 736.84	1 326.48	4 039.91	5 399.54
规模工业利润总额	亿元	327.86	329.27	237.12	267.95	391.70
一般预算收入	亿元	367.53	225.12	71.17	152.79	268.75
一般预算支出	亿元	378.14	214.17	84.30	151.09	266.64
年末金融机构各项存款余额	亿元	8 233.20	3 482.01	1 006.60	2 348.91	3 807.41
#居民储蓄存款	亿元	2 406.76	1 426.90	432.38	1 118.16	1 359.48
年末金融机构各项贷款余额	亿元	7 077.83	2 317.22	474.93	1 550.74	3 052.39
社会消费品零售总额	亿元	1 545.88	888.02	371.48	569.66	711.76
进出口总额(海关数)	亿美元	400.13	400.36	25.80	157.72	1 089.58
#出口总额	亿美元	230.57	249.95	15.47	116.50	613.43
实际到帐外资	亿美元	22.80	20.84	4.38	15.19	34.93
星级饭店数	个	121	31	33	34	61
邮电业务收入	亿元	84.57	47.47	14.88	38.97	61.59
本地电话用户	万户	292.97	157.56	87.67	139.07	186.85
移动电话年末用户	万户	612.73	352.87	138.84	271.19	432.49
国际互联网用户	万户	107.25	59.28	32.40	46.03	66.59

主要统计指标

南通市区	连云港市区	淮安市区	盐城市区	扬州市区	镇江市区	泰州市区	宿迁市区
355	1 156	3 171	1 862	1 024	1 082	640	2108
87.52	80.88	277.94	161.86	121.78	102.81	80.65	158.00
52.01	73.86	157.80	65.76	79.85	62.07	59.76	94.63
608.02	308.67	554.66	458.76	720.72	629.69	403.35	244.80
5.13	15.57	61.29	42.40	16.22	11.87	10.09	33.66
353.97	166.48	285.54	243.19	416.10	380.17	266.28	137.03
248.92	126.62	207.83	173.17	288.40	237.65	126.98	74.11
69 583	40 497	20 008	28 627	60 100	61 244	55 481	15 556
316.95	260.88	315.08	264.51	301.54	326.83	215.89	136.12
1 206.31	549.82	788.59	811.82	1 470.65	1 222.74	911.94	239.97
1 171.45	536.35	776.02	777.68	1 415.93	1 120.87	873.52	233.77
86.92	88.43	101.79	53.96	162.24	103.19	106.03	25.57
69.17	36.20	52.06	32.72	60.04	46.61	38.61	21.17
66.48	40.87	71.27	43.94	63.12	51.24	42.77	39.35
1 106.41	500.30	451.70	472.57	782.79	638.23	451.09	171.77
466.52	194.45	244.91	242.49	364.57	300.28	189.05	86.07
797.62	358.35	324.04	329.95	520.05	481.48	299.28	150.43
208.35	125.13	213.64	180.36	250.76	198.85	115.52	75.27
97.17	40.30	14.99	15.48	40.09	49.47	21.53	3.07
61.05	19.17	9.42	9.94	29.20	23.98	16.05	2.72
7.38	3.74	3.16	2.66	9.36	6.13	4.12	0.43
22	49	30	24	35	16	10	15
14.82	9.40	11.29	6.23	13.27	9.79	6.70	2.92
53.86	46.24	74.95	53.40	65.86	65.14	32.86	46.39
104.84	68.88	83.08	97.47	105.51	83.63	57.43	50.51
16.19	13.05	14.66	9.29	20.06	17.73	10.62	6.05

20–3（续）

项　目	单　位	南京市区	无锡市区	徐州市区	常州市区	苏州市区
全年用电量	亿千瓦时	297.70	215.15	79.54	177.62	226.77
#城乡居民生活用电	亿千瓦时	39.34	20.57	7.86	16.40	24.30
在岗职工平均工资	元	40 477	39 712	33 982	37 573	38 212
城镇居民人均可支配收入	元	23 123	23 606	16 955	21 592	23 867
城镇居民人均消费性支出	元	15 133	13 563	10 717	14 967	15 183
#食品	元	5 534	5 393	4 036	5 056	5 973
人均住房建筑面积	平方米	26.9	31.6	25.5	32.5	31.9
居民消费价格指数	—	106.2	105.1	104.9	105.2	105.3
普通高等学校在校学生数	万人	71.40	9.43	12.01	12.32	12.08
各类专业技术人员数	万人	70.05	25.79	9.26	24.42	16.19
公共图书馆图书总藏量	千册、件	1 209	188	82	159	223
卫生机构数	个	1 675	1 133	658	412	787
卫生机构床位数	张	2.57	1.60	1.41	1.15	1.43
执业（助理）医师	万人	1.51	0.71	0.54	0.55	0.69
供水总量	万吨	105 130	36 043	16 155	32 791	42 522
用水人口	万人	478.16	236.95	133.39	119.68	200.28
道路面积	万平方米	8 805	5 219	1 855	2 606	5 596
生活污水处理率	%	86.0	90.1	80.8	86.2	88.9
建成区绿化覆盖面积	公顷	27 307	8 944	7 263	5 076	13 040
园林绿地面积	公顷	76 317	15 747	9 242	6 468	12 475
公共绿地面积	公顷	6 312	2 990	1 737	1 450	3 416
人均公园绿地面积	平方米	13.2	12.6	13.0	12.1	17.1
公共汽（电）车运营车辆数	辆	5 791	3 109	1 790	1 788	2 791
公共汽（电）车客运总量	万人次	102 333	30 052	28 456	33 150	48 132
邮租汽车数	辆	10 151	4 040	3 594	2 142	3 203

南通市区	连云港市区	淮安市区	盐城市区	扬州市区	镇江市区	泰州市区	宿迁市区
68.55	25.89	58.97	27.93	58.62	74.21	32.56	20.30
6.19	4.05	6.95	4.56	6.83	5.90	3.20	2.80
35 983	32 007	26 118	27 124	32 415	34 530	29 100	25 298
18 903	15 255	14 007	15 862	17 398	19 045	17 198	10 959
11 613	10 598	9 058	9 174	11 562	12 218	10 985	7 305
4 560	4 088	3 581	3 800	4 469	4 931	4 496	2 912
31.9	33.1	33.2	30.0	37.7	34.2	30.3	35.7
104.8	104.8	104.8	104.9	104.8	105.0	104.8	104.5
8.27	2.76	6.35	5.18	7.48	8.35	3.98	1.84
7.85	13.46	3.57	5.57	6.81	6.59	5.49	2.76
104	69	71	69	128	114	52	22
510	422	372	200	454	397	145	260
0.74	0.54	0.78	0.53	0.63	0.49	0.32	0.38
0.37	0.24	0.36	0.28	0.31	0.27	0.18	0.17
16 500	9 036	9 890	5 293	10 593	15 625	4 695	2 843
68.88	70.30	99.20	63.00	71.73	86.20	57.45	40.34
1 173	1 519	1 467	1 176	1 317	1 596	1 199	1 157
85.8	79.3	81.0	80.8	86.0	77.7	81.4	78.7
2 784	3 896	3 953	3 092	3 259	4135	2 372	2 356
3 150	3 443	5 473	3 250	3 259	6 097	2 121	6 581
782	772	981	718	1 342	1 290	476	470
11.4	11.0	9.8	11.4	18.7	15.0	8.3	11.3
693	509	861	389	826	908	273	389
10 028	10 000	12 221	3 908	12 128	9 542	2 200	2 974
1 277	2 154	903	910	1 842	1 254	739	713

中国统计出版社最新资料书简目

（仅供参考，以最后出书为准）

统计资料

中国统计年鉴-2009
中国统计摘要-2009
国际统计年鉴-2009
2009中国发展报告
中国第三产业统计年鉴-2009
中国区域经济统计年鉴-2009
长江和珠江三角洲及港澳特别行政区
中国社会统计年鉴-2009
中国城市统计年鉴-2008
中国劳动统计年鉴-2009
中国人口和就业统计年鉴-2009
中国工业经济统计年鉴-2009
中国建筑业统计年鉴-2009
中国房地产统计年鉴-2009
中国能源统计年鉴-2009
中国商品交易市场统计年鉴-2009
中国贸易外经统计年鉴-2009
中国基本单位统计年鉴-2009
中国民政统计年鉴-2009
中国农村统计年鉴-2009
中国农产品价格调查年鉴-2009
中国建制镇统计资料-2009
中国教育经费统计年鉴-2008
中国农村贫困监测报告-2009
中国高技术产业统计年鉴-2009
中国科学技术协会统计年鉴-2009
工业企业科技活动资料-2009
全国农产品成本收益资料汇编-2009
中国棉花年鉴-2007/2008
中国城市（镇）生活与价格年鉴-2009
中国县（市）社会经济调查年鉴-2009
中国农村住户调查年鉴-2009（中、英文）
中国农村全面建设小康监测报告-2009
中国国内生产总值核算历史资料（1952-2004）
中国季度国内生产总值核算历史资料（1992-2005）
中国零售和餐饮业连锁企业统计年鉴-2009
大中型批发零售和住宿餐饮企业
2005年中国1%人口抽样调查系列资料
第二次全国残疾人抽样调查资料系列

2009年省级综合统计年鉴系列

北京　天津　河北　山西　内蒙古　辽宁　吉林　黑龙江　上海　江苏　浙江　安徽　福建　江西　山东
河南　湖北　湖南　广东　广西　海南　重庆　四川　贵州　云南　西藏　陕西　甘肃　青海　宁夏
新疆 新疆生产建设兵团

2009年市（县）级综合统计年鉴系列

石家庄　唐山　邯郸　太原　大同　长治　阳泉　晋城　朔州　晋中　运城　忻州　临汾　呼和浩特
包头　沈阳　大连　长春　吉林市　四平　延吉　哈尔滨　齐齐哈尔　黑龙江垦区　上海浦东新区
苏州　无锡　常州　徐州　南通　盐城　镇江　江阴　丹阳　杭州　宁波　绍兴　台州　舟山　温州
金华　嘉兴　衢州　安庆　福州　福州经济技术开发区　厦门经济特区　南昌　上饶
济南　青岛　潍坊　东营　郑州　洛阳　三门峡　南阳　武汉　宜昌　十堰　荆州　黄冈　长沙　广州
东莞　惠州　深圳　桂林　南宁　柳州　来宾　河池　海口　成都　贵阳　昆明　西安　庆阳　银川
乌鲁木齐　吐鲁番

“十一五”规划教材

非参数统计　医学统计学
概率论与数理统计　统计学
现代金融投资统计分析
多元统计分析　经济计量学教程
应用时间序列分析
统计指数理论及应用
统计数据处理概论
质量管理统计方法　社会统计学
多元统计分析实验
企业经营管理统计
市场调查与预测
统计学原理（非统计专业使用）
统计学:从数据到结论
国民经济核算教程（国民经济统计学）
概率论与数理统计(经济、管理类专业使用）

重点图书

新中国六十年　　挑大学选专业2010—高考志愿填报指南　　挑大学选专业2010—考研择校指南